THIRD EDITION

OGGI IN ITALIA
A First Course in Italian

Instructor's Annotated Edition

Franca Celli Merlonghi
Pine Manor College

Ferdinando Merlonghi

Joseph A. Tursi
State University of New York at Stony Brook

Annotations by Romana Cortese
Northern Essex Community College

HOUGHTON MIFFLIN COMPANY • BOSTON
Dallas • Geneva, Illinois • Lawrenceville, New Jersey • Palo Alto

Components of OGGI IN ITALIA, Third Edition
>Student Text (hardbound)
>Instructor's Annotated Edition (hardbound)
>Instructor's Manual (paperbound) with Sample Tests
>Workbook/Lab Manual
>Recordings (reel-to-reel and cassette format)
>Tapescript/Answer Key for Workbook/Lab Manual
>Overhead transparencies

Cover photograph   **Eric Meola** / **The Image Bank**
>Permissions and Credits at end of book

Printed in the U.S.A.

Student's Edition ISBN: 0-395-35947-3

Instructor's Annotated Edition ISBN: 0-395-42414-3

Library of Congress Catalog Card Number: 86-80965

BCDEFGHIJ-II-898

Acknowledgments

The authors and publisher would like to express their sincere appreciation to the many users and reviewers of *Oggi in Italia, Second Edition*, who offered numerous helpful suggestions for the Third Edition based on classroom experience in teaching introductory Italian courses in colleges, universities, and secondary schools. They would also like to express their deep gratitude to members of the Advisory Committee, who reviewed the manuscript through the developmental phases of the project and made many valuable recommendations for improvement in the student text and ancillaries.

Advisory Committee

Elena Nofri Albanese, Instituto Tecnico Statale Francesco Severi, Rome, Italy

Anthony L. Pellegrini, State University of New York at Binghamton

Joy Hambuechen Potter, University of Texas at Austin

Robert J. Rodini, University of Wisconsin at Madison

Patricia M. Scarfone, Golden West College, Huntington Beach, California

Reviewers

Piera Bertoia Canella, Board of Education for the City of North York, Ontario

Julie Cardinale, Cambridge Area High School, Cambridge, Pennsylvania

Gaetano Cipolla, St. John's University, New York

Aldo Collura, Arthur Johnson Regional High School, Clark, New Jersey

Alfredo and Ellen Dores, Parsippany High School, Union, New York

Luciano Farina, The Ohio State University, Columbus, Ohio

Silvano Garofalo, University of Wisconsin at Madison

Elsa Gómez, University of Puerto Rico, San Juan, Puerto Rico

Erasmo Gerato, The Florida State University, Tallahassee, Florida

Margherita Harwell, University of Illinois, Chicago, Illinois

Norma Huizenga, Kenwood Academy, Chicago, Illinois

Francesca Italiano, University of Southern California, Los Angeles, California

Teresa Lazzaro, San Diego State University, San Diego, California

Marcella Lodes, Northern Valley Regional High School, Demarest, New Jersey

Laura Longaro, Forest View High School, Arlington Heights, Illinois

Ronald L. Martinez, University of Minnesota, Minneapolis, Minnesota

Luigi Monga, Vanderbilt University, Nashville, Tennessee

Annamaria Napolitano, Stanford University, Stanford, California

Marina Oberholtzer, Skyline High School, Dallas, Texas

Carol G. Rosen, Cornell University, Ithaca, New York

Camilla P. Russell, University of Maryland, College Park, Maryland

Wanda Sabin, York High School, Elmhurst, Illinois

Isabel Cid Sirgado, Bernard M. Baruch College, New York, New York

Barbara Strickland, Haverhill High School, Haverhill, Massachusetts

Donna Stutzman, Pueblo Country High School, Pueblo, Colorado

Carmelita A. Thomas, Los Angeles City College, Los Angeles, California

Teresa Elena Toronto, Grosse Pointe High School North-South, Grosse Pointe, Michigan

Maria Rosaria Vitti-Alexander, University of Michigan, Ann Arbor, Michigan

Lidia Wallace, Parkin High School, Parkin, Arkansas

Fiorenza Weinapple, New York University, New York, New York

Contents

Introduction

Aims of the Third Edition

Oggi in Italia, Third Edition is a major revision of a successful introductory course in Italian designed for use in two-year and four-year colleges and universities. It is also suitable for use over a two-year or three-year time span at the secondary school level.

The primary aim of *Oggi in Italia, Third Edition* is to provide students with a sound basis for learning Italian as it is spoken and written today. Practice is given in all four basic skills listening, speaking, reading, and writing—and every effort is made to provide students with opportunities for self-expression in concrete situations. By the end of the course, students should have mastered many of the basic features of the sound system, be able to use with confidence many basic structures of the language, and be able to handle an active vocabulary of approximately 1800 words, as well as recognize many more in speech or in writing. They should be able to communicate orally and in writing on everyday topics treated in the student text, using the new sounds, structures, and vocabulary.

A secondary aim of *Oggi in Italia, Third Edition* is to introduce students to contemporary, non-touristic Italian life and culture and to motivate them to learn more about the Italian-speaking world. The themes of the dialogues and readings, the cultural notes, the photographs and realia, all help to convey to students what life is like in Italy today.

Fully aware of growing interest in a proficiency-based curriculum, the authors have taken into account the principles of the American Council of Teachers of Foreign Languages/Educational Testing Service (ACTFL/ETS) Proficiency Guidelines in order to help students function effectively in social situations and use the Italian language creatively within carefully controlled limits.

Major Changes in the Student Text

The following major changes have been made in *Oggi in Italia, Third Edition* in response to suggestions made by many users of the *Second Edition*, by manuscript reviewers, and by members of the Advisory Committee.

1. ***Reduction in the number of lessons.*** The number of regular lessons has been reduced from 28 to 22 to make the program more manageable for instructors whose classes meet three or four times a week or whose classes meet for less than a full 50-minute period.

2. ***New preliminary lesson.*** A new *Lezione preliminare* has been added to introduce students to the Italian-speaking world by means of short dialogues that present common greetings and courtesy expressions used in appropriate social situations; brief cultural notes on topics related to the dialogues; a list of Italian first names; and a number of photographs, realia, and maps. Special emphasis is given to Italian/English cognates to make students aware of how much Italian they can understand in speech and in writing before they begin their formal study of the language. The Italian alphabet is included for instructors who wish to encourage students to spell in Italian at an early stage.

3. *Resequencing of grammatical and semantic content.* The presentation of grammar structures and verb morphology has been resequenced to speed up the pace in the first half of the course. Some of the most important changes are (a) the present perfect and the imperfect have been shifted forward to *Lezioni 6ª, 9ª,* and *10ª* (from *Lezioni 12ª* and *18ª*); (b) reflexive verbs have been shifted forward to *Lezione 7ª* (from *Lezione 14ª*); (c) the subjunctive has been shifted forward to *Lezioni 16ª, 17ª, 18ª,* and *19ª* (from *Lezioni 23ª, 24ª,* and *26ª*); and (d) the *passato remoto* has been shifted forward to *Lezione 21ª* (from *Lezione 28ª*). Certain word sets and word-building activities have been expanded or shifted to different locations to enable instructors to make better use of them throughout the course.

4. *New communication-oriented activities and exercises.* Many new communicative activities and exercises are included throughout the *Third Edition* to emphasize natural use of the language while providing practice of grammatical concepts and vocabulary. Whenever possible, direction lines for the activities and exercises are situational and/or functional. Direction lines are in English in *Lezioni 1ª–3ª,* in Italian and English in *Lezione 4ª,* and entirely in Italian starting with *Lezione 5ª.* The total number of activities and exercises has been greatly increased to allow instructors more choice during classroom practice.

5. *Improved core material.* The basic texts (*testi*) at the beginning of each lesson (dialogue, monologue, survey, newscast, letter, etc.) have been lengthened and dramatized to make the situations more memorable and the characters more alive. Ample opportunity is provided for instructors to use the basic texts as a point of departure for many classroom activities, in small and large groups as well as on an individual basis. Suggestions are given for content questions, personalized questions related to the same theme, and expansions or variations of the situations in the core materials. Full-page black-and-white photographs at the beginning of each lesson illustrate some aspect of the main theme and can be used to compare or contrast life in Italy today with life in the students' own country.

6. *More emphasis on functional/notional aspects of the language.* Increased emphasis is placed on the functional/notional aspects of the language ("language with a purpose") in two new sections in the text. *Comunicare subito!* occurs at the end of every third lesson and deals with some basic "survival" situations, such as making hotel reservations, asking directions, and buying train tickets. *A lei la parola* occurs at the end of every *Struttura ed uso* section and sets up situations in which students are asked to assert, deny, describe, or confirm something in response to suggestions made by the instructor.

7. *Development of reading and writing skills.* Special attention is given to the development of reading and writing skills in two sections called *Leggere e capire* and *Scrivere.* Students are given the appropriate tools and guidelines to learn to read and to write in Italian for different purposes and for different audiences. These sections may also be used for reinforcement of grammar and vocabulary already presented to the students.

8. *Review exercises after every two lessons.* A *Ripasso* has been added after every two lessons to provide instructors with a set of optional review exercises to help students review specific grammar topics and vocabulary of the two preceding lessons. A contextualized English-Italian translation exercise is included at the end of each *Ripasso* for instructors who wish to test students on their ability to handle this special skill.

9. *Updated cultural information.* Cultural information has been updated throughout the text to reflect the many socioeconomic and political changes that have taken place in Italy in the past decade. The authenticity of the cultural content and the appropriateness of the language has been verified by native speakers residing in Italy as well as by native speakers in this country.

10. *New design and illustration program.* The text has been redesigned to make the two-color format more functional and the organization and content more accessible to students. Many new black-and-white photographs and suitable realia have been added to show what contemporary Italy is like today. Lively new line drawings introduce basic grammar concepts and provide a visual context to help students understand grammar structures. Captions in Italian are provided for all photographs and line drawings.

Organization of the Student Text

The student text is divided into a preliminary lesson, twenty-two regular lessons, eleven *Ripassi* that occur after every two lessons, plus front and end matter.

The preliminary lesson (*Lezione preliminare*) contains the following sections: brief dialogues that introduce common greetings and courtesy titles, with cultural notes; a list of common Italian first names; the Italian alphabet; numbers in Italian from 0–20; information on Italian-English cognates; and information about the Italian-speaking world, with three geographical and political maps.

Each of the regular lessons is built around a cultural theme such as food, careers, sports, and leisure activities. A typical lesson is divided into the following sections:

1. **Testo** (core material in the form of a dialogue, monologue, narrative, TV broadcast, newspaper article, etc.), with corresponding activities, exercises, a vocabulary list of new words and expressions, and a cultural note related to the theme of the core material

2. **Pronuncia** (basic information about sound/spelling correspondences, stress, and syllabication, with corresponding drills, sentences and common useful proverbs that provide practice on difficult sounds for speakers of English)

3. **Ampliamento del vocabolario** (word sets, often illustrated with line drawings, and word-building sections that focus on prefixes, suffixes, synonyms, antonyms, and world families, with vocabulary expansion exercises and activities)

4. **Struttura ed uso** (explanations in English of four or five grammatical concepts and structures, with numerous examples, summary charts, and related exercises)

5. **A lei la parola** (a section in which students are challenged to express in Italian specific functions suggested by the instructor)

6. **Comunicare subito!, Attualità, Leggere e capire, and Scrivere** (four different types of optional material that alternate from chapter to chapter and focus on survival situations, current cultural information, and reading and writing skills)

7. **Ripasso** (an optional review section with exercises and activities that provide extra practice on basic structures and vocabulary presented in the previous two lessons)

The Reference Section at the end of the text includes the following sections:

Appendix A: English equivalents of the basic texts for *Lezione 1ª* to *Lezione 4ª*.
Appendix B: Spelling/sound correspondences
Appendix C: *Avere* and *essere*
Appendix D: Regular verbs
Appendix E: Verbs conjugated with *essere*
Appendix F: Verbs with irregular past participles
Appendix G: Irregular verbs

Italian-English Vocabulary
English-Italian Vocabulary
Index of grammatical terms, phonology, word sets

Illustration Program

Numerous black-and-white photographs, selected pieces of realia, lively line drawings, and three maps illustrate the lessons in the student text. In addition, there are two four-color photo essays that depict aspects of everyday life in Italy (*Viviamo così!*) and art and culture in Italy (*Arte e cultura in Italia*).

The Ancillary Package

Instructor's Annotated Edition The Introduction bound into the front of the Instructor's Annotated Edition contains general information about the aims of the Third Edition, the major changes and the organization of the student text, and a brief description of each component of the program. The annotations in the student edition (overprinted in a second color) provide suggestions on ways to vary, expand, or personalize activities and exercises in the classroom.

Instructor's Manual A new, separate Instructor's Manual provides a scope-and-sequence chart; suggestions for general classroom procedures in varied settings; sample lesson plans; a set of learning objectives for each lesson, which may be modified to fit the needs of instructors and course syllabi; specific teaching suggestions on a lesson-by-lesson basis; a set of sample tests; an answer key to some of the exercises in the student text; supplementary classroom expressions and commands; and a glossary of grammar terms.

Workbook/Lab Manual The Workbook contains exercises and activities that help students develop the ability to write Italian correctly. The Third Edition of the Workbook has been expanded to provide additional reading and writing activities for each lesson that are carefully correlated with materials in the student text. A number of exercises are now based on line drawings that encourage students to create (within guidelines) their own varied responses. Cross references are made to the student text for the grammar exercises, so that students can check explanations of new structures before or after doing specific exercises.

The Lab Manual contains material coordinated with the recordings that accompany the student text. It has been expanded to provide additional written responses to the recorded material. New listening comprehension exercises focus on listening skills, which are such an important part of language communication. The pages of the Workbook/Lab Manual are perforated so that students can hand in completed assignments to the instructor.

Recordings (in cassette and reel-to-reel format) The recordings contain approximately 12 hours of recorded material taken or adapted from the text, plus new listening comprehension exercises or activities. The material in the tape program has been reorganized and expanded to make it easier for instructors to choose which portions to assign to students. The tape program in the Third Edition has been recorded in Italy under the direction of Elena Nofri Albanese, one of the members of the Advisory Committee, to ensure authenticity of the language, appropriate speed, and balance in voice quality. The *reel-to-reel* tapes are primarily for use by instructors and are available for sale or on loan to adopters of the program. The *cassette* tapes (in two parts) are primarily for use by students and are provided at low cost.

Tapescript/Answer Key to Workbook/Lab Manual The Tapescript supplies the script for the recordings and approximate timings for each recorded lesson so that instructors can adapt the audio material to their needs. The Answer Key to the Workbook/Lab Manual contains the answers for all but open-ended exercises and activities. The Tapescript/Answer Key is now printed in an 8½" × 11" format so that instructors who wish to provide photocopies of some or all of the material for their students can do so easily. The complete Tapescript/Answer Key can also be made available for student purchase through the bookstore.

Overhead Transparencies A new set of overhead transparencies is now available for *Oggi in Italia, Third Edition*. Some of the transparencies are reproduced from line art and maps included in the student text; a number of them are reproduced from other sources. Suggestions for their use are included in the lesson-by-lesson teaching suggestions in the Instructor's Manual and in a correlation sheet provided with each set.

THIRD EDITION

OGGI IN ITALIA
A First Course in Italian

Annotated Student Text

Franca Celli Merlonghi
Pine Manor College

Ferdinando Merlonghi

Joseph A. Tursi
State University of New York at Stonybrook

HOUGHTON MIFFLIN COMPANY • BOSTON
Dallas • Geneva, Illinois • Lawrenceville, New Jersey • Palo Alto

Components of OGGI IN ITALIA, Third Edition
    Student Text (hardbound)
    Instructor's Annotated Edition (hardbound)
    Instructor's Manual (paperbound) with Sample Tests
    Workbook/Lab Manual
    Recordings (reel-to-reel and cassette format)
    Tapescript/Answer Key for Workbook/Lab Manual
    Overhead transparencies

Cover photograph   **Eric Meola / The Image Bank**
    Permissions and Credits at end of book

Printed in the U.S.A.

Student's Edition ISBN: 0-395-35947-3

Instructor's Annotated Edition ISBN: 0-395-42414-3

Library of Congress Catalog Card Number: 86-80965

BCDEFGHIJ-H-898

Acknowledgments

The authors and publisher would like to express their sincere appreciation to the many users and reviewers of *Oggi in Italia, Second Edition*, who offered numerous helpful suggestions for the Third Edition based on classroom experience in teaching introductory Italian courses in colleges, universities, and secondary schools. They would also like to express their deep gratitude to members of the Advisory Committee, who reviewed the manuscript through the developmental phases of the project and made many valuable recommendations for improvement in the student text and ancillaries.

Advisory Committee

Elena Nofri Albanese, Istituto Tecnico Statale Francesco Severi, Rome, Italy

Anthony L. Pellegrini, State University of New York at Binghamton

Joy Hambuechen Potter, University of Texas at Austin

Robert J. Rodini, University of Wisconsin at Madison

Patricia M. Scarfone, Golden West College, Huntington Beach, California

Reviewers

Piera Bertoia Canella, Board of Education for the City of North York, Ontario

Julie Cardinale, Cambridge Area High School, Cambridge, Pennsylvania

Gaetano Cipolla, St. John's University, New York

Aldo Collura, Arthur Johnson Regional High School, Clark, New Jersey

Alfredo and Ellen Dores, Parsippany High School, Union, New York

Luciano Farina, The Ohio State University, Columbus, Ohio

Silvano Garofalo, University of Wisconsin at Madison

Elsa Gómez, University of Puerto Rico, San Juan, Puerto Rico

Erasmo Gerato, The Florida State University, Tallahassee, Florida

Margherita Harwell, University of Illinois, Chicago, Illinois

Norma Huizenga, Kenwood Academy, Chicago, Illinois

Francesca Italiano, University of Southern California, Los Angeles, California

Teresa Lazzaro, San Diego State University, San Diego, California

Marcella Lodes, Northern Valley Regional High School, Demarest, New Jersey

Laura Longaro, Forest View High School, Arlington Heights, Illinois

Ronald L. Martínez, University of Minnesota, Minneapolis, Minnesota

Luigi Monga, Vanderbilt University, Nashville, Tennessee

Annamaria Napolitano, Stanford University, Stanford, California

Marina Oberholtzer, Skyline High School, Dallas, Texas

Carol G. Rosen, Cornell University, Ithaca, New York

Camilla P. Russell, University of Maryland, College Park, Maryland

Wanda Sabin, York High School, Elmhurst, Illinois

Isabel Cid Sirgado, Bernard M. Baruch College, New York, New York

Barbara Strickland, Haverhill High School, Haverhill, Massachusetts

Donna Stutzman, Pueblo Country High School, Pueblo, Colorado

Carmelita A. Thomas, Los Angeles City College, Los Angeles, California

Teresa Elena Toronto, Grosse Pointe High School North-South, Grosse Pointe, Michigan

Maria Rosaria Vitti-Alexander, University of Michigan, Ann Arbor, Michigan

Lidia Wallace, Parkin High School, Parkin, Arkansas

Fiorenza Weinapple, New York University, New York, New York

Introduction

Aims of the Third Edition

Oggi in Italia, Third Edition is a major revision of a successful introductory course in Italian. The primary aim of *Oggi in Italia, Third Edition* is to provide students with a sound basis for learning Italian as it is spoken and written today. Practice is given in all four basic skills—listening, speaking, reading, and writing—and every effort is made to provide students with opportunities for self-expression in concrete situations. By the end of the course, students should have mastered many of the basic features of the sound system, be able to use with confidence many basic structures of the language, and be able to handle an active vocabulary of approximately 1200 words, as well as recognize many more in speech or in writing. They should be able to communicate orally and in writing on everyday topics treated in the student text, using the new sounds, structures, and vocabulary.

A secondary aim of *Oggi in Italia, Third Edition* is to introduce students to contemporary, non-touristic Italian life and culture and to motivate them to learn more about the Italian-speaking world. The themes of the dialogues and readings, the cultural notes, the photographs and realia, all help to convey to students what life is like in Italy today.

Fully aware of growing interest in a proficiency-based curriculum, the authors have taken into account the principles of the American Council of Teachers of Foreign Languages/Educational Testing Service (ACTFL/ETS) Proficiency Guidelines in order to help students function effectively in social situations and use the Italian language creatively within carefully controlled limits.

Organization of the Student Text

The student text is divided into a preliminary lesson, twenty-two regular lessons, eleven *Ripassi* that occur after every two lessons, plus front and end matter.

The preliminary lesson (*Lezione preliminare*) contains the following sections: brief dialogues that introduce common greetings and courtesy titles, with cultural notes; a list of common Italian first names;

the Italian alphabet; numbers in Italian from 0–20; information on Italian-English cognates; and information about the Italian-speaking world, with three geographical and political maps.

Each of the regular lessons is built around a cultural theme such as food, careers, sports, and leisure activities. A typical lesson is divided into the following sections:

1. *Testo* (core material in the form of a dialogue, monologue, narrative, T.V. broadcast, newspaper article, etc.), with corresponding activities, exercises, a vocabulary list of new words and expressions, and a cultural note related to the theme of the core material

2. *Pronuncia* (basic information about sound/spelling correspondences, stress, and syllabication with corresponding drills, sentences, and common useful proverbs that provide practice on difficult sounds for speakers of English). This section drops out after *Lezione 18ª*.

3. *Ampliamento del vocabolario* (word sets, often illustrated with line drawings, and word-building sections that focus on prefixes, suffixes, synonyms, antonyms, and word families, with vocabulary expansion exercises and activities)

4. *Struttura ed uso* (explanations in English of four or five grammatical concepts and structures, with numerous examples, summary charts, and related exercises)

5. *A lei la parola* (a section in which students are challenged to express in Italian specific functions suggested by the instructor)

6. *Comunicare subito!, Attualità, Leggere e capire* and *Scrivere* (four different types of optional material that alternate from chapter to chapter and focus on survival situations, current cultural information, and reading and writing skills)

7. *Ripasso* (an optional review section with exercises and activities that provide extra practice on basic structures and vocabulary presented in the previous two lessons)

Contents

LEZIONE PRELIMINARE

See Instructor's Manual for
additional teaching suggestions for
Lezione preliminare.

I. Il saluto

Il professor Marini e due studenti discutono un problema importante.

Buon giorno! Lei come si chiama?

IL PROFESSORE E LO STUDENTE

Sig. Pavesi	Buon giorno, signore!	*Mr. Pavesi*	Good morning, (sir)!
	Mi chiamo Giuseppe Pavesi.		My name is Giuseppe Pavesi.
	Sono il professore d'italiano.		I'm the Italian professor.
	Lei come si chiama?		What's your name?
Lorenzo	Buon giorno, professore.	*Lorenzo*	Good morning, Professor (Pavesi).
	Mi chiamo Lorenzo Conti.		My name is Lorenzo Conti.

LA PROFESSORESSA E LA STUDENTESSA

Sig.ra Bertini	Buon giorno, signorina!	*Mrs. Bertini*	Good morning, (miss)!
	Mi chiamo Paola Bertini.		My name is Paola Bertini.
	Sono la professoressa d'italiano.		I'm the Italian professor.
	E lei, come si chiama?		And what's your name?
Gabriella	Buon giorno, professoressa.	*Gabriella*	Good morning, Professor (Bertini).
	Mi chiamo Gabriella Battaglia.		My name is Gabriella Battaglia.

Personalization (Books closed):
Ask students to greet each other formally and to ask each other's names, using *lei* for *you*.

Buona sera! Come sta?

IL SIGNOR CORTESE ED IL SIGNOR DINI

Sig. Cortese	Buona sera, signor Dini.	*Mr. Cortese*	Good evening, Mr. Dini.
	Come sta?		How are you?
Sig. Dini	Bene, grazie, e lei?	*Mr. Dini*	Fine, thanks, and you?
Sig. Cortese	Molto bene, grazie. ...	*Mr. Cortese*	Very well, thanks. . . .
	Arrivederla, signore.		Good-by, Mr. Dini.

LA SIGNORA VALLE E LA SIGNORINA CAMPO

Sig.na Campo	Buona sera, signora Valle.	*Miss Campo*	Good evening, Mrs. Valle.
	Come sta?		How are you?
Sig.ra Valle	Abbastanza bene, e lei?	*Mrs. Valle*	Quite well, and you?
Sig.na Campo	Bene, grazie. ...A più tardi, signora.	*Miss Campo*	Fine, thanks. . . . See you later, Mrs. Valle.

Modificazioni

1. — **Buon giorno,** signore! — **Buon giorno,** professore!
   Buona sera   Buona sera
   Buona notte   Buona notte

2. — **Lei come si chiama?** — Mi chiamo **Cristoforo Colombo.**
   E lei, signora?   Caterina de' Medici
   E lei, signorina?   Monna Lisa
   E lei, signore?   Galileo Galilei

NOTA CULTURALE

Use of courtesy and professional titles

The use of first names among adults is less frequent in Italy than in the United States. Often the courtesy titles *signore, signorina,* and *signora* are used in place of a name. In contrast to English usage, professional titles such as *dottore, avvocato* (lawyer), and *ingegnere* (engineer) are commonly used with, or as substitutes for, names. Notice that the titles ending in *-re (signore, dottore, professore,* and *ingegnere)* drop the final *e* when they precede a name:

   Buon giorno, *signore.*   Buon giorno, *signor* Dini.
   Buon giorno, *dottore.*   Buon giorno, *dottor* Paolini.

Signore, signora, and *signorina* are usually not capitalized in Italian. However, when they are abbreviated, they are capitalized: *Sig., Sig.ra,* and *Sig.na*.

— *Buon giorno, dottor Ricci!*
— *Buon giorno, avvocato!*

Ciao! Come ti chiami?

ANNA MELANI E PAOLO SALVATORI

Paolo	Ciao! Come ti chiami?	*Paolo*	Hi! What's your name?
Anna	Io? Mi chiamo Anna. E tu, come ti chiami?	*Anna*	Me? My name is Anna. And you, what's your name?
Paolo	Paolo, ...Paolo Salvatori.	*Paolo*	Paolo, . . . Paolo Salvatori.

SILVIA BELLINI ED ENRICO GENOVESI

Silvia	Tu ti chiami Paolo Salvatori?	*Silvia*	Is your name Paolo Salvatori?
Enrico	No, mi chiamo Enrico Genovesi.	*Enrico*	No, my name is Enrico Genovesi.
Silvia	Ciao, Enrico. Io mi chiamo Silvia, ...Silvia Bellini.	*Silvia*	Hello, Enrico. My name is Silvia, . . . Silvia Bellini.

Personalization (Books closed):
Ask students to greet each other informally and to ask each other's names, using *tu* for *you.*

Come stai?

PATRIZIA MORO E ROSANNA PERONI

Rosanna	Come stai, Patrizia?	*Rosanna*	How are you, Patrizia?
Patrizia	Non c'è male, e tu?	*Patrizia*	Not too bad, and you?
Rosanna	Benissimo!... Arrivederci, a più tardi.	*Rosanna*	Just great! . . . Good-by, see you later.
Patrizia	A domani, Rosanna.	*Patrizia*	See you tomorrow, Rosanna.

LUIGI RINALDI E MARCELLO BOTTINO

Luigi	Ciao, Marcello. Come stai?	*Luigi*	Hi, Marcello. How are you?
Marcello	Bene, grazie. E tu, come stai?	*Marcello*	Fine, thanks. And how are you?
Luigi	Mah, così, così. ... A presto, Marcello.	*Luigi*	Oh, so-so. . . . See you soon, Marcello.
Marcello	Ciao!	*Marcello*	Bye!

Modificazioni

1. — Ciao, Patrizia, come stai? — **Molto bene.**
   Benissimo!
   Non c'è male.
   Così così.
   Male!

2. — Ciao, Luigi, arrivederci. — **A più tardi,** Marcello.
   A presto
   A domani
   Ci vediamo domani

NOTA CULTURALE

Levels of formality

In Italian, as in English, speakers use different levels of formality in the language, depending on the situation and the person or persons to whom they are speaking. For example, in Italy, you might use *ciao* as a greeting, and *ciao* or *arrivederci* as a farewell expression for a friend or a member of the family. If you were in a more formal situation, speaking to a stranger or an acquaintance, you might use *buon giorno* as a greeting and *arrivederla* as a farewell expression.

In English, speakers use the pronoun *you* when addressing another person. In Italian, there are several ways of expressing *you* which correspond to informal or formal situations. *Tu* is used in informal situations when addressing someone you know on a first-name basis, such as a child, a friend, a fellow classmate, or a member of the family. *Lei* is used in more formal situations when addressing a stranger, an acquaintance, an older person, or someone in a position of authority.

— *Buon giorno, signora Mancini. Come sta?*
— *Benissimo, grazie. E lei?*
— *Molto bene.*

Che peccato!

Giulia Campo is walking through piazza San Marco on her way to class when she meets her friend Giacomo Mancini. They shake hands and chat for a minute.

Variation (Books closed): Ask students to vary the dialogue by changing *il professor Renzi* to *la professoressa Giuliani* and to make the corresponding changes. They can also change *Non c'è male* to *Così così* and *Bene* to *Benissimo!*

Giulia	Ciao, Giacomo, come stai?	Hi, Giacomo, how are you?
Giacomo	Non c'è male, grazie, e tu?	Not bad, thanks, and you?
Giulia	Bene, grazie.... Ah, ecco il professor Renzi. Buon giorno, professor Renzi.	Fine, thanks. . . . Ah, there's Professor Renzi. Hello, Professor Renzi.
Professor Renzi	Buon giorno, signorina Campo. Buon giorno, signor Mancini.	Good morning, Miss Campo. Good morning, Mr. Mancini.
Giacomo e Giulia	Buon giorno, professore.	Hello, professor.

The professor continues on his way.

Giulia	Scusa, Giacomo, ma sono già in ritardo.	Excuse me, Giacomo, but I'm already late.
Giacomo	Hai lezione d'italiano con il professor Renzi?	Do you have an Italian class with Professor Renzi?
Giulia	Sì, fra cinque minuti.	Yes, in five minutes.
Giacomo	Che peccato! Arrivederci, Giulia.	What a shame! Good-by, Giulia.
Giulia	Ciao, Giacomo, a presto.	Bye, Giacomo, see you soon.

Modificazioni

1. — Sei **in ritardo?**
   in anticipo
   puntuale

   — No, **non sono in ritardo.**
   non sono in anticipo
   non sono puntuale

2. — Hai lezione **d'italiano?**
   d'inglese
   di matematica
   di storia

   — Sì, ho lezione fra **cinque** minuti.
   dieci
   quindici
   venti

NOTA CULTURALE

Customary greetings

In Italy, it is customary to shake hands much more frequently than in the United States, with good friends as well as acquaintances, regardless of age. When Italians (and many other Europeans) shake hands, they use one or two short up-and-down shakes, not a series of up-and-down pumping movements, as Americans do. Close friends tend to greet each other with a light kiss on both cheeks or with an embrace or hug, especially if they have not seen each other for a long time.

—*Ciao, Giulia. Come stai?*

II. I nomi italiani (maschili e femminili)

Some Italian first names are similar to English first names, with slight spelling changes, while others have no English equivalents. Note that many masculine first names ending in **-o** have an equivalent feminine first name ending in **-a.**

Listen and repeat each name after your instructor. Try to identify the Italian equivalent of your own name or find the equivalent of names of family members, friends, and acquaintances. If you like, choose an Italian name for yourself (and perhaps a personality to go with it!) for use during class.

Nomi maschili			Nomi femminili		
Antonio	Giovanni	Paolo	Angela	Elisabetta	Maria
Alberto	Giuseppe	Piero	Anna	Franca	Marisa
Carlo	Lorenzo	Roberto	Antonella	Francesca	Paola
Emilio	Luigi	Romano	Bettina	Gina	Patrizia
Enrico	Marcello	Stefano	Carla	Giovanna	Rosanna
Franco	Mario	Tommaso	Caterina	Giulia	Silvia
Giacomo	Massimo	Valerio	Daniela	Lisa	Teresa
Giorgio	Michele	Vittorio	Elena	Luisa	Valeria

III. L'alfabeto italiano

The Italian alphabet consists of 21 letters and five additional letters that appear only in foreign words. Accent marks (` and ´) occur on the vowels **a, e, i, o,** and **u** under certain circumstances. Listen and repeat each letter of the alphabet after your instructor.

Italian alphabet			Foreign letters	Capital and lower-case letters	Acute and grave accents
a = a	**h** = acca	**q** = cu	**j** = i lunga	**C** = ci maiuscola	` = accento grave
b = bi	**i** = i	**r** = erre	**k** = cappa	**c** = ci minuscola	´ = accento acuto
c = ci	**l** = elle	**s** = esse	**x** = ics		
d = di	**m** = emme	**t** = ti	**y** = ipsilon		
e = e	**n** = enne	**u** = u	**w** = vu doppio		
f = effe	**o** = o	**v** = vu			
g = gi	**p** = pi	**z** = zeta			

A. You are making a reservation at the Hotel Angiolo in Venice, Italy, by transatlantic telephone. Spell your name to the clerk/receptionist who answers the phone.

▶ Lina De Paolis Lina: *elle maiuscola, i, enne, a*
De Paolis: *di maiuscola, e, pi maiuscola, a, o, elle, i, esse*

B. You are sending a telegram to a friend in Italy announcing your arrival in a few days. Spell out the recipient's name, city, and country. (See p. 13 for a list of names of Italian cities.)

▶ Marco Giuliani, Forlì, Italia Marco: *emme maiuscola, a, erre, ci, o*
Giuliani: *gi maiuscola, i, u, elle, i, a, enne, i*
Forlì: *effe maiuscola, o, erre, elle, i con l'accento grave*
Italia: *i maiuscola, ti, a, elle, i, a*

Bell'Italia

ALLA SCOPERTA DEL PAESE PIÙ BELLO DEL MONDO   NUMERO 1   MAGGIO 1986 - LIRE 5.000

IV. I numeri da 0 a 20

Learn the numbers from 0 to 20 (**da zero a venti**) in Italian, as you will find them very useful in carrying out activities in class.

0 = **zero**			
1 = **uno**	6 = **sei**	11 = **undici**	16 = **sedici**
2 = **due**	7 = **sette**	12 = **dodici**	17 = **diciassette**
3 = **tre**	8 = **otto**	13 = **tredici**	18 = **diciotto**
4 = **quattro**	9 = **nove**	14 = **quattordici**	19 = **diciannove**
5 = **cinque**	10 = **dieci**	15 = **quindici**	20 = **venti**

Expansion (**Books closed**): Drill numbers in random order. Write on the board simple arithmetic problems like 1 + 1 = ?, 3 − 2 = ?, and ask students to respond in Italian. *Uno più uno fa ...? Tre meno due fa ...?*

A. Take a poll in class on some of your reasons for learning Italian. On a scale from 0 to 10, (*da zero a dieci*), rate your interest in the following areas:

▶ to speak Italian when you visit Italy in the future

1. to read Italian newspapers or magazines
2. to understand printed signs when you are in Italy
3. to order food in an Italian restaurant in this country
4. to learn more about Italian culture
5. to be able to cook lasagna from an Italian recipe
6. to understand what the characters are saying in an Italian movie
7. to read the *Divine Comedy* by Dante and other literary classics in Italian
8. to sing Puccini's *Madame Butterfly* in Italian

B. You are in Florence to attend the wedding of a relative. You call several Italian friends to get their addresses so that you can send them invitations to the wedding. Ask them to say aloud the numbers in their addresses (street number and zip code) according to the model below.

▶ via del Corso, 18   18: *diciotto*
34121 Trieste   34121: *tre, quattro, uno, due, uno*

1. via Manzoni, 11
   30122 Venezia
2. viale della Vittoria, 16
   35100 Padova
3. corso Dante, 17
   80100 Napoli

4. piazza Italia, 13
   06082 Assisi
5. corso Mazzini, 19
   16124 Genova
6. via de' Medici, 12
   00197 Roma

V. Parole analoghe

Italian is a Romance language, for it derives from Latin, the tongue spoken by the ancient Romans. Other Romance or neo-Latin languages are French, Portuguese, Spanish, Rumanian, Catalan, and Provençal. English is a Germanic language, but it does contain thousands of words derived from Latin that resemble their Italian equivalents. These words are called *cognates* (**parole analoghe).** Some are close cognates and easily recognizable in print, though their pronunciation may be different; for example:

Expansion (Books closed): Give students a few sentences containing cognates to increase their confidence in understanding spoken Italian: *Lo studente studia all'università. La lezione è interessante.*

studente / student	**possibile** / possible	**studiare** / to study
professore / professor	**famoso** / famous	**arrivare** / to arrive
lezione / lesson	**interessante** / interesting	**entrare** / to enter

Other cognates form groups of words with easily recognizable patterns; for example:

-tà / -ty	**-ale** / -al	**-zione** / -tion
città / city	**nazionale** / national	**informazione** / information
difficoltà / difficulty	**originale** / original	**modificazione** / modification
università / university	**speciale** / special	**tradizione** / tradition

There is a relatively small number of false cognates in Italian. Although these false cognates resemble English words, their meanings are different. An example of a false cognate is **collegio,** which generally means boarding school, not *college.* Context will usually help you realize when you encounter a false cognate.

Expansion (Books closed): Mention a few other false cognates: *parente* = relative; *fattoria* = farm; *libreria* = bookstore; *facoltà* = university department or division.

A. Using your knowledge of Italian-English cognates, try to read the caption of the photograph below to see how much you can understand without assistance.

Tre studentesse visitano la città di Napoli.

B. Complete the following sentences with Italian cognates of *city, interesting,* and *lesson.*

1. Giacomo studia la ____ preliminare.
2. La ____ di Venezia è bella.
3. La lingua italiana è ____.

VI. Il mondo italiano

Carta geografica d'Europa

You may already know that Italy, a country located in southern Europe, is a peninsula stretching into the Mediterranean Sea and that Rome is the capital of the country. What you may not realize is that Italian is the language of more than 56 million people in Italy. It is also spoken by residents of the Canton Ticino in Switzerland, and by Italians living in many parts of the world. In the United States and Canada there are thousands of American and Canadian citizens who speak Italian as a first or second language and who retain close ties with their relatives in various parts of Italy.

Carta fisica d'Italia

A. A large number of geographic expressions are Italian-English cognates, although they are pronounced differently in the two languages. Pronounce after your instructor each of the terms listed below. Note that **il, la, l', lo, gli,** and **le** all mean *the.*

le Alpi the Alps	**la capitale** the capital
gli Appennini the Appenines	**il centro** the center
la catena di montagne the mountain chain	**la città** the city
	il fiume the river
	il golfo the gulf

l'isola the island	**il Po** the Po (river)
il lago the lake	**il porto** the port
il mare the sea	**la provincia** the province
la montagna the mountain	**la regione** the region
il paese the country; the small town	**lo stretto** the strait
la penisola the peninsula	

B. Learn the points of the compass in Italian. Give the English cognate of each of the eight points of the compass shown in the drawing.

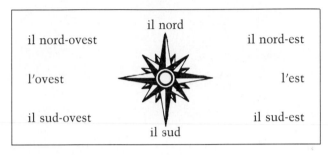

C. Complete the following statements in Italian, using the points of the compass and the map of Europe shown on page 11. Note that **al** means *to the* in this exercise.

    1. La Svizzera è al _____ dell'Italia.
    2. La Grecia è al _____ dell'Italia.
    3. La Germania Occidentale e la Germania Orientale sono al _____ dell'Italia.
    4. L'Inghilterra è al _____ dell'Italia.
    5. La Francia è al _____ dell'Italia.

D. Locate the twenty regions in Italy in the political map on page 14. The regions are given in capital letters (for example, ABRUZZI, CALABRIA).

E. Repeat after your instructor the names of the Italian cities listed below. Try to match the names of the cities with the names of the regions in which they are located.

    ▶ Padova   *Padova: Veneto*

1. Verona	4. Perugia	7. Bologna	10. L'Aquila
2. Firenze	5. Venezia	8. Napoli	11. Palermo
3. Milano	6. Cagliari	9. Torino	12. Genova

Scala di Chilometri

0   50   100   150   200   250

0   50   100   150
Scala di Miglia

SVIZZERA

AUSTRIA

A L P I

A L P I

TRENTINO-
ALTO ADIGE

FRIULI-
VENEZIA
GIULIA

Aosta

VAL D'AOSTA

Bolzano
Trento

Udine

FRANCIA

Torino

Brescia

VENETO

Trieste

Milano
LOMBARDIA

Verona

Venezia

Po

PIEMONTE

Padova

JUGOSLAVIA

Genova

Reggio

Bologna

LIGURIA

EMILIA-ROMAGNA

La Spezia

MARE ADRIATICO

Pisa

Firenze

SAN
MARINO

A
P
P
E
N
N
I
N
I

MAR
LIGURE

Livorno

Arno

Ancona

Siena

MARCHE

TOSCANA

Perugia

CORSICA
(Francia)

UMBRIA

Tevere

Pescara

L'Aquila

LAZIO

ABRUZZI

Roma

SARDEGNA

Frosinone

MOLISE

Campobasso

CAMPANIA

PUGLIE

Bari

MAR
TIRRENO

Napoli

Salerno

Potenza
BASILICATA

Taranto

Cagliari

CALABRIA

Catanzaro

MAR
IONIO

MARE MEDITERRANEO

Palermo

Messina

Reggio Calabria

SICILIA

Catania

TUNISIA

Siracusa

Italia

14

Vocabolario

Be sure you know the meaning of the following words and expressions before you proceed to *Lezione 1ᵃ*, and when it is appropriate to use them.

Greetings

buon giorno   hello, good morning
buona sera   good evening
ciao   hi *(informal)*

Farewells

arrivederci   good-by *(informal)*
arrivederla   good-by *(formal)*
a più tardi   'till later
a domani   'till tomorrow
a presto   see you soon
ci vediamo domani   see you
      tomorrow
buona notte   good night
ciao   bye *(informal)*

Asking someone's name

come si chiama?   what's your name?
      (formal)
come ti chiami?   what's your name?
      (informal)
nome e cognome?   first name and
      last name?

Health

come sta?   how are you? *(formal)*
come stai?   how are you? *(informal)*
bene, grazie   fine, thanks
benissimo!   just great!
così così   so-so
male   bad
non c'è male   not too bad
abbastanza bene   quite well
molto bene   very well

Numbers 0–20

See list on page 9.

Expressions involving time

sono in ritardo   I'm late
sono puntuale   I'm on time
sono in anticipo   I'm early
già   already

Names of courses

l'inglese   English
l'italiano   Italian
la matematica   mathematics
la storia   history

Persons

lo studente   (male) student
la studentessa   (female) student
il professore   (male) professor
la professoressa   (female) professor

Courtesy titles

signore   sir; **signor** + *last name*   Mr.
signora   Ma'am; **signora** + *last name* Mrs.
signorina   Miss

Other words and expressions

sì   yes
no   no
e   and
con   with
ma   but
mah   oh
lei   you *(formal)*
tu   you *(informal)*
di (d' before i)   of
scusa   excuse me *(informal)*
ecco   there is, there are
hai lezione?   do you have a class?
fra cinque minuti   in five minutes

LEZIONE 1ª

See Instructor's Manual for additional teaching suggestions for *Lezione 1ª*.

Lei come si chiama?

Due studenti vanno tranquillamente in bicicletta nel centro di Milano.

Two Italian students are participating in an international sports
competition. A journalist covering the event on the radio asks the
participants to introduce themselves. [*English equivalents of the basic
texts for lessons 1–4 are given in Appendix A on page R1.*]

Emilio Valle, uno studente universitario di Pisa

MONOLOGO 1

Mi chiamo Emilio Valle.
Sono italiano ed ho venti anni.
Sono di Pisa e sono studente.
Frequento l'università di Bologna.
Studio medicina.

Giulia Campo, una studentessa liceale di Bari

MONOLOGO 2

Mi chiamo Giulia Campo.
Anch'io sono italiana.
Sono una studentessa liceale.
Frequento il liceo scientifico.
Sono di Bari ed ho diciotto anni.

Personalization (Books closed): Ask students for three facts about
themselves (name, nationality, a course they are studying).
Supply Italian words for nationalities or courses, if requested: *Mi
chiamo [Giorgio Bassanese]. Sono [italiano]. Studio [storia].*

Domande generali

Expansion (Books closed): Point to yourself and ask: *Sono italiano/a?* Point to different students: *Lui/ Lei italiano/a?*

1. Emilio Valle è italiano? (Sì, Emilio è ...)
2. Emilio Valle è professore? (No, Emilio non è ...)
3. Emilio frequenta l'università di Napoli? (No, Emilio non frequenta ...)
4. Emilio studia medicina o legge? (Emilio studia ...)
5. Emilio ha venti anni? (Sì, Emilio ha ...)
6. Emilio è di Pisa o di Bologna? (Emilio è di ...)
7. Giulia Campo è italiana o americana? (Giulia è ...)
8. Giulia frequenta il liceo o l'università? (Giulia frequenta ...)
9. Quanti anni ha Giulia? (Ha ...)
10. Di dov'è Giulia? (È di ...)

Domande personali

Personalization (Books closed): Introduce yourself, using familiar words or cognates. Have a student ask questions of other students based on information (real or imaginary) you have supplied.

1. Lei come si chiama, signore/signora/signorina? (Mi chiamo ...)
2. Lei è studentessa, signora/signorina? (Sì, sono ...)
3. Lei è una professoressa italiana, signora/signorina? (No, non sono ...)
4. Lei è uno studente americano, signor [Brown]? (Sì, sono ...)
5. Lei frequenta il liceo o l'università? (Frequento ...)
6. Lei studia medicina? (Sì, studio .../No, non studio ...)
7. Quanti anni ha lei? (Ho ...)
8. Di dov'è lei? (Sono di ...)

Modificazioni

1. — Quanti anni ha lei? — Ho **diciotto** anni.
diciannove
quindici
sedici
diciassette

2. — Di dov'è lei? — Sono di **Bologna.**
Napoli
Torino
Boston
San Francisco

Vocabolario

The items listed in the *vocabolario* of each lesson include essential new words and expressions used in the core material (*monologo, dialogo,* etc.) at the beginning of the lesson and in the corresponding exercises and activities *(domande generali, domande personali,* and *modificazioni).* You are expected to learn the items in the *vocabolario* before proceeding to other parts of the lesson.

Parole analoghe

la medicina   **scientifico/a**   **l'università**

Nomi

l'anno   the year
la legge   the law
il liceo   the high school *(see cultural note on page 20)*

Verbi

avere   to have, to possess (something)
essere   to be
frequentare   to attend
studiare   to study

Aggettivi

americano/a   American
italiano/a   Italian
liceale   high school

Altre parole ed espressioni

a *(frequently* **ad** *before a vowel)*   at, to
anche   also, too; **anch'io**   I, too
di *(frequently* **d'** *before the vowel* **i)**   of, from; **di dov'è?**   where is he/she from? where are you *(formal)* from?
e *(frequently* **ed** *before a vowel)*   and
o   or

avere + ... anni   to be ... years old; **ho venti anni**   I'm twenty years old; **ha diciotto anni**   he/she is eighteen years old; you *(formal)* are eighteen years old
quanti anni ha?   how old is he/she? how old are you *(formal)*?

Pratica

A. Introduce yourself in Italian to another student, and say what city or town you are from. Then ask him/her for the same information.

▶   S1:   *Ciao, mi chiamo _____ . Sono di Bologna. E tu, come ti chiami?*
    S2:   *Mi chiamo _____ e sono di _____ .*

B. Pretend that you are at a party at a friend's house and you have just met a young woman/man. Shake hands, then ask her/him what her/his name is, if she/he attends the university or the *liceo,* whether she/he is Italian or American, and where she/he is from.

NOTA CULTURALE

L'istruzione in Italia

In Italy, education is obligatory for eight years. Children must spend five years in elementary school *(la scuola elementare)* and three years in junior high school *(la scuola media inferiore* or *media dell'obbligo)*. They may then choose to continue their education for five years in a *liceo* or in an *istituto (le scuole medie superiori)*.

A *liceo* is equivalent to the last three years of an American senior high school and the first two years of an American college. The *liceo classico* offers courses in the humanities while the *liceo scientifico* offers scientific courses. An *istituto* prepares students for specific careers (technical, commercial, industrial, agricultural, etc.) in five years.

Students must pass special government exams *(gli esami di maturità)* in order to graduate from a *liceo* or *istituto*. Upon receiving the *diploma di maturità*, they may be admitted to a university. They must choose their major subject when they register and must enroll in a specific department *(facoltà)* in which they will be required to take all their courses. Upon graduating from the university, they receive *la laurea*, a university degree.

Il professor Darini parla di geografia agli studenti di un liceo classico.

Pronuncia
I suoni delle vocali

Because English and Italian have their own set of sound-spelling correspondences, the pronunciation sections in this text use a few of the special symbols developed by the International Phonetic Association to represent sounds. Each symbol, given between slash lines (for example, /a/) represents a specific sound. A complete list of symbols, together with the Italian spelling correspondences, is given in Appendix B.

There are five basic vowel sounds in Italian. The sounds /a/ (spelled **a,** as in **Anna**), /i/ (spelled **i,** as in **Milano**), and /u/ (spelled **u,** as in **studente**) are stable; they are always pronounced the same. The sounds /e/ (spelled **e,** as in **bene**) and /o/ (spelled **o,** as in **sono**) may vary slightly.

A. Listen and repeat the following words after your instructor:

/a/	/e/	/i/	/o/	/u/
americana	bene	medicina	sono	Ugo
Anna	come	venti	Torino	studente
pratica	legge	signore	Roberto	università

Expansion (Books closed): Dictate to students the sentences in the text or the following sentences: 1. *Sara frequenta l'università.* 2. *Oggi Roberto è in ritardo.* 3. *Sono studente e studio musica.* 4. *Il signore si chiama Dino Conti.*

B. Read the following sentences aloud. Pay particular attention to the way you pronounce the vowels.

1. Enrico è americano.
2. Sono di Milano.
3. Ugo è studente.
4. Anna ha venti anni.

C. Proverbio   Repeat the following Italian proverb to practice the pronunciation of vowel sounds. Then dictate it to another student, letter by letter. Can you explain the meaning of the proverb in English and suggest a situation in which it would be appropriate to use it?

A buon intenditor poche parole.
A word to the wise is sufficient.

Ampliamento del vocabolario

I. I numeri da 21 a 100

21 = ventuno	31 = trentuno	41 = quarantuno
22 = ventidue	32 = trentadue	48 = quarantotto
23 = ventitré	33 = trentatré	50 = cinquanta
24 = ventiquattro	34 = trentaquattro	60 = sessanta
25 = venticinque	35 = trentacinque	70 = settanta
26 = ventisei	36 = trentasei	80 = ottanta
27 = ventisette	37 = trentasette	90 = novanta
28 = ventotto	38 = trentotto	100 = cento
29 = ventinove	39 = trentanove	
30 = trenta	40 = quaranta	

Expansion (Books closed): Write some numbers on the board from 21–100 in random order. Have students say them aloud as you point. Have them say and write all numbers with double consonants. Challenge them to do some addition and subtraction problems: *Undici più dodici fa ...? Dodici meno undici fa ...?*

Notice that the numbers **venti, trenta, quaranta,** etc. drop the final vowel (**-i** or **-a**) when combined with **uno** and **otto: ventuno, ventotto, trentuno, trentotto, quarantuno, quarantotto,** etc.

Expansion (Books closed):
Challenge students to count by
twos, threes, tens, and then
backwards.

A. Read aloud the following groups of numbers.

▶ 2 / 20 / 22 *due / venti / ventidue*

1. 3 / 30 / 33   4. 6 / 60 / 66   7. 9 / 90 / 99
2. 4 / 40 / 44   5. 7 / 70 / 77   8. 1 / 10 / 100
3. 5 / 50 / 55   6. 8 / 80 / 88

Personalization (Books closed):
Have students ask each other's
ages, using the *tu*-form: [Marisa],
quanti anni hai?

B. Enrico and Luigi are discussing how old some of their friends and acquaintances are. Luigi says that the individuals named are five years older than the age indicated by Enrico. Take the role of Enrico or Luigi.

▶ Enrico: Raffaele ha trentadue anni.   Luigi: *No, Raffaele ha trentasette anni.*

1. Laura ha quarantatré anni.
2. La sorella di Giorgio ha cinquantadue anni.
3. L'amico di Vittorio ha sessantotto anni.
4. Il professore ha trentanove anni.
5. La signora Cosimi ha settantacinque anni.
6. Daniele ha trentasei anni.
7. Il signor Mele ha ottantanove anni.

Personalization (Books closed):
Suggest that students give their
own phone numbers in Italian,
digit by digit.

C. Give to one of your friends the phone numbers of the following people. In Italy, phone numbers are generally given in groups of two or three digits.

▶ Marco: 45–71–99 *Il numero di telefono di Marco è quarantacinque, settantuno, novantanove.*

▶ Filippo: 511–37–81 *Il numero di telefono di Filippo è cinque, undici, trentasette, ottantuno.*

1. Giulia: 21–53–41   4. Giuliano: 567–39–48
2. Tiziana: 77–64–33   5. Anna: 297–36–72
3. Maurizio: 685–91–55   6. Luigi: 82–24–16

II. Che cos'è?

1. un libro
2. un quaderno
3. un disco
4. un calendario
5. un foglio di carta
6. un giornale
7. un televisore
8. un dizionario
9. una penna
10. una matita
11. una macchina da scrivere
12. una rivista
13. un registratore
14. una calcolatrice
15. una radio
16. un orologio
17. una sedia
18. un tavolo
19. una porta
20. una finestra
21. un computer
22. uno stereo
23. un telefono
24. uno zaino
25. una lavagna

D. Che cos'è? Ask a student sitting next to you to identify the object whose number you give.

▶ S1: Numero 16   S2: *È un orologio.*

E. Ask another student if he/she has one of the objects shown in the drawings on page 23.

▶ telefono   S1: *Hai un telefono?*
S2: *Sì, ho un telefono.*
    No, non ho un telefono, ma ho una radio.

Struttura ed uso

I. Pronomi personali

— **Lei** è di Firenze, signorina?
— Chi, **io**?
— Sì, **lei.**
— No, sono di Cagliari.

1. A subject pronoun is a personal pronoun (**un pronome personale**) that replaces a noun used as the subject of a sentence. The following chart shows the forms of the Italian subject pronouns most commonly used in conversation. You are already familiar with the subject pronouns **tu** and **lei** (meaning *you,* formal).

	Singular		Plural	
io	I		**noi**	we
tu	you *(familiar)*		**voi**	you *(familiar)*
lui	he		**loro**	{they *(m. or f.)*
lei	{she			you *(formal)*
	you *(formal)*			

2. The subject pronoun **lei** may mean either *she* or *you (singular formal);* the subject pronoun **loro** may mean either *they* or *you (plural formal).* Context usually makes the meaning clear.

3. There are four ways to express *you:* **tu, voi, lei,** and **loro.**
— **Tu** is used to address a member of one's family, a close friend, a relative, or a child. The plural of **tu** is **voi.**
— **Lei** is used to address a person with whom one wishes to be somewhat formal, whom one does not know very well, or to whom one wishes to show respect. The plural of **lei** is **loro.**

Note: In written Italian, you will encounter the subject pronouns **egli** *(he),* **ella** *(she),* **esso** *(he, it),* **essa** *(she, it),* **essi** *(they, m.),* and **esse** *(they, f.).* You will not be required to use these forms although you will occasionally see them in the supplementary readings in this text.

A. Which pronouns would you be likely to use in addressing the following persons: *tu, voi, lei,* or *loro?*

▶ your friend Mario   *tu*

1. two strangers
2. your uncle and aunt
3. a police officer
4. the President of Italy
5. your parents
6. a group of friends
7. your younger cousin
8. three friends
9. a professor
10. your best friend

B. Give the subject pronouns that would be used to refer to the persons indicated.

▶ Laura e Caterina   *loro*

1. Luigi
2. io e Carlo
3. il signor Monti
4. Maria
5. il Sig. Carelli e la Sig. na Landini
6. la signora Nardoni
7. Giovanni e Carla
8. tu e Paola

II. Presente di essere

— **Siete** di Milano?
— Paolo **è** di Milano, ma io **sono** di Siena.

1. The verb **essere** *(to be)* is one of the most commonly used verbs in Italian. Be sure you know all the present-tense forms shown in the chart below.

Singular			Plural		
io	**sono**	I am	noi	**siamo**	we are
tu	**sei**	you *(fam.)* are	voi	**siete**	you *(fam.)* are
lui/lei	**è**	he/she is	loro	**sono**	they are
lei		you *(formal)* are			you *(formal)* are

2. **Essere** is an infinitive and is the basic form of the verb listed in dictionaries and lesson vocabularies. Italian infinitives consist of a single word and end in **-are, -ere,** or **-ire.** English infinitives consist of two words: *to* + verb form.

   frequentare   to attend
   avere   to have
   finire   to finish

3. In Italian, verb endings change according to the subject of the sentence. Since the verb endings indicate person and number, subject pronouns are often omitted except when necessary for emphasis or to avoid ambiguity.

Sono Franco Bruni.	*I'm* Franco Bruni.
Siamo di Napoli.	*We're* from Naples.
But: **Lui è** di Bologna e **lei è** di Milano.	*He's* from Bologna and *she's* from Milan.
Io sono studente e **loro sono** professori.	*I'm* a student and *they are* teachers.

4. The negative is formed by using **non** before the verb.

Non sono di Torino.	*I'm not* from Turin.
Emilio **non è** di Roma.	Emilio *is not* from Rome.

In reply to a question, the adverb **no** is often used to reinforce the
negative statement.

— Lei è studente?	— Are you a student?
— **No, non sono** studente.	— *No, I'm not* a student.

Variation (Books open): Ask
students to change sentences to
the negative: *Luigi non è a
Napoli,* etc.

C. You and some of your friends are studying in different Italian cities
for a while. Say where each of you is. In your responses, use the
preposition *a.*

▶ Luigi / Napoli   *Luigi è a Napoli.*

1. Marcella e Luisa / Firenze
2. Francesca / Perugia
3. noi / Ancona
4. tu / Palermo
5. io / Milano
6. tu e Massimo / Pisa

Personalization (Books closed):
Tell students to affirm or deny
questions like the following: *Tu
sei di Milano? Voi siete di
Taranto? Lei è di Boston?* etc.

D. Say that the following people are from the cities indicated. In your
responses, use the preposition *di.*

▶ loro / Salerno   *Sono di Salerno.*

1. tu / Bari
2. lei / Genova
3. loro / Venezia
4. tu e Giorgio / Pescara
5. noi / Verona
6. Marta e Laura / Brescia
7. il Sig. Campo e la Sig.ᵃ Campo / Napoli
8. io / Avellino

E. Ask a classmate if he/she or the other persons mentioned are late.

▶ tu   S1: *Sei in ritardo?*
        S2. *Sì, sono in ritardo.*
            No, non sono in ritardo. (Sono puntuale.)

1. Maria
2. il professore
3. tu e Gianna
4. io, Tina e Carlo
5. loro
6. Luigi

F. Answer the following personal questions in Italian.

1. Lei è italiano o italiana?
2. È di Milano?
3. È studente o studentessa?
4. È professore o professoressa?
5. È all'università o al liceo?

III. Sostantivi: singolare e plurale

un uomo e un **piccione** ...   un uomo e cinquanta **piccioni**

Singular forms

1. Italian nouns are either masculine or feminine in gender, even those
   that refer to inanimate objects such as notebooks, pencils, and pens,
   or those that refer to abstract nouns, such as *love* and *happiness*.
   There are no neuter nouns in Italian.

persons:	**amico** *(m.)*	friend	abstract nouns:	**amore** *(m.)*	love
	amica *(f.)*	friend		**felicità** *(f.)*	happiness
objects:	**quaderno** *(m.)*	notebook			
	rivista *(f.)*	magazine			

2. Some nouns are classified according to their natural gender.

   masculine nouns: **padre** father   **fratello** brother
   feminine nouns: **madre** mother   **sorella** sister

3. Most Italian nouns are classified by their vowel ending.
   a. Nouns ending in **-o** or **-io** are usually masculine.

   libr**o**   tavol**o**   orolog**io**   calendar**io**
   Exception: **radio** is feminine.

   b. Nouns ending in **-a** are usually feminine.

   sedi**a**   port**a**

c. Nouns ending in -**e** may be either masculine or feminine. The gender of these nouns should be memorized.

registratore *(m.)*   calcolatrice *(f.)*

d. Nouns ending in an accented vowel may be either masculine or feminine. The gender of these nouns should be memorized.

città *(f.)*   caffè *(m.)*

4. Nouns ending in a consonant (generally nouns of foreign origin) are usually masculine.

film *(m.)*   computer *(m.)*

Plural forms

In Italian, noun endings commonly change in the plural form as indicated in the chart below.

Nouns whose singular ends in:	Plural form ends in:	Examples
-o	-i	libro → libri
-io	-i	orologio → orologi
-a	-e	porta → porte
-e	-i	studente → studenti
-(consonant)	no change	film → film
-(accented vowel)	no change	città → città

Exceptions: disco → dis**chi**   amica → ami**che**

Expansion (Books closed): Ask students for the gender of *dottore, lezione, facoltà, signora, professore.*

G. Identify the following nouns as masculine or feminine.

▶ giornale   *masculine*

1. calendario   4. computer   7. studentessa
2. caffè   5. tavolo   8. rivista
3. sedia   6. università

Expansion (Books closed): Have students show the class various objects as they form the plural of the noun: *Ho due giornali. Ho tre dischi,* etc.

H. Give the plural of the following nouns.

▶ penna   *penne*

1. disco   4. giornale   7. orologio
2. dizionario   5. amica   8. libro
3. finestra   6. computer   9. registratore

I. Give the singular of the following nouns.

► signorine   *signorina*

1. città
2. finestre
3. minuti
4. porte
5. studenti
6. quaderni
7. sedie
8. lezioni
9. zaini

J. Show a friend *two* of each of the following items. Begin each response with *ecco.*

► foglio di carta   *Ecco due fogli di carta.*

1. televisore
2. calcolatrice
3. matita
4. rivista
5. telefono
6. orologio
7. tavolo
8. computer

IV. Articolo indeterminativo

un'idea   **un** capolavoro

Forms

The indefinite article (equivalent to *a, an*) is used with singular nouns. The indefinite article in Italian has four forms: **un, uno, una,** and **un'.**

Masculine	Feminine
un $\begin{cases} \text{libro} \\ \text{orologio} \end{cases}$	**una** porta **un'**università
uno $\begin{cases} \text{studente} \\ \text{zero} \end{cases}$	

1. **Un** is used with a masculine noun beginning with most consonants or with a vowel.

2. **Uno** is used with a masculine noun beginning with **s** + consonant or with **z.**

3. **Una** is used with a feminine noun beginning with a consonant.

4. **Un'** is used with a feminine noun beginning with a vowel.

Uses

1. The indefinite article is used in Italian in much the same way as it is in English.

L'Italia non è **un'**isola; è **una** penisola.	Italy is not *an* island; it is *a* peninsula.
Venezia non è **un** paese; è **una** città importante.	Venice is not *a* small town; it is *an* important city.

2. The indefinite article is usually omitted when stating someone's profession, occupation, or nationality, unless the noun is modified.

Sono studente.	I'm a student.
Il signor Paoli è professore.	Mr. Paoli is a professor.
Giulia è italiana.	Giulia is (an) Italian.
But: **Sei *un* dottore intelligente.**	You are *an* intelligent doctor.

K. Indicate whether the following nouns are masculine or feminine by using the appropriate indefinite article *(un, uno, una, un')*.

▶ penna   *una penna*
▶ quaderno   *un quaderno*

1. studente	5. dizionario	9. computer
2. liceo	6. lezione	10. professore
3. macchina da scrivere	7. zero	11. registratore
4. zaino	8. stereo	12. telefono

L. You are at a store and you ask the clerk to show you each of the items indicated. Be polite and add *per favore* (please) after each item.

▶ libro   *Un libro, per favore.*

1. giornale
2. quaderno
3. macchina da scrivere
4. penna
5. dizionario
6. matita
7. calcolatrice
8. computer

M. Someone asks you if you have certain things. Repeat the name of the object, then explain that you have another item.

▶ dizionario / quaderno   S1: *Hai un dizionario?*
                             S2: *Un dizionario? No, ho un quaderno.*

1. registratore / televisore
2. rivista / giornale
3. disco / calendario
4. radio / calcolatrice
5. orologio / computer
6. stereo / radio

N. Identify in Italian at least ten items in the drawing shown below of Antonio's messy bedroom *(camera)*. Use the appropriate indefinite article with each item identified. Then give the English equivalent of the indefinite article and item.

▶ una sedia   *a chair*

La camera di Antonio

A lei la parola

Expansion (Books closed): Ask students to express in Italian humorous or unrealistic items like: *Say that you are a hundred years old. State that you own fifty cars.*

Can you express the following in Italian?
1. Ask your teacher where he/she is from.
2. Tell a friend how old you are.
3. State that you don't have a computer.
4. Deny that you are late.
5. Say that you have a class in five minutes.

Leggere e capire

Developing reading skills

The *Leggere e capire* selections are intended to help you develop the skills of understanding new reading materials in Italian, improving your knowledge of the language, and opening new interests. By the end of your Italian course, you should be able to read a variety of materials in this section with little or no help from a dictionary or the end vocabulary in your text.

As you read new material in Italian, follow the steps given below. They will help you gain confidence in your ability to use the language, save you time and effort, and consolidate your other language skills as well.

1. Read the complete text and concentrate on what you do understand rather than on what you do not. Try to grasp the basic message of sentences and paragraphs, looking for cognates to help you understand the meaning.

2. Read the text a second time, trying to see how the parts that you understood the first time may clarify some of the parts that you did not understand.

3. Go back over the selection and underline or write on a separate sheet key words that you still do not understand. There will be a few new, non-cognate words included in most readings. Make an educated guess about the meaning of the words you have not understood, trying to make global sense of the text, rather than a word-for-word English rendition of it.

4. Look up the unfamiliar key words in the end vocabulary, or be more daring and move on to step 5 without checking the vocabulary until after you have finished doing the exercises.

5. Do the exercises, trying to create mental images of key words and phrases rather than trying to translate word for word.

6. Read the selection once more. Remember that you do not need to understand every individual word in the *Leggere e capire* sections in order to understand the basic meaning or message of the selection.

L'Italia

Refer to the map on page 12 and the list of geographical terms on pages 12–13 before reading the following paragraph.

L'Italia è una penisola circondata dal mar Mediterraneo, e Roma, la città più grande, è la capitale del paese. Le regioni d'Italia sono venti, e due di queste regioni, la Sicilia e la Sardegna, sono isole. Lo stretto di Messina è al sud e divide la Sicilia dalla Calabria. Il Po è al nord ed è il fiume più lungo d'Italia. Le Alpi e gli Appennini sono le catene di montagne più importanti. Al nord, l'Italia confina con i seguenti paesi: la Francia, la Svizzera, l'Austria, e la Jugoslavia.

Expansion (Books closed): Ask students to skim the paragraph and then respond to your question: *Il brano* (passage) *parla della geografia, della storia o della cultura d'Italia?*

A. Match each Italian word with its English equivalent in the right-hand column.

1. penisola   a. long
2. città   b. south
3. capitale   c. important
4. nord   d. peninsula
5. lungo   e. regions
6. sud   f. city
7. montagne   g. strait
8. stretto   h. north
9. regioni   i. mountains
10. importanti   j. capital

B. Vero o falso? Say whether the following statements are true or false, according to the paragraph on page 34.

1. La capitale d'Italia è Roma.
2. Il Po è nel sud dell'Italia.
3. L'Italia è circondata dal mar Mediterraneo.
4. Le Alpi sono montagne.
5. L'Italia ha diciotto regioni.

C. Complete the following sentences.

1. Il mar _____ circonda la penisola italiana.
2. Il Po è _____ più lungo d'Italia.
3. Le catene di montagne più importanti sono _____ e _____ .
4. Lo _____ di Messina è al sud e divide la _____ dalla Calabria.
5. L'Italia ha _____ regioni.

Due studenti italiani

Mario Corsetti e Gabriella Armani sono due studenti italiani. Mario ha ventidue anni ed abita a Salerno, in via Mazzini 12. Frequenta l'università di Napoli e studia legge. Gabriella è di Napoli ed abita in via Caracciolo 34. Ha diciassette anni e frequenta il liceo scientifico.

A. Find at least five cognates in the paragraph you have just read.

B. Answer the following questions in complete sentences according to the reading.

1. Come si chiamano i due studenti?
2. Quanti anni ha Gabriella?
3. Dove abita Mario?
4. Chi frequenta il liceo scientifico?
5. Mario studia legge o medicina? Dove?

C. Complete the following sentences.

1. Gabriella frequenta _____ e Mario frequenta _____ .
2. Mario abita a _____ , in via _____ 12.
3. Gabriella è di _____ ed abita in _____ .
4. Mario ha _____ anni.

LEZIONE 2ª

Chi è lei?

Due giovani discutono prima di andare ad un concerto.

Two participants in the TV show *Una sfida in famiglia* (A family contest) are asked to introduce themselves. [*English equivalents of the following monologues are given in Appendix A, page R1.*]

Raffaele Renzi, professore d'informatica

Lisa Renzi Melani, architetto

MONOLOGO 1

Sono Raffaele Renzi.
Ho trentasette anni.
Sono sposato ed ho un figlio.
Ho una laurea in matematica.
Insegno informatica all'università
  di Roma.
Abito con mia moglie e mio figlio
  in una piccola villa fuori Roma.

MONOLOGO 2

Io mi chiamo Lisa Renzi Melani.
Sono la sorella di Raffaele.
Ho trentatré anni.
Anch'io sono sposata, ma non ho
  figli.
Sono architetto e lavoro con mio
  marito.
Abito in un appartamento al
  centro di Roma.

Note that the following abbreviations will be used in the annotations from this lesson on:

V = Variation   BC = Books closed
E = Expansion   BO = Books open
P = Personalization

P (BC): Introduce yourself once again, using new structures and vocabulary from the monologues. Then ask students to do the same, making all necessary changes.

Domande generali

E (BC): Ask additional questions with cognates: *Lisa ha una laurea in filosofia o architettura? Raffaele è un esperto di computer o di film?*, etc. Recombine the material in the form of statements that students have to deny or affirm: *L'appartamento di Lisa è in città. Raffaele ha trentatré anni,* etc.

1. Quanti anni ha Raffaele? È sposato o non è sposato?
2. Quanti figli ha?
3. Raffaele ha una laurea in medicina o in matematica? Che cosa insegna? Dove?
4. Con chi abita Raffaele? Dove abita?
5. Come si chiama la sorella di Raffaele? Quanti anni ha?
6. Quanti figli ha Lisa?
7. Lisa è architetto o dottoressa? Con chi lavora?
8. Dove abita Lisa?

Domande personali

E (BC): Ask the same questions, using the third person singular and pointing to different students: *Quanti anni ha [Paolo]? È sposata [Maria]?* etc.

1. Quanti anni ha lei?
2. Lei è sposato/a?
3. Lavora o studia?
4. Abita in una villa o in una casa? È grande o piccola?
5. Ha un appartamento? È grande o piccolo?
6. Abita con la famiglia o abita da solo o da sola?

Modificazioni

V (BO): Have students make statements that combine responses to No. 1 and No. 2: *Sono la sorella di Raffaele e abito con mia madre,* etc.

1. — Chi è lei?   — Sono **la sorella** di Raffaele.
    l'amica
    il figlio
    l'amico
    il fratello

2. — Con chi abita lei?   — Abito con **mia moglie**.
    mia madre
    mia zia
    mio marito
    mio padre
    mio zio

_____ Sig. *Zio Pinetto e Zia Matilde*

☐ **è passato**
est venu
has been here · war hier

☒ **ha telefonato**
a téléphoné · phoned
hat angerufen

☒ **ha lasciato la seguente comunicazione:**
a laissé le message suivant · left following message
hat folgende Mitteilung hinterlassen

☐ **ripasserà**
reviendra
will come again
wird nochmals kommen

☐ **richiamerà**
téléphonera de nouveau
will call again
wird nochmals anrufen

Dalle Alpi: i più cari
saluti dagli zii e
cugini Buon Viaggio!!!

☐ **chiede di essere chiamato**
prie de téléphoner
please call · bitte anrufen
☎ _____

☐ **l'attende presso**
vous attend à · waits for you at
wartet auf Sie bei
_____

_____ **alle ore**_____
h

Vocabolario

Parole analoghe

l'appartamento   **l'architetto**   **la matematica**

Nomi

l'amica   (female) friend
l'amico   (male) friend
la casa   house
il centro   downtown
la famiglia   family
la figlia   daughter
i figli   children
il figlio   son
il fratello   brother
l'informatica   computer science
la laurea   university degree
la madre   mother
il marito   husband
la moglie   wife
il padre   father
la sorella   sister
la villa   country house
la zia   aunt
lo zio   uncle

Aggettivi

grande   big
mio/a   my
piccolo/a   small
sposato/a   married

Verbi

abitare   to live
insegnare   to teach
lavorare   to work

Altre parole ed espressioni

chi?   who?
con chi?   with whom?
dove?   where?
fuori   outside
in   in

all'università   at the university
da solo/a   alone

Pratica

V (BC): Pair students for *Pratica A* and *B* and have them change the characters from Raffaele Renzi and Lisa Renzi Melani to Emilio Valle and Giulia Campo (from *Lezione 1ª*).

A. Pretend you have just met Raffaele Renzi at a party in Rome. Introduce yourself and then ask him if he is a professor, where he teaches, and what he teaches. Also ask him if he is married, how many children he has, and where he lives.

B. Pretend you are conversing with Lisa Renzi Melani at the same party in Rome. She asks you how old you are, whether you work or study, where and with whom you are living. Respond appropriately.

NOTA CULTURALE

I cognomi italiani

Italian people generally have one last name, which is the last name of the person's father. In the past, women had to take on the husband's last name when they got married, but since 1975, through reforms in the Italian family law, married women have the right to keep their family's last name to which they add the husband's last name.

The use of last names in Italy came into use in the ninth century, and by the time of the Renaissance they were fully established. Today many of these old forms of identification are used as last names. Some of them may indicate:

a. the place of origin: Genovesi *(from Genoa)*, Lombardi *(from Lombardy)*, Siciliani *(from Sicily)*;
b. an ancestor's trade or occupation: Ferrari *(ironmonger)*, Pastore *(shepherd)*, Vaccaro *(cowherd)*, Sarti *(tailor)*, Marinaro *(sailor)*;
c. father's name, especially before last names came into use: Di Giovanni, Di Giacomo, Di Giuseppe;
d. physical appearance or characteristic: Biondi (from **biondo,** *blond*), Calvino (from **calvo,** *bald*), Grasso (from **grasso,** *plump*), Mancini (from **mancino,** *left-handed*).

Titoli, nomi ed uffici

Pronuncia
Sillabazione e accento tonico

1. Most Italian syllables end in a vowel sound. A syllable usually contains one vowel or one or more consonants plus a vowel or a diphthong. A diphthong is a combination of two vowels pronounced as one vowel.

Ca·ro·li·na	stu·dia	ma·te·ma·ti·ca
Ro·ber·to	a·bi·ta	Mi·la·no

2. In Italian, most words are stressed on the second-to-last syllable. Many others are stressed on the third-to-last syllable. (The Italian equivalent of *stress* is **accento tonico**).

stu·den·*tes*·sa   *a*·bi·to
a·me·ri·*ca*·no   *dia*·lo·go
cul·tu·*ra*·le   *pren*·de·re

3. Italian words that are stressed on the last syllable bear a written grave accent on the final vowel.

u·ni·ver·si·*tà*   fa·col·*tà*   ma·tu·ri·*tà*   cit·*tà*

4. A small group of words (mostly verb forms) are stressed on the fourth-from-last syllable.

te·*le*·fo·na·no   *a*·bi·ta·no   de·*si*·de·ra·no

A. Listen and repeat the following sentences after your instructor. Notice that most of the syllables end in a vowel or in a diphthong.

1. Mi chia·mo   Giu·lia   Cam·po.
2. Ho   di·cian·no·ve   an·ni.

B. Listen and repeat after your instructor. Be sure you stress the correct syllable.

cor·so	pe·*ni*·so·la	co·*sì*	te·*le*·fo·na·no
gior·*na*·le	be·*nis*·si·mo	ven·ti·*tré*	*a*·bi·ta·no
fi·*ne*·stra	mo·*no*·lo·go	cit·*tà*	de·*si*·de·ra·no
stu·*den*·te	te·*le*·fo·no	per·*ché*	*ca*·pi·ta·no

C. **Proverbio**   Repeat the following Italian proverb and then dictate it to another student, syllable by syllable. Can you explain the meaning of the proverb in English?

Tutte le strade portano a Roma.
All roads lead to Rome.

giorno&notte**R**oma

Ampliamento del vocabolario

I. Corsi di studio

Here is a list of names of some of the most common courses of study at the *liceo* or *università*. As you can see, they are mostly cognates, and are therefore easy to learn and to remember, though the pronunciation differs from English.

l'antropologia anthropology
l'architettura architecture
l'arte *(f.)* art
la biologia biology
la chimica chemistry
l'economia economics
la filosofia philosophy
la fisica physics
la geologia geology
l'informatica computer science
la letteratura literature
le lingue straniere foreign languages
  il cinese Chinese
  il francese French

il giapponese Japanese
l'inglese *(m.)* English
l'italiano Italian
il russo Russian
lo spagnolo Spanish
il tedesco German
la matematica mathematics
la musica music
la psicologia psychology
le scienze politiche political science
le scienze naturali natural science
la sociologia sociology
la storia history

A. Ask several students which foreign language they are studying.

   ▶   S1: Studi il cinese o l'italiano?   S2: *Studio [l'italiano].*

B. Pretend that you have just met some Italian professionals. Ask them what type of degrees they hold.

   ▶   S1: Lei ha una laurea in filosofia?   S2: *Sì, ho una laurea in filosofia.*
No, non ho una laurea in filosofia; ho una laurea in sociologia.

C. Based on the content of the following courses, what does each professor teach?

   ▶   La professoressa Giuliani: le poesie di Petrarca e la *Divina Commedia* di Dante   *Insegna letteratura.*

    1. il professor Franceschi: le sculture di Michelangelo ed i dipinti *(paintings)* di Raffaello
    2. la signora Papini: numeri, divisioni, addizioni ed equazioni

3. il professor Gaetani: le teorie di Freud e di Jung
4. la professoressa Sansoni: Platone, Aristotele, San Tommaso d'Aquino, Kant e l'esistenzialismo
5. il dottor Manna: prodotti, mercato e offerta e domanda
6. il signor Scaliari: vocabolario (nomi, verbi ed aggettivi) e grammatica

II. Nomi che finiscono in -ia

A number of Italian nouns ending in **-ia** have English equivalents ending in **-y,** as in **biologia** = *biology.* Note that the digraph **ph** found in some English words becomes the letter **f** in their Italian counterparts, as in *philosophy* = **filosofia.**

E (BC): Challenge students to give Italian nouns ending in *-ia* for *pedagogy, analogy, ideology, melody, psychology, physiology.*

D. Give the English equivalent of the following Italian nouns.

1. sociologia
2. geologia
3. ecologia
4. anatomia
5. cortesia
6. antropologia
7. fotografia
8. criminologia
9. farmacia

Struttura ed uso

I. Presente di avere

Ho freddo.

Ho caldo.

1. Be sure you know all the present-tense forms of **avere** *(to have)*. You are already familiar with the forms **ho, hai,** and **ha.**

Singular			Plural		
io	**ho**	I have	noi	**abbiamo**	we have
tu	**hai**	you *(fam.)* have	voi	**avete**	you *(fam.)* have
lui, lei⎱ lei ⎰	**ha**	⎰he/she has ⎱you *(formal)* have	loro	**hanno**	⎰they have ⎱you *(formal)* have

2. **Avere** is used in many common idiomatic expressions; for example:

avere ... anni to be ... years old	**avere fretta** to be in a hurry
avere bisogno di to need, have need of	**avere paura** to be afraid
	avere ragione to be right
avere caldo to be warm	**avere torto** to be wrong
avere freddo to be cold	**avere sonno** to be sleepy
avere fame to be hungry	**avere fortuna** to be lucky
avere sete to be thirsty	**avere voglia di** *(+ inf.)* to feel like (doing something)
avere pazienza to be patient	

Esempi:

Giulio ha sempre fame.	Giulio is always hungry.
Ho fretta oggi.	I'm in a hurry today.
Avete molto sonno?	Are you very sleepy?
Di che cosa hai bisogno?	What do you need?
Non ho voglia di studiare.	I don't feel like studying.

V (BO): Ask students to make the sentences negative.

A. Complete with the correct form of *avere.*

1. Noi _____ una radio, Carlo _____ uno stereo.
2. Io _____ una sorella, loro _____ un fratello.
3. Tu _____ uno zaino, Gina _____ una calcolatrice.
4. Mio fratello _____ un orologio ed io _____ una radio.
5. Lui _____ venti anni e noi _____ venticinque anni.

B. Answer the following questions affirmatively or negatively, using the appropriate form of *avere*.

▶ Noi abbiamo un registratore. E tu?   *Sì, anch'io ho un registratore.*
No, non ho un registratore.

1. Io ho un giornale. E loro? (Sì, ...)
2. Voi avete un orologio. E lui? (No, ...)
3. Pietro ha un quaderno. E Sara? (Sì, ...)
4. Tu hai una calcolatrice. E lei? (Sì, ...)
5. Loro hanno un televisore. E tu? (No, ...)
6. Laura ha una macchina da scrivere. E Mario ed Angela? (No, ...)

C. Say that the following people have a degree in the fields indicated.

▶ Franco: filosofia   *Franco ha una laurea in filosofia.*

1. il signor Renzi: scienze politiche
2. Marco e Gilda: lingue straniere
3. noi: biologia
4. la Sig.ʳᵃ Renzi Melani: architettura
5. le signorine: medicina
6. voi: informatica
7. Isabella: musica
8. Ferdinando: sociologia

V (BO): Have students ask the same questions in the negative: *Emilio, non hai [un computer]?*

D. Ask the following persons whether they have one of the following items: *un computer, uno stereo,* or *una radio.*

▶ your classmate Emilio   *Emilio, hai [un computer]?*

1. your friends Raffaele and Lisa
2. your neighbor Mr. Valle
3. your uncle Vittorio
4. your cousin Gino
5. your economics teacher
6. Mr. and Mrs. Campini

E. Tell how old the following persons are.

▶ loro / 15   *Hanno quindici anni.*

1. Claudia / 19
2. io / 23
3. Lisa ed Antonio / 33
4. tu / 41
5. il marito di Laura / 56
6. voi / 29
7. il padre di Giorgio / 70
8. la sorella di Ugo / 48

F. Ask (1) your sister, (2) three cousins, and (3) your neighbors, Mr. and Mrs. Sarti, questions using the following expressions with *avere.*

▶ avere paura *Hai paura?*
  Avete paura?
  Hanno paura?

1. avere fame 4. avere fretta 7. avere sete
2. avere pazienza 5. avere molto freddo 8. avere molto caldo
3. avere ragione 6. avere sonno

G. State two things you need. Then ask a student sitting near you what things he or she needs.

▶ S1: Ho bisogno di una penna e di due libri. E tu, di che cosa hai bisogno?   S2: *Ho bisogno di [un quaderno e di una matita].*

H. What would you say in Italian in the following circumstances? Use an expression with *avere* in your responses.

▶ Your friend Carlo says that students are patient.   *Carlo ha torto.*

1. It's −7° Celsius (20° Fahrenheit) outside and you don't have a coat.
2. It's 30° Celsius (90° Fahrenheit) outside and you are wearing a sweater.
3. You haven't slept for twenty-four hours.
4. You didn't have time to eat breakfast this morning and it's almost lunchtime.
5. You have a doctor's appointment at 11 o'clock and it's now 10:50.
6. Your sister Giulia finds a ten-dollar bill on the street.

I. Express in Italian.

1. — I'm always (sempre) thirsty.
   — Yes, and you're always hungry, too.
2. — I don't feel like working.
   — And I don't feel like studying.
3. — Is Maria cold?
   — No, she's warm.
4. — I'm right!
   — No, you're wrong!
5. — Do you need a typewriter?
   — Yes, and I also need a piece of paper.

II. *Articolo determinativo: singolare e plurale*

Le cassette, **il** registratore... **la** musica!

Forms

In Italian, the definite article *(the)* changes to agree in number and gender with the noun it modifies. The singular forms of the definite article are **il, lo, la,** and **l'**.

	Masculine	Feminine
	il liceo	**la** sedia
	lo { studente / zero	**l'**amica
	l'anno	

1. **Il** is used with a masculine noun beginning with most consonants.
   Lo is used with a masculine noun beginning with **s** + consonant or with **z**.
   L' is used with a masculine noun beginning with a vowel.

2. **La** is used with a feminine noun beginning with a consonant.
   L' is used with a feminine noun beginning with a vowel.

The plural forms of the definite article are **i, gli,** and **le.**

Masculine	Feminine
i libri **gli** ⎰ anni ⎱ studenti zaini	**le** ⎰ sorelle ⎱ università

1. **I** is used with a masculine plural noun beginning with most consonants.

2. **Gli** is used with a masculine plural noun beginning with a vowel, **s** + consonant, or **z.**

3. **Le** is used with a feminine plural noun.

Uses

1. The definite article is used to refer to known persons, places, or things. In a series, it is used before each noun.

Ecco **gli studenti!**   Here are *the students!*
Dove sono **i libri e le riviste?**   Where are *the books and the magazines?*

2. The definite article precedes nouns used in a general sense.

I libri sono necessari.   *Books* (in general) are necessary.
La musica è bella.   *Music* (in general) is beautiful.

3. The definite article is generally used before nouns referring to languages, except after **parlare.**

Studio **il francese ed il giapponese.**   I study *French and Japanese.*
But: Parlo **italiano.**   I speak *Italian.*

4. The definite article is used with the courtesy titles **signore, signora, signorina,** and with professional titles such as **dottore, dottoressa, professore, professoressa** when talking *about* an individual. It is omitted, however, when talking directly *to* the individual.

Il signor Valle è meccanico.   *Mr. Valle* is a mechanic
La dottoressa Gardini ha fretta.   *Dr. Gardini* is in a hurry.
But: Buon giorno, **professor Renzi.**   Good morning, *Professor Renzi.*
Arrivederla, **signora Melani.**   Good-by, *Mrs. Melani.*

J. Supply the correct form of the singular definite article.

▶ _____ orologio e _____ televisore   *l'orologio e il televisore*

1. _____ studente e _____ studentessa
2. _____ dottore e _____ architetto
3. _____ amico e _____ amica
4. _____ italiano, _____ spagnolo e _____ francese
5. _____ musica, _____ filosofia e _____ informatica
6. _____ università e _____ città
7. _____ signore e _____ signorina
8. _____ dizionario e _____ stereo

K. Restate in the plural.

▶ Dov'è l'appartamento?   *Dove sono gli appartamenti?*

1. Dov'è il liceo?
2. Dov'è il giornale?
3. Dov'è la zia di Franca?
4. Dov'è la signorina?
5. Dov'è il figlio di Renzo?
6. Dov'è lo stereo?
7. Dov'è lo studente?
8. Dov'è il dottore?

L. Complete the phrases with the appropriate form of the definite article, singular or plural.

1. _____ professori e _____ professoresse
2. _____ amiche di Gloria e _____ amici di Antonio
3. _____ riviste e _____ giornali
4. _____ dottoressa e _____ dottore
5. _____ medicina e _____ antropologia
6. _____ dizionario e _____ calendario
7. _____ sorelle e _____ fratelli
8. _____ figlio e _____ famiglia

V (BC): Have one or two students go around the classroom, pointing to objects and saying: *Ecco la finestra. Ecco due lavagne,* etc.

M. Point out the following persons or objects. Use *ecco* and the correct form of the definite article (singular or plural).

▶ stereo   *Ecco lo stereo.*

1. fogli di carta
2. studenti
3. dischi
4. telefono
5. sedia
6. studentessa
7. finestre
8. tavolo
9. dizionario

N. As you are walking with a friend, you see several people whom you know. Greet the people you meet.

▶ il professor Rodini   *Buon giorno, professor Rodini.*

1. la signorina Lanza
2. il dottor Tommasi
3. la signora Facchetti
4. la dottoressa Veronese
5. la professoressa Scarfone
6. il signor Fedeli

III. Di + *nome per esprimere possesso*

— **Di** chi è la macchina?
— È **di** Paolo Veronesi.

1. The preposition **di** plus a proper name is used to express possession or a relationship of some kind.

Dov'è la radio **di Gabriele?**	Where is *Gabriele's* radio?
La capitale **d'Italia** è Roma.	The capital *of Italy* is Rome.
Sono il padre **di Roberto.**	I am *Roberto's* father.
È la sorella **di Giacomo.**	She is *Giacomo's* sister.

2. The interrogative expression **di chi?** means *whose?*

Di chi è l'appartamento?   *Whose* apartment is it?

O. Answer the questions by saying that the following objects belong to the person mentioned last.

▶ Il televisore è di Marco o di Carlo?   *È di Carlo.*

1. Il computer è di Laura o di Silvia?
2. La penna e la matita sono di Valerio o di Antonino?

3. Lo stereo è di Michele o di Pietro?
4. Il libro ed il quaderno sono di Franco o di Vittorio?
5. La macchina da scrivere è di Giacomo o di Marcello?

P. Create questions and answers with the following cues.

▶ matita: Paola   *Di chi è la matita? È di Paola.*

1. dizionario: Enrico
2. giornali: Giuseppe
3. registratore: Alessandro
4. penna: Matilde
5. quaderno: Carla
6. calcolatrice: Piero

Q. Say that the first person indicated has the objects that belong to the second person.

▶ Marcello / penne / Luisa   *Marcello ha le penne di Luisa.*

1. Patrizia e Carlo / rivista / Enrico
2. noi / stereo / Paola
3. io / dizionario / Mario
4. tu e Laura / macchina da scrivere / Gino
5. Antonella / radio / Giacomo
6. tu / quaderni / Emilio
7. io e Claudio / giornali / Antonio

R. Identify two items that belong to a classmate and two items that do not belong to that classmate. Use the nouns in Exercise P or others that you know.

▶ *Il libro ed il quaderno sono di Laura, ma il computer ed il registratore non sono di Laura.*

IV. *Aggettivi possessivi*

Dov'è **il mio disco?**

1. Possessive adjectives are adjectives that modify a noun and express the idea of ownership or belonging (for example, *my book, your notebook*). In the responses below, the words in boldface are possessive adjectives that refer to Marisa's belongings. Note that in Italian (a) the possessive adjectives agree in number and gender with the object possessed, *not* with the possessor (in this case, Marisa), and (b) the possessive adjectives are generally preceded by a definite article.

E (BO): Change *È la matita di Marisa?* to *È la matita di Stefano?* Drill with feminine and masculine possessors to show that *sua* does not change. Do the same for the other examples.

— È la matita di Marisa?	— Is it Marisa's pencil?
— Sì, è **la sua matita.**	— Yes, it's *her pencil.*
— È il registratore di Marisa?	— Is it Marisa's tape recorder?
— Sì, è **il suo registratore.**	— Yes, it's *her tape recorder.*
— Sono le riviste di Marisa?	— Are they Marisa's magazines?
— No, non sono **le sue riviste.**	— No, they aren't *her magazines.*
— Sono gli amici di Marisa?	— Are they Marisa's friends?
— No, non sono **i suoi amici.**	— No, they aren't *her friends.*

Il Telefono. La tua voce _____

2. The following chart shows the forms of the possessive adjectives.

Subject Pronoun	M. Sg.	M. Pl.	F. Sg.	F. Pl.	English Equivalent
io	il **mio** libro	i **miei** libri	la **mia** rivista	le **mie** riviste	my
tu	il **tuo** libro	i **tuoi** libri	la **tua** rivista	le **tue** riviste	your *(fam. sg.)*
lui/lei	il **suo** libro	i **suoi** libri	la **sua** rivista	le **sue** riviste	his/her/its/your *(formal)*
noi	il **nostro** libro	i **nostri** libri	la **nostra** rivista	le **nostre** riviste	our
voi	il **vostro** libro	i **vostri** libri	la **vostra** rivista	le **vostre** riviste	your *(fam. pl)*
loro	il **loro** libro	i **loro** libri	la **loro** rivista	le **loro** riviste	their/your *(formal)*

Notes: (a) **Suo (sua, sue, suoi)** may mean *his, her, its,* or *your.* Context usually makes the meaning clear.

— Dov'è la rivista di Enrico?	Where is Enrico's magazine?
— **La sua rivista** è sul tavolo.	*His* magazine is on the table.
— Dov'è la rivista di Luisa?	Where is Luisa's magazine?
— **La sua rivista** è nel salotto.	*Her* magazine is in the living room.

(b) **Loro** *(their)* is invariable; it does not change form when used with a masculine plural noun or with a feminine singular or plural noun.

3. Possessive adjectives are used to express family relationships (for example, *my sister, their aunt*). They are not preceded by a definite article when they occur before a *singular, unmodified noun* referring to a relative. Exceptions: **mamma** *(Mom),* **papà** *(Dad)* and sometimes **nonno** *(grandfather)* and **nonna** *(grandmother).*

	Mia madre è professoressa.	*My mother* is a teacher.
	Sua sorella non studia.	*His sister* doesn't study.
	Nostro zio è italiano.	*Our uncle* is Italian.
	Tuo padre insegna informatica.	*Your father* teaches computer science.
But:	**Le sue sorelle** non sono a casa.	*Her sisters* aren't home.
	La nostra vecchia zia abita a Roma.	*Our old aunt* lives in Rome.
	La mia mamma ha quarantadue anni.	*My Mom* is forty-two years old.
	Il tuo papà non lavora.	*Your Dad* doesn't work.

Note, however, that the definite article is *always* used with **loro** + a noun.

Il loro fratello è studente.	Their brother is a student.

P (BC): Ask a few students to go around the classroom to ask their classmates whether certain items belong to them: *S1: È il tuo zaino? S2: [Sì/No, non] è il mio zaino.*

S. Say that the following items belong or don't belong to the persons indicated in parentheses.

▶ (io) calcolatrice   *Sì, è la mia calcolatrice.*
                       No, non è la mia calcolatrice.

1. (tu) giornale
2. (voi) registratori
3. (loro) zaino
4. (io) quaderno
5. (lei) matite
6. (noi) penne

T. Restate the following sentences, substituting the nouns indicated in parentheses.

▶ Sono i nostri dizionari. (sedie)   *Sono le nostre sedie.*

1. Ecco il tuo dizionario. (giornale)
2. Silvia ha la sua macchina da scrivere. (computer)
3. Dov'è la sua rivista? (radio)
4. Hai il tuo stereo? (orologio)
5. I miei libri sono qui. (penne)
6. Le vostre matite sono qui. (quaderni)

E (BC): Reintroduce expressions with *avere* and ask students to form complete sentences with the possessive adjectives: *Mia sorella ha bisogno di una calcolatrice. Tuo zio ha torto,* etc.

U. Give the correct form of the possessive adjective for the person indicated in parentheses.

▶ (io) _____ sorella   *mia sorella*

1. (tu) _____ zio
2. (lui) _____ figlia
3. (loro) _____ padre
4. (lei) _____ madre
5. (noi) _____ fratelli
6. (voi) _____ figlio
7. (io) _____ zie
8. (tu) _____ papà

V (BO): Ask students to change paragraph No. 1 to the third person singular, and paragraph No. 2 to the first person singular.

V. Complete the following paragraphs with the appropriate form of the possessive adjective.

1. Sono Luigi Casanova ed abito a Firenze. _____ madre ha un diploma in musica. _____ padre è architetto. I _____ fratelli Carlo e Stefano lavorano in un piccolo paese fuori Roma. _____ sorella è sposata ed abita in un appartamento nel centro di Firenze.

2. Mario Di Stefano è italiano ed ha venti anni. _____ padre è professore di antropologia e _____ madre è professoressa di biologia. Mario frequenta l'università di Bologna. _____ sorella studia legge all'università di Napoli.

A lei la parola

E (BC): Ask students to express in Italian: (1) Contradict your friend when he/she says he/she doesn't have a dictionary. (2) Verify that your sisters are thirsty, but they aren't hungry. (3) State that there is a sheet of paper on your desk. Inquire as to whose it is.

Can you express the following in Italian?

1. Contradict your friend who insists that you are wrong.
2. Find out if your sisters are hungry.
3. There is a calculator on your desk. Inquire as to whose it is.
4. Point out Carlo's knapsack and Marco's watch to one of your friends, using the expression *ecco.*
5. Report that your sister attends the university, and that your brother attends the *liceo.*

Attualità

In the *Attualità* sections of *Oggi in Italia, Third Edition* you will learn some interesting facts and information about present-day Italy. You should be able to understand most of the content without the help of your instructor or the vocabulary at the end of the text. Use the reading skills you are developing in the *Leggere e capire* sections to get the gist of the passages in *Attualità.*

Conosce Firenze?

Firenze è una delle più famose città del mondo. Culla° di civiltà,   Cradle
Firenze è la patria° di molti poeti, artisti, e uomini politici. La bellezza°   homeland / beauty
dei suoi monumenti, il patrimonio artistico delle sue gallerie e musei,
le numerose accademie e gli istituti culturali richiamano° a Firenze   attract
5 studiosi, artisti e turisti da ogni° parte del mondo.   every

*Una veduta panoramica
di Firenze*

Le regioni italiane

Per ragioni geografiche ed amministrative, l'Italia è divisa° in venti   divided
regioni, ed ogni regione in varie province. Il capoluogo° della regione è   capital (of a region)
la città più importante dal punto di vista° amministrativo. Ad esempio,   point of view
Roma, oltre° ad essere capitale d'Italia, è il capoluogo della regione   in addition
10 Lazio. Milano è capoluogo della Lombardia e Firenze della Toscana.

    Le regioni più industrializzate, Lombardia e Piemonte, sono nel
nord dell'Italia. Per motivi° di carattere geografico ed etnico, alcune   For reasons
regioni italiane hanno uno statuto° speciale ed hanno ampi poteri   constitution
autonomi°: esse° sono il Trentino-Alto Adige, la Valle d'Aosta, il Friuli-   broad autonomous powers / they
15 Venezia Giulia, la Sicilia e la Sardegna.

Le lingue parlate in Italia

L'italiano è la lingua ufficiale d'Italia, ma in alcune° regioni si parlano°   some / are spoken
anche altre lingue. In Val d'Aosta, oltre l'italiano, si parla° francese; nel   is spoken
Trentino-Alto Adige, il tedesco. Gruppi etnici che mantengono ancora
vive° lingua, cultura e tradizioni diverse, sono presenti in varie regioni.   still keep alive
20 Ci sono° greci in Sicilia ed albanesi nel Molise, nella Calabria e nella   There are
Sicilia. In molte regioni italiane esiste ancora il dialetto; la gente° lo°   people / it
parla specialmente in casa con persone della propria famiglia e con gli
abitanti dello stesso *(same)* paese.

Quanto ricorda?

E (BO): Ask students to respond to questions based on information in the cues: *Quali sono i gruppi etnici che mantengono vive in Italia lingua, cultura e tradizione diverse?* You may need to explain the meaning of some interrogative words (*Quali*, etc.).

How much of the information in the preceding passages can you remember?

▶ I gruppi etnici che mantengono vive   *i greci e gli albanesi*
    in Italia lingua, cultura e tradizioni
    diverse.

1. Il numero delle regioni d'Italia.
2. Il capoluogo della Lombardia.
3. La città, patria di famosi poeti ed artisti.
4. La gente lo parla specialmente in casa e con persone della propria famiglia.
5. Le lingue parlate in Val d'Aosta.
6. Le regioni più industrializzate d'Italia.
7. Il capoluogo del Lazio e la capitale d'Italia.
8. Le lingue parlate nel Trentino-Alto Adige.

RIPASSO: Lezioni 1ª & 2ª

In this section, you will review the following: Singular and plural nouns (Exercise A); Numbers 0–100 (Exercise B); The verb **essere** (Exercise C); The verb **avere** (Exercise D); Possession with **di** + name (Exercise E); Definite articles (Exercises F, G); Possessive adjectives (Exercise H); Vocabulary and expressions (Exercise I)

A. Repeat each noun, first with the form **un/una,** then with **due.** Make the necessary changes in the plural noun. [*Singular and plural of nouns*]

▶ città   *una città, due città*

1. professore
2. zaino
3. televisore
4. studente
5. matita
6. villa
7. porta
8. computer
9. liceo

B. Write out in Italian the following number–noun combinations. [*Numbers with nouns*]

1. nineteen years
2. three pens
3. four streets
4. thirty notebooks
5. eighty-five pencils
6. eleven chairs
7. twenty-one students
8. one hundred computers

C. Say that the following people are not from the first city indicated, but from the second city. [*The verb* **essere**]

▶ Silvia: Torino / Palermo   *Silvia non è di Torino, è di Palermo.*

1. il professor Ciampi: Venezia / Milano
2. Massimo e Lorenzo: Genova / Chieti
3. io: Trieste / Urbino
4. io e Giacomo: Bari / Napoli
5. tu e Claudia: Salerno / Avellino
6. Maria: Cagliari / Sassari
7. la signorina Valle: Parma / Bologna
8. tu: Terni / Firenze

D. Say that the following persons are cold, thirsty, hungry, etc., according to the cues in parentheses. [*Expressions with* **avere**]

▶ Luisa (caldo)   *Luisa ha caldo.*

1. io (ragione)
2. Gina (paura)
3. lui (sete)
4. il professore (fretta)
5. Susanna e Pia (caldo)
6. la sorella di Pino (torto)
7. tu (fame)
8. i figli di Giovanni (fortuna)
9. io e tu (bisogno di studiare)
10. la dottoressa Martini (sonno)

57

E. Deny that the objects mentioned below belong to the person cued. Then say that they belong to Sandro. [*Possession with **di** + name*]

▶ libro / Valerio   *Non è il libro di Valerio. È il libro di Sandro.*

1. registratore / Massimo
2. matita / Giacomo
3. giornale / Roberto
4. calendario / Piero
5. rivista / Caterina
6. calcolatrice / Laura

F. Point out the following persons or things, using the expression **ecco** and the appropriate form of the definite article. [*Definite articles*]

▶ giornali   *Ecco i giornali.*

1. appartamento
2. amica di Paola
3. dizionario
4. macchina da scrivere
5. studenti
6. zii di Giuseppe
7. orologio
8. calcolatrice

G. Rewrite the following sentences, changing the italicized words to the plural. [*Definite articles*]

1. Hai *la rivista* di Teresa?
2. Ecco *il professore* d'italiano.
3. Abito con *lo zio* di Roberto.
4. Dov'è *la sorella* di Anna?
5. Abbiamo *il disco* di Carlo.
6. Non ho *il giornale* di Filippo.

H. Complete the following sentences with the correct form of the possessive adjective in parentheses. Use the definite article if appropriate. [*Possessive adjectives*]

1. (mio) Dove sono _____ quaderni?
2. (tuo) Come sta _____ madre, Angela?
3. (suo) Ha _____ zaino?
4. (nostro) Abbiamo _____ matite.
5. (vostro) _____ zia abita a Bari?
6. (loro) Non ho _____ dischi.
7. (mio) _____ figlie hanno fame.
8. (suo) _____ fratelli non hanno paura.

I. Express the following in Italian. [*Vocabulary and expressions*]

1. — How old are you and where do you live?
   — I'm twenty years old and I live in Palermo.
2. — Are you sleepy?
   — No, I'm hungry and thirsty.
3. — Here are Francesca's books and my magazines.
   — And where are my books?
   — Your books are at home *(a casa).*
4. — Does your brother Massimo attend the University of Bologna?
   — No, he attends a *liceo* in Florence.

LEZIONE 3ª

See Instructor's Manual for additional teaching suggestions for *Lezione 3ª*.

Che cosa fai di bello?

Studenti di liceo seduti in un caffè all'aperto di Roma

Piero Salvatori desidera telefonare a Gina Bellini. Entra nel bar° *See cultural note, p. 63*
"Savoia" dove c'è un telefono pubblico e compra un gettone°. Poi va al   telephone token
telefono e fa il numero°. Fulvia, la sorellina di Gina, risponde.   dials

	Fulvia	Pronto?	
	Piero	Ciao, Fulvia. Sono Piero. C'è Gina°?	Is Gina there?
	Fulvia	Sì, ma è occupata.	
	Gina	Fulvia, è per me la telefonata?	
5	**Fulvia**	Sì, è quel noioso di Piero°.	that boring Piero
	Gina	Non fare la spiritosa°. Dammi° il telefono!	Don't be fresh / Give me

* * *

	Gina	Pronto, Piero, come stai?	
	Piero	Così così. Senti°, che cosa fai di bello oggi?	Listen
	Gina	Niente di speciale. Perché?	
10	**Piero**	Hai voglia di prendere° un gelato? C'è una buona	Do you feel like having
		gelateria in via Dante, vicino al parco.	
	Gina	Un gelato adesso? Che ore sono?	
	Piero	Sono le quattro e venti.	
	Gina	L'idea mi piace°, ma devo studiare fino alle sei.	I like the idea
15		Domani ho gli esami di storia.	
	Piero	Allora passo a prenderti° verso le sei e mezzo, va	I'll pick you up
		bene?	
	Gina	D'accordo. A più tardi!	

Domande generali

E (BC): Ask students to supply a different ending to the scene; e.g., Piero can say: *Che peccato! Anch'io ho gli esami di storia domani, ma non ho voglia di studiare.*

1. A chi desidera telefonare Piero?
2. Dove entra e che cosa compra?
3. Chi risponde al telefono?
4. Secondo Fulvia, com'è Piero, noioso o simpatico?
5. Che cosa fa di bello Gina oggi?
6. Che ore sono?
7. Secondo Piero, dov'è una buona gelateria?
8. Che cosa deve fare Gina fino alle sei? Perché?
9. A che ora passa Piero a prendere Gina?

Domande personali

1. Quando lei telefona ad un amico o ad un'amica, usa il telefono pubblico? Usa il gettone?
2. Chi risponde al telefono quando chiama un amico o un'amica?
3. Lei ha una sorellina o un fratellino? È noioso/a o simpatico/a? Fa lo spiritoso/la spiritosa quando risponde al telefono?

E (BC): Ask additional personal questions, using known vocabulary or cognates: *Studia da solo/a o con gli amici?*, etc.

4. Lei dove studia quando ha gli esami, a casa o in classe?
5. Che cosa fa di bello oggi? Ha voglia di prendere un gelato?
6. C'è una buona gelateria nel suo paese o nella sua città?

Modificazioni

V (BC): Have students do one or two of the *Modificazioni* as chain drills; for example:
S1: *Che cosa compra Piero?*
S2: *Compra un gettone ... Che cosa compra Piero?*
S3: *Compra un'aranciata ... Che cosa compra Piero?*

1. — Che cosa compra Piero? — Compra **un gettone.**
   un'aranciata
   un gelato
   un cappuccino
   un espresso

2. — Che ore sono? — Sono **le sei.**
   le nove e un quarto
   le ventidue
   le otto e mezzo
   le quattordici

3. — Dov'è il bar? — Vicino **al parco.**
   all'università
   alla stazione
   allo stadio
   alla biblioteca

V (BO): Challenge students to provide a new scene-setter for the dialogue on p. 60, using new words and expressions from the *Modificazioni:* e.g., *Sono le otto e mezzo. Piero va al bar vicino al parco e compra un gettone. Il fratellino di Gina risponde al telefono.*

4. — Chi risponde al telefono? — **La sorellina** di Gina.
   Il fratellino
   La nonna
   Il nonno
   Lo zio
   La zia

Vocabolario

Parole analoghe

l'idea   **la stazione**   **il telefono**

Nomi

l'aranciata orange soda
il bar *see cultural note, p. 63*
la biblioteca library
il cappuccino coffee with steamed milk
l'esame *(m.)* exam
l'espresso strong coffee without milk
il fratellino little brother
la gelateria ice cream shop

il gelato ice cream
il gettone token
il nonno grandfather; **la nonna** grandmother
il paese small town
la sorellina little sister
lo stadio stadium
la telefonata phone call

Aggettivi

buono/a good
noioso/a boring
occupato/a busy, occupied
simpatico/a nice, attractive

Verbi

andare *(irreg.)* to go; **va** he/she
   goes, you *(formal)* go
comprare to buy
desiderare to wish, to want
dovere to have to, must
entrare to enter
fare *(irreg.)* to do, to make
prendere to take; to have *(in the
   sense of* to eat, to drink)
rispondere to answer, to respond
sentire to listen; **senti** listen
telefonare to telephone
usare to use

Altre parole ed espressioni

adesso now
allora well, then
d'accordo agreed, O.K.
per for; **per me** for me

perché? why?; **perché** because
oggi today
poi then, after that
pronto? hello *(response on the
   phone)*
quando? when?; **quando** when(ever)
secondo according to
stasera this evening
verso toward, around (time)

a che ora? at what time?
a chi? to whom?
c'è there is; **c'è Gina?** is Gina there?
che cosa fai di bello oggi? what are
   you up to today?
che cosa? (cosa?) what?
che ore sono? what time is it?
com'è ...? what is . . . like?
fino alle sei until 6:00
niente di speciale nothing special
non fare lo spiritoso/la spiritosa!
   don't be fresh
passo a prenderti I'll pick you *(fam.)*
   up
l'idea mi piace I like the idea
sono le quattro e venti it's 4:20
va bene? O.K.? is that all right?

Pratica

V (BC): Ask students to change
the situation in *Pratica B* and
prepare a new dialogue based on
the following information: You
and your little sister pass by the
bar *"Savoia."* You ask her if she's
hungry and feels like having an
ice cream. She says she's not
hungry, but she's thirsty and feels
like having an orange soda. You
say O.K.

A. Prepare a dialogue based on the following information: Laura phones
Renato and asks him what he is doing. He says nothing special, that
he has an English exam the next day and has to study until six
o'clock. She asks if he wants to have a *cappuccino* at the bar Giuliani
on *via Napoleone.* He says yes, and agrees to pick her up around six
o'clock.

B. You are with your little brother and you pass an ice cream shop. He
tells you he's hungry and feels like having an ice cream. You say
you're hungry, too, and agree to pay for *(pagare)* the ice cream.

NOTA CULTURALE

Il bar italiano

An Italian *bar* (unlike most American bars) is a place where one can buy a cup of *espresso* coffee, a *cappuccino*, a sandwich, candy, and mineral water, as well as beer and other alcoholic beverages. Generally, a customer stands at the counter to drink or eat, since it is less expensive to do so than to sit at a table. In good weather, chairs and tables are placed outside the bar. A favorite pastime of many Italians is to sit there and enjoy a *cappuccino* or an *aperitivo* as they watch passers-by.

In most Italian bars, one can also find a public phone. To make a call from a public phone, one can use a coin *(moneta)*, a special token *(gettone)*, or a special card *(tessera)*. Tokens may be purchased at the bar, at newsstands, and at tobacconist shops *(tabaccheria)*, or from machines called *gettoniere,* that often require correct change.

Amici in un bar mentre prendono un gelato.

Pronuncia
La lettera **h**

E (BO): Elicit from students the difference in meaning that the letter *h* makes in the following pairs of words:
o = or; *ho* − I have
ai = to the; *hai* = you have
anno = year; *hanno* = they have

The letter **h** is silent in Italian. It is used in some forms of the verb **avere** (**ho, hai, ha, hanno**) and in some interjections (for example, **ah, oh,** and **eh**). It is also present, though never pronounced, in some foreign words currently used in Italian (for example, **hobby, habitat,** and **hotel**).

In the digraphs **ch** and **gh**, the letter **h** helps to form the hard sound of **c** and **g** before the vowels **e** and **i**.

chi	**ch**e	analog**h**e
chiamo	per**ch**é	lar**gh**i

A. Read the following sentences. Do not pronounce the letter *h*.

1. Quanti anni hai?
2. Oh, che peccato!
3. Dov'è l'hotel Barberini?
4. Con chi abita Michele?

B. Write the four sentences that your instructor will dictate to you. Be careful to include the letter *h* when appropriate.

Ampliamento del vocabolario

I. La città

1. l'albergo	6. il museo	11. la banca	16. la stazione
2. il ristorante	7. l'ufficio postale	12. il teatro	17. l'ospedale
3. la chiesa	8. la biblioteca	13. il cinema	18. il supermercato
4. lo stadio	9. il bar	14. la libreria	19. la gelateria
5. la farmacia	10. il mercato	15. il negozio	20. il parco

A. Ask another student to tell you on which street each building is located.

▶   S1: Dov'è il ristorante?   S2: *È in via Nazionale.*

P (BC): Ask students to identify some of the buildings in the nearest city or large town: *Al centro [della città] c'è/ci sono ...*

B. Ask another student if a particular type of building is on *via Dante.*

▶   S1: C'è un albergo in via Dante?   S2: *No, non c'è un albergo in via Dante, ma c'è un albergo in via Nazionale.*

C. Say that the following people don't work in the first place mentioned below, but in the second.

▶   Emilio: bar / ristorante   *Emilio non lavora in un bar, ma lavora in un ristorante.*

1. Luisa: biblioteca / teatro
2. Gianni: farmacia / supermercato
3. Chiara: ospedale / negozio
4. Giacomo: stazione / banca
5. Maurizio: albergo / libreria

II. Preposizioni semplici

A preposition is a word used before a noun or a pronoun to show its relation to another word in a sentence. Here are some simple (one-word) prepositions in Italian, some of which you have already learned. Later on in this lesson, you will learn how some of the prepositions contract with definite articles.

di of, from	**in** in, at	**per** for
a to, at	**con** with	**tra** (or **fra**) between, among
da from	**su** on	

Note that **di** frequently becomes **d'** before a vowel.

P (BC): Ask a few personal questions that require a simple preposition in the responses: *Lei abita in città? Con chi abita? È di Gianna il libro? Maria è tra Gabriele e Filippo? Che lingua parla in classe?*, etc.

D. Complete the following sentences with appropriate prepositions.

▶   Io sono _____ Padova.   *Io sono di Padova.*

1. Il libro è _____ Luciano.
2. Abito _____ via Trieste.
3. Gina va a prendere un gelato _____ Piero.
4. Sono la sorella _____ Giorgio.

5. La signora Marchi abita _____ Firenze.
6. Il computer è _____ il televisore e la radio.
7. Fulvia, è _____ me la telefonata?
8. Ecco il professore _____ italiano.

III. Nomi che finiscono in -tà

Italian nouns ending in the suffix **-tà** are feminine. A good number of them have English cognates ending in -*ty*; for example, **l'unità** = *unity*, **la nazionalità** = *nationality*.

E (BO): Supply a few more examples: *fraternità, abilità, validità, capacità, povertà, possibilità.*

E. Give the English equivalents of the following nouns.

1. l'università
2. la facoltà
3. la sincerità
4. la realtà
5. la facilità
6. la difficoltà
7. la responsabilità
8. la curiosità
9. l'umanità

F. Complete the following sentences with an Italian equivalent of *faculty, curiosity, university,* or *sincerity*.

1. L' _____ di Bologna è molto famosa.
2. In un amico la _____ è molto importante.
3. La _____ di fisica ha quattro professori.
4. La _____ di Fulvia annoia (*annoys*) Gina.

Struttura ed uso

I. L'infinito

1. Italian infinitives are made up of a stem and an ending. You learned in *Lezione 1ª* that some infinitives end in **-are,** some in **-ere,** and some in **-ire.** Infinitives in **-are** are the most numerous.

Infinitive	Stem + ending	English equivalent
comprare	compr + **are**	*to buy*
rispondere	rispond + **ere**	*to answer*
finire	fin + **ire**	*to finish*

2. Infinitives are often used as commands in Italian, especially in public signs indicating or forbidding some activity. In this text, infinitives are also used in many of the direction lines for the exercises and activities.

Spingere	*Push*
Tirare	*Pull*
Non entrare	*Do not enter*
Non fumare	*No smoking*
Completare in italiano le seguenti frasi.	*Complete* the following phrases in Italian.
Rispondere alle domande personali.	*Answer* the personal questions.

II. *Presente dei verbi regolari in* -are

— Noi **parliamo** tedesco. E loro?
— **Parlano** giapponese.

— Lei **parla** cinese?
— No, **parlo** russo.

Nella torre di Babele

1. The present tense of regular **-are** verbs is formed by adding the endings **-o, -i, -a, -iamo, -ate,** and **-ano** to the infinitive stem (the infinitive minus the **-are** ending).

comprare to buy			
Singular		**Plural**	
io compr**o**	I buy	noi compr**iamo**	we buy
tu compr**i**	you *(fam.)* buy	voi compr**ate**	you *(fam.)* buy
lui compr**a**	he buys	loro compr**ano**	⎰ they buy
lei compr**a**	⎰ she buys		⎱ you *(formal)* buy
	⎱ you *(formal)* buy		

2. The present tense in Italian is equivalent to the present indicative and present progressive in English.

Paola **compra** una rivista.	Paola *buys (is buying)* a magazine.
Il signor Martinelli **lavora** in un ospedale.	Mr. Martinelli *works (is working)* in a hospital.
Fulvia **non parla** inglese.	Fulvia *doesn't speak* English.
Romano **non arriva** oggi.	Romano *isn't arriving* today.

3. Remember that subject pronouns are often omitted in Italian because the verb endings indicate person and number (p. 26).

— Roberto abita a Pisa?	— Does Roberto live in Pisa?
— No, **abita** a Siena.	— No, *he lives* in Siena.

4. The present tense may be used in Italian to express actions intended or planned for the near future.

Lavori domani?	*Are you working/Will you work* tomorrow?
Arriva più tardi.	*He's arriving/He'll arrive* later.

5. In "double-verb constructions," the first verb is conjugated (that is, changes endings), and the second is a dependent infinitive.

Desidero andare a teatro.	*I want to go* to the theater.
Gianni **desidera comprare** uno stereo.	Gianni *wants to buy* a stereo.

6. Verbs ending in **-care** and **-gare,** like **cercare** *(to look for)* and **pagare** *(to pay for),* are regular except that they add an **h** in the **tu-** and **noi-** forms to retain the hard sound of the **c** and **g** in the infinitive.

cercare to look for		**pagare** to pay for	
cerco	cerc**h**iamo	pago	pag**h**iamo
cerc**hi**	cercate	pag**hi**	pagate
cerca	cercano	paga	pagano

E (BO): Make statements and have students create sentences that are logically related to the statements, using the verbs in the chart: Instructor: *Dario è napoletano.* Student: *Abita a Napoli.*

7. Here is a list of common regular **-are** verbs. You already know the forms of some of the verbs listed. Many of them are cognates.

abitare to live	**giocare** to play (a game)	**parlare** to speak
arrivare to arrive	**guardare** to look (at), to watch	**pensare (di)** to think (of)
ascoltare to listen (to)	**guidare** to drive	**portare** to bring; to wear
aspettare to wait (for)	**imparare** to learn	**rimandare** to send back; to postpone
cantare to sing	**incontrare** to meet	**telefonare** to telephone
cercare to look (for)	**insegnare** to teach	**tornare** to return
chiamare to call	**lavorare** to work	**trovare** to find
comprare to buy	**mandare** to send	**usare** to use
desiderare to want, to wish	**mangiare** to eat	**visitare** to visit
entrare to enter	**pagare** to pay (for)	
frequentare to attend		

The verbs **ascoltare, aspettare, cercare, guardare,** and **pagare** do not require a preposition after the verb, as the English equivalents often do.

V (BO): Substitute other appropriate verbs for *comprare: desiderare, mandare, cercare,* etc.

A. Specify what each person buys. Use the cues indicated.

▶ Giancarlo / televisore *Giancarlo compra un televisore.*

1. io / radio
2. Maria / calendario
3. voi / rivista
4. loro / orologio
5. lui / calcolatrice
6. tu / registratore
7. lei / macchina da scrivere
8. Enrico e Gilda / zaino
9. lei / disco
10. lui / computer

E (BO): Ask additional questions with known *-are* verbs: *Chi insegna l'italiano? Chi impara l'italiano? Chi arriva in ritardo in classe? Chi usa la lavagna? Chi parla sempre in classe? Chi guarda sempre l'orologio?* etc.

B. Answer the following questions. For emphasis, begin each response with the subject pronoun indicated in parentheses.

▶ Chi parla italiano? (io) *Io parlo italiano.*

1. Chi incontra un amico? (loro)
2. Chi aspetta lo studente? (loro)
3. Chi compra due quaderni? (io)
4. Chi guarda la televisione? (tu)
5. Chi entra adesso? (lei)
6. Chi ascolta la radio? (voi)
7. Chi cerca Carlo? (noi)
8. Chi chiama il dottore? (tu)

V (BO): Ask students to change the responses to the negative: *Non telefoniamo a Giuseppe*, etc.

C. Restate the following sentences by changing each verb to agree with the subject pronoun indicated in parentheses. Omit the subject pronoun in your responses.

▶ Maria telefona a Giuseppe. (noi)   *Telefoniamo a Giuseppe.*

1. Tu porti un libro. (voi)
2. Noi aspettiamo la professoressa. (lui)
3. Teresa paga il gelato. (tu)
4. Lei abita in via Mazzini. (loro)
5. Voi lavorate in un ospedale. (noi)
6. Lui insegna l'italiano. (loro)

P (BO): Have students state three activities they won't do today.

D. Deny that you and the people indicated do these things today.

▶ Vincenzo / telefonare   *Vincenzo non telefona oggi.*

1. Mauro e Laura / lavorare fino alle cinque
2. io / tornare a Pisa
3. la madre di Marisa / arrivare in ritardo
4. io e Gianni / giocare con Nicola
5. tu ed Enrico / ascoltare la radio
6. tu / rimandare il registratore ad Elio
7. Elena ed Antonio / usare il computer
8. Claudio / usare la calcolatrice

E. Report what the following people wish to do. Use the cues indicated and the appropriate form of the verb *desiderare*.

▶ voi / chiamare / fratello / Giovanni   *Desiderate chiamare il fratello di Giovanni.*

1. lui / incontrare / sorella / Paola
2. io / parlare / con / amico / Giuseppe
3. lei / ascoltare / padre / Margherita
4. noi / aspettare / fratello / Giorgio
5. voi / frequentare / liceo a Bologna
6. tu / pagare / dottore
7. loro / comprare / macchina da scrivere
8. noi / cercare / fogli di carta

F. Complete each statement with the appropriate form of the verb in parentheses.

1. (lavorare) Io _____ in un ospedale, ma Paolo _____ in una banca.
2. (insegnare) Noi _____ l'italiano; loro _____ la matematica.

3. (usare)   Tu _____ una matita e lei _____ una penna.
4. (aspettare)   Tu e Maria _____ Giovanni; noi _____ il professore.
5. (comprare)   Io _____ una rivista; tu _____ un giornale.
6. (frequentare)   Gino e Paola _____ l'università; io e Carlo _____ il liceo.
7. (cantare)   Maria _____ bene; io _____ male.
8. (guidare)   Tu _____ una Fiat; Michele _____ una Ferrari.

E (BO): After a student answers, have another student report what the first student said, using the third person singular of the verb.

G. Answer the following questions with plausible responses.

1. Canti bene o canti male?
2. Lavorate in un ospedale o in una banca?
3. Cosa usi, una matita o una penna?
4. Che lingua parli nella classe d'italiano? E nella classe di storia?
5. Desideri guidare? E tua sorella desidera guidare?
6. Voi lavorate? Chi lavora? Chi non lavora?
7. Pensi di telefonare ad un amico o ad un'amica stasera? Pensi di telefonare a tuo padre o a tua madre?

III. *Preposizioni articolate*

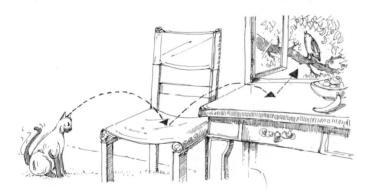

Dalla sedia... **al** tavolo... **alla** finestra...

1. In Italian five of the most commonly used prepositions contract with definite articles to form single words. These prepositions are: **a** *(to, at)*; **da** *(from, by)*; **di** *(of, about, from)*; **in** *(in, into)*; and **su** *(on)*.

Daniele va **al** bar.	a + il = **al**
Tornano **dallo** stadio.	da + lo = **dallo**
Ecco i libri **degli** studenti.	di + gli = **degli**
I ragazzi giocano **nel** parco.	in + il = **nel**
Il giornale è **sul** televisore.	su + il = **sul**

2. The following chart shows the most common prepositional contractions.

	M. Sg.			M. Pl.		F. Sg.		F. Pl.
Preposition	+il	+lo	+l'	+i	+gli	+la	+l'	+le
a	al	allo	all'	ai	agli	alla	all'	alle
da	dal	dallo	dall'	dai	dagli	dalla	dall'	dalle
di	del	dello	dell'	dei	degli	della	dell'	delle
in	nel	nello	nell'	nei	negli	nella	nell'	nelle
su	sul	sullo	sull'	sui	sugli	sulla	sull'	sulle

3. The proposition **con** sometimes contracts with the masculine definite articles **il** and **i.**

Giovanni parla $\begin{Bmatrix} \textbf{con il} \\ \textbf{col} \end{Bmatrix}$ fratello.   Marisa parla $\begin{Bmatrix} \textbf{con i} \\ \textbf{coi} \end{Bmatrix}$ ragazzi.

4. Generally, the article is omitted with **in** before certain nouns like **biblioteca, chiesa, cucina** *(kitchen),* and **banca,** unless the noun is modified with another word or expression.

Francesca è **in chiesa.**	Francesca is *in church.*
Studiamo **in biblioteca.**	We study *in the library.*
Sono **in banca.**	I'm *in the bank.*
But: Sono **nella Banca d'Italia.**	I'm *in the Bank of Italy.*

Note also the omission of the definite article in the expression **a casa.**

Piero è **a casa.**   Piero is *at home.*

5. In compound prepositions (prepositions consisting of more than one word), only the final element (**a, da, di,** etc.) contracts with the definite article.

davanti a	Passano **davanti al** museo.	They pass *in front of* the museum.
vicino a	Lo stadio è **vicino all'**università.	The stadium is *near* the university.
lontano da	L'ospedale è **lontano dal** centro.	The hospital is *far from* downtown.

H. Form new sentences by substituting the words in parentheses for the words in italics. Make the necessary contractions.

   1. Sono al *museo.* (ufficio postale / università / libreria / albergo / ristorante)

2. Il giornale è sulla *sedia*. (televisore / radio / macchina da scrivere / tavolo / quaderno)

3. Torno dalla *farmacia*. (stadio / mercato / cinema / libreria / ospedale)

4. I gettoni sono del *signore*. (signorine / studenti / dottore / sorelle di Marco / figlio di Gino)

V (BO): Ask students to change the responses to the negative: *Carlo non è all'università*, etc.

I. Complete each sentence with the appropriate contraction of the prepositions indicated.

▶ (a) Carlo è _____ università.   *Carlo è all'università.*

1. (in) Maria entra _____ bar Savoia.
2. (di) È il dizionario _____ studenti.
3. (su) I libri sono _____ tavolo.
4. (con) Parlo _____ professore di filosofia.
5. (da) Torniamo _____ ufficio postale.
6. (di) Dov'è il computer _____ amica di Gina?
7. (a) Oggi gli studenti sono _____ stadio.
8. (a) Domani Carlo va _____ cincma.

J. Complete each sentence with *a* or *in* or a contracted form of *a* or *in*.

▶ Studio _____ biblioteca.   *Studio in biblioteca.*

1. Isabella è _____ libreria.
2. Il ragazzo va _____ stadio oggi.
3. Mia madre entra _____ chiesa di San Giacomo.
4. Tina è _____ farmacia con Stefano.
5. Adesso desidero andare _____ banca.
6. Io e Tommaso entriamo _____ ufficio postale.

K. Respond to each question in the negative. Substitute the cued word for the italicized word or expression and make the necessary contractions.

▶ Lui torna dal *teatro*? (stadio)   *No, torna dallo stadio.*

1. Il ristorante è vicino al *bar*? (farmacia)
2. Carlo va al *parco*? (stazione)
3. Parlano bene del *professore*? (studenti)
4. Entra nel *negozio*? (libreria)
5. Tornano dal *cinema*? (mercato)
6. Marta parla col *padre*? (cugina)
7. Il ristorante è molto lontano dalla *stazione*? (albergo)
8. Sono i dischi delle *amiche* di Laura? (amici)

IV. C'è, ci sono, ecco

C'è qualcosa...
Ecco un pesce...

1. **C'è** *(there is)* and **ci sono** *(there are)* are used to state that objects or people are located or present in a place.

> **C'è** un ospedale nel centro della città.   *There is* a hospital downtown.
> **Ci sono** tre studenti in classe.   *There are* three students in class.

2. **Ecco** *(here is, here are, there is, there are)* is used when specifically pointing to objects, people, or something said to which the speaker wants to draw attention. It is often used in exclamatory sentences.

> **Ecco** un giornale.   *Here is (There is)* a newspaper.
> **Ecco** Mario e Carlo!   *Here are (There are)* Mario and Carlo!
> **Ecco** una buon'idea!   *Here's* a good idea!

P (BO): Have students identify members of their family, using *c'è* and *ci sono:* Begin: *Nella mia famiglia ci sono quattro persone: mia madre, ...*

L. Restate the following sentences, using *ecco* in place of *c'è* or *ci sono.*

▶   C'è un libro.   *Ecco un libro!*

1. Ci sono quattro matite.
2. C'è una biblioteca.
3. Ci sono tre gettoni.
4. C'è un giornale.
5. Ci sono due negozi.
6. C'è un cinema.

M. Say whether or not there are the following things or persons in your classroom.

▶   due finestre   *Sì, ci sono due finestre.*
                          No, non ci sono due finestre.

1. un quaderno
2. tre riviste
3. un orologio
4. sei sedie
5. cinque fogli di carta

6. una porta
7. quattro studenti
8. un professore
9. un registratore
10. due calcolatrici

N. Say whether or not there are the following buildings or businesses in your town or city.

▶ un ufficio postale   *Sì, c'è un ufficio postale.*

▶ un albergo   *No, non c'è un albergo.*

1. uno stadio
2. un piccolo parco
3. due ospedali
4. una biblioteca

5. due musei
6. tre farmacie
7. un ristorante cinese
8. una stazione

V. Che ora è? Che ore sono?

È l'una.

Sono le tre.

Sono le dieci.

È l'una e un quarto.
È l'una e quindici.

Sono le quattro
e venti.

Sono le undici e mezzo.
Sono le undici e trenta.

Sono le sei meno
un quarto.

Sono le otto meno
dieci.

È mezzogiorno.
È mezzanotte.
Sono le dodici.

1. **Che ora è?** and **che ore sono?** can be used interchangeably. Both mean *what time is it?*

2. The 24-hour clock system is widely used throughout Italy in most formal and some informal situations, for schedules and appointments as well as in conversation. In the 24-hour clock system, one continues to count after 12 o'clock (noon) until 24 hours (midnight) are reached.

Le banche sono aperte dalle **8,30 (otto e trenta)** alle **13,30 (tredici e trenta).**	Banks are open from 8:30 A.M. to 1:30 P.M.
L'aereo per Milano parte alle **11,00 (undici)** ed arriva alle **16,00 (sedici).**	The plane for Milan leaves at 11:00 A.M. and arrives at 4 P.M.

3. **È** is used with **l'una, mezzogiorno,** and **mezzanotte** to express *it's one o'clock, it's noon, it's midnight.* **Sono + le** is used with all other hours.

4. Time between the full hour and the half hour is expressed by adding minutes to the hour. The word **e** *(and)* is used between the hour and the half hour.

> **Sono le quattordici e venti.**   It's two-twenty P.M.

5. Time after the half hour is expressed by subtracting minutes from the next full hour. The word **meno** *(less)* is used between the half hour and the next full hour.

> **Sono le quindici meno cinque.**   It's five to three P.M.

6. The expressions **di mattina, del pomeriggio,** and **di sera** are often used to make clear whether one is referring to A.M. or P.M. when *not* using the 24-hour system.

> Sono le quattro **di mattina.**   It's four A.M.
> Sono le quattro **del pomeriggio.**   It's four P.M.
> Sono le dieci **di sera.**   It's ten P.M.

7. The expression **a che ora?** is used to ask *at what time?* The response requires the preposition **a** (**a mezzogiorno, a mezzanotte**) or a prepositional contraction (**all'una, alle due, alle tre,** etc.).

> — **A che ora** mangi?   — *At what time* do you eat?
> — Mangio **a mezzogiorno.**   — I eat *at noon.*
>
> — **A che ora** arriva Enrico?   — *At what time* does Enrico arrive?
> — Arriva **alle dieci.**   — He arrives *at ten.*

O.   Tell what time it is in the following digital clocks. Use the 24-hour clock system in your responses.

1. 7:10
2. 5:15
3. 13:30
4. 18:45
5. 1:10
6. 1:30
7. 11:15
8. 21:20
9. 00:30
10. 12:00

P. Tommaso and Loredana disagree about the time. Tommaso says that it's a certain hour, and Loredana says no, it's one hour later. Take Loredana's role in responding to Tommaso's statements. Use the 24-hour clock system in your responses.

▶ Tommaso: Sono le ventuno.   Loredana: *No, sono le ventidue!*

1. Sono le undici.
2. È mezzogiorno.
3. Sono le sette.
4. Sono le quindici.
5. È l'una.
6. Sono le dodici.
7. Sono le diciassette.
8. Sono le venti.

E (BO): Ask students to add a second sentence to each response, using an *-are* verb:
S1: Sono le ventuno e trenta. Giancarlo arriva a casa.
S2: Sono le sei e venticinque. Anna chiama un'amica.

Q. There is normally a six-hour difference in time between New York and Rome. Tell what time it is in Rome, according to the hours given for New York.

▶ New York: Sono le quindici e trenta.   Rome: *Sono le ventuno e trenta.*

1. È l'una e venticinque.
2. Sono le quattro e un quarto.
3. È mezzogiorno e cinque.
4. Sono le venti e trenta.
5. Sono le dodici e venti.
6. Sono le quattordici e trenta.

A lei la parola

Can you express the following in Italian?

1. Inquire about what time your instructor arrives in class in the morning.
2. Ask a friend if he/she wishes to eat at twelve-thirty.
3. Find out if there is a restaurant on Manzoni Street.
4. Your friends Gianni and Caterina are coming toward you. Point them out to other friends.
5. Clarify which school you attend by saying that you attend the university, not the *liceo,* or vice versa.

Comunicare subito!

Conversazioni telefoniche

Telephone conversations are difficult to carry on in any language, but especially when one attempts to do so in a foreign country. The following conversations in Italian will help you learn how to cope with the telephone when you get to Italy some day. The sidenotes will explain some non-guessable new words and expressions.

1. Giampiero è a Livorno e desidera telefonare ad un amico di Roma. Entra in un bar e parla con la cassiera°.

cashier

Giampiero	Buon giorno, signorina. Dieci gettoni, per favore.
Cassiera	Ecco a lei°.
Giampiero	Grazie. Scusi, dov'è il telefono?
Cassiera	Lì, a destra°, vicino alla porta, ma il telefono non funziona. È guasto°.
Giampiero	Un'altra domanda, per cortesia.
Cassiera	Prego°.
Giampiero	Qual è il prefisso° per Roma?
Cassiera	Zero sei.
Giampiero	Molte grazie.

Here you are

There, to the right
It's out of order

Please (go ahead)

area code

V (BO): After presentation of the first dialogue, ask students to change the situation in the following way: The cashier tells Giampiero that the telephone at the bar doesn't work, but that there is a public phone near the bank. When Giampiero asks where the bank is, the cashier responds that it's near the post office.

Il dottor Martinelli telefona a sua moglie da un telefono pubblico.

2. Pino Collodi chiama l'Albergo Medici perché desidera parlare con la signorina Giannini.

Centralinista°	Albergo Medici, buon giorno.
Pino	Buon giorno, signorina. Stanza° 35, per favore.
Centralinista	Un attimo°, le passo la linea°.
Pino	Grazie.

V (BO): Have students change the time of day to the evening, and the room number to any number from 36 to 100.

operator

Room

Just a moment / I'll connect you

3. Il signor Motta telefona al Teatro dell'Opera. Un uomo° risponde al telefono.

man

L'uomo	Pronto?
Signor Motta	Senta°, a che ora comincia° lo spettacolo di stasera?
L'uomo	Che spettacolo?
Signor Motta	Non parlo con il Teatro dell'Opera?
L'uomo	No. È la Clinica Rastelli.
Signor Motta	Mi scusi°. Ho sbagliato numero°. Buon giorno.

Listen / begins

Excuse me / I've dialed the wrong number

Pratica

Create dialogues based on the following information.

1. Gianni is in Pisa and wants to make a phone call. He asks a woman where he can find a public phone. She tells him that there is one near the supermarket on Manzoni Street.
2. Graziella enters a bar in Florence. She asks the cashier for ten tokens. She also wishes to know the area code for Rome. The cashier tells her that 06 is Rome's area code, but the phone is out of order.
3. Lorenzo calls the theater "La Fenice" because he wants to know at what time the evening show begins. The man who answers the phone tells him that he does not know what Lorenzo is talking about and says Lorenzo has dialed the wrong number. The place Lorenzo has called is the police station *(la questura)!*

E (BO): Encourage students to replace *la questura* with other place names, such as *la chiesa, il supermercato, la farmacia.* You might wish to supply a few humorous responses, such as *il palazzo di giustizia, lo zoo.*

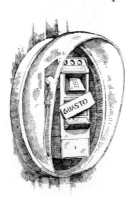

Il telefono non funziona. È guasto.

LEZIONE 4ª

See Instructor's Manual for
additional teaching suggestions for
Lezione 4ª.

Cosa prendono i signori?

Un bar all'aperto in Piazza San Marco a Venezia

È martedì pomeriggio. Enzo Genovesi e Bettina Lombardi sono ad un caffè all'aperto. Vogliono ordinare qualcosa da bere e da mangiare, ma il cameriere non arriva subito. Dopo una lunga attesa°, Enzo perde la pazienza e chiama il cameriere.

a long wait

Enzo	Cameriere, siamo qui da molto tempo°. Ci vuole servire° o no?
Cameriere	Sì, un po' di pazienza, signori. È impossibile servire tutti allo stesso tempo.... Cosa prendono?
5 **Bettina**	Un tè freddo ed un tramezzino al tonno, per favore.
Cameriere	E lei, signore?
Enzo	Una Coca-Cola ed un panino al prosciutto, grazie.
Cameriere	Va bene, subito.

we've been here for a long time
Do you want to serve us

V (BO): Have students vary the dialogue by changing the setting to *un ristorante,* by substituting the names of two students from the class for those of Enzo and Bettina, by making the waiter more attentive, and by using a few expressions from the *Modificazioni.*

* * *

Enzo	Allora, Bettina, che cosa fai giovedì sera? Sei libera?
10 **Bettina**	Credo di sì. Perché?
Enzo	Ho due biglietti per il Teatro tenda°. Vuoi venire con me?
Bettina	Volentieri! Cosa c'è in programma?
Enzo	Musica e danze folcloristiche della Sardegna.
15 **Bettina**	Bene, mi piace molto la musica della Sardegna!
Enzo	Ah, finalmente arriva il cameriere.
Cameriere	Signori, ecco i cappuccini.
Enzo	Ma quali cappuccini°! Volevamo° un tè freddo, una Coca-Cola, un panino al prosciutto ed un tramezzino al tonno.
20 **Cameriere**	Mi scusino°, signori. C'è un po' di confusione. Torno subito.
Enzo	Speriamo bene.°

See cultural note on p. 85

(But) what cappuccinos / We wanted

Excuse me

Let's hope so.

Domande generali

E (BC): Ask additional questions like: *Perché Enzo non ha pazienza? Hanno molta fame Enzo e Bettina? C'è molta gente* (people) *al caffè?*

1. Dove sono Enzo e Bettina?
2. Che cosa decide di fare Enzo dopo una lunga attesa?
3. Che cosa ordina Bettina?
4. Cosa ordina Enzo?
5. Perché Enzo domanda a Bettina se è libera giovedì sera?
6. Cosa c'è in programma al Teatro tenda?
7. Cosa porta il cameriere quando arriva?
8. Cosa risponde Enzo?
9. Che scusa dà il cameriere?

Domande personali

E (BO): Ask each question again, using the *tu*-form of the verb and the first name of the student addressed.

1. Preferisce il latte, la limonata o la Coca-Cola?
2. Quando va ad un caffè all'aperto? Va la mattina, il pomeriggio o la sera?
3. Lei perde la pazienza quando un cameriere non arriva subito?
4. Le piace la musica amcricana? E la musica italiana?
5. Le piacciono le danze americane? E le danze folcloristiche?
6. Le piace il caffè espresso? Ed a suo padre o a sua madre piace?

Modificazioni

1. — Cosa prendono i signori? — **Un caffè,** per favore.
   Un bicchiere di latte
   Un bicchiere d'acqua
   Un panino al prosciutto
   Un tramezzino al tonno

V (BO): Have students do No. 2 and No. 3 of the *Modificazioni* as chain drills. In No. 2, *per lei* would become *per te* in an informal situation.

E (BO): Challenge students to make a longer conversational exchange for each question/response; for example:
S1: *Sei libero/a giovedì sera?*
S2: *No, mi dispiace.*
S1: *Che peccato!*
S2: *Perché?*
S1: *Perché ho due biglietti per il cinema.*

2. — Un caffè anche per lei? — No, preferisco **un tè freddo.**
   un'aranciata
   una limonata
   acqua minerale
   una sprcmuta d'arancia

3. — Sei libero/a giovedì sera? — **No, mi dispiace.**
   Sì, perché?
   Credo di sì, perché?
   Credo di no.
   No, sono impegnato/a.

Vocabolario

Parole analoghe

la confusione **folcloristico/a** **la musica**
la danza **impossibile** **la pazienza**

Nomi

l'acqua (minerale) mineral water
il bicchicre (drinking) glass
il biglietto ticket
il caffè café; coffee
il cameriere waiter
il/la cliente customer
il latte milk
la limonata lemon soda, lemonade
il panino al prosciutto ham sandwich
la Sardegna (the island of) Sardinia

la spremuta d'arancia freshly squeezed orange juice
il tè tea; **il tè freddo** iced tea
il tramezzino al tonno tuna sandwich (on triangular-shaped crustless bread)

Aggettivi

impegnato/a busy, engaged
libero/a free

lungo/a long
prossimo/a next
questo/a this

Verbi

credere to believe; to think
decidere (di + *inf.)* to decide
ordinare to order (food)
perdere to lose
preferire to prefer
servire to serve
venire *(irreg.)* to come
volere *(irreg.)* to wish, to want

Altre parole ed espressioni

dopo after
finalmente at last
se if
subito right away, immediately

tutti everybody, everyone
volentieri gladly, willingly

all'aperto outdoors, in the open air
allo stesso tempo at the same time
cosa c'è in programma? what's
     playing?
con me with me
credo di no I don't think so; **credo di
     sì** I think so
mi dispiace I'm sorry
mi scusino excuse me
per favore please
qualcosa da bere e da mangiare
     something to drink and eat
un po' di confusione a little mix-up
una lunga attesa a long wait
un po' di pazienza (have) a little
     patience
giovedì sera Thursday evening

Pratica

A. You meet a friend at an Italian bar in Siena. First you shake hands and greet one another, and then you suggest that you have something to eat or to drink. When the waiter asks you what you want, you order iced tea for your friend and orange juice for yourself.

V (BO): Encourage several pairs of students to vary the situation by changing the meeting place to a bookstore or a library, by changing the day of the week (see p. 86), and by inventing a different name for the play.

B. You meet a friend in the Piazza del Popolo in Naples. Your friend asks you whether you are free next Saturday. You say yes and ask why. Your friend replies that he/she has two tickets for the theater under a tent and asks if you want to go with him/her. You accept gladly. You ask what's playing and your friend says the name of the play is *Una lunga attesa.*

NOTA CULTURALE

Il teatro italiano

Italians love going to the theater. Today most Italian cities have one or more theaters where operas, dances, traditional and contemporary plays, and experimental works are performed. During the summer months there are also performances in the open air, especially in cities and towns that have ancient Roman amphitheaters. In addition to these there is also the "theater under a tent" *(Teatro tenda)*.

Teatro tenda has become very popular in Italy in recent years. To reduce production costs and to lower the price of admission tickets, many theater companies now present their shows *(spettacoli)* under huge tents in *piazze* and other open areas rather than in traditional theaters or amphitheaters. By presenting different kinds of shows, these companies hope to attract a large number of people, especially the young. The *Teatro tenda* thus becomes the focal point of many cultural, musical, and folkloristic events, enthusiastically supported by city governments, especially during the summertime.

Un tipico Teatro tenda

Pronuncia
Consonanti doppie

E (BC): Dictate a few pairs of words with single and double consonants, to focus on sound/symbol relationships: *sete/sette; pena/penna; vale/valle; steso/stesso/; ero/erro; bruto/brutto.*

When a consonant is doubled in Italian, the sound is usually lengthened or held slightly, or it is pronounced more forcefully.

A. Ascoltare l'insegnante e ripetere le seguenti coppie di parole. *(Listen to your instructor and repeat the following pairs of words.)*

contesa / contessa	copia / coppia	cadi / caddi
tufo / tuffo	fato / fatto	soma / somma
sono / sonno	sera / serra	pala / palla

B. Leggere ad alta voce le seguenti parole. Fare attenzione alla pronuncia delle consonanti doppie. *(Read aloud the following words. Pay attention to the way you pronounce the double consonants.)*

caffè	Bettina	Vittorio	ecco	bicchiere
penna	interessante	oggi	allora	quattro

C. Filastrocca *(Nonsense rhyme)*   Leggere ad alta voce la seguente filastrocca per imparare a distinguere il suono delle consonanti doppie. *(Read aloud the following nonsense rhyme to learn to distinguish the sound of double consonants.)*

Apelle, figlio di Apollo,	Apelles, son of Apollo,
fece una palla di pelle di pollo.	made a ball from chicken skin.
Tutti i pesci vennero a galla	All the fish came to the surface
per vedere la palla di pelle di	to see the ball of chicken skin
pollo	made by Apelles, son of Apollo.
fatta da Apelle, figlio di Apollo.	

Ampliamento del vocabolario

I. I giorni della settimana

The days of the week in Italian are **lunedì, martedì, mercoledì, giovedì, venerdì, sabato, domenica.**

1. **Lunedì** (not **domenica**) is the first day of the week on Italian calendars.

2. The days of the week are not capitalized in Italian.

3. All the days of the week except **domenica** are masculine.

4. The definite article is used with days of the week to express repeated occurrences, as *on Mondays, on Tuesdays,* etc. The definite article is omitted when only one specific day is meant. Contrast:

Il lunedì vado al cinema.	*On Mondays* I go to the movies.
Lunedì vado al cinema.	*On (this) Monday* I'm going to the movies.

5. The invariable adjective **ogni** is frequently used with the days of the week in the sense of *every single.*

Ogni martedì vado al caffè.	*Every single Tuesday* I go to the café.

P (BC): Have students ask *you* what you are doing this Monday, Tuesday, etc. Invent appropriate responses, using known vocabulary. Be sure they use the *lei*-form of the verb *fare.*

A. Domandare ad un altro studente o ad un'altra studentessa che cosa fa questo lunedì, martedì, ecc. L'altro studente/l'altra studentessa deve usare i verbi in **-are** a p. 69 della *Lezione 3ª* nelle sue risposte. *(Ask another student what he or she is going to do this Monday, Tuesday, etc. The other student must use the **-are** verbs on p. 69 of Lesson 3 in his/her responses.)*

▶ Che cosa fai lunedì?   *Lunedì telefono a Roberta.*

P (BC): Have students indicate the days and hours that some of their friends or relatives work.

B. Indichi i giorni e le ore in cui lei lavora. *(Indicate the days and hours during which you work.)*

▶ *Lavoro il martedì e il venerdì. Il martedì lavoro dalle nove alle undici, e il venerdì, dalle tre alle cinque.*

E (BC): Have two students report to the class their identical weekly schedules, using the *noi*-form of the verb.

C. Dia ad un amico o ad un'amica il suo orario settimanale delle lezioni. *(Give a friend your weekly class schedule.)*

▶ *Ogni lunedì ho lezione di [storia] e di [fisica]. Ogni martedì ...*

II. Alcune espressioni di tempo

On the next page is a list of some useful time expressions that you can use to refer to events that occur today, tomorrow, the day after tomorrow, or some day in the near future.

oggi today	**domani** tomorrow
stamattina this morning	**domani mattina (domattina)** tomorrow morning
oggi pomeriggio this afternoon	**domani pomeriggio** tomorrow afternoon
stasera this evening	**domani sera** tomorrow night
stanotte tonight	**dopodomani** the day after tomorrow
lunedì mattina Monday morning	**la mattina** in the morning
martedì pomeriggio Tuesday afternoon	**il pomeriggio** in the afternoon
mercoledì sera Wednesday evening	**la sera** in the evening
giovedì notte Thursday night	**la notte** in the nighttime

V (BO): Have one student ask two students the questions in Ex. D, using the *voi*-form of the verb. One of the two students should respond, using the *noi*-form of the verb.

D. Rispondere alle seguenti domande personali. *(Answer the following personal questions.)*

1. A che ora ha lezione domani mattina?
2. Che cosa fa oggi pomeriggio? E domani?
3. Che lezione ha lunedì mattina?
4. Come sta oggi?
5. Che cosa fa di bello stasera? domani mattina? domani pomeriggio?
6. Quando ha gli esami? domani? dopodomani?

Struttura ed uso

I. Presente dei verbi regolari in -ere ed -ire

Non **capisco** perché Elena non mi **risponde**.

Verbi in **-ere**

1. The present tense of regular **-ere** verbs is formed by adding the present-tense endings **-o, -i, -e, -iamo, -ete,** and **-ono** to the infinitive stem.

vendere to sell	
vend**o**	vend**iamo**
vend**i**	vend**ete**
vend**e**	vend**ono**

2. The following **-ere** verbs are regular in the present tense.

chiedere to ask	**prendere** to take; to have (eat/drink)
chiudere to close	**ricevere** to receive
decidere to decide	**rispondere** to answer
discutere to discuss	**scrivere** to write
leggere to read	**spendere** to spend (time/money)
mettere to put, to place	**vedere** to see
perdere to lose	**vendere** to sell

Esempi:

Ricevo una telefonata.	*I receive* a telephone call.
Non rispondono alle domande.	*They don't answer* the questions.
A chi **scrivi,** Bettina?	To whom *are you writing,* Bettina?

Note: The verb **decidere** requires the preposition **di** before an infinitive.

Enzo **decide di chiamare** il cameriere.	Enzo *decides to call* the waiter.

The verb **discutere** requires the preposition **di** before a noun.

Discutiamo di politica.	*We discuss* politics.

PER UNA CITTÀ
INTELLIGENTE
VOTA

Verbi in **-ire**

1. Regular verbs ending in **-ire** are divided into two categories: those
that follow the pattern of **servire** *(to serve)* and those that follow the
pattern of **preferire** *(to prefer)*. The endings are the same for both
groups, but verbs like **preferire** insert **-isc-** between the stem and the
ending in all singular forms and the third-person plural.

servire to serve		**preferire** to prefer	
servo	serviamo	preferisco	preferiamo
servi	servite	preferisci	preferite
serve	servono	preferisce	preferiscono

2. The following **-ire** verbs are regular in the present tense.

Verbs like **servire:**	*Verbs like* **preferire:**
aprire to open	**capire** to understand
dormire to sleep	**finire** to finish
offrire to offer	**obbedire** to obey
partire to leave, to depart	**pulire** to clean
seguire to take (courses); to follow	**restituire** to return, to give back
sentire to hear; to feel	**spedire** to mail; to send
soffrire to suffer; to bear	**suggerire** to suggest

Esempi:

Aprite i libri in classe?	*Do you open* your books in class?
Partiamo per l'Italia domani.	*We leave* for Italy tomorrow.
Non **restituiscono** le penne al professore.	*They* don't *return* the pens to the professor.
Obbedisci a tuo padre?	*Do you obey* your father?

Note: The verbs **finire** and **suggerire** require the preposition **di** before
an infinitive. English uses a form with *-ing.*

A che ora **finisce di studiare**?	What time *do you finish studying?*
Suggerisco di prendere un gelato.	*I suggest having* an ice cream.

3. Remember that in double-verb constructions, the first verb is conjugated and the second verb remains in the infinitive form.

Preferiamo prendere un caffè.	*We prefer to drink* a cup of coffee.

A. Dire che le prime persone dormono mentre gli altri guardano un film. *(Say that the first persons mentioned sleep while the others watch a movie.)*

▶ Carlo / lei   *Carlo dorme mentre lei guarda un film.*

1. tu / loro
2. lui / loro
3. loro / i signori Cortese
4. noi / Gina e Lisa
5. Carlo e Giacomo / io
6. i ragazzi / noi
7. i suoi amici / tu e Mario
8. Antonia / suo padre e sua madre

V **(BO):** Substitute other pairs of -are, -ere, or -ire verbs: scrivere/leggere; studiare/capire, etc.

B. Dire che le seguenti persone leggono molto ma capiscono poco. *(Say that the following persons read much but understand little.)*

▶ Maria   *Maria legge molto ma capisce poco.*

1. tu ed Orazio
2. gli studenti
3. io
4. tu
5. la signora Betti
6. loro

C. Indicare la preferenza di ciascuna persona. *(Tell what each person prefers).*

▶ tu / caffè; lei / tè freddo   *Tu preferisci un caffè e lei preferisce un tè freddo.*

1. lui / panino al prosciutto; io / tramezzino al tonno
2. il professore / spremuta d'arancia; la signora / limonata
3. noi / aranciata; voi / acqua minerale
4. tu / leggere; io / ascoltare la radio
5. io e Graziella / telefonare; tu e Laura / scrivere

D. Rispondere ad ogni domanda in maniera appropriata. *(Answer each question appropriately.)*

▶ Il signore parte per Napoli. E le signorine?   *Le signorine partono per [Pisa].*

1. Tu suggerisci di vendere i biglietti. E voi?
2. Io obbedisco a mia madre. E tu?
3. Lei segue un corso d'informatica. E loro?
4. La ragazza capisce il francese. E i ragazzi?
5. Tu dormi molto. E Augusto e Antonella?
6. Lui preferisce un cappuccino. E gli amici?
7. Io offro un caffè allo zio. E voi?
8. Lui finisce di mangiare. E loro?

E. Rispondere alle seguenti domande personali. *(Answer the following personal questions.)*

1. Lei capisce l'italiano? E il francese? E il tedesco?
2. A chi scrive lei? Scrive molte lettere?
3. Da chi riceve telefonate?
4. Che cosa legge la sera?
5. Preferisce andare a teatro o al cinema stasera?
6. Suggerisce di prendere un caffè o un tè?
7. Vede gli amici martedì sera? giovedì mattina?
8. Perde la pazienza con gli amici?
9. A che ora finisce di studiare?
10. Segue un corso di matematica o di medicina?

F. Scegliere cinque delle domande precedenti e fare un'intervista ad un amico o ad un'amica. Riferire le risposte alla classe. *(Choose five of the preceding questions and interview a friend. Report the answers to the class.)*

G. Completare ogni frase in maniera appropriata con la forma corretta di uno dei verbi indicati. Nella lista c'è un verbo in più. *(Complete each sentence appropriately with the correct form of one of the verbs in the list. There is one extra verb in the list.)*

dormire	finire	decidere	offrire	preferire
ricevere	prendere	partire	capire	seguire

1. Io non ＿＿ la lezione d'italiano.
2. Noi ＿＿ di andare al Teatro tenda.
3. Tu ＿＿ una telefonata da Caterina ogni lunedì.
4. Io e Gino ＿＿ un bicchiere d'acqua minerale.
5. Il professore ＿＿ di leggere il libro.
6. Perché tu non ＿＿ un caffè a Luigi?
7. I signori Cristini ＿＿ in albergo stasera.
8. Io ＿＿ il caffè e poi ＿＿ per la Sardegna.

II. Formulare le domande in italiano

Dov'è la pizza?

General questions

1. Interrogative sentences that may be answered by *yes* or *no* are formed in several ways:

   a) by using rising intonation at the end of a sentence:

   I signori prendono qualcosa?

   Preferisci un caffè?

   b) by adding a tag phrase like **non è vero?** at the end of a sentence:

   Paola prende una spremuta d'arancia, **non è vero?**

   c) If the subject (noun or pronoun) is used, it generally occurs at the beginning of the sentence before the verb.

   Lei è italiano?
   Carlo ha una macchina da scrivere?

Specific questions

2. Interrogative sentences that ask for specific information are introduced by interrogative words such as **come** *(how)*, **quando** *(when)*, **dove** *(where)*, **che** or **che cosa** *(what)*, **chi** *(who)*, and **perché** *(why)*. If there is an expressed subject, it usually comes after the verb.

Come sta Marisa?	**Che cosa** prendono i signori?
Quando leggi?	**Chi** ha una penna?
Dove abita Pietro?	**Perché** è impegnata Valeria?

H. Trasformare ciascuna delle seguenti frasi in due domande generali, usando gli schemi indicati. *(Change each of the following sentences into two general questions, using the patterns indicated.)*

▶ Marisa lavora oggi. *Marisa lavora oggi?*
  Marisa lavora oggi, non è vero?

1. Franco parla con lo zio.
2. Ornella offre un caffè a Maurizio.
3. Lei studia venerdì sera.
4. I signori partono domani.
5. Paola è americana.
6. Voi cercate il dottore.
7. Marco frequenta l'università.
8. Tu sei libero giovedì sera.
9. La dottoressa va al ristorante.
10. La nonna non sta bene.

E (BC): Challenge students to create additional specific questions, using the interrogative words listed in No. 2 and regular verbs from all three conjugations.

I. Formulare delle domande di cui le seguenti frasi sono le risposte, usando le espressioni interrogative indicate. *(Form questions to which the following statements are answers, using the interrogative expressions indicated.)*

▶ Marco va al cinema. (dove) *Dove va Marco?*

1. Gli studenti scrivono bene. (come)
2. Gino e Mario sono al museo. (dove)
3. Loro studiano il pomeriggio. (quando)
4. Vendiamo la macchina da scrivere. (che cosa)
5. Lei compra un libro. (che cosa)
6. Chiamano Luisa per avere informazioni. (perché)
7. Alfredo arriva stasera. (chi)
8. Restituisco il dizionario alla professoressa. (cosa)
9. Leggo il libro di Moravia. (che)

J. Fare una domanda logica sulle persone e sulle attività che seguono, usando una parola interrogativa appropriata. *(Ask a logical question about the people and activities that follow, using an appropriate interrogative word.)*

▶ Laura / prendere un'aranciata con Marco   *Con chi prende un'aranciata Laura?*

1. loro / finire di studiare alle sei
2. la signorina Marchesi / partire per Milano domani
3. Luisa e Sandra / restituire il dizionario a Roberto
4. Gino / arrivare / allo stadio alle tre
5. i signori Parenti / preferire / partire stasera
6. Antonella / decidere / di tornare a casa / per studiare le lezioni

V (BO): Divide the class in half. Allow students in the first half to open their books to the dialogue on p. 82 and to ask students in the second half as many questions as they can in three minutes. Then reverse roles.

K. Fare ad un altro studente o ad un'altra studentessa il maggior numero di domande possibili sul dialogo introduttivo di questa lezione per vedere quanto ne ricorda. *(Ask another student as many questions as possible about the opening dialogue of this lesson to see how much of it he/she can remember.)*

III. *Verbi irregolari:* dare, fare, stare, volere

— Lupo, **facciamo** una passeggiata.
— Veramente, non **voglio**.

1. Dare, fare, stare, and **volere** are irregular in some forms of the present tense.

dare to give		fare to do		stare to be		volere to wish, to want	
do	diamo	**faccio**	**facciamo**	sto	stiamo	**voglio**	vogliamo
dai	date	**fai**	fate	**stai**	state	**vuoi**	volete
dà	**danno**	fa	**fanno**	sta	**stanno**	**vuole**	**vogliono**

Esempi:
— **Dai** il libro a Carlo o a Pietro?
— **Do** il libro a Pietro.

— Gino e Paolo **stanno** bene?
— Gino **sta** bene, ma Paolo **sta** male.

— Che cosa **fate** stasera?
— Non **facciamo** niente di speciale.

— **Vuoi** una penna?
— No, **voglio** una matita.

2. Volere may be followed by a noun or by a dependent infinitive.

Voglio un registratore.   I want a tape recorder.
Voglio comprare un registratore.   I want to buy a tape recorder.

3. Fare is used in many common idiomatic expressions; for example:

fare colazione to have breakfast or lunch	**Faccio colazione** alle otto.
fare una domanda to ask a question	**Facciamo una domanda** a Luigi.
fare una gita to go on an excursion	**Fai una gita** con Emilio?
fare una passeggiata to take a walk	Mio padre **fa una passeggiata** nel parco.
fare bel tempo to be nice *(weather)*	Oggi **fa bel tempo**?
fare fotografie to take pictures	Mi piace **fare fotografie**.
fare freddo to be cold *(weather)*	**Non fa freddo** stasera, non è vero?
fare caldo to be hot *(weather)*	**Fa caldo** stamattina.

4. Stare in the sense of *to be* is used primarily with expressions of health.

— Come **stai?**   How are you?
— **Sto** bene, grazie.   I'm fine, thanks.

L. Sostituire il soggetto delle seguenti frasi con gli altri soggetti indicati, coniugando il verbo nella forma appropriata. *(Replace the subject with the other subjects indicated, conjugating the verb in the appropriate form.)*

1. Claudio vuole andare al cinema. (tu / voi / noi / io)
2. Cosa fate domani? (tu / loro / la professoressa / noi)

3. Sto abbastanza bene. (il professor Binti / tu e Gino / gli studenti / io e tu)
4. Diamo il dizionario allo studente. (lui / lui e lei / tu / io)

M. Completare le seguenti frasi con una forma appropriata del verbo *volere*.

1. Io _____ comprare un orologio e Teresa _____ comprare una radio.
2. Voi _____ ordinare un panino, e noi _____ ordinare un tramezzino.
3. Tu _____ mangiare adesso, ed io _____ mangiare più tardi.
4. Il bambino _____ un foglio di carta e le bambine _____ una matita e due penne.
5. Noi _____ discutere di politica, ma loro _____ parlare di teatro.
6. Cameriere, non _____ servire i giovani?

N. Domandare alle seguenti persone come stanno e cosa fanno stasera. *(Ask the following persons how they are and what they are doing this evening.)*

▶ Paolo   *Come stai, Paolo? Che cosa fai stasera?*

1. Susanna e Filippo
2. Anna
3. il signor Dini
4. i signori Cristini
5. il professore d'italiano
6. voi e Caterina

O. Dire quello che ciascuna persona dà e a chi lo dà. *(State what each person gives and to whom.)*

▶ io / libro / Gianni   *Io do il libro a Gianni.*

1. noi / gettone / Pina
2. cameriere / tè / Tina
3. loro / caffè / amici
4. tu ed Enrico / rivista / Francesco
5. mia madre / limonata / mio padre
6. mio nonno / panino / mia nonna

P. Rispondere alle seguenti domande personali con frasi complete. *(Answer the following personal questions with complete sentences.)*

1. Vuole fare fotografie domani?
2. Che cosa fa giovedì sera?
3. Sta a casa quando fa bel tempo?
4. Cosa dà al suo amico oggi?
5. Fa freddo o fa caldo oggi?
6. Con chi fa una gita sabato pomeriggio?
7. Come sta sua sorella?
8. Dove vuole fare colazione stamattina? Al bar? A casa?

A lei la parola

E (BC): Ask students to express in Italian: (1) Ask your instructor if she/he speaks Chinese. (2) Find out whether your friend Elena understands her mother. (3) State that you don't have breakfast with your family. (4) Deny that you listen to the radio. (5) Find out where the restaurant *Alfredo* is located.

Can you express the following in Italian?

1. Ask your friends if they want a ham sandwich and a lemonade.
2. Find out whether your classmates understand the teacher.
3. State that you always have breakfast at seven-thirty in the morning.
4. Deny that you watch television on Sundays.
5. You wish to find out where the post office is. Ask a passer-by.

Leggere e capire

Review the suggestions for developing reading skills on pages 33–34, and then read the following passage about Tommaso Genovesi's activities for Saturday and Sunday. Read it straight through, for general understanding. Look for cognates to help you understand what the passage means; don't stop to look up words in the end vocabulary. See if you can do all the exercises that follow the passage without help from your instructor.

Le attività di Tommaso Genovesi

Oggi pomeriggio e domani mattina studio perché dopodomani ho gli esami di storia e sociologia. Stasera non faccio niente di speciale, ma verso le sette penso di fare una passeggiata con il mio amico Francesco al parco di Santa Lucia, non molto lontano dal mio appartamento.

Domani sera sono impegnato. Io e la mia amica Antonella andiamo a teatro ad ascoltare un concerto di musica classica. Mi piace la musica classica ed ho due biglietti per un concerto molto interessante.

Il teatro è vicino al ristorante "Il buongustaio", dove Antonella generalmente suggerisce di andare a mangiare qualcosa dopo il concerto. Domani sera però, voglio andare al Caffè Filippini. Perché? Perché non ho abbastanza soldi.

A. Con riferimento alla lettura, rispondere alle domande con frasi complete. *(Answer all the questions in complete sentences, according to the reading.)*

1. Cosa fa Tommaso oggi pomeriggio e domani mattina? Perché?
2. Dove va stasera e con chi?
3. Perché va a teatro domani sera?
4. Dove pensa di andare dopo il concerto? Perché?

B. Trovare nella lettura le seguenti espressioni e trascriverle così come sono nel testo. *(Locate in the reading the following expressions and write them as they appear in the text.)*

1. history and sociology
2. a music concert
3. classical music
4. however
5. not very far
6. to eat something
7. to walk in the park
8. to the restaurant
9. enough money
10. tomorrow evening

C. Senza guardare la lettura, completare il brano seguente con parole italiane appropriate. *(Without referring to the reading, complete the following paragraph with appropriate Italian words.)*

Dopodomani ho gli _____ di storia e _____ . Domani sera però, la mia amica ed io _____ a teatro ad _____ un concerto di musica _____ . Dopo il concerto penso di _____ qualcosa al Caffè Filippini perché non ho _____ soldi.

D. Creare un buon titolo per il brano dell'esercizio C. *(Create a good title for the paragraph in exercise C.)*

RIPASSO: Lezioni 3ª & 4ª

In this section, you will review the following: Regular **-are, -ere,** and **-ire** verbs
(Exercises A–C); Prepositional contractions (Exercise D); **c'è, ci sono**
(Exercise E); **ecco** (Exercise F); Clock time (Exercise G); Asking questions
(Exercise H); **dare, fare, stare,** and **volere** (Exercise I); Vocabulary and
expressions (Exercise J)

A. Chiedere le seguenti informazioni ad un altro studente o ad un'altra studentessa. Fare le domande usando il pronome **tu.** *(Ask the following information of another student. Make up questions using the **tu**-form.)* [*Regular -are, -ere, and -ire verbs*]

1. if he/she is meeting a friend today
2. if he/she is looking for a tape recorder
3. if he/she lives in Palermo
4. if he/she writes to a friend
5. if he/she receives a phone call from a friend
6. if he/she has coffee at a bar with friends
7. if he/she prefers to work or study
8. if he/she sleeps a lot
9. if he/she is leaving for Rome soon
10. if he/she reads the newspaper

B. Creare una frase logica per ogni soggetto della colonna A, usando le parole indicate nelle colonne B e C. *(Create a logical sentence for each subject from column A, using the cued words from columns B and C.)* [*Regular -are, -ere, -ire verbs*]

A	B	C
1. Io	rispondere	a Roberto
2. Carla	telefonare	di vendere la radio
3. Le sorelle di Lina	suggerire	i libri
4. Io e tu	mandare	alle domande
5. Tu e Carla	perdere	un caffè agli amici
6. Gli studenti	vedere	di andare a teatro
	arrivare	il russo e il francese
	offrire	al telefono
	studiare	tardi domani mattina
		una lettera a mia madre
		i vostri amici

C. Abbinare i verbi di significato contrario, considerando che c'è un verbo in più nella colonna di destra. *(Match the verbs of opposite meaning, keeping in mind that there is one extra verb in the column on the right.)* [*Regular* **-are, -ere, -ire** *verbs*]

1. mandare
2. chiudere
3. rispondere
4. trovare
5. vendere
6. arrivare

a. chiedere
b. perdere
c. comprare
d. sentire
e. partire
f. aprire
g. ricevere

D. Completare le seguenti frasi con la forma corretta delle preposizioni articolate. *(Complete the following sentences with the correct form of the prepositional contractions.)* [*Prepositional contractions*]

1. (a) Vai _____ università o _____ bar?
2. (da) Tornano _____ albergo o _____ museo?
3. (su) I libri sono _____ tavolo e non _____ sedia.
4. (in) Pietro entra _____ negozio e poi _____ ristorante.
5. (di) Il gelato è _____ ragazzo e non _____ ragazza.
6. (a) Arrivate _____ ventitré o _____ tredici?
7. (con) I giovani italiani parlano _____ padre di Renzo e _____ fratelli di Gino.
8. (da) Partono _____ stadio o _____ stazione?

E. Indicare quante cose e persone ci sono nell'aula di scienze del signor Bonetti. *(Indicate how many things and people there are in Mr. Bonetti's science class.)* [**C'è, ci sono**]

▶ diciassette ragazze   *Ci sono diciassette ragazze.*

▶ una porta   *C'è una porta.*

1. trentatré studenti
2. quattro calcolatrici
3. un orologio
4. un registratore
5. trentasette libri
6. un professore
7. due finestre
8. un computer

F. Indicare gli articoli e le persone nell'esercizio E, usando la parola **ecco.** *(Point to the items listed in exercise E, using the word ecco.)* [**Ecco**]

▶ diciassette ragazze   *Ecco diciassette ragazze.*

▶ una porta   *Ecco una porta.*

G. Dire quale lezione ha Marisa, secondo le ore indicate nel suo orario scolastico del lunedì. *(Tell what class Marisa is in, according to the times indicated in her Monday schedule.)* [Clock time]

L'orario scolastico di Marisa il lunedì	
8,30	matematica
9,30	fisica
10,30	inglese
11,30	chimica
12,30	geografia

▶ Sono le nove e dieci.   *Marisa ha lezione di matematica.*

1. Sono le undici.
2. Sono le tredici.
3. Sono le dieci e un quarto.
4. È mezzogiorno e cinque.
5. Sono le nove.
6. Sono le dieci meno venti.

H. Formulare le domande in relazione alle seguenti risposte, usando le parole indicate. *(Form questions for the following answers, using the words indicated.)* [Asking questions]

▶ Enzo offre un caffè a Bettina. (cosa)   *Cosa offre Enzo a Bettina?*

1. Giulio è alla gelateria con Enrico. (con chi)
2. Il cameriere porta due panini. (chi)
3. I ragazzi vogliono andare al cinema. (dove)
4. Il professore parte domenica. (quando)
5. Ho due biglietti per il teatro. (che cosa)
6. Marta non sta bene. (come)
7. Laura è libera giovedì sera. (quando)
8. Preferiamo acqua minerale. (che cosa)

I. Completare le frasi con la forma corretta del presente di **dare, fare, stare** o **volere.** *(Complete the sentences with the appropriate form of the present tense of **dare, fare, stare,** or **volere**.)* [*Present tense of **dare, fare, stare, volere***]

1. Luigi non _____ colazione stamattina.
2. Io non _____ andare a teatro con Michele.
3. Voi _____ male oggi?
4. Loro _____ una gita con gli amici.
5. Gli studenti _____ il compito al professore.
6. Lei non _____ andare a casa adesso.
7. Luisa, tu come _____ ?
8. Adriana _____ il dizionario all'amica.

J. Esprimere in italiano le seguenti conversazioni. *(Express the following conversations in Italian.)* [*Vocabulary and expressions*]

1.
Paolo	Do you want something to drink?
Luigi	Yes, thanks, I'll have a lemonade.
Paolo	I prefer an orange soda. Waiter, one lemonade and one orange soda, please.
Waiter	Right away, sir!

2.
Gabriella	What are you doing the day after tomorrow?
Giulio	I'm leaving for Rome.
Gabriella	When do you return to Florence?
Giulio	Sunday evening. Why?
Gabriella	Because I'm thinking of going to the movies with you.

3.
Caterina	Maria, how are you?
Maria	Fine, thanks. What are you up to?
Caterina	Nothing special. I have exams in two days.
Maria	Too bad. Are you free Friday evening?
Caterina	Yes, why?
Maria	I have two tickets for the theater. Do you want to go with me?
Caterina	Gladly! I like the theater a lot.

LEZIONE 5ª

Che prezzi!

La domenica mattina, Romani e turisti visitano il famoso mercato di Porta Portese.

SCENA 1ᵃ

È la settimana di Carnevale e c'è un'atmosfera d'allegria per le strade di Roma. Giulietta Arbore e Teresa Brancati passeggiano in una via del centro e guardano le vetrine dei negozi eleganti.

	Teresa	Quante belle cose!
	Giulietta	Sì, ma che prezzi pazzeschi!
	Teresa	Non esagerare. Non sono tutti cari i negozi del centro.
5	**Giulietta**	Senti, ho un'idea brillante. Perché non andiamo a Porta Portese° domenica mattina?
	Teresa	Ma scherzi°? Sai bene che mi piace dormire la domenica mattina.
10	**Giulietta**	Ma dai°! Chi dorme non piglia pesci°. Vengo da te verso le nove.
	Teresa	Quanta fretta°! Che cosa devi comprare?
	Giulietta	Un vecchio costume. Fra due giorni vado ad un ballo in maschera di Carnevale e penso di vestirmi da Giulietta°.
15	**Teresa**	*(Con ironia)* Che idea originale! Bene, faccio un piccolo sforzo e vengo con te.

SCENA 2ᵃ

È domenica mattina e Teresa e Giulietta sono al mercato di Porta Portese, dove vogliono fare acquisti a buon mercato.

	Teresa	Giulietta, ecco un costume carino e costa solo diecimila lire.
20	**Giulietta**	Sì, è vero, ma forse è per una Giulietta piuttosto grassa. ... E guarda un po', c'è anche un buco°.
	Rivenditore	Signorina, due punti° ed il costume è perfetto.
	Giulietta	Non è mica facile°. Senti, Teresa, tu che sai cucire così bene. ...
	Teresa	Mi dispiace, ma non ho molto tempo libero.
25	**Rivenditore**	Signorina, se vuole, faccio un piccolo sconto.
	Giulietta	Facciamo settemila lire e lo prendo°.
	Rivenditore	Va bene, ma lei mi vuole rovinare°!

V (BO): Have students vary the first scene by replacing Giulietta and Teresa with Romeo and Giuseppe, by changing the time and day when the two boys decide to go to Porta Portese, and by having Romeo plan on buying a costume for a masked ball that is to take place on Saturday.

See cultural note, p. 108

Are you kidding?

Go on! / The early bird catches the worm.

Such a rush!

I'm thinking of dressing as Juliet.

hole

stitches

That's not really easy to do.

I'll take it

you want to bankrupt me

Domande generali

1. Perché c'è un'atmosfera d'allegria per le strade di Roma?
2. Dove sono Giulietta e Teresa?
3. Che cosa fanno le due ragazze?
4. Dove desidera andare Giulietta domenica mattina?
5. Cosa fa Teresa la domenica mattina?
6. Che cosa deve comprare Giulietta? Perché?
7. Com'è il costume che trova Teresa?
8. Il rivenditore vende il costume a Giulietta a buon mercato?

Domande personali

1. Dove va a passeggiare domenica? Con chi va?
2. Come sono i negozi nel suo paese o nella sua città? Sono piccoli? grandi? eleganti? Sono cari o a buon mercato?
3. Che cosa le piace fare il sabato mattina? E il sabato sera?
4. Le piace fare acquisti a buon mercato? Cosa compra?
5. Sa cucire? Sa cucire bene o male? Le piace cucire?
6. I rivenditori nel suo paese o nella sua città fanno gli sconti o vendono a prezzi fissi?

Modificazioni

1. — Quante belle cose!   — Sì, ma che prezzi **pazzeschi**!
     alti
     esagerati
     esorbitanti

2. — Vieni da me o vai **da Laura**?   — Vado da Laura.
     da Enzo   — Vengo da te.
     dallo zio
     dalla nonna
     da loro

3. — Ti piacciono **i negozi eleganti**?   — Sì, mi piacciono molto.
     le canzoni americane   — No, non mi piacciono.
     le ragazze italiane
     i ragazzi americani

Vocabolario

Parole analoghe

l'atmosfera	elegante	originale
brillante	esagerato/a	perfetto/a
il costume	esorbitante	la scena
difficile	l'ironia	

Nomi

l'allegria joy
il ballo in maschera masked ball
la canzone song
il Carnevale Mardi Gras
la lira lira (Italian currency)
il prezzo price
la ragazza girl
il ragazzo boy
il rivenditore vendor
lo sconto discount
la settimana week
la strada street
il tempo time
la vetrina store window
la via street

Aggettivi

alto/a high, tall
carino/a pretty
caro/a expensive
facile easy
grasso/a fat
pazzesco/a wild, crazy
tutto/a all
vecchio/a old

Verbi

costare to cost
cucire to sew
esagerare to exaggerate
passeggiare to take a walk

sapere *(irreg.)* to know, to know how
venire *(irreg.)* to come

Altre parole ed espressioni

che that; who
diecimila ten thousand
forse perhaps
piuttosto rather
settemila seven thousand
solo only

a buon mercato inexpensive, cheap
a prezzi fissi at fixed prices
che prezzi! what prices!; **che prezzi pazzeschi!** what wild prices!
è vero it's (that's) true
faccio un piccolo sforzo I'll make a small effort
fare acquisti to make purchases
fare uno sconto to give a discount
mi piacciono i negozi eleganti I like elegant stores; **ti piacciono le canzoni americane?** do you like American songs?
non esagerare! don't exaggerate!
quante belle cose! what a lot of beautiful things!
sai cucire you know how to sew
vengo da te I'm coming to your house; **vado da Laura** I'm going to Laura's house

Pratica

A. Immagini di andare da solo/a a Porta Portese a comprare un quadro *(painting)* per la sua stanza *(room)*. Lei chiede al rivenditore di farle *(to give you)* uno sconto di seimila lire. Il rivenditore esita un po', ma poi offre uno sconto di quattromila lire e lei compra il quadro. Crei *(Create)* un dialogo appropriato.

B. Scrivere un dialogo fra Gabriele e Stefano. Vogliono comprare uno stereo ed un registratore. Vanno prima in un negozio molto caro e poi in un altro dove tutto è a buon mercato.

NOTA CULTURALE

Fare spese nelle città italiane

The most elegant and expensive stores of Italian cities are generally located in the downtown area. Their beautifully decorated windows attract the attention of many prospective buyers and passers-by, since the downtown area is the place where people go to shop and meet their friends.

There are also neighborhood stores that are less pretentious and consequently less expensive where people shop on a regular basis. In most cities, there are daily or weekly outdoor markets where one can find many different products at lower or bargain prices. In some cities there are also flea markets such as the one in the Porta Portese area in Rome. Porta Portese is one of the many gates along the walls that surround ancient Rome. It is located along the Tiber River and faces the district of Testaccio. The Porta Portese flea market takes place every Sunday. This famous flea market is an attraction not only for the present-day Romans, but also for tourists looking for bargains and antiques.

Una vetrina elegante di Firenze

E (BO): Ask students how much of the masthead for the magazine *Porta Portese* they can understand without help. Have them give the phone number in Italian, specify the cost of the issue, etc.

Pronuncia
I suoni /**k**/ e /**č**/

E (BC): Ask students to spell aloud words containing /k/ and /č/, to review letters of the alphabet; e.g., *ciao, chiesa, chimica, cerchi.*

The sounds /**k**/, as in **che**, and /**č**/, as in **liceo**, are easy to pronounce, but may be troublesome for English speakers to read. The sound /**k**/ is spelled **ch** or **c**. The sound /**č**/ is spelled **c**.

$$/\mathbf{k}/ \begin{cases} = \mathbf{ch} \text{ before } \mathbf{e} \text{ or } \mathbf{i} \\ = \mathbf{c} \text{ (or } \mathbf{cc}) \text{ before } \mathbf{a}, \mathbf{o}, \text{ or } \mathbf{u} \end{cases}$$

/**č**/ = **c** (or **cc**) before **e** or **i**

A. Ascoltare l'insegnante e ripetere le seguenti parole.

/**k**/ = **ch** or **c**		/**č**/ = **c**	
per**ch**é	**c**aro	ri**c**evere	die**c**i
Mi**ch**ele	pi**cc**olo	pia**c**ere	fa**c**ile
chi	Fran**c**o	li**c**eo	vi**c**ino
chiama	**c**ostume	**c**entro	arriveder**c**i

B. Leggere ad alta voce le seguenti frasi, e fare attenzione alla pronuncia di *c* e *ch*.

1. Chi chiama Michele?
2. Arrivederci alle undici!
3. C'è anche un buco nel costume.
4. Tu sai cucire, Carla?
5. Che cosa deve comprare?
6. Faccio un piccolo sconto.

C. **Proverbi** Leggere ad alta voce i seguenti proverbi per imparare a distinguere i suoni /**k**/ e /**č**/. Poi dettarli (*dictate them*) ad un altro studente o ad un'altra studentessa.

Patti chiari, amici cari.
   Clear agreements make good friends.

Lontano dagli occhi, lontano dal cuore.
   Out of sight, out of mind.

Ampliamento del vocabolario

I. Caratteristiche personali

E (BO): After students learn the Italian equivalents of the adjectives on pp. 110 and 111, ask them to describe a member of their family or a well-known movie star, singer, etc., using at least three adjectives listed.

Luigi è **basso**. Paolo è **alto**.

Enrico è **grande**. Carlo è **piccolo**.

Gina è **intelligente**. Marisa è **stupida**.

Elena è **grassa**. Iole è **magra**.

La signora Dini è **ricca**. La signorina Donato è **povera**.

Luisa è **allegra**. Giulietta è **triste**.

Il diavolo è **cattivo**. L'angelo è **buono**.

Pietro è **giovane**. Il signor Montilio è **vecchio**.

Giorgio è **bello**. Alberto è **brutto**.

Note that usually an adjective that ends in **-o** refers to a male and an adjective that ends in **-a** refers to a female. An adjective that ends in **-e** may refer to either a male or a female.

Altre caratteristiche personali

calmo/a calm, tranquil
nervoso/a nervous

dinamico/a dynamic, energetic
pigro/a lazy

disinvolto/a carefree, self-possessed
timido/a shy, timid

sincero/a sincere
falso/a insincere

divertente amusing
noioso/a boring

prudente careful, cautious
audace bold, daring

simpatico/a nice, pleasant
antipatico/a unpleasant

gentile kind, courteous
sgarbato/a rude

onesto/a honest
disonesto/a dishonest

A. Descrivere una delle persone rappresentate nel disegno *(drawing)*. Usare almeno *(at least)* quattro aggettivi nella descrizione.

► *La signora Montesi è vecchia; ha ottanta anni. È molto ricca, ...*

Stefano Pastore   Maria Montesi   Antonio Calvino   Valentino De Santis

E (BO): Challenge students to supply, for each item, a third sentence that is related logically to the first two sentences; for example: No. 1: *La signora Fantini ha molti soldi e compra oggetti molto cari. È ricca. Abita in una grande villa fuori Roma.*

B. Come sono le persone indicate nelle seguenti frasi? Completare ogni frase con un aggettivo appropriato.

1. La signora Fantini ha molti soldi e compra oggetti molto cari. È _____ .
2. Il dottor Valenti ha ottantadue anni e non cammina molto bene. È _____ .
3. Mi piace la musica, mi piacciono le canzoni e mi piace anche la danza. Sono _____ .
4. Mio fratello non lavora. Ha sedici anni e frequenta il liceo. È _____ .

5. A mia sorella non piace studiare e non piace lavorare. È _____ .

6. Quella donna ha una laurea in medicina e una laurea in legge. È _____ .

7. Non devo mangiare il gelato e la pizza. Sono piuttosto _____ .

8. Sandro non è timido e in classe parla sempre in italiano. È _____ .

C. Descriva se stesso/a *(yourself)*, o un amico o un'amica, usando alcuni aggettivi ed altre espressioni utili.

▶ *Mi chiamo Giorgio Donati. Sono giovane; ho venti anni ...*

II. *Tappe della vita* (Stages of life)

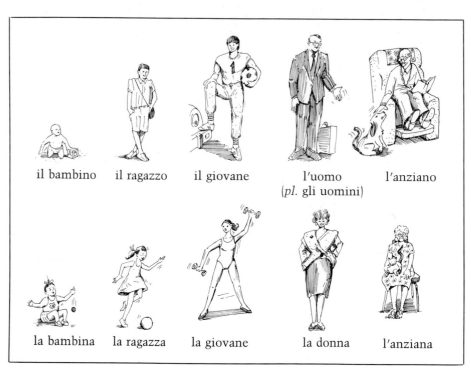

il bambino   il ragazzo   il giovane   l'uomo (*pl.* gli uomini)   l'anziano

la bambina   la ragazza   la giovane   la donna   l'anziana

E (BO): Ask students to describe the people in the drawings, using adjectives given in Section I on p. 110 and p. 111.

E (BC): After students are familiar with the new vocabulary for Section II, have them review numbers and nouns by asking questions about the drawing on p. 110; for example: *Quante donne ci sono nel disegno? Quanti uomini? Quanti bambini?*, etc.

Note that some adjectives in Italian are used as nouns.

giovane	young	**il giovane**	the young man
		la giovane	the young woman

D. Dire come si chiamano, di quale città italiana sono e quanti anni hanno le persone rappresentate nel disegno a pagina 112. Usare la fantasia!

► *Il bambino si chiama Mario. È di Roma ed ha un anno.*

E. Indicare quale relazione c'è fra le persone nel disegno a pagina 112. Usare la fantasia!

► *La donna è moglie dell'uomo.*

Struttura ed uso

I. Concordanza degli aggettivi qualificativi

Angelina è sempre **allegra.**

In Italian, descriptive adjectives (**aggettivi qualificativi**) agree in number and gender with the nouns they modify, in contrast to English usage. There are two main classes of descriptive adjectives.

1. Adjectives whose masculine singular ends in **-o** have four forms.

Roberto è **alto.**	Roberto is *tall.*
Marisa è **alta.**	Marisa is *tall.*
Roberto ed Enrico sono **alti.**	Roberto and Enrico are *tall.*
Marisa e Paola sono **alte.**	Marisa and Paola are *tall.*

2. Adjectives whose masculine singular ends in **-io** also have four forms, but they do not add a second **i** in the masculine plural.

> Lo zio di Ennio è **vecchio.**   Ennio's uncle is *old.*
> Gli zii di Gina sono **vecchi.**   Gina's uncles are *old.*

3. Adjectives whose masculine singular ends in **-e** have only two forms.

> Enrico è ⎫
> Carla è ⎬ **triste.**
>
> Enrico is ⎫
> Carla is ⎬ *sad.*

> I ragazzi sono ⎫
> Le ragazze sono ⎬ **tristi.**
>
> The boys are ⎫
> The girls are ⎬ *sad.*

4. When a descriptive adjective modifies two or more nouns of different gender, the masculine plural form is always used.

> Stefano ed Antonella sono **allegri.**   Stefano and Antonella are *happy.*
> Mio fratello e mia sorella sono **bassi.**   My brother and sister are *short.*

5. The following chart summarizes the agreement of many common descriptive adjectives.

		Singular	Plural	Examples
Class 1	*m.*	**-o**	**-i**	alto, alti
	f.	**-a**	**-e**	alta, alte
Class 2	*m./f.*	**-e**	**-i**	triste, tristi

6. Adjectives of nationality are descriptive adjectives, and may have four forms or two forms, as shown in the chart below.

Four forms	**Two forms**
americano, -a, -i, -e	canadese, -i
italiano, -a, -i, -e	cinese, -i
messicano, -a, -i, -e	francese, -i
russo, -a, -i, -e	giapponese, -i
spagnolo, -a, -i, -e	inglese, -i
tedesco, -a, -chi, -che	

A. Dire che le seguenti cose e persone sono vecchie, moderne, nuove *(new)* o giovani, usando *(using)* la forma appropriata dell'aggettivo.

▶ museo di questa città / vecchio   *Il museo di questa città è vecchio.*

1. ospedale vicino allo stadio / nuovo
2. teatro Sistina / moderno
3. zia di Lina / giovane
4. il nonno e la nonna / vecchio
5. riviste di Massimo / vecchio
6. biblioteca dell'università / moderno
7. macchina da scrivere di Paolo / nuovo
8. sorellina di Marisa / giovane

B. Dire che le seguenti persone e cose sono belle, usando la forma appropriata dell'aggettivo.

▶ costume di Giulietta   *Il costume di Giulietta è bello.*

1. orologi di mio padre
2. canzoni italiane
3. chiese di Roma
4. Piazza Navona
5. negozi di Firenze
6. Università di Urbino

C. Completare la seconda frase con un aggettivo di significato opposto *(opposite meaning)* a quello usato nella prima frase.

▶ Antonella è allegra. Luigi e Filippo _____ .   *Luigi e Filippo sono tristi.*

1. Alberto è povero. Anna e Nino _____ .
2. Laura è buona. Le figlie di Carla _____ .
3. Teresa è intelligente. Roberto _____ .
4. Le ragazze sono piccole. I ragazzi _____ .
5. Gianni è giovane. Alfredo _____ .
6. Luisa è grassa. Angela e Maria _____ .
7. La madre di Franca è bella. Le zie di Aldo _____ .
8. Io sono alto. Gli amici di Riccardo _____ .

D. Dare la nazionalità delle seguenti persone.

▶ Mary (canadese)   *Mary è canadese.*

1. Charles e Diana (inglese)
2. Pablo e Maria (spagnolo)
3. Anne e Sylvie (francese)

4. Helga (tedesco)
5. Bill e Bob (americano)
6. Dimitri ed Ivan (russo)

II. Posizione degli aggettivi qualificativi con i nomi

—È una **bella donna**, non è vero?
—Sì, è vero. È proprio una **donna bella**!

There are two main categories of adjectives: *descriptive* (adjectives that indicate the qualities of a noun) and *limiting* (adjectives that specify and can be demonstrative, numerical, possessive or indefinite adjectives). The position of descriptive and limiting adjectives in relationship to a noun varies.

Descriptive adjectives

1. In Italian, most descriptive adjectives follow the noun they modify, in contrast to English usage.

Ho un'**idea brillante.**	I have a *brilliant idea.*
Non ho molto **tempo libero.**	I don't have much *free time.*
Ecco un **costume carino!**	There's a *pretty costume!*
Che **prezzi pazzeschi!**	What *wild prices!*

2. Certain common descriptive adjectives, such as **bello, cattivo,** and **buono,** ordinarily precede the noun they modify. When they follow the noun, it is usually for emphasis or contrast.

— Lisa è una **bella ragazza.**
— Sì, è vero. È proprio una **ragazza bella!**

— Lisa is a *beautiful girl.*
— Yes, it's true. She's really a *beautiful girl!*

— Carlo è un **cattivo ragazzo?**
— No, è un **ragazzo buono.**

— Is Carlo a *bad boy?*
— No, he's a *good boy.*

3. Here is a list of common descriptive adjectives that generally precede the noun. They may follow the noun to indicate emphasis.

bello/a	beautiful; nice	**grande**	large, great
bravo/a	capable, good	**lungo/a**	long
brutto/a	ugly	**nuovo/a**	new
buono/a	good	**piccolo/a**	small, little
caro/a	dear	**stesso/a**	same
cattivo/a	bad	**vecchio/a**	old
giovane	young	**vero/a**	true, real

4. The adjective **bello** is a regular four-form adjective when it occurs after the verb **essere** or when it follows a noun. When it precedes a noun, it has the following forms:

M. Singular	M. Plural	F. Singular	F. Plural
il **bel** museo	i **bei** musei	la **bella** donna	le **belle** donne
il **bello** stadio	i **begli** stadi	la **bell'**amica	le **belle** amiche
il **bell'**uomo	i **begli** uomini		

Limiting adjectives

1. Limiting adjectives (including demonstrative, possessive, and numerical adjectives) always precede the noun they modify.

Questa sera Teresa va a teatro.
La domenica **mia sorella** dorme fino a tardi.
Ho **due fratelli.**

This evening Teresa is going to the theater.
My sister sleeps late on Sundays.

I have *two brothers.*

2. The adjective **molto (molta, molti, molte)** means *much* or *many* and
always precedes the noun it modifies.

Non ho **molto lavoro** oggi.	I don't have *much (a lot of) work* today.
Ho **molti dischi** americani.	I have *many* American *records.*

Note that **molto** can also be an adverb with the meaning *very* or *a
lot.* When used as an adverb, **molto** has only one form. As an adverb,
it can modify an adjective, another adverb, or a verb.

I negozi italiani sono **molto eleganti.**	The Italian stores are *very elegant.*
La signora Bellini è **molto alta.**	Mrs. Bellini is *very tall.*
Pino guida **molto lentamente.**	Pino drives *very slowly.*
Mio fratello **spende molto.**	My brother *spends a lot.*

E (BO): Have a second student
deny the response made by the
first student, using the appropriate
form of the antonym *brutto,* e.g.:
S1: *Lo stadio moderno è bello.*
S2: *Non è vero. Lo stadio
moderno è brutto!*

E. Dire ad un amico/un'amica che i seguenti luoghi ed oggetti sono
belli.

▶ il parco   *Il parco è bello.*

1. lo stadio moderno
2. la vecchia chiesa
3. la via centrale
4. i nuovi alberghi
5. il teatro del centro
6. i negozi eleganti
7. le biblioteche inglesi
8. il museo di Firenze

F. Trasformare le seguenti espressioni dal singolare al plurale.

▶ la signorina elegante   *le signorine eleganti*

1. il nonno magro
2. la famiglia americana
3. la bella signora
4. lo studente canadese
5. il grande ospedale
6. la giovane grassa
7. il costume nuovo
8. la studentessa generosa

G. Completare ogni frase con la forma corretta degli aggettivi.

▶ (allegro) Lucia è una ragazza _____ .   *Lucia è una ragazza
allegra.*

1. (alto) Mauro è un ragazzo _____ .
2. (inglese) Ecco due signore _____ .
3. (americano) Jane e Kathy sono studentesse _____ .
4. (italiano) Ecco una professoressa _____ .
5. (nuovo) Ho due _____ costumi.
6. (intelligente) Abbiamo molte amiche _____ .
7. (magro) Dario è un ragazzo molto _____ .

V (BO): Have students transform the statements into questions, using the *tu*-form of the verb. The responses should be longer than *sì* or *no*, e.g.:
S1: *Compri molti bei dischi?*
S2: *Sì, compro molti bei dischi italiani e americani.*

H. Dire che le cose che Milena compra, ha, ecc. sono belle, mettendo l'aggettivo prima del nome.

▶   Compra molti dischi.   *Compra molti bei dischi.*

1. Ha un'automobile italiana.
2. Abita in un appartamento in via Nazionale.
3. Compra un libro per la madre.
4. Ha un costume nuovo.
5. Lavora in un albergo del centro.
6. Va sempre a vedere film americani.
7. Legge molti libri d'arte.
8. Guarda un programma alla televisione.

I.   Completare le seguenti frasi con l'uso corretto di *molto*.

▶   Il nonno è ____ vecchio   *Il nonno è molto vecchio*
   ed ha ____ pazienza.   *ed ha molta pazienza.*

1. Ci sono ____ belle cose nei negozi del centro.
2. I prezzi sono ____ alti.
3. Non è ____ difficile trovare vecchi costumi.
4. A Porta Portese Rita spende ____ lire.
5. Carlo è ____ intelligente.
6. In via Dante ci sono ____ vetrine eleganti.
7. Il bambino di Francesco è ____ bello.
8. Perché parli ____ in classe?
9. Non ho ____ fame, ma ho ____ sonno.

Un ristorante all'aperto in Piazza Navona a Roma

III. Due significati speciali di da (tempo e luogo)

Da quanto tempo sei qui?

1. The present tense is used with **da** plus expressions of time to indicate *for how long something has been going on up to the present time.* Compare the following Italian and English sentences and notice the difference in the verb tenses used.

— Da quanto tempo **sei** a Genova?	— How long *have you been* in Genoa?
— **Sono** a Genova da due settimane.	— *I've been* in Genoa for two weeks.
— Da quanto tempo **lavori**?	— How long *have you been working*?
— **Lavoro** da un mese.	— *I've been working* for one month.

2. **Da** may mean *at* or *to someone's house or place of business* when it is followed by a noun referring to a person. **Da** contracts with the definite article.

Andiamo **da Rosa.**	We're going *to Rosa's (house).*
Sono **dal dottore.**	I'm *at the doctor's (office).*
Vai **dalla signorina Capezio?**	Are you going *to Miss Capezio's (house)?*

J. Domandare ad un altro studente o ad un'altra studentessa da quanto tempo fa le seguenti attività.

► guardare la televisione (un'ora)   S1: *Da quanto tempo guardi la televisione?*
S2: *Da un'ora.*

1. ascoltare la radio (mezz'ora)
2. abitare a Genova (un anno)
3. lavorare qui (due anni)
4. aspettare Marco (dieci minuti)
5. studiare l'italiano (tre mesi)
6. essere in Svizzera (due settimane)
7. leggere il giornale (venti minuti)
8. guardare le vetrine (due ore)

E (BC): Ask students to state that every day of the week they go to the home or place of work of one or more friends or relatives or acquaintances: *Ogni lunedì vado dal mio amico Roberto. Ogni martedì vado dallo zio . . .*

K.   Dica che lei va a casa o nei posti di lavoro delle seguenti persone, usando *da* + la forma appropriata dell'articolo determinativo.

▶   la signora Ricci   *Vado dalla signora Ricci.*

1. dottore   3. zia   5. Aldo
2. professore   4. nonni   6. meccanico

L.   Dire dove sono le seguenti persone.

▶   Lidia e Laura: architetto   *Lidia e Laura sono dall'architetto.*

1. Paolo: Carla
2. noi: sorella di Raffaele
3. tu: nonni
4. il signor Renzi: figli
5. tu e Giacomo: signora Bettini
6. il signor Carelli: ingegner Bruni

IV. *Verbi irregolari:* andare e venire

Vieni a fare due passi con me?

1. The verbs **andare** and **venire** are irregular in some forms of the present tense.

andare to go		**venire** to come	
vado	andiamo	**vengo**	veniamo
vai	andate	**vieni**	venite
va	**vanno**	**viene**	**vengono**

2. Andare and **venire** require **a** before an infinitive.

I ragazzi **vanno a mangiare** al ristorante.

The boys *are going* to the restaurant *to eat.*

Vengo a fare colazione con te domani.

I'm coming to have lunch with you tomorrow.

M. Un gruppo di studenti arriva a Firenze da varie città italiane. Dire da quale città viene ognuno e a quale città va.

▶ Marco: Assisi / Pisa   *Marco viene da Assisi e va a Pisa.*

1. Aldo: Firenze / Roma
2. io: Orvieto / Napoli
3. noi: Palermo / Venezia
4. Anna e Bettina: Milano / Ravenna
5. Paola: Bologna / Torino
6. voi: Bari / Siena

N. Domandare se le seguenti persone vengono dai luoghi indicati.

▶ Paola ed Andrea: banca / mercato   *Vengono dalla banca o dal mercato?*

1. la signorina Lorenzi: ufficio postale / chiesa
2. Michele: museo / biblioteca
3. i signori Colonna: albergo / stazione
4. la sorella di Fabio: cinema / teatro
5. gli amici di Silvia: liceo / università
6. il dottor Donati: bar / ristorante

O. Dire che queste persone vanno al luogo indicato.

▶ Maurizio: ospedale   *Maurizio va all'ospedale.*

1. mia nonna: chiesa di San Giacomo
2. noi: biblioteca nazionale
3. tu: stazione

4. i suoi cugini: teatro Sistina
5. Antonio: università
6. tu e Riccardo: ristorante

P. Formare frasi complete con le parole indicate nelle colonne A, B e C.

A	B	C
io		lavorare con te
tu	andare	studiare in biblioteca
lui	venire	mangiare da mia cugina
loro		comprare il prosciutto al mercato
noi		vedere il tuo nuovo costume
		fare acquisti al centro

V. Che e quanto *nelle esclamazioni*

Che bello! Andiamo in montagna!

1. **Che** plus a noun or an adjective is used to express surprise, approval, annoyance, or astonishment in exclamatory sentences. The exact meaning depends on the context or situation. The equivalent in English is *what a!* (+ noun, or adjective and noun) or *how!* (+ adjective).

Che bambino noioso!	*What an* annoying child!
Che bello!	*How* beautiful!

2. **Quanto (-a, -i, -e)** plus a noun is used to express surprise or astonishment in exclamatory sentences. The equivalent in English is *such (a lot of)!, what (how much)!, so much!,* etc.

Quanto gelato!	*Such a lot of* ice cream!
Quanta pazienza!	*What (How much)* patience!
Quanti negozi!	*So many* stores!
Quante domande!	*So many* questions!

Q. Domandare ad un altro studente o ad un'altra studentessa come si dicono *(how one says)* le seguenti espressioni in italiano, usando *(using)* la parola esclamativa **che.**

▶ What confusion! S1: *Come si dice "What confusion" in italiano?*

S2: *Si dice "Che confusione!"*

1. What a library!   3. What a museum!
   How beautiful!   How beautiful!
   What a beautiful library!   What a beautiful museum!
2. What a hotel!   4. What a waiter!
   How beautiful!   How nice!
   What a beautiful hotel!   What a nice waiter!

R. Domandare ad un altro studente o ad un'altra studentessa come si dicono le seguenti espressioni in italiano, usando la forma appropriata della parola esclamativa *quanto.*

▶ So many things! S1: *Come si dice "So many things!" in italiano?*

S2: *Si dice "Quante cose!"*

1. So much hunger!   4. What thirst!
2. Such a lot of work! 5. Such elegant stores!
3. So many children!   6. Such a rush!

S. Reagire *(React)* alle seguenti situazioni in maniera opportuna, usando alcune esclamazioni della lista.

che cattivo/a!	che peccato!	che intelligente!
che fortuna!	che bravo/a!	quanta volontà!
che bello/a!	che generoso/a!	che bel complimento!

1. Il professore d'italiano dice *(says)* che non ci sono esami oggi.
2. Suo fratello dice che c'è un ballo in maschera sabato.
3. A Claudia non piace andare al Teatro tenda.

4. La sua amica dice che parla quattro lingue.
5. Un bambino di quattro anni scrive il suo nome.
6. Paolo dice che desidera fare molte cose.
7. Il signor Carletti dà molti soldi al figlio.
8. Il professore dice che lei è intelligente.

A lei la parola

1. Tell your professor that you have an old typewriter.
2. Ask another student how long he/she has been studying Italian.
3. Say that your mother is coming Tuesday afternoon.
4. State that you have been reading for twenty minutes.
5. You go to a masked ball. React to the many beautiful costumes you see.

Attualità

Conosce Venezia?

Venezia è costruita sull'acqua. Barche°, motoscafi° ed eleganti gondole trasportano i cittadini ed i turisti da un luogo all'altro della città. Chiamata la "Serenissima" o la città di San Marco e del Leone alato°, Venezia fu° una delle più prospere repubbliche marinare del Medioevo. Centro storico monumentale è la splendida Piazza San Marco con la basilica di San Marco e il Palazzo Ducale. Venezia è oggi centro di numerose attività culturali come la Mostra internazionale d'arte cinematografica, l'Esposizione internazionale, la Biennale d'Arte ed il Carnevale in costume. Di grande attrazione turistica è la rievocazione° della Regata storica che viene fatta nella prima domenica di settembre. La Regata si svolge sul Canal Grande ogni anno dal 1300 e ad essa prendono parte 300 personaggi in vivaci e bellissimi costumi folcloristici.

Boats / motorboats

winged
was

reenactment

E (BO): Write on the board the following questions and have students find the answers in the passage about Venice. (1) *Su cosa è costruita Venezia?* (2) *Come vanno i cittadini da un luogo all'altro della città?* (3) *Com'è chiamata Venezia?* (4) *Vengono molti turisti a Venezia? Perché?* (5) *Quando viene fatta la Regata storica?*

La Città del Vaticano

Veduta panoramica di Piazza San Pietro

In Italia ci sono due stati indipendenti: la Città del Vaticano e San Marino.

La Città del Vaticano è lo stato sovrano più piccolo del mondo. È situata dentro la città di Roma, sulla riva destra° del fiume Tevere. Ha circa mille abitanti ed una superficie di 0,44 Km² (zero virgola quarantaquattro chilometri quadrati). La Città del Vaticano fu° costituita come stato independente l'11 febbraio 1929 (millenovecentoventinove) con un concordato tra lo Stato Italiano e la Santa Sede°. Il Vaticano stampa° propri francobolli° ed una moneta° propria, ma usa la lira italiana.

Il territorio del Vaticano comprende la piazza e la basilica di San Pietro, il palazzo, i musei ed i giardini° vaticani. Inoltre°, al Vaticano appartengono° vari palazzi nella città di Roma e le basiliche di San Giovanni in Laterano, Santa Maria Maggiore e San Paolo fuori le mura°.

right bank

was

Holy See / prints / stamps / currency

gardens / Furthermore
belong

outside the walls

San Marino

San Marino è una piccola repubblica indipendente dall'Italia situata fra le province di Pesaro ed Urbino (Marche) e di Forlì (Emilia-Romagna). Ha circa ventimila abitanti ed una superficie di circa 60 Km² (sessanta chilometri quadrati). San Marino è lo stato più antico° d'Europa ed è   ancient
indipendente dall'Italia dall'885 (ottocentottantacinque) dopo Cristo.

L'economia dello stato, inizialmente agricolo, si basa oggi sul turismo e sull'artigianato°. San Marino stampa propri francobolli,   craftsmanship
molto ricercati° dai collezionisti.   sought after

Abbinamento Abbinare correttamente gli elementi della colonna A con quelli della colonna B. C'è un elemento in più nella colonna B.

A	B
1. La Piazza di San Marco	a. San Marino e Città del Vaticano
2. Piccolo stato nel centro di Roma	b. San Giovanni in Laterano
3. Un attributo della città di Venezia	c. le gondole
4. Lo stato più antico dell'Europa	d. Venezia
5. Una basilica romana che appartiene alla città del Vaticano	e. La Biennale d'Arte
6. Due stati indipendenti in Italia	f. Venezia e Viareggio
7. Caratteristici mezzi di trasporto di Venezia	g. la città del Vaticano
	h. la Serenissima
	i. San Marino

Francobolli della Città del Vaticano

See Instructor's Manual for
additional teaching suggestions for
Lezione 6ª.

LEZIONE 6ª

Ma dove ha preso i soldi?

Moto e motorini sono il soggetto di discussione di questi giovani.

Edoardo Filipponi e Valerio Marotta, due giovani napoletani, sono nella pizzeria "Il Marinaio." Mentre mangiano una pizza, parlano fra di loro.

Edoardo	Sabato scorso sono andato dal meccanico per fare aggiustare i freni della mia macchina°, e lì, sai chi ho incontrato? Sergio.	to have the brakes of my car fixed
Valerio	Ma non è andato in vacanza in Inghilterra il quindici giugno?	
Edoardo	No, ha rimandato la partenza° al venti luglio. Comunque ho visto il suo ultimo acquisto.	he postponed his departure
Valerio	Che acquisto ha fatto?	
Edoardo	Ha comprato una nuova moto rossa di marca giapponese.	
Valerio	Davvero!° Ma dove ha preso i soldi?°	Really! / But where did he get the money?
Edoardo	Aspetta un minuto. Ordiniamo prima un po' di vino?	
Valerio	Perché no! Questa pizza è molto buona, ma mette molta sete°. Signorina, del vino°, per piacere.	it makes one very thirsty / some wine
Signorina	Rosso o bianco?	
Valerio	Rosso, grazie.	
Signorina	Va bene.	
Valerio	Dunque, questi soldi da dove sono venuti?	
Edoardo	È molto semplice: ha vinto al totocalcio°.	a lottery based on the results of soccer matches
Valerio	Sergio è sempre fortunato. Io gioco ogni settimana ma non vinco mai. Quindi niente moto° per me.	no motorcycle
Edoardo	Poverino! Ah, ecco il vino. Prendi! Bevi e dimentica° la tua sfortuna.	Drink and forget

5

10

15

20

Domande generali

1. Dove sono Edoardo e Valerio?
2. Che cosa fanno?
3. Dov'è andato Edoardo sabato scorso?
4. Chi ha incontrato?
5. Quando parte Sergio per l'Inghilterra?
6. Che cosa ha comprato Sergio?
7. Dove ha preso i soldi?
8. Secondo Valerio, com'è Sergio?
9. Cosa fa Valerio ogni settimana?
10. È fortunato Valerio? Perché o perché no?

Domande personali

V (BO): Have students ask each other the personal questions, using the *tu*-form of the verbs.

1. Dove va lei quando vuole mangiare una pizza?
2. Che cosa preferisce bere quando mangia una pizza?
3. Lei ha la moto, la macchina o la bicicletta? Di che marca è? Quale marca preferisce?
4. Se lei ha una moto o una macchina, come le piace guidare? Lentamente o velocemente?
5. Gioca alla lotteria? Vince qualche volta?
6. C'è il totocalcio nel suo paese o nella sua città?

Modificazioni

1. — Dove sei andato/a **sabato** scorso?
           lunedì
           giovedì
           il mese
           l'anno
— Sono andato/a **dal meccanico.**
   da Marta
   all'ospedale
   in Italia
   negli Stati Uniti

2. — È partito/a il quindici giugno?   — No, parto il **venti** luglio.
                                            dieci
                                            quindici
                                            trenta
                                            primo

3. — Ordiniamo **un po' di vino rosso?**   — **Buona idea!**
   un po' di acqua   No, basta così.
   una limonata   Sì, volentieri.
   una birra   Sì, chiamo il cameriere?
   un cappuccino   Perché no!

Vocabolario

Parole analoghe

fortunato/a   **il meccanico**   **la pizzeria**
la lotteria   **la pizza**

Nomi

l'acquisto purchase   **giugno** June
la birra beer   **l'Inghilterra** England
il freno brake   **luglio** July

la **macchina**   car
la **marca**   brand name
il **mese**   month
la **moto(cicletta)**   motorcycle
la **partenza**   departure
la **sfortuna**   bad luck, misfortune
i **soldi**   money
gli **Stati Uniti**   the United States
il **totocalcio**   lottery based on soccer
     games
il **vino**   wine

Aggettivi

bianco/a   white
napoletano/a   Neapolitan, from
     Naples
niente   no, none
rosso/a   red
scorso/a   last
semplice   simple
sfortunato/a   unlucky, unfortunate
ultimo/a   latest, last *(in a series)*

Verbi

aggiustare   to fix
dimenticare   to forget
fatto   *irreg. p.p. of* **fare**

preso   *irreg. p.p. of* **prendere**
venuto   *irreg. p.p. of* **venire**
vincere   to win; **vinto**   *irreg. p.p.*
visto   *irreg. p.p. of* **vedere**

Altre parole ed espressioni

comunque   however
davvero!   really!
dunque   then, so
lentamente   slowly
lì   there
mentre   while
poverino/a!   you poor thing!
prima   first
qual/è? (*pl.* **quali**)   which?
quindi   therefore
sempre   always
velocemente   fast

aspetta un minuto   wait a minute
basta così   that's enough
fra di loro   between (among)
     themselves
in vacanza   on vacation
non ... mai   never, not . . . ever
per piacere   please
perché no?   why not?
il venti luglio   July 20
il quindici giugno   June 15

Pratica

A.   Immagini di dovere andare a riprendere la sua moto dal meccanico. Lei telefona al suo amico Marco per chiedergli un passaggio. Marco risponde che gli dispiace ma non può accompagnarlo, perché deve andare al centro con suo fratello.

B.   Prepari un brano sulle attività che pensa di fare ogni giorno di questa settimana. Usi alcuni dei seguenti verbi ed espressioni.

comprare una moto   andare a teatro o al cinema
fare le spese   parlare con gli amici
cucire un costume   partire per le vacanze
passeggiare nel parco   giocare al totocalcio

NOTA CULTURALE

I giovani italiani

Italian young people are not very different from their American counterparts. The majority of them attend secondary school, and, after graduation *(dopo la maturità)*, a good number of them go to work, while others go to the university or other institutions of higher learning such as *l'Accademia delle Belle Arti* or *il Conservatorio di Musica*. During the summer months, many go abroad for vacation or to learn a foreign language. One year of military service is obligatory for all young men.

Young adults often live at home with their parents *(i genitori)*. This is due mainly to economic reasons, a chronic housing shortage, and the closely-knit nature of many Italian families. They enjoy sports, music, dancing, parties, and trips, and they love spending time doing things with their friends such as taking walks, going to the movies, and having snacks at an outdoor *caffè, bar,* or a fast food establishment.

But to have *la macchina, la moto* or *il motorino*—a moped—is the aspiration of most Italian young people. Since the weather in Italy is generally rather mild, the *moto* or *motorino* is their favorite way of getting around town. This means of transportation has many advantages in the eyes of the young. It is fast and it isn't cumbersome, very attractive qualities when one considers the narrow streets and the heavy traffic of Italian cities. Most important, in a country where gasoline *(la benzina)* is very expensive, *le moto ed i motorini* are very cheap to run.

Due giovani studenti sono pronti per fare una corsa in motocicletta.

Pronuncia
I suoni /r/ e /rr/

Italian /r/ (spelled **r**) and /rr/ (spelled **rr**) are very different from English /r/ as pronounced in the United States. Italian /r/ is "trilled" once, that is, pronounced with a single flap with the tip of the tongue against the gum ridge behind the upper front teeth. This produces a sound similar to the *tt* in *bitter, better, butter,* when the English words are pronounced rapidly. The sound /rr/ is produced with a multiple flap of the tip of the tongue.

A. Ascoltare l'insegnante e ripetere le seguenti parole.

/r/		/rr/	
radio	trova	arrivederci	carriera
ragazza	grazie	Inghilterra	terra
andare	Franco	birra	Corrado
desidera	frequento	arrivare	Ferrari

B. Leggere ad alta voce le seguenti frasi. Fare particolare attenzione alla pronuncia di *r* e *rr*.

1. Franco telefona a Marisa Martinelli.
2. Romana desidera andare in Inghilterra.
3. Buon giorno, Signor Rossini.
4. Arrivederci, signorina.

C. Proverbio Leggere ad alta voce il seguente proverbio e poi dettarlo ad un altro studente o ad un'altra studentessa.

Rosso di sera, bel tempo si spera.
Red sky at night, sailor's delight.

Ampliamento del vocabolario

I. Le stagioni ed i mesi dell'anno

la primavera	**l'estate** (f.)	**l'autunno**	**l'inverno**
aprile	luglio	ottobre	gennaio
maggio	agosto	novembre	febbraio
giugno	settembre	dicembre	marzo

1. The months of the year are not capitalized in Italian.

   aprile April   **luglio** July

2. The preposition **a** is usually used with the names of the months to express *in*, as *in February, in March,* etc.

   A febbraio vado in Italia.   *In February* I go to Italy.

3. The first day of the month is expressed with an ordinal number. The other days are expressed with cardinal numbers.

   È il **primo (di)** novembre.   It's the *first of* November. (It's November 1.)
   È il **due (tre, quattro,** ecc.) **(di)** dicembre.   It's the *second (third, fourth, etc.) of* December.

Note that the definite article **il** is always used in front of the ordinal or cardinal number in expressing dates. The preposition **di** between the day and the month is optional.

4. The prepositions **in** and **di (d')** are used with the names of the seasons to express *in*.

> **in primavera**   in spring   **in autunno**   in fall
> **d'estate**   in summer   **d'inverno**   in winter

5. The adjectives pertaining to the four seasons are: **primaverile, estivo/a, autunnale, invernale.**

> È una bella giornata **primaverile.**   It's a beautiful *spring* day.
> Ho un bel vestito **estivo.**   I have a beautiful *summer* dress.

P (BC): Take a poll of the class to find out which is the most popular season and which is the most popular month of the year.

A. Rivolgere *(Ask)* le seguenti domande ad un altro studente o ad un'altra studentessa.

1. Quale stagione dell'anno preferisci?
2. In quale stagione dell'anno è il tuo compleanno *(birthday)*?
3. In quale stagione è il compleanno di tuo fratello o di tua sorella?
4. Quali sono i mesi invernali?
5. Fai gite in montagna nella stagione estiva o autunnale?
6. In quale stagione giochi a tennis?
7. Qual è la data di oggi? e di domani?
8. Qual è il primo mese dell'anno? e l'ultimo?

B. Esprimere le seguenti date in italiano.

▶   March 10   *È il dieci (di) marzo.*

▶   October 1st   *È il primo (di) ottobre.*

1. April 5	3. May 9	5. December 21
2. January 1	4. July 24	6. September 11

V (BC): Dictate the rhyme about the months to students, and then ask one or two to read aloud what they have written.

C. Imparare *(Learn)* i seguenti versi rimati sui mesi:

Trenta giorni ha novembre,	Thirty days has November,
con aprile, giugno e settembre,	April, June, and September.
di ventotto ce n'è uno,	Of twenty-eight there's only one.
tutti gli altri ne han trentuno.	All the rest have thirty-one.

1. Qual è il mese che ha solamente *(only)* ventotto giorni?
2. Quali sono i mesi che hanno trenta giorni? Quali trentuno?
3. Quanti giorni ha il mese di febbraio in un anno bisestile *(leap year)*?

II. Alcune espressioni di tempo al passato

Here is a list of some useful time expressions you can use to refer to events that occurred yesterday, recently, or a long time ago in the past.

Espressioni con **ieri**	*Espressioni con* **fa**
ieri yesterday	**un'ora fa** one hour ago
ieri mattina yesterday morning	**due giorni fa** two days ago
ieri pomeriggio yesterday afternoon	**tre settimane fa** three weeks ago
ieri sera yesterday evening	**quattro mesi fa** four months ago
l'altro ieri the day before yesterday	**cinque anni fa** five years ago
	molto tempo fa a long time ago
Espressioni con **scorso**	**poco tempo fa** not long ago, a little while ago
	qualche tempo fa some time ago
sabato scorso last Saturday	
la settimana scorsa last week	
il mese scorso last month	
l'anno scorso last year	

V (BO): After you have introduced the *passato prossimo* on pp. 137–139, have students respond to two or three questions about each item, using different interrogative words; e.g.: No. 1: *Dove ha comprato la macchina nuova? Perché ha comprato la macchina nuova?*

D. Risponda brevemente alle seguenti domande, indicando quando lei ha fatto le seguenti cose. Usi alcune espressioni di tempo al passato.

▶ Quando ha mangiato la pizza?   *Ieri sera.*

1. Quando ha comprato la macchina nuova?
2. Quando è andato/a in Italia?
3. Quando è arrivato/a all'università?
4. Quando ha comprato il giornale?
5. Quando è stato/a in ospedale?
6. Quando è andato/a allo stadio?
7. Quando è andato/a al bar con gli amici?

CAFFÈ — BAR — PIZZERIA — BIRRERIA

Federale

FEDERALE PIAZZA
RITROVO AMICO

Piccolo ristorante
Piatti per buongustai

Struttura ed uso

I. Passato prossimo con avere

Hai dormito bene?

1. The present perfect tense (**il passato prossimo**) is used to describe past actions and events, particularly those that have occurred in the recent past. It is often accompanied by an expression of past time such as **ieri, domenica scorsa,** or **un'ora fa.** Compare the following Italian and English conversational exchanges.

— **Che cosa hai comprato ieri?**	— What did you buy yesterday?
— **Ho comprato un motorino.**	— I bought a moped.
— **Che museo hanno visitato domenica scorsa?**	— Which museum did they visit last Sunday?
— **Hanno visitato il Museo di Belle Arti.**	— They visited the Museum of Fine Arts.
— **Quando ha telefonato Anna?**	— When did Anna call?
— **Ha telefonato un'ora fa.**	— She called an hour ago.

2. The present perfect of the majority of Italian verbs is formed with the present tense of the auxiliary verb **avere** and the past participle. These verbs are in most cases transitive; that is, they take a direct object that answers the question "what" or "whom."

Present perfect		Direct object
Ho comprato	(che cosa?)	una macchina nuova.
Ho venduto	(che cosa?)	la moto.
Ho finito	(che cosa?)	la lezione.
Ho visto	(chi?)	Paolo.
Ho chiamato	(chi?)	Maria.

3. The past participle of regular verbs is formed by adding:

> **-ato** to the infinitive stem of **-are** verbs;
> **-uto** to the infinitive stem of **-ere** verbs;
> **-ito** to the infinitive stem of **-ire** verbs.

4. Here is the present perfect tense of the regular verbs **comprare, vendere,** and **finire.**

comprare	vendere	finire
stem + **-ato**	stem + **-uto**	stem + **-ito**
ho comprato	**ho** venduto	**ho** finito
hai comprato	**hai** venduto	**hai** finito
ha comprato	**ha** venduto	**ha** finito
abbiamo comprato	**abbiamo** venduto	**abbiamo** finito
avete comprato	**avete** venduto	**avete** finito
hanno comprato	**hanno** venduto	**hanno** finito

5. The English equivalent of the **passato prossimo** is expressed with either the simple past or the compound past, depending on context.

> **Ho visitato** Firenze molte volte.   *I have visited* Florence many times.
> **Ho visitato** Firenze il mese scorso.   *I visited* Florence last month.

6. In negative sentences, **non** precedes the auxiliary verb **avere.** The second negative word, if any, precedes the past participle.

> **Non ho dormito** bene la notte scorsa.   *I didn't sleep* well last night.
> **Non ho mai giocato** a tennis.   *I have never played* tennis.

7. Many short adverbs such as **già, sempre,** and **mai** *(ever, never)* usually precede the past participle.

Ho già mangiato, grazie.	*I have already eaten,* thank you.
Ho sempre pagato il conto.	*I always paid* the bill.
Ha mai visitato l'Europa?	*Have you ever visited* Europe?

A. Valerio parte per Londra questa sera. Dire a che ora i suoi amici l'hanno chiamato per augurargli *(to wish him)* "Buon viaggio!"

► Giorgio / alle dieci   *Giorgio ha telefonato a Valerio alle dieci.*

1. Michele / alle due
2. Angela / all'una
3. Pina e Susanna / alle undici
4. io / alle nove

5. noi / alle tre
6. tu / alle sette
7. lei / alle cinque
8. tu e Giacomo / alle otto

B. Completare le seguenti frasi con il passato prossimo degli infiniti elencati *(listed).*

-are verbs: **cercare, ordinare, accompagnare, aggiustare, comprare, incontrare**

1. Maria _____ una pizza.
2. Il professore _____ il libro e la penna.
3. Io _____ un amico al ristorante.
4. Giulio _____ Tina al Teatro tenda.
5. Noi _____ una macchina tedesca.
6. Il meccanico _____ i freni della macchina vecchia.

-ere verbs: **vendere, perdere, ricevere, vedere**

7. Ieri mia madre _____ i biglietti del treno.
8. Chi _____ il computer a Gianni?
9. Ieri sera io _____ due amiche nella gelateria del Corso.
10. Roberto _____ la telefonata da Claudio?

-ire verbs: **capire, dormire, servire, restituire, finire**

11. Antonella _____ la lezione di matematica?
12. Giacomo _____ le riviste a Lorenzo.
13. Il cameriere _____ l'aranciata e la limonata.
14. Loro quando _____ di lavorare?
15. Voi _____ bene nell'albergo Colonna?

P (BO): Have students state three things they did in the past week or month, alone or with other people, using any verb in Exercises A, B, or C.

C. Trasformare il verbo al passato prossimo, aggiungendo un'espressione di tempo riferita al passato.

▶ Carla incontra un amico. *Ieri sera Carla ha incontrato un amico.*

1. Rimando la partenza.
2. Aspettiamo Luigi alla stazione.
3. Tommaso accompagna Luisa al cinema.
4. Io guido da Roma a Napoli.
5. Capisco la lezione d'italiano.
6. Ricevete una telefonata dalla nonna?
7. La signora Manini guarda la televisione.
8. Io e Luisa parliamo italiano.

D. Formulare frasi per indicare se queste persone hanno fatto o non hanno fatto le seguenti cose ieri.

▶ io / comprare un gelato

S1: *Sì, ieri ho comprato un gelato.*
S2: *No, ieri non ho comprato un gelato.*

1. gli studenti / studiare in biblioteca
2. Mario / telefonare ai figli
3. tu e Carlo / dormire bene
4. Daniela / finire di leggere il libro
5. noi / ricevere le amiche
6. i bambini / giocare nel parco
7. le ragazze / pulire la macchina
8. lui / incontrare un'amica
9. lei / restituire il registratore a Roberto
10. io / vedere un film russo

P (BO): Have students ask each other the questions in Exercise E, using the *tu*-form of the verb.

E. Rispondere alle seguenti domande personali.

▶ Lei ha mai guidato una Ferrari? *Sì, ho guidato una Ferrari. No, non ho mai guidato una Ferrari.*

1. Ha mai visitato l'Europa?
2. Ha mai comprato una macchina giapponese?
3. Ha mai aggiustato i freni della macchina?
4. Ha mai visitato Porta Portese?
5. Ha mai preparato una pizza?

II. *Passato prossimo con* **essere**

Sei uscita senza ombrello?

1. The present perfect of a number of verbs (for example, **andare**) is formed with the auxiliary verb **essere.** The past participle of these verbs agrees in gender and number with the subject.

Mario **è andato** a Siena.	Mario *has gone* to Siena.
Luisa **è andata** a Perugia.	Luisa *has gone* to Perugia.
Filippo e Fabrizio **sono andati** a Pisa.	Filippo and Fabrizio *have gone* to Pisa.
Anna ed Alessandra **sono andate** a Padova.	Anna and Alessandra *have gone* to Padua.

2. Here is the present perfect tense of **andare.**

andare			
io	sono andato/andata	noi	siamo andati/andate
tu	sei andato/andata	voi	siete andati/andate
lui/lei	è andato/andata	loro	sono andati/andate

3. Verbs conjugated with **essere** are intransitive; that is, they do not take a direct object or answer the question "what." Many of them involve movement to and from a place.

Siamo partiti lunedì.	We left on Monday.
Paolo è entrato nel ristorante.	Paolo entered the restaurant.

4. Here is a list of common verbs that form the present perfect with the auxiliary **essere.**

andare	*to go*	**Siete andati** in Italia?
arrivare	*to arrive*	Il treno **è arrivato** alle otto.
diventare	*to become*	Mario **è diventato** noioso.
entrare	*to enter*	Io **sono entrato** nel bar.
partire	*to depart, to leave*	**Siamo partiti** alle nove.
restare	*to stay, to remain*	La nonna **è restata** a casa.
tornare	*to return*	Mia sorella **è tornata** ieri.
uscire	*to go out*	Con chi **è uscita** Lidia?
venire	*to come*	**È venuto** il professore?

V (BO): Ask students to formulate three questions using verbs in the chart, and to ask other students the questions. Appoint a student to report the responses to the class.

5. A few verbs take **essere** when they are intransitive and **avere** when they are transitive.

Sono passati molti anni.	Many years *have passed.*
Ho passato molti anni in Italia.	*I spent* many years in Italy.
Gli esami **sono finiti.**	The exams *are over.*
Ho finito gli esami.	*I finished* the exams.

F. Dire dove sono andate le seguenti persone l'anno scorso.

▶ io (= Giorgio) / Torino   *Sono andato a Torino.*

1. Laura / in Sicilia
2. noi (= Carlo e Iole) / in Francia
3. tu (= Lisa) e Franca / in Germania
4. tu (= Silvia) / a Palermo
5. Giorgio e Sandro / a Pisa
6. io (= Enrico) e Maria / in Svizzera
7. voi (= Caterina e Daniele) / a Venezia
8. lei (= Antonio) / in Italia

G. L'anno scorso Angela è andata negli Stati Uniti. Descrivere la sua vacanza, mettendo le seguenti frasi al passato prossimo.

▶ Angela va negli Stati Uniti.   *L'anno scorso Angela è andata negli Stati Uniti.*

1. Parte da Genova alle nove.
2. Arriva a Nuova York dopo undici ore.
3. Resta a Nuova York due settimane con i suoi amici, Valerio e Gino.
4. Va a visitare molti musei e alcune belle chiese di Nuova York.
5. La sera va a teatro e al cinema.
6. Ritorna in Italia dopo una bella vacanza di quattro settimane.

H. Mettere in contrasto *(contrast)* quello che le seguenti persone fanno di solito *(usually)* con quello che hanno fatto nel passato (l'anno scorso, la settimana scorsa, ecc.).

▶ Di solito arrivo alla lezione d'inglese in ritardo, ma due giorni fa ...

Di solito arrivo alla lezione d'inglese in ritardo, ma due giorni fa sono arrivato/a in anticipo.

1. Di solito parto per l'Europa in febbraio, ma l'anno scorso ...
2. Di solito torniamo a casa alle dieci, ma tre settimane fa ...
3. Di solito andiamo a teatro, ma l'altro ieri ...
4. Di solito la bambina viene al parco con suo padre, ma stamattina ...
5. Di solito Luisa va al cinema con Orazio, ma sabato scorso ...

I. Rispondere alle seguenti domande personali.

V (BO): Ask two or more students the questions in Exercise I, using the *voi*-form of the verb. Have one student respond, after consulting the others for information.

1. Lei è andato/a in vacanza l'anno scorso? Dov'è andato/a?
2. È uscito/a sabato sera? Dov'è andato/a? Al cinema o al ristorante? Con chi è uscito/a? A che ora è tornato/a a casa?
3. A che ora è arrivato/a all'università o al liceo oggi? A che ora è arrivato/a ieri?
4. È arrivato/a all'università o al liceo in macchina o in autobus *(bus)*?

III. Participi passati irregolari

— Pinocchio, attenzione al fuoco!
— Che **hai detto?**

1. Many Italian verbs, particularly **-ere** verbs, have irregular past participles. They do not follow the patterns **-ato**, **-uto**, and **-ito** of regular **-are**, **-ere**, and **-ire** verbs; for example, **aprire: aperto; bere: bevuto.**

2. Here is a list of common verbs with irregular past participles. A more complete list is given in Appendix F. Asterisks indicate that the present perfect tense is formed with **essere.**

aprire: **aperto**	to open	Chi **ha aperto** la porta?
bere: **bevuto**	to drink	**Ho bevuto** una limonata.
chiedere: **chiesto**	to ask (for)	Che cosa **hai chiesto** a Maria?
chiudere: **chiuso**	to close	I ragazzi **hanno chiuso** la finestra.
dire: **detto**	to say, to tell	Che cosa **hai detto?**
discutere: **discusso**	to discuss	**Hanno discusso** di politica.
*essere: **stato**	to be	Ieri **sono stato** dal medico.
fare: **fatto**	to do, to make	**Avete fatto** colazione?
leggere: **letto**	to read	Signorina, **ha letto** molto bene.
mettere: **messo**	to place, to put	Non **ho messo** la rivista sul tavolo.
*morire: **morto**	to die	Mio zio **è morto** l'anno scorso.
*nascere: **nato**	to be born	Quando **è nato** tuo fratello?
offrire: **offerto**	to offer	Il signore **ha offerto** un caffè a mia zia.
perdere: **perso (perduto)**	to lose	Mario **ha perso** la calcolatrice.
prendere: **preso**	to take	Chi **ha preso** la mia penna?
*rimanere: **rimasto**	to stay, to remain	Voi **siete rimasti** a Palermo?
rispondere: **risposto**	to answer	Non **ho risposto** bene alla domanda.
*scendere: **sceso**	to get off, to descend	Noi **siamo scesi** alla stazione centrale.
scrivere: **scritto**	to write	**Hai scritto** una bella lettera.
soffrire: **sofferto**	to suffer	Mio nonno **ha sofferto** molto.
spendere: **speso**	to spend	I miei genitori **hanno speso** poco.
vedere: **visto (veduto)**	to see	**Abbiamo visto** i bambini nel parco.
*venire: **venuto**	to come	**Sono venuto** a prendere i libri.
vincere: **vinto**	to win	Sergio **ha vinto** al totocalcio.

Notes: **Perdere** and **vedere** have both regular and irregular past participles. **Perduto** and **veduto** can be used interchangeably with **perso** and **visto.**

Hai perso (perduto) la penna?   *Have you lost* the pen?
Abbiamo visto (veduto) un quadro di Raffaello. *We saw* a painting by Raphael.

Stato, the past participle of **stare,** is also used as the past participle of **essere.** Both **essere** and **stare** have the same forms in the present perfect. The meaning is usually clear from the context.

Ieri **sono stato** dal medico. Yesterday *I was* at the doctor's.
Ieri Valerio **è stato** a letto. Yesterday Valerio *stayed* in bed.

J. Riferire *(Report)* che alcuni studenti hanno visitato Ravenna la settimana scorsa, e lì hanno visto alcune belle chiese ed hanno fatto molte fotografie.

▶ Luciana   *Ha visto (veduto) molte chiese ed ha fatto molte fotografie.*

1. Franco
2. Maria e Fabio
3. noi
4. tu
5. io
6. Susanna
7. voi
8. io e Giorgio

K. Ogni volta *(Every time)* che Gianni vuole fare qualcosa, sua sorella Teresa dice che l'ha già fatta *(has already done it)*. Assumere il ruolo di Teresa.

▶ Gianni: Apro le finestre?   Teresa: *No, io ho già aperto le finestre.*

1. Chiudo la porta?
2. Chiedo i soldi alla mamma?
3. Rispondo alla zia?
4. Offro un'aranciata a Silvia?
5. Metto la macchina nel garage?
6. Faccio il caffè?
7. Scrivo allo zio?
8. Faccio una fotografia al nonno?

L. Dire quello che hanno fatto le seguenti persone ieri pomeriggio, coniugando il verbo al passato prossimo.

▶ Scrivo a mia sorella.   *Ieri pomeriggio ho scritto a mia sorella.*

1. Vendi la macchina a Paolo.
2. Adriana finisce di lavorare alle quindici.
3. Leggiamo il giornale di Milano.
4. Mia sorella perde il quaderno.
5. Vedo i miei amici allo stadio.
6. Gianni e Teresa bevono birra in una pizzeria.
7. Michele discute di politica con Edoardo.
8. Marta fa una fotografia alla bambina e poi parte.

M. Completare le seguenti frasi con il passato prossimo dei verbi elencati in basso. Usare ciascun verbo una volta sola *(only once)*.

nascere   offrire   rispondere
morire   perdere   scrivere

1. Il bambino _____ il 2 ottobre; ha un anno.
2. Mia sorella _____ i libri.
3. Tu _____ a Giorgio?
4. Suo nonno _____ la settimana scorsa.
5. Il signor Bonotti _____ un'aranciata a Roberto.
6. Perché (tu) non _____ a quello studente?

IV. *Imperativo dei verbi regolari* (tu, noi, voi)

Non tardate, ritornate prima delle dieci!

1. The affirmative **tu-, noi-,** and **voi-**commands of regular verbs are exactly the same as the **tu-, noi-,** and **voi-**forms of the present tense except that the final **-i** of the **tu-**form of **-are** verbs changes to **-a.**

Affirmative commands of **guardare, leggere, finire**		
tu-commands	**guarda!**	look!
	leggi!	read!
	finisci!	finish!
noi-commands	**guardiamo!**	let's look!
	leggiamo!	let's read!
	finiamo!	let's finish!
voi-commands	**guardate!**	look!
	leggete!	read!
	finite!	finish!

Note that a **noi**-command is used to express a suggestion or an urgent appeal, not a direct command. It is equivalent to English *let's* + verb.

2. Negative **tu**-commands are formed with **non** + infinitive. Negative **noi**- and **voi**-commands are formed with **non** + the corresponding command forms.

Negative commands of **guardare, leggere, finire**		
tu-commands	**non guardare!**	don't look!
	non leggere!	don't read!
	non finire!	don't finish!
noi-commands	**non guardiamo!**	let's not look!
	non leggiamo!	let's not read!
	non finiamo!	let's not finish!
voi-commands	**non guardate!**	don't look!
	non leggete!	don't read!
	non finite!	don't finish!

3. Subject pronouns are omitted in Italian commands, just as they are in English commands.

Guarda, Giorgio, ecco un bel motorino!	*Look,* Giorgio, there's a beautiful moped!
Carla e Anna, **finite** presto il lavoro!	Carla and Anna, *finish* your work quickly!
Andiamo!	*Let's go!*

N. Ordinare agli amici di svolgere queste attività.

▶ Gianna: telefonare al nonno   *Gianna, telefona al nonno!*

1. Francesca: invitare Paolo al ballo in maschera
2. Anna e Giorgio: scrivere a Filippo
3. Luigi: prendere una spremuta d'arancia
4. Paolo: restituire la calcolatrice a Luisa
5. Franca: studiare la lezione d'inglese
6. Giorgio ed Enrico: venire da me stasera
7. Marta: partire immediatamente
8. Luisa, Tina e Caterina: giocare con i bambini
9. Giuseppe: pagare il cameriere

O. La madre chiede a Maria di non fare le cose che le aveva ordinato precedentemente. Assumere il ruolo della madre di Maria, usando l'imperativo negativo.

▶ Maria, telefona alla zia!   *No, non telefonare alla zia!*

1. Maria, chiama tua sorella!
2. Maria, guarda la televisione!
3. Maria, ascolta la radio!
4. Maria, finisci di studiare!
5. Maria, bevi l'acqua minerale!
6. Maria, leggi il giornale!
7. Maria, aspetta Michele!
8. Maria, cerca il dizionario!

V (BO): Divide the class in half. Appoint one student to suggest each activity. Half the class should respond in chorus in the affirmative, and then the other half should respond in chorus in the negative.

P. Programmi con i suoi amici di fare o di non fare le seguenti cose questo fine-settimana *(weekend)*. Usi la forma *noi* dell'imperativo dei verbi.

▶ visitare il Museo di scienze naturali   S1: *Visitiamo il Museo di scienze naturali!*
S2: *No, non visitiamo il Museo di scienze naturali!*

1. vedere un film italiano
2. partire per Venezia
3. mangiare in un buon ristorante
4. fare una gita al mare
5. scrivere al nostro professore
6. andare in montagna

Q. Suggerisca agli amici di non fare le attività dell'esercizio P, usando la forma *voi* dell'imperativo negativo dei verbi.

▶ visitare il Museo di scienze naturali   *Non visitate il Museo di scienze naturali!*

V. Imperativo di sette verbi irregolari

Sette regole importanti per i bambini:

Siate buoni!
State zitti!
Fate attenzione!
Abbiate pazienza!
Non date fastidio!
Non andate in mezzo alla strada!
Non dite bugie!

1. The affirmative **tu-**commands of seven common verbs (**andare, avere, dare, dire, essere, fare,** and **stare**) and the **voi-**commands of **essere** and **avere** are irregular.

2. The affirmative **noi-**commands are identical to the corresponding **noi-**forms of the present tense.

3. The negative **tu-**commands of the seven verbs are formed with **non** + infinitive. The negative **noi-** and **voi-**commands are formed by using **non** + the corresponding command forms.

E (BC): After introducing the imperative of the seven irregular verbs, review both regular and irregular *tu-*commands by using TPR techniques. Have several students carry different items to each other, open and close windows and doors, go to the blackboard and write a specific word or expression, etc.

	Affirmative	Negative		Affirmative	Negative
andare	va'	non andare	**essere**	sii	non essere
	andiamo	non andiamo		siamo	non siamo
	andate	non andate		siate	non siate
avere	abbi	non avere	**fare**	fa'	non fare
	abbiamo	non abbiamo		facciamo	non facciamo
	abbiate	non abbiate		fate	non fate
dare	da'	non dare	**stare**	sta'	non stare
	diamo	non diamo		stiamo	non stiamo
	date	non date		state	non state
dire	di'	non dire			
	diciamo	non diciamo			
	dite	non dite			

R. Formulare frasi usando la forma *tu* dell'imperativo dei verbi indicati.

▶ fare una passeggiata   *Fa' una passeggiata.*

1. essere qui alle dieci
2. andare al cinema
3. stare lì
4. dare i biglietti al signore
5. avere pazienza
6. andare a giocare
7. stare calmo
8. dire qualcosa

S. Trasformare le frasi dell'esercizio R alla forma *voi* dell'imperativo.

▶ fare una passeggiata   *Fate una passeggiata.*

T. Dare dei suggerimenti *(suggestions)* alle seguenti persone, usando la forma appropriata dell'imperativo.

▶ Michele ha sete.   *Bevi un'aranciata!*
Prendi un bicchiere d'acqua!

1. Elena ha molto da fare.
2. Io, Giorgio e Carlo abbiamo caldo.
3. Luigi e Franco vanno a mangiare al ristorante.
4. Io e Viola desideriamo andare a teatro.
5. Giampiero desidera guardare un programma alla televisione.
6. Giuseppina e Paola non desiderano finire il lavoro.

A lei la parola

1. State that you usually drink tea but that you had coffee this morning.
2. Ask your instructor if he/she went to the theater last week.
3. Ask your mother if she slept well last night.
4. Suggest to your friends that you all watch TV.
5. Tell your sister not to go to the movies with Peter.

«andiamo all'Olimpia»

Comunicare subito!

Le presentazioni

One of the first communicative "acts" you may participate in when you have an opportunity to meet Italian-speaking people in this country and abroad are introductions, both formal (**ufficiali**) and informal (**alla buona**). Role-play the following conversations with the help of your instructor, and see how much you can understand without referring to the sidenotes beside each dialogue.

E (BC): Have students work in pairs or small groups and introduce each other to classmates (using the *tu*-form) and to you (using the *lei*-form), after they have role-played the conversations.

Presentazioni ufficiali

1. Alberto Marini desidera presentare suo padre al professore d'italiano.

Alberto	Professor Battisti, le presento mio padre.
Professore	Lieto di conoscerla°, signor Marini.
Signor Marini	Il piacere° è mio, professore.

I'm pleased to meet you

The pleasure

2. Paola presenta il suo amico Silvano Rossi alla madre.

Paola	Mamma, ti presento il mio amico Silvano Rossi.
La mamma	Ciao, Silvano, mi fa molto piacere° conoscerti.
Silvano	Buon giorno, signora. Sono molto lieto di conoscerla.

I'm very pleased

Presentazioni alla buona

3. Claudio presenta la sua ragazza al suo amico Giovanni.

Claudio	Giovanni, posso presentarti la mia amica Vanna?
Giovanni	Con piacere. Ciao, Vanna. Posso darti del tu°?
Vanna	Naturalmente. Ciao, Giovanni.

May I use *tu* with you?

4. Renzo Santosuosso assiste alla lezione di filosofia e si presenta alla studentessa seduta° vicino a lui.

seated

Renzo	Ciao. Posso presentarmi? Mi chiamo Renzo Santosuosso.
La studentessa	Renzo che?
Renzo	Santosuosso.
La studentessa	Piacere. Io mi chiamo Tiziana Giusti.
Renzo	Bel nome, Tiziana!

Filippo presenta la sua ragazza ad alcune amiche.

Pratica

Preparare dialoghi appropriati.

A. È il giorno in cui *(which)* i genitori visitano i professori. I suoi genitori vengono alla lezione d'italiano e lei li *(them)* presenta alla sua professoressa.

B. Immagini di essere al bar a prendere un caffè con suo fratello quando entra la sua amica Gina Frattini. Lei presenta suo fratello a Gina.

C. Immagini di andare a prendere la sua ragazza o il suo ragazzo per portarla/lo al cinema. Quando bussa *(you knock)*, viene ad aprire la porta la madre della ragazza o del ragazzo. Quindi lei si presenta alla signora.

RIPASSO: Lezioni 5ª & 6ª

In this section, you will review the following: Descriptive adjectives (Exercise A); Adjectives of nationality (Exercise B); **molto** (Exercise C); **da** (Exercise D); **venire** (Exercise E); **che** and **quanto** (Exercise F); Present perfect (Exercise G); Irregular past participles (Exercise H); **Tu-, noi-,** and **voi-**commands (Exercise I); Vocabulary and expressions (Exercise J)

A. Descrivere le seguenti persone, usando in ogni descrizione almeno due aggettivi riportati in basso. [*Descriptive adjectives*]

vecchio	noioso	brutto	generoso
grasso	cattivo	allegro	elegante
triste	basso	timido	gentile

1. i miei amici
2. le ragazze americane
3. i ragazzi italiani
4. il professore d'italiano
5. la zia di Tonino
6. io e tu
7. il figlio del dottore
8. mia nonna

B. Rispondere ad ogni domanda al negativo. Poi dare l'informazione corretta, usando gli aggettivi indicati. [*Adjectives of nationality*]

canadese	americano	inglese	tedesco
italiano	francese	spagnolo	russo

▶ Carl è americano?   *Non è americano, è canadese.*

1. Giulio è canadese?
2. I signori White sono italiani?
3. Marta e Giacomo sono inglesi?
4. Pablo è francese?
5. Ivan è americano?
6. Pierre è cinese?
7. Bob e Richard sono russi?

C. Completare le seguenti frasi, usando la forma corretta di **molto**. [*Use of molto*]

▶ Carla è _____ simpatica.   *Carla è molto simpatica.*

1. Ci sono _____ studenti in questa classe.
2. I professori hanno _____ pazienza.
3. Laura è _____ bella.
4. Giulio e Gianni sono _____ alti.
5. Abbiamo _____ libri e _____ riviste.
6. Chi è _____ magro? Chi è _____ grasso?

D. Formulare frasi complete usando le seguenti espressioni. [*Use of **da** with expressions of time*]

▶ (noi) / studiare il francese / due anni   *Studiamo il francese da due anni.*

1. la nonna / non stare bene / una settimana
2. (loro) / comprare dischi francesi / tre anni
3. (tu) / lavorare in banca / un anno
4. Gino / ascoltare la radio / un'ora
5. Claudio e Giorgio / aspettare gli amici / venti minuti
6. (voi) / bere birra / due ore
7. i ragazzi / giocare / molto tempo
8. Giampiero / frequentare l'università / quattro anni

E. Dire che le seguenti persone non vengono all'ora o nel giorno stabilito. [*Irregular verb **venire***]

▶ dottore / domani   *Il dottore non viene domani.*

1. i figli di Giuseppe / giovedì
2. la zia / settimana prossima
3. voi / alle tre
4. io e Pino / oggi pomeriggio
5. tu ed Elena / stasera
6. io / domani mattina
7. tu / alle nove
8. le signore / a mezzogiorno

F. Cambiare le seguenti frasi, usando **che** o **quanto**. [*Use of **che** and **quanto***]

▶ Il negozio è bello.   *Che bel negozio!*
▶ Ci sono molti costumi.   *Quanti costumi!*

1. C'è un'atmosfera di allegria.
2. Il ragazzo è intelligente.
3. Legge molti giornali.
4. Gino ha fame.
5. La lezione è difficile.
6. Tina ha molta pazienza.
7. Il museo è interessante.
8. Mangiano molti panini.

G. Gli eventi seguenti sono successi *(happened)* la settimana scorsa. Coniugare ciascun verbo al passato prossimo, usando l'ausiliare *(auxiliary)* **avere** o **essere**. [*Present perfect*]

1. Sergio e Tommaso vanno in vacanza ad Assisi.
2. Sergio incontra Tommaso alla stazione di Roma.
3. Tommaso compra due biglietti di andata e ritorno *(round-trip)*.
4. I due amici mangiano e bevono sul treno.
5. Arrivano a Spoleto a mezzogiorno.
6. A Spoleto prendono un altro treno per Assisi.
7. Ad Assisi visitano le vecchie chiese della città.
8. Ritornano a Roma alle sedici del giorno seguente.

H. Dica che cosa avete fatto domenica scorsa lei ed i suoi amici. [*Irregular past participles*]

▶ fare una gita   *Abbiamo fatto una gita.*

1. spendere molti soldi
2. scrivere molte lettere
3. bere molto caffè
4. chiedere informazioni alle ragazze
5. discutere di sport
6. offrire la pizza agli amici
7. rimanere in città
8. vedere un film interessante

I. Le seguenti persone generalmente non fanno queste cose. Ordinare loro di farle *(to do them),* usando le forme **tu, noi** o **voi** dell'imperativo dei verbi. [*Tu-, noi-, voi-command forms*]

▶ Teresa non va in centro.   *Va' in centro!*

▶ Giacomo ed Anna non fanno colazione.   *Fate colazione!*

1. Franca non va a teatro.
2. Noi non facciamo attenzione in classe.
3. Enrico e Roberto non puliscono la macchina.
4. I ragazzi non sono allegri.
5. Pierluigi non ha pazienza.
6. Silvia non è gentile.
7. Io, mio fratello e mia sorella non andiamo dalla nonna.
8. Ferdinando non dà il giornale a Maurizio.

J. Esprimere in italiano le seguenti conversazioni. [*Vocabulary and expressions*]

1. **Luigi**   I'm hungry!
   Sergio   Are you kidding? You ate a ham sandwich an hour ago.
   Luigi   I'm still hungry. There's a small restaurant near here. Why don't we have a pizza?
   Sergio   Be patient. It's only one o'clock.

2. **Anna**   Have you seen Silvia?
   Mirella   Yes, on Thursday, when she left for Milan.
   Anna   Did you see the German motorbike she won at the lottery?
   Mirella   Yes, she's lucky. I have no luck at all.
   Anna   Come on, let's have an ice cream and forget your bad luck!

LEZIONE 7ª

See Instructor's Manual for additional teaching suggestions for *Lezione 7ª*.

Il mercato all'aperto

Gli italiani fanno la spesa al mercato all'aperto.

È sabato mattina. Sono le dieci e Gabriella Marcantonio, una giovane
segretaria Milanese, si sveglia. Ancora mezzo addormentata° si alza dal   half asleep
letto, si lava, e si veste lentamente. Poi, mentre beve una tazzina di
caffè, pensa a quello che deve fare nella mattinata°. Tra le altre cose   in the morning
5 deve anche fare la spesa. Siccome° Gabriella lavora a tempo pieno ed   Since
ha un orario continuato°, durante la settimana non ha molto tempo   continuous schedule
libero. Quando può, va a fare la spesa ad un supermercato vicino
all'ufficio dove lavora. Questa mattina, però, ha deciso di andare al
mercato all'aperto non molto lontano dal suo appartamento. A
10 Gabriella non piacciono il rumore e la confusione del mercato
all'aperto, ma ci va ogni tanto perché c'è una migliore scelta di frutta e
verdura.

  Finalmente verso le undici Gabriella esce di casa e quando arriva
al mercato si ferma ad una bancarella di un fruttivendolo.

15 **Fruttivendolo**	*(ad alta voce)* Comprate queste belle arance.	
	Guardate che bell'uva; è una delizia°. *(si rivolge a°*	a delight (delicious) / he turns to
	Gabriella) Buon giorno, signorina, mi dica°.	may I help you
Gabriella	Quanto costano quelle arance?	
Fruttivendolo	Duemila lire al chilo.	
20 **Gabriella**	Un chilo, per favore.	
Fruttivendolo	Subito.	
Gabriella	E quell'uva, quanto costa?	
Fruttivendolo	Tremila. È dolce come il miele°. Vuole assaggiarla°?	honey / taste it
Gabriella	Sì, grazie ... Veramente buona, ma mi sembra un po'	
25	cara.	
Fruttivendolo	Ma signorina, anche se gira° tutto il mercato, meglio	even if you go around / you won't
	di questa non la trova°.	find any better
Gabriella	Se lo dice lei° ... Allora faccia° anche un chilo d'uva.	If you say so / give me
Fruttivendolo	Certo, signorina. Vuole altro?°	Do you want anything else?
30 **Gabriella**	No, grazie. Per oggi basta.	
Fruttivendolo	Cinquemila lire.	
Gabriella	Ecco a lei°, grazie. Buon giorno.	Here you are

P (BC): After introducing the core material, narrate for students
one of your own "typical" Saturday mornings (similar to the one
in the core material), using the first person singular. Ask a few
students to do the same, staying within known structures and
vocabulary.

Domande generali

1. A che ora si sveglia Gabriella Marcantonio?
2. Che cosa fa dopo che si è svegliata?
3. Perché Gabriella non ha molto tempo libero?
4. Dove fa la spesa durante la settimana? e oggi?
5. Cosa non piace a Gabriella del mercato all'aperto?
6. Quando arriva al mercato, dove si ferma?
7. Secondo il fruttivendolo, cosa è dolce come il miele?
8. Cosa compra Gabriella? Quanto costano le arance? Quanto costa l'uva?

Domande personali

1. A che ora si sveglia la mattina?
2. Si alza presto o tardi ogni mattina? e il sabato? e la domenica?
3. Che cosa beve la mattina? latte? caffè? tè? spremuta d'arancia?
4. Va a fare la spesa oggi? Fa la spesa ogni giorno? una volta alla settimana? due o tre volte alla settimana?
5. C'è un mercato all'aperto o un supermercato vicino a casa sua?
6. Dove va a fare la spesa il sabato?

Modificazioni

1. — A che ora si alza lei? — Mi alzo **alle dieci.**
   alle otto
   molto tardi
   a mezzogiorno

2. — Bevi **una tazza di caffè?** — **No, non bevo caffè.**
   un bicchiere d'acqua Sì, grazie.
   un bicchiere di latte Volentieri.
   una tazza di tè Non adesso.

3. — Con chi esci stasera? — **Esco con Paola.**
   Stasera non esco.
   Esco con gli amici.
   Esco con la mia ragazza/il mio ragazzo

Vocabolario

Nomi

l'arancia orange
la bancarella stall
la frutta fruit
il fruttivendolo fruit vendor
il letto bed
il rumore noise

la scelta choice
la segretaria secretary
la tazzina small cup
l'ufficio office
l'uva grape(s)
la verdura green vegetables

E (BC): Have students make up sentences using the expressions *quante volte, a tempo pieno,* and *ogni tanto.* Ask a few students to read their sentences aloud.

Aggettivi

altro/a   other, another
dolce   sweet
duemila   two thousand
fresco/a   fresh
lontano/a da   far from
migliore   better
milanese   from Milan
tremila   three thousand

Verbi

alzarsi   to get up
fermarsi   to stop
lavarsi   to wash (oneself)
svegliarsi   to wake up
uscire *(irreg.)*   to go out (**esco, esci, ecc.**)
vestirsi   to get dressed

Altre parole ed espressioni

ancora   still
basta   it's enough
certo   certainly, of course
ci   there
durante   during
però   however
quello that one; **quello che**   that which
tra   among
veramente   really

al chilo   per kilo (metric weight)
a tempo pieno   full-time
fare la spesa   to shop (for food)
mi sembra   it seems to me, I think
il mio ragazzo/la mia ragazza   my boyfriend/my girlfriend
ogni tanto   every once in a while
quante volte?   how many times? **una volta**   one time
quanto costa?   how much is it?
vicino all'ufficio   near the office

Un tipico supermercato italiano

Pratica

V (BC): Encourage students to create a dialogue at a fruit vendor's stall. Suggest that they include a few sentences in which the buyer tries to bargain with the seller for a lower price. Refer students to *Scena 2ª*, p. 105, for appropriate expressions.

A. Dica che cosa fa suo padre o sua madre da quando si sveglia fino a quando va al lavoro. A che ora si sveglia? Cosa beve? Come si veste, lentamente o in fretta? Legge il giornale? Ascolta il giornale radio?

B. Gabriella Marcantonio ha ricevuto nella posta il seguente questionario. Assumere il ruolo di Gabriella e riempire il questionario.

Questionario

Il Comune di Milano intende costruire un mercato coperto in via Manzoni in sostituzione di quello all'aperto. Lo scopo di questo questionario è di scoprire come fanno la spesa gli abitanti del quartiere e quale tipo di mercato preferiscono.

1. Chi fa la spesa in famiglia?
   □ lei
   □ la madre
   □ il padre
   □ _____

2. Dove fa la spesa?
   □ al mercato all'aperto
   □ al supermercato
   □ al negozio vicino casa

3. Quante volte alla settimana fa la spesa?
   □ una volta
   □ due volte
   □ più di due volte

4. Che cosa non le piace del mercato all'aperto?
   □ il rumore
   □ la confusione
   □ le strade chiuse al traffico
   □ _____

5. Che cosa pensa di un nuovo mercato coperto in via Manzoni?
   □ è una buon'idea
   □ non mi interessa
   □ è inutile

Cuore Verde
Findus
gli Spinaci

NOTA CULTURALE

Il mercato rionale

Opportunamente distribuiti in varie zone della città, i mercati rionali all'aperto o coperti hanno una funzione importante nella compravendita[1] di ortaggi[2], frutta, carne e pesce[3]. Alcuni di questi mercati si sono poi specializzati nella vendita di prodotti particolari che danno il nome al mercato stesso[4]. Un esempio è Campo de' Fiori a Roma, dove, molti anni fa, ogni martedì, le donne arrivavano[5] dalla campagna per vendere fiori.

Con la nascita[6] e lo sviluppo[7] del supermercato, l'importanza del mercato rionale è in qualche città diminuita. La donna moderna, entrata nel settore di lavoro, non ha più tempo per andare al mercato ogni giorno ed ha trovato più conveniente fare la spesa settimanalmente al supermercato. Comunque per molti il mercato rionale oltre ad esercitare un certo fascino folcloristico rimane[8] il luogo dov'è ancora possibile comprare alimentari freschi ed a buon mercato.

Mercato rionale di Roma

1. buying and selling   2. vegetables   3. meat and fish
4. itself   5. used to arrive   6. birth, origin
7. development   8. remains

Pronuncia
I suoni /s/ e /z/

The sound /s/ (unvoiced) is represented by the letters **s** and **ss.** The sound /z/ (voiced) is represented by the letter **s.** In standard Italian, intervocalic **s** (that is, **s** between two vowels) and **s** before **b, d, g, l, m, n, r,** and **v** are usually pronounced /z/.

A. Ascoltare l'insegnante e ripetere le seguenti parole.

/s/	/s/	/z/	/z/
sei	adesso	spesa	sbagliare
pasta	benissimo	casa	sdoppiare
settimana	classe	usato	slitta
disco	studentessa	risultato	sveglia

B. Leggere le seguenti frasi ad alta voce e fare attenzione alla pronuncia delle lettere *s* e *ss*.

1. Sono le sette di sera.
2. La studentessa è in classe.
3. Passo da Lisa verso le sei.
4. Adesso chiamo il professore.
5. A che ora si sveglia Sandra?

C. Proverbi Leggere ad alta voce i seguenti proverbi e poi dettarli ad un altro studente o ad un'altra studentessa.

Sbagliando s'impara.
One learns by making mistakes.

Non c'è rosa senza spine.
Life is not a bed of roses.

Ampliamento del vocabolario

I. I numeri da 100 in poi

100 = **cento**	1.000 = **mille**
101 = **centouno**	1.100 = **millecento**
120 = **centoventi**	1.420 = **millequattrocentoventi**
150 = **centocinquanta**	2.000 = **duemila**
200 = **duecento**	3.000 = **tremila**
300 = **trecento**	4.000 = **quattromila**
400 = **quattrocento**	5.000 = **cinquemila**
500 = **cinquecento**	10.000 = **diecimila**
600 = **seicento**	15.000 = **quindicimila**
700 = **settecento**	100.000 = **centomila**
800 = **ottocento**	200.000 = **duecentomila**
900 = **novecento**	1.000.000 = **un milione**

Ask students to tell you the total number of students in their college, university, or school, and the total number of people in their town or city.

1. A period is used instead of a comma in numbers starting with 1000.

   Italian: 1.000   *English:* 1,000

2. A comma is used instead of a decimal point to express fractional amounts.

   Italian: 1.000,39   *English:* 1,000.39

3. Mille becomes **mila** in the plural and is attached to a preceding number.

      duemila   two thousand
      tremila   three thousand

4. Milione (milioni) requires a **di**-phrase plus noun when no other number follows **milione (milioni).**

un milione **di lire**	a million lire
due milioni **di persone**	two million people
But: un milione duecentomila dollari	one million two hundred thousand dollars

II. L'anno, il decennio e il secolo

1. Calendar years are expressed first in thousands and then in hundreds, as a single long word. Generally the definite article precedes the calendar year.

Challenge students to give the exact date, including the calendar year; e.g., *È il due (di) dicembre, millenovecentottantasette.*

Carlo è nato nel 1979 (**millenovecentosettantanove**).	Carlo was born in 1979.
Sono andato a Roma nel 1985 (**millenovecentottantacinque**).	I went to Rome in 1985.

2. Calendar years in the present century are sometimes shortened to **il (l')** + the last two digits.

L'85 è stato un bell'anno.	'85 was a nice year.
Sono stato in Italia **nell'81.**	I was in Italy *in '81.*

3. A decade (**decennio**) is normally expressed with **gli anni** + *numeral.*

Gli anni ottanta sono molto interessanti.	*The eighties* are very interesting.
Mi piacciono le canzoni **degli anni sessanta.**	I like the songs *of the sixties.*

4. From 1200 on, centuries (**i secoli**) can be referred to with the combination *numeral* + **cento.**

il Duecento	1200–1299
il Trecento	1300–1399

    A. Leggere ad alta voce in italiano.

       ▶ 150 biglietti   *centocinquanta biglietti*

1. 365 giorni	5. 950 negozi
2. 1.000 dollari	6. 1.000.000 di lire
3. 400 questionari	7. 2.000 anni
4. 15.000 persone	8. 1.420 studenti

B. Domandare ad un altro studente o ad un'altra studentessa quanto costano queste cose. *(Lit.=lire)*

▶ questo motorino / Lit. 800.000   S1: *Quanto costa questo motorino?*

S2: *Costa ottocentomila lire.*

1. quella macchina / Lit. 15.000.000
2. questa moto / Lit. 7.000.000
3. quel televisore / Lit. 1.500.000
4. una bottiglia d'acqua minerale / Lit. 1.100
5. un biglietto per il teatro / Lit. 18.500
6. un litro di vino / Lit. 1.700
7. un gelato / Lit. 1.800
8. un caffè / Lit. 500
9. una spremuta d'arancia / Lit. 1.900

C. Leggere ad alta voce in italiano gli anni ed i decenni che seguono.

1. 1789   4. in '82   7. in the 70's
2. 1890   5. in '78   8. in the 80's
3. 1986   6. in '68   9. in the 90's

D. Scegliere e poi dire ad alta voce la data corretta di ciascuno dei seguenti eventi storici.

Ecco le date: 1776, 1492, 1963, 1945, 1865, 1789, 1914

1. la fine della seconda guerra *(war)* mondiale
2. l'indipendenza degli Stati Uniti
3. la Rivoluzione francese
4. la guerra civile negli Stati Uniti
5. l'inizio *(beginning)* della prima guerra mondiale
6. la morte del presidente Kennedy

E. Dire in che anno è nato ed è morto ciascuno *(each)* dei seguenti famosi personaggi italiani.

▶ Leonardo da Vinci (1452–1519)   *Leonardo da Vinci è nato nel millequattrocentocinquantadue ed è morto nel millecinquecentodiciannove.*

1. Dante Alighieri   (1265–1321)
2. Maria Montessori   (1870–1952)
3. Giuseppe Garibaldi   (1807–1882)

E (BO): Supply the answers for students who may not have a good background in history: (1) 1945; (2) 1776; (3) 1789; (4) 1865; (5) 1914; (6) 1963.

E (BO): Identify the famous persons for students who may not be acquainted with the individuals mentioned: (Model) **Leonardo**, Florentine artist and engineer; (1) **Dante**, Florentine poet; (2) **Maria Montessori**, physician and educator, creator of the "Montessori method"; (3) **Garibaldi**, a general and leader of Italian independence. (4) **Matilde Serao**, Neapolitan novelist and journalist; (5) **Michelangelo**, sculptor, painter, architect, and poet; (6) **Grazia Deledda**, Nobel Prize (1926) novelist; (7) **Verdi**, composer, well-known for his operas; (8) **Rossellini**, film director and producer; (9) **Fermi**, Nobel Prize (1938) atomic and nuclear physicist; (10) **Elsa Morante**, novelist.

4. Matilde Serao   (1856–1927)
5. Michelangelo Buonarroti   (1475–1564)
6. Grazia Deledda   (1871–1936)
7. Giuseppe Verdi   (1813–1901)
8. Roberto Rossellini   (1907–1977)
9. Enrico Fermi   (1901–1954)
10. Elsa Morante   (1915–1985)

F.   Dire in quale secolo sono nati i personaggi indicati nell'esercizio E.

▶   *Leonardo da Vinci è nato nel Quattrocento.*

III. *Gli alimentari, la verdura e la frutta*

Gli alimentari *(Food products)*

il burro butter
la carne meat
il formaggio cheese
il latte milk
l'olio d'oliva olive oil
il pane bread
la pasta pasta
il pepe pepper
il pesce fish
il prosciutto cured ham
il riso rice
il salame salami
il sale salt
l'uovo *(m.),* **le uova** *(f. pl.)*   egg

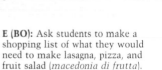

La verdura *(Vegetables)*

gli asparagi asparagus
i broccoli broccoli
il carciofo artichoke
la carota carrot
la cipolla onion
i fagiolini string beans
i funghi mushrooms
la lattuga lettuce
la melanzana eggplant
la patata potato
il peperone pepper
il pomodoro tomato
gli spinaci spinach
gli zucchini zucchini squash

La frutta *(Fruit)*

l'albicocca apricot
l'ananas *(m.)* pineapple
l'arancia orange
la banana banana
la ciliegia cherry
la fragola strawberry
il limone lemon
la mela apple
la pera pear
la pesca peach
il pompelmo grapefruit
l'uva grape(s)

E (BO): Ask students to make a shopping list of what they would need to make lasagna, pizza, and fruit salad *(macedonia di frutta).*

G. Immagini di andare al mercato a fare la spesa per domani. Dica cosa vuole comprare per la colazione, per il pranzo o per la cena *(breakfast, dinner, or supper)*.

H. Immagini di essere in un mercato all'aperto vicino ad una bancarella per comprare frutta fresca. Prepari un dialogo appropriato fra lei ed il fruttivendolo, basato sul dialogo a pagina 157.

V (BO): Have students ask *you* the questions.

I. Rispondere alle seguenti domande personali.

1. Preferisce la carne o il pesce?
2. Mangia verdura? Che verdura preferisce?
3. Che frutta le piace? Mangia la frutta ogni giorno?
4. Preferisce la spremuta d'arancia o di pompelmo?
5. Se vuole stare a dieta un giorno, cosa mangia?
6. Usa il burro, la margarina o l'olio d'oliva?
7. Quale tipo di formaggio compra? Compra formaggi italiani?
8. Quale tipo di pasta compra?

Struttura ed uso

I. Aggettivi dimostrativi questo e quello

quei pesci

questi pesci

quel pesce

questo pesce

Mamma polipo indica gli altri pesci al piccolo polipo.

Questo

1. The demonstrative adjective **questo** *(this)* agrees in gender and number with the noun it modifies. The form **quest'** is usually used with singular nouns of either gender that begin with a vowel.

Questo pompelmo è squisito.	*This* grapefruit is delicious.
Questa banana non è matura.	*This* banana is not ripe.
Queste patate sono vecchie.	*These* potatoes are old.
Quest'orologio è di Giorgio.	*This* watch belongs to Giorgio.

2. The following chart shows all six forms of the demonstrative adjective **questo.**

M. Sg.	M. Pl.	F. Sg.	F. Pl.
questo quest'	questi	questa quest'	queste

Quello

1. The demonstrative adjective **quello** agrees in gender and number with the noun it modifies. The form **quell'** is usually used with singular nouns of either gender that begin with a vowel.

Il questionario è su **quel** tavolo.	The questionnaire is on *that* table.
Quello studente non parla inglese.	*That* student doesn't speak English.
Entrano in **quella** banca.	They are entering *that* bank.
Quei giornali sono di Franco.	*Those* newspapers belong to Franco.
Quegli studenti studiano sempre.	*Those* students always study.
Quell'aula è grande.	*That* classroom is large.

2. Here is a chart of the eight forms of the demonstrative adjective **quello.** Note that **quello** follows a pattern similar to that of the prepositional contractions with definite articles.

E (BC): Have a student move around the classroom, pointing to objects close to and relatively far from him/her, and stating to whom the objects belong; e.g., *Questi due libri sono di Renato; quel quaderno è di Paola.*

M. Sg.	M. Pl.	F. Sg.	F. Pl.
quel quello quell'	quei quegli	quella quell'	quelle

A. Sostituire le parole in corsivo con le parole fra parentesi.

1. Questo *stereo* non è di Tommaso.   (fogli / casa / motocicletta / orologio / quaderno)
2. Guarda questo *formaggio!*   (carne / pasta / funghi / olio d'oliva / pesce)
3. Questo *ragazzo* è bello!   (signorine / monumenti / rivista / città / museo)

E (BO): Encourage students to create some plausible reasons for not buying the items indicated; e.g., *Perché non ho bisogno di questo pesce fresco. Perché non ho soldi. Perché ho già comprato il pesce ieri. Perché ho fretta.*

B. Domandare ad un altro studente o ad un'altra studentessa perché non compra le seguenti cose.

▶ pesce fresco   *Perché non compri questo pesce fresco?*

1. prosciutto di montagna
2. olio d'oliva in bottiglia
3. fagiolini freschi
4. mele rosse
5. broccoli a buon mercato
6. pepe
7. patate gialle
8. peperoni

C. Domandare ad un altro studente o ad un'altra studentessa chi sono le seguenti persone.

▶ la signora   *Chi è quella signora?*

▶ i professori   *Chi sono quei professori?*

1. lo studente vicino alla porta
2. la studentessa che parla
3. i ragazzi noiosi
4. gli studenti che ascoltano la radio
5. la signorina alta
6. i signori seduti al tavolo
7. la signora grassa
8. i signori che bevono vino

D. Rispondere alle domande dell'esercizio C, usando la forma corretta di *quello*. Usare la fantasia!

▶ la signora   *Quella signora è [la madre di Pino].*

▶ i professori   *Quei professori sono [gli amici di mio padre].*

E. Immagini di parlare con un amico o con un'amica delle cose che vuole comprare. Usi la forma corretta di *questo* e di *quello*.

▶ penna / quaderni   *Compro questa penna e quei quaderni.*

1. radio / televisore
2. carne / carciofi
3. spinaci / carote
4. pomodori / zucchini
5. rivista / giornale
6. patate / asparagi
7. costume / bicicletta
8. arance / limoni

II. *Pronomi dimostrativi* questo e quello

— Un chilo di mele, per favore.
— **Queste** o **quelle?**

1. In the following Italian sentences, the words in boldface type are demonstrative pronouns (**pronomi dimostrativi**). They agree in gender and number with the nouns they replace.

Quella chiesa è bella, ma **questa** è brutta.	That church is beautiful, but *this one* is ugly.
Usi questo bicchiere o **quello?**	Do you use this glass or *that one?*
Quegli alberghi sono nuovi, ma **questi** sono vecchi.	Those hotels are new but *these* are old.
Leggi queste riviste o **quelle?**	Do you read these magazines or *those?*

2. Here is a chart of the forms of the demonstrative pronouns **questo** and **quello.** Note that they have only four forms each.

M. Sg.	M. Pl.	F. Sg.	F. Pl.
questo	questi	questa	queste
quello	quelli	quella	quelle

F. Trasformare le frasi, sostituendo alle parole in corsivo i pronomi dimostrativi corrispondenti.

▶ Quei *pomodori* sono belli.   *Quelli sono belli.*

▶ Queste *mele* sono piccole.   *Queste sono piccole.*

1. Questa *farmacia* è grande.
2. Preferisco quel *giornale*.
3. Compriamo questi *libri*.
4. Quegli *asparagi* sono cari.
5. Queste *carote* sono grandi.
6. Quelle *lezioni* sono difficili.
7. Quegli *orologi* non sono cari.
8. Mi piace questa *casa*.
9. Bevo quest'*aranciata*.
10. Quell'*ospedale* è moderno.

G. Le seguenti persone vogliono comprare cose diverse. Indicare quali cose preferiscono.

▶ Lucia desidera comprare   *Preferisce quella calcolatrice, non* una calcolatrice.   *questa.*

1. Giacomo vuole comprare due riviste.
2. Piero desidera comprare una macchina.
3. Marisa vuole comprare le banane.
4. La signorina desidera comprare un computer.
5. Carla vuole comprare i fagiolini.
6. Antonella desidera comprare un costume.

H. Completare le seguenti frasi in maniera logica, usando un pronome dimostrativo appropriato.

▶ Questa penna è nuova e ...   *Questa penna è nuova e quella è* *vecchia.*

1. Questi signori sono americani e ...
2. Questo cameriere è simpatico e ...
3. Quel ristorante è piccolo e ...
4. Quell'uomo è alto e ...
5. Questa studentessa studia poco e ...
6. Queste ragazze ascoltano la radio e ...
7. Quei ragazzi sono allegri e ...
8. Quel tè è caldo e ...

III. Verbi riflessivi

La madre veste il suo bambino.   Il bambino **si veste** da solo.

1. A reflexive verb is one in which the object of the verb refers to or represents the same person or thing as the subject. In the sentences below, the words in boldface type are reflexive verbs.

Mi lavo ogni mattina.	*I wash (myself) every morning.*
Ti vesti elegantemente.	*You dress (yourself) elegantly.*
Franco **si sveglia** alle sette.	Franco *wakes (himself) up* at seven o'clock.

2. Reflexive verbs are more common in Italian than in English. Some Italian reflexives express ideas that are not normally expressed with reflexive verbs in English. For example:

Luigi **si diverte.**	Luigi *has a good time* (amuses himself).
Giovanni **si siede.**	Giovanni *sits down* (seats himself).
Mi alzo alle otto.	I *get up* (raise myself) at eight o'clock.
Vi sentite male.	*You're not feeling* well.
I ragazzi **si mettono a** studiare.	The boys *begin to* study.

3. In the present tense, the reflexive pronoun comes before the verb. It usually follows (and in writing is attached to) an infinitive minus the final **e.**

Mi vesto adesso.	*I get dressed* now.
Ora vado a **vestirmi.**	Now I'm going to *get dressed.*
Ti lavi adesso?	*Are you washing (yourself) now?*
Ora vai a **lavarti?**	Now are you going to *wash (yourself)?*

4. In the present perfect tense, reflexive verbs always take the auxiliary **essere,** and therefore the past participle agrees with the subject.

Paola **si è svegliata** alle sei.	Paola *woke up* at six.
I ragazzi non **si sono lavati.**	The boys *didn't wash.*
Luisa, **ti sei lavata** stamattina?	Luisa, *did you wash* this morning?

5. Some Italian verbs have both a non-reflexive and a reflexive use, depending upon context.

I ragazzi **alzano le mani.**	The boys *raise their hands.*
I ragazzi **si alzano.**	The boys *get (themselves) up.*

6. The following chart shows the complete conjugation of the reflexive verb **lavarsi.** Note that in vocabulary lists and in dictionaries, the reflexive pronoun is always attached to the infinitive minus the final e: **lavare** to wash; **lavarsi** to wash oneself.

lavarsi to wash (oneself)	
io **mi lavo**	noi **ci laviamo**
tu **ti lavi**	voi **vi lavate**
lui/lei **si lava**	loro **si lavano**

7. Here is a list of some common reflexive verbs in Italian. Remember that the English equivalents are often expressed without a reflexive structure.

V (BO): Encourage students to create short sentences with the reflexive verbs listed. Cue the verb and the subject noun or pronoun; e.g.,
Instructor: *alzarsi, Piero*
Student: *Piero si alza alle sette.*

addormentarsi	*to fall asleep*	**Mi addormento** presto.
alzarsi	*to get up*	Mario **si alza** sempre tardi.
chiamarsi	*to be called, to be named*	**Mi chiamo** Giuseppe.
divertirsi (a + *inf.*)	*to have a good time, to enjoy oneself*	**Ti diverti** con gli amici? **Mi diverto a** giocare a tennis.
lavarsi	*to wash (oneself)*	**Mi lavo** le mani.
mettersi	*to put on (clothing)*	**Ti metti** il cappello.
mettersi (a + *inf.*)	*to begin to, to start to*	**Mi metto a** studiare.
prepararsi (per)	*to get ready*	Luisa **si prepara per** uscire.
sentirsi	*to feel*	Valeria non **si sente** bene.
svegliarsi	*to wake up*	**Mi sveglio** sempre alle sei.
vestirsi	*to get dressed*	**Ci vestiamo** adesso.

V (BO): Have students use *loro* instead of *lui* in the responses, and make the corresponding changes in the verb forms.

I. Immagini di avere un fratello gemello *(twin)* di nome Luigi, che fa esattamente le stesse cose che fa lei.

▶ Mi sveglio alle sei.   *Anche lui si sveglia alle sei.*

1. Mi alzo alle sette.
2. Mi lavo ogni mattina.
3. Mi vesto da solo.
4. Mi preparo per uscire.
5. Mi metto a studiare alle quattro.
6. Mi diverto a giocare con Paolo.
7. Mi addormento alle undici.

J.   È domenica pomeriggio e tutti sono a casa. Dire che cosa si mette a fare ciascuna delle seguenti persone.

▶   Daniela / studiare   *Daniela si mette a studiare.*

▶   io / ascoltare la radio   *Mi metto ad ascoltare la radio.*

1. Piero / leggere il giornale
2. noi / guardare la televisione
3. tu / scrivere una lettera
4. loro / dormire
5. Franca e Luciana / lavorare
6. Gianpaolo / parlare di sport
7. io / giocare con i bambini
8. voi / discutere di politica

K.   Cambiare le seguenti frasi secondo i soggetti suggeriti.

▶   Mi lavo ogni mattina. (lui)   *Si lava ogni mattina.*

1. Le ragazze si svegliano presto. (la ragazza)
2. Ti addormenti al cinema. (io)
3. Rosanna si diverte molto a teatro. (Rosanna e Laura)
4. Ci prepariamo per partire. (voi)
5. Si alzano alle sette. (tu)
6. Mia madre si mette a lavorare. (le mie sorelle)
7. Ci vestiamo lentamente. (loro)
8. Non mi chiamo Antonio. (lei)

E (BC): Help a student report to the class the responses made by other students:
S1: *Ti svegli presto la mattina?*
S2: *Sì, mi sveglio presto la mattina. Mi sveglio alle sei.*
S3: *Marco ha detto che si sveglia presto la mattina. Si sveglia alle sei.*

L.   Domandare ad un altro studente o ad un'altra studentessa se fa le seguenti cose.

▶   svegliarsi presto la mattina

S1: *Ti svegli presto la mattina?*
S2: *Sì, mi sveglio presto la mattina.*
     No, non mi sveglio presto la mattina.

1. addormentarsi presto la sera
2. alzarsi tardi la domenica
3. mettersi a lavorare subito
4. prepararsi adesso per uscire
5. mettersi il costume per il ballo in maschera
6. divertirsi sempre al cinema

M. Cambiare le seguenti frasi al passato prossimo. Ricordare che il participio passato deve concordare *(agree)* con il soggetto nel genere e nel numero.

▶ Le studentesse si alzano presto.   *Le studentesse si sono alzate presto.*

1. Vittorio si sveglia presto.
2. Patrizia si veste alle sette.
3. Gli studenti si mettono a leggere.
4. Mi diverto a giocare con Laura.
5. Paolo e Luigi non si sentono bene.
6. Ti alzi alle dieci?
7. Io e Claudio ci prepariamo per partire.

IV. Verbi riflessivi con significato di reciprocità

— Perché non **vi salutate**?
— Non **ci parliamo** più.

1. Plural reflexive verbs used with the reflexive pronouns **ci, vi,** and **si** may convey a reciprocal meaning. The English equivalents are expressed with phrases such as *to each other, with one another,* etc.

Ci scriviamo ogni settimana.	We *write to each other* every week.
Vi aiutate, non è vero?	You *help one another*, right?
Paolo e Luciana **si vedono** ogni sabato.	Paolo and Luciana *see each other* every Saturday.

2. Here are a few reflexive verbs often used with reciprocal meaning.

aiutarsi	*to help each other*	Le ragazze **si sono aiutate.**
amarsi	*to love each other*	**Si amano** molto.
incontrarsi	*to meet (each other)*	Dove **vi siete incontrati?**
innamorarsi	*to fall in love*	Carlo e Giulia **si sono innamorati.**
odiarsi	*to hate each other*	Maria e Giulia **si sono** sempre **odiate.**
parlarsi	*to speak to each other*	Perché non **vi parlate?**
salutarsi	*to greet each other*	Gli amici **si salutano.**
scriversi	*to write to each other*	Perché **si scrivono** così spesso?
vedersi	*to see each other*	**Ci vediamo** ogni settimana.

V (BO): Ask students to transform the sentences, using the pronoun *voi* as subject.

N. Trasformare le seguenti frasi, usando il pronome *loro* come soggetto.

▶ Noi ci incontriamo a Firenze. *Loro si incontrano a Firenze.*

1. Noi ci scriviamo spesso.
2. Noi ci vediamo domani mattina.
3. Noi ci aiutiamo volentieri.
4. Noi ci siamo scritte ogni giorno.
5. Noi ci siamo incontrati allo stadio.
6. Noi ci siamo viste alla stazione.

V (BO): Have students form sentences in the negative.

O. Formulare frasi riferite al presente con le parole indicate.

▶ noi / incontrarsi / questo pomeriggio *Ci incontriamo questo pomeriggio.*

1. loro / scriversi / spesso
2. noi / salutarsi / ogni mattina
3. voi / incontrarsi / al bar
4. gli amici / salutarsi / al ristorante
5. Franco e Mirella / vedersi / qualche volta
6. io e Alberto / incontrarsi / a Milano
7. tu e Stefania / aiutarsi / sempre
8. Tina e Vera / vedersi / ogni settimana

P. Trasformare ciascuna frase dell'esercizio O al passato prossimo, usando l'ausiliare *essere* e facendo concordare il participio passato con il soggetto.

▶ noi / incontrarsi / questo pomeriggio *Ci siamo incontrati questo pomeriggio.*

V. Verbi irregolari: bere, dire, uscire

— Perché non **bevi**?
— **Bevo** solo acqua minerale.

The following chart shows the present tense of the irregular verbs **bere**, **dire**, and **uscire**.

bere	*to drink*	dire	*to say*	uscire	*to go out*
bevo	beviamo	dico	diciamo	esco	usciamo
bevi	bevete	dici	dite	esci	uscite
beve	bevono	dice	dicono	esce	escono

Q. Le prime persone indicate riferiscono cosa bevono le seconde persone. Formulare frasi complete nel presente con i verbi *dire* e *bere*.

▶ Marco / Luisa / limonata *Marco dice che Luisa beve una limonata.*

1. io / loro / spremuta d'arancia
2. voi / io / tè freddo
3. i signori Celli / noi / caffè
4. tu / Michele / acqua minerale
5. io e Carlo / tu e Giorgio / bicchiere di latte
6. lei / tu / cappuccino

V (BO): Ask students to form sentences in the negative and in the present perfect. Remind them to make the past participle agree with the subject, since *uscire* is conjugated with *essere*.

R. Dire a che ora esce ogni persona.

▶ Giancarlo / alle dieci di mattina   *Giancarlo esce alle dieci di mattina.*

1. Luisa e sua madre / a mezzogiorno
2. noi / alle quindici e trenta
3. tu e Mario / di casa / alle quattordici
4. lei / dall'ospedale / alle diciassette
5. i miei genitori / alle sedici
6. io / alle due del pomeriggio

V (BO): Have students replace *uscire* with *dire*, and make the necessary changes; e.g., *Enrico dice che va a lavorare.*

S. Riferire che le seguenti persone escono e compiono (*carry out*) le azioni indicate.

▶ Enrico: andare a lavorare   *Enrico esce e va a lavorare.*

1. Franco: andare a scuola
2. io: fare una passeggiata
3. noi: telefonare a Roberto
4. tu: comprare una rivista
5. voi: incontrare gli amici
6. loro: fare colazione al bar

P (BC): Have students work in pairs and use the questions to generate an extended conversation. Remind them to use the *tu*-form of the verbs.

T. Rispondere alle seguenti domande personali.

1. A che ora esce di casa la mattina?
2. A che ora esce dalla lezione d'italiano?
3. Esce ogni sera? ogni venerdì? ogni sabato?
4. Esce con gli amici o con un'amica?
5. Quando esce, che dice alla mamma?
6. Cosa dice agli amici quando pagano il conto?
7. Cosa beve quando ha sete?
8. Cosa beve con un panino al prosciutto?

A lei la parola

1. You're at the market. Inquire about the price of "these apples."
2. Report that you go out of the house every morning at eight.
3. Find out if your instructor drinks iced tea.
4. Ask a friend at what time he/she gets up in the morning.
5. Find out if your friends had a good time at the theater last night.

Leggere e capire

Leggere il seguente brano per una comprensione generale e poi fare gli esercizi che seguono.

La famiglia Petroni

La famiglia Petroni abita a Bari in un grande appartamento nel centro della città. Il signor Petroni è medico e lavora all'Ospedale Civile della città. La moglie del dottor Petroni è professoressa ed insegna lingue straniere al liceo classico. I Petroni hanno due figli: Daria, di dodici anni, che frequenta la scuola media, e Pierluigi, di dieci, che frequenta ancora la scuola elementare.

Con la famiglia Petroni abita Silvana, la madre della signora. Silvana non lavora, sta a casa ed ogni mattina esce di casa e va al mercato a fare la spesa. A Silvana non piace molto andare al supermercato. Preferisce fare la spesa giornaliera al mercato all'aperto dove trova sempre alimenti freschi. Ogni giorno compra carne o pesce, verdura, frutta ed altri generi alimentari. Quando rientra, prepara da mangiare per i ragazzi che tornano da scuola. Oggi Silvana ha comprato il pesce, gli asparagi, il pane, l'uva, le fragole e le banane. Ai ragazzi non piace molto il pesce, ma mangiano volentieri la frutta.

A. Vero–Falso Dire se le frasi seguenti sono vere o false secondo la lettura. Se sono false, dare l'informazione corretta.

1. Il dottor Petroni abita a Bari da solo.
2. Daria e Pierluigi sono i figli della professoressa Petroni.
3. La moglie del dottore insegna all'università di Bari.
4. Silvana va a fare la spesa per la famiglia.
5. La signora Petroni va spesso al supermercato.
6. Ai ragazzi piace il pesce ma non la frutta.

E (BC): After you go over Exercises A and B, challenge students to recall the information supplied in the two paragraphs titled *La famiglia Petroni.*

B. Completare le frasi seguenti secondo la lettura.

1. La signora Petroni è ...
2. Al liceo la signora ...
3. Pierluigi frequenta ...
4. Daria frequenta la scuola media ed ha ...
5. La persona che abita con la famiglia Petroni è ...
6. Silvana fa la spesa ogni giorno ...
7. Oggi Silvana ha comprato ...

C. Cercare nella lettura un sinonimo per ciascuna delle seguenti parole.

1. ogni giorno
2. dottore
3. resta
4. comprare (generi alimentari)
5. cose
6. fuori
7. vegetali
8. fa da mangiare

D. Scegliere dalla seconda colonna le espressioni che si collegano (*join*) logicamente con le espressioni della prima colonna.

1. Mangi il pesce?
2. Mi piace molto questo supermercato.
3. Perché la signora rimane a casa?
4. Dove vai adesso?
5. Quali lingue straniere insegna la signora?

a. Esco a fare la spesa.
b. Il francese e lo spagnolo.
c. No, preferisco la carne.
d. Non lavora.
e. Io invece faccio la spesa al mercato all'aperto.

Silvana va al mercato.

LEZIONE 8ᵃ

Chi mi accompagna?

Un centro commerciale di Milano

Sono le nove di sera e la famiglia Ottaviani è a cena. Seduti° al tavolo   Seated
sono il padre (Carlo), la madre (Luciana) ed i loro due figli Stefano ed
Alessandra. Carlo è un funzionario di banca e sua moglie lavora a
tempo parziale in un'agenzia di viaggi. I figli sono studenti.

La madre	Alessandra, domani devo andare al centro dalla sarta°. Puoi darmi un passaggio con la macchina alle due?	dressmaker
Alessandra	Veramente ho da fare. Perché non lo chiedi a Stefano?	
Stefano	Ma scherzi? Io non la posso proprio accompagnare. Sono molto occupato domani.	
Alessandra	Ma perché sempre io devo accompagnare la mamma?	
Il padre	Ragazzi, per favore, non cominciate a litigare°. Alessandra, che cosa devi fare domani?	don't start to quarrel
Alessandra	Devo uscire con Mariella. L'ho vista ieri mattina ed ho fissato un appuntamento per domani pomeriggio.	
Il padre	E tu, Stefano, perché non puoi dare un passaggio alla mamma?	
Stefano	Domani vado a giocare a tennis con Fabio. Ho prenotato il campo da tennis° e non posso assolutamente rimandare.	I have reserved the tennis courts
Il padre	Ragazzi, queste non mi sembrano buone ragioni per non accompagnare la mamma.	
Alessandra	Mamma, perché questa volta non prendi un tassì o l'autobus?	
Stefano	È vero. È una buona idea!	
La madre	Quante scuse! Le vostre attività sono sempre molto importanti. E le mie?	
Il padre	Ma dai°, Luciana, non prendertela°.	Come on / don't get angry about it
Stefano	Mamma, non è per cattiveria° che non vogliamo accompagnarti, ma gli impegni sono impegni ...	it's not out of meanness
La madre	Ed io intanto subisco sempre le conseguenze° dei vostri impegni. Da lunedì comincio a prendere lezioni di guida.	I always suffer the consequences

5

10

15

20

25

30

E (BC): Help students describe the characters of the speakers and
to take sides, either with the mother, the father, or the children.
Put a few key words and expressions on the board to stimulate
conversation (e.g., *avere torto, avere ragione, simpatico,
antipatico*).

Domande generali

V (BC): Appoint a student to ask the questions of other students, and to create a few additional questions of his/her own.

1. Dove sono seduti Carlo, Luciana ed i loro figli?
2. Che lavoro fa Carlo? Dove lavora?
3. Lavora sua moglie? Dove?
4. Cosa fanno i loro figli?
5. Dove deve andare domani la madre?
6. Perché Alessandra non la può accompagnare?
7. Perché Stefano non la può accompagnare?
8. Cosa suggerisce Alessandra alla madre?
9. Cosa comincia a fare la madre da lunedì?

Domande personali

1. Come si chiama suo padre? e sua madre?
2. Quanti fratelli ha? Quante sorelle?
3. È sempre molto occupato/a o è piuttosto libero/a?
4. Ha impegni oggi pomeriggio? Che cosa deve fare?
5. Gioca a tennis? Con chi gioca?

Modificazioni

E (BO): Challenge students to create four-line conversational exchanges based on *Modificazione* No. 1; e.g.,
S1: *Mi puoi accompagnare dal dottore?*
S2: *No, non ti posso proprio accompagnare.*
S1: *Perché, sei occupato?*
S2: *Sì, devo studiare per l'esame di filosofia.*

1. — Non ti posso proprio **accompagnare.**
   incontrare
   aspettare
   capire

   — **Perché, sei occupato/a?**
   Che cosa devi fare?
   Mi dispiace.
   Sei sicuro/a?

2. — Quando hai visto **Mariella?**
   Paolo
   i tuoi amici
   le amiche di Gino
   mia sorella

   — **L'ho vista** ieri mattina.
   L'ho visto
   Li ho visti
   Le ho viste
   L'ho vista

3. — Sono importanti le **vostre** attività?
   sue
   loro
   tue

   — No, le **nostre** non sono importanti.
   sue
   loro
   mie

Vocabolario

Parole analoghe

accompagnare   **l'attività**   **importante**
assolutamente   **la conseguenza**   **occupato/a**

E (BO): Ask students to make up questions or statements with the expressions *avere da fare, da domani, dare un passaggio,* and *fissare un appuntamento.*

Nomi

l'agenzia di viaggi   travel agency
l'autobus *(m.)*   bus
la cena   supper
il funzionario   manager
l'impegno   engagement, appointment
la scusa   excuse
il tassì   taxi

Verbi

cominciare (a + *inf.***)**   to begin, to
     start
litigare   to quarrel
potere   to be able, can
prenotare   to reserve
sembrare   to seem, to appear
subire (subisco, *ecc.***)**   to undergo, to
     suffer

Altre parole ed espressioni

intanto   meanwhile
proprio   just

a tempo parziale   part-time
avere da fare   to be busy
da domani   starting tomorrow (from
     tomorrow on)
dare un passaggio   to give a ride
fissare un appuntamento   to make a
     date
giocare a tennis   to play tennis
la lezione di guida   driving lesson

Pratica

A. Immagini di dovere andare in biblioteca e di chiedere un passaggio a sua sorella, che ha un motorino. Sua sorella dice di sì, ma spiega che deve prima andare all'ufficio postale. Lei risponde che ha abbastanza tempo. Prepari un dialogo appropriato.

B. Claudia ha un appuntamento dal dentista ed ha bisogno di un passaggio. Suo marito Luigi dice che non può dare un passaggio a Claudia perché ha da fare. Lui suggerisce di prendere un tassì. Scrivere un dialogo appropriato.

IN BIBLIOTECA

NOTA CULTURALE

La famiglia italiana

La famiglia tradizionale italiana con i suoi forti legami affettivi[1] è ancora viva in molti paesi e piccole città di provincia. Spesso generazioni diverse condividono[2] la stessa casa o appartamento; e nonni, zie o zii non sposati fanno parte del nucleo familiare. Nella famiglia tradizionale il padre ha sempre il ruolo più importante, dato che[3] da lui dipendono finanziariamente tutti gli altri componenti della famiglia.

Invece[4] nelle grandi città e nei centri industriali dove è più facile trovare lavoro, la famiglia tradizionale è pressoché scomparsa[5]. Spesso la coppia sposata[6] vive da sola, e tutti e due[7], l'uomo e la donna, lavorano a tempo pieno[8]. Con lo sviluppo[9] economico anche i figli riescono a[10] trovare lavoro ed acquistano così una maggiore indipendenza.

Un padre a passeggio con sua figlia

1. strong emotional ties   2. live together, share   3. given the fact that   4. On the other hand   5. has almost disappeared   6. married couple   7. both of them   8. full-time   9. development   10. succeed in

Pronuncia
I suoni /ʃ/ e /sk/

The sound /ʃ/ is represented in spelling as **sc** before **e** and **i**. The sound /sk/ is represented in spelling as **sc** before **a, o,** and **u,** and as **sch** before **e** and **i.**

A.   Ascoltare l'insegnante e ripetere le seguenti parole.

/ʃ/		/sk/		
e**sc**e	pro**sci**utto	**sc**opa	pe**sc**a	pe**sch**e
scientifico	preferi**sc**e	**sc**usa	di**sc**utere	**sch**erzi
la**sci**are	preferi**sci**	**sc**oprire	a**sc**oltare	pazze**sch**i
u**sci**re	pe**sc**e	**sc**olorito	subi**sc**o	tede**sch**i

V (BO): Send four students to the board and ask four other students to dictate the sentences. Challenge the remaining students to create additional sentences, using words that contain the letters *sc* and *sch*.

B. Leggere ad alta voce le seguenti frasi. Fare attenzione alla pronuncia della combinazione delle lettere *sc* e *sch*.

1. Preferisci uscire presto?
2. Esce dal liceo scientifico.
3. Preferisco ascoltare la radio.
4. Preferiscono mangiare le pesche.

C. Proverbi Leggere ad alta voce i seguenti proverbi e poi dettarli ad un altro studente o ad un'altra studentessa.

Da cosa nasce cosa.
　　One thing leads to another.
In bocca chiusa non entrano mosche.
　　Keep your mouth shut and you won't get into trouble.

Ampliamento del vocabolario

I. La famiglia ed i parenti

You already know many nouns referring to family members and relatives (**il padre, la madre; il fratello, la sorella; lo zio, la zia; il nonno, la nonna; il figlio, la figlia**). Here are some additional nouns to add to the list.

E (BO): Ask students to indicate the relationship of members of the Ottaviani family (p. 181) and to invent other relatives, using the terms listed in this section.

i genitori	parents	**il suocero**	father-in-law
i parenti	relatives	**la suocera**	mother-in-law
il cugino	(male) cousin	**il genero**	son-in-law
la cugina	(female) cousin	**la nuora**	daughter-in-law
il nipote	grandson; nephew	**il cognato**	brother-in-law
la nipote	granddaughter; niece	**la cognata**	sister-in-law

Note: Masculine plural nouns (like **gli zii** and **i cugini**) may refer to all-male groups or to a mixed group of males and females. Context will usually make the meaning clear.

Altre espressioni utili

la coppia	couple	**essere sposato/a**	to be married
divorziare	to divorce	**fidanzarsi**	to become engaged
essere celibe	to be single (man)	**sposarsi**	to get married
essere divorziato/a	to be divorced	**vivere insieme**	to live together
essere nubile	to be single (woman)		

V (BO): Have pairs or small groups of students ask each other the questions, using *tu*.

A. Rispondere alle seguenti domande personali.

1. Ha un cugino o una cugina? Quanti anni ha? Dove abita?
2. Ha uno zio? Dove abita? È celibe o sposato?
3. Quanti fratelli ha? Quante sorelle? Abitano con i genitori?
4. Lei è celibe/nubile o è sposato/a? È fidanzato/a?
5. Ha un cognato o una cognata? Quando si è sposato suo fratello? Quando si è sposata sua sorella?
6. Secondo lei, è bene sposarsi molto giovane?
7. Se è celibe/nubile, pensa di sposarsi presto? In che anno? In che mese?

E (BC): Have students make a drawing of their own (or an imaginary) family tree and label the individuals shown. Ask them to write a paragraph explaining the family relationships.

B. Assumere il ruolo di Marisa o di Luigi ed indicare il grado di parentela *(relationship)* con gli altri componenti della famiglia.

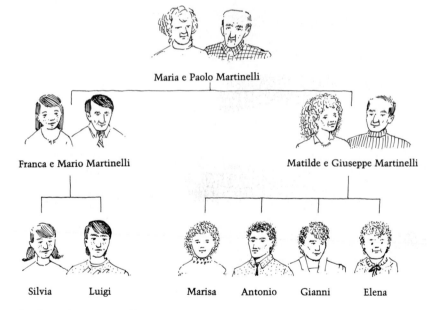

La famiglia Martinelli

▶ Marisa: *Antonio è mio fratello. Luigi è* _____ .

C. Completare le seguenti frasi con parole appropriate.

1. La sorella di mio marito è mia _____ .
2. Mio _____ Giuseppe è il fratello di mio padre.
3. Mia sorella _____ con Nino il venti giugno.
4. Gianni e Pina sono una _____ molto simpatica.
5. La madre di mia moglie è mia _____ .
6. I nonni parlano sempre dei _____ .
7. Non ho molti _____ . La mia famiglia è piuttosto piccola.
8. La mia amica Marina _____ con un bel ragazzo e si sposano fra due mesi.

II. Lei guida?

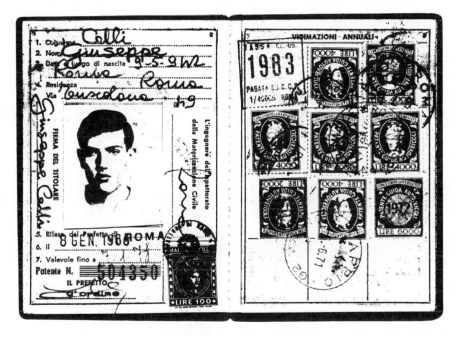

Una patente di guida

The following new words and expressions will be useful to you in talking about driving a car.

la benzina gasoline
controllare l'olio (le gomme) to check the oil (tires)
fare il pieno to fill it up
guidare (velocemente/lentamente) to drive (fast/slowly)

noleggiare un'automobile to rent a car
parcheggiare to park
il parcheggio a pagamento pay parking
la patente di guida driver's license
la stazione di servizio gas station

V (BO): Have students ask *you* the questions.

D. Rispondere alle seguenti domande personali.

1. Lei ha la patente? Guida?
2. Quanto costa la benzina nella sua città o nel suo paese?
3. Guida velocemente o lentamente? Guida molto bene?
4. Dove parcheggia? In un garage o nella strada *(street)*?
5. Quante volte alla settimana fa il pieno?
6. Che cosa fa controllare quando va alla stazione di servizio?
7. Noleggia spesso una macchina? Perché?

Struttura ed uso

I. *Verbi modali:* dovere, potere e volere

Non **devo mangiare** più!

1. A modal verb (**verbo modale**) is a helping verb generally followed by a dependent infinitive. The modal verb may express the duty (**dovere**), ability (**potere**), or will (**volere**) of the doer. You are already familiar with the present-tense forms of **volere** (presented in *Lezione 4ᵃ*) and with some of the present-tense forms of the modal verbs **dovere** and **potere**. The irregular forms are indicated in boldface in the following chart.

Subject pronouns	dovere must, to have to	potere to be able, can	volere to want, to wish
io	devo	posso	voglio
tu	devi	puoi	vuoi
lui/lei	deve	può	vuole
noi	dobbiamo	possiamo	vogliamo
voi	dovete	potete	volete
loro	devono	possono	vogliono

2. Modal verbs can be used sometimes without a dependent infinitive, especially in responses.

    — Puoi aspettare un momento?   — Can you wait a moment?
    — No, non posso.   — *No, I can't.*

V (BO): Have students use the appropriate present-tense form of *volere* instead of *dovere*.

A. Dire cosa devono fare oggi le seguenti persone. Usare la forma appropriata del tempo presente di *dovere*.

▶   noi: lavorare   *Dobbiamo lavorare.*

1. io: comprare i biglietti
2. tu: andare al liceo
3. lui: mangiare a casa
4. i ragazzi: bere qualcosa
5. noi: pulire la casa
6. lei: trovare una stazione di servizio
7. voi: finire il lavoro
8. loro: usare un computer

B. Dire che le seguenti persone non possono fare certe attività. Usare la forma appropriata del tempo presente di *potere*.

▶   Paolo vuole uscire, ...   *ma non può.*

▶   Noi vogliamo mangiare, ...   *ma non possiamo.*

1. Voglio fare una passeggiata, ...
2. Vuoi comprare una moto, ...
3. Vuole andare a piedi al centro, ...
4. Le mie sorelle vogliono fare colazione, ...
5. Mia cugina vuole vedere Venezia, ...
6. Volete vedere un film, ...

P (BO): Have students work in pairs and ask each other to indicate five things they want to do next week, next month, or next year. Students must specify the days of the week, the months, or the year.

C. Dire cosa vogliono fare le seguenti persone, usando la forma appropriata del presente di *volere.*

▶ Piero: andare al cinema   *Piero vuole andare al cinema.*

1. Liliana: cominciare a giocare
2. noi: studiare informatica
3. tu: andare in vacanza a febbraio
4. Franco: divertirsi sempre
5. voi: prendere un tassì
6. Maria e sua sorella: andare dalla sarta
7. Mario e Dino: prenotare il campo da tennis
8. io: fare una passeggiata con mio padre

II. Pronomi possessivi

Il mio appartamento è scuro!   **Il mio** è luminoso!

1. The possessive pronouns are identical in form to the possessive adjectives, which were presented in *Lezione 2ª.* They agree in number and gender with the thing possessed, not with the possessor. They are regularly used with a definite article except when they follow a form of **essere,** in which case the article is optional.

Ecco **i miei biglietti.**	Here are *my tickets.*
Ecco **i miei.**	Here are *mine.*
Ho trovato **la tua penna.**	I found *your pen.*
Ho trovato **la tua.**	I found *yours.*
But: È **la sua macchina?**	Is that *your car?*
È **(la) sua?**	Is that *yours?*

2. The definite article is never omitted with the possessive pronoun **loro,** even after the verb **essere.**

    Dov'è **la loro casa?**   Where is *their house?*
    Dov'è **la loro?**   Where is *theirs?*

3. The following chart shows the forms of the possessive pronouns.

Subject Pronouns	M. Sg.	M. Pl.	F. Sg.	F. Pl.
io	il mio	i miei	la mia	le mie
tu	il tuo	i tuoi	la tua	le tue
lui/lei	il suo	i suoi	la sua	le sue
noi	il nostro	i nostri	la nostra	le nostre
voi	il vostro	i vostri	la vostra	le vostre
loro	il loro	i loro	la loro	le loro

D. Carla ed alcuni amici vanno a scuola. Carla dice che ognuno ha le cose proprie. Usare le parole indicate per completare le frasi di Carla.

▶ Io ho il mio *registratore,* e Maria ...   *Io ho il mio registratore, e Maria ha il suo.*

1. Io ho le mie *penne,* e Gianna ...
2. Io ho le mie *matite,* e voi ...
3. Io ho i miei *fogli di carta,* e Federico e Filippo ...
4. Io ho la mia *calcolatrice,* e Luciana ...
5. Io ho il mio *computer,* e tu ...
6. Io ho il mio *quaderno,* e Maria ...

E. Anna fa una serie di domande ad Elena. Assumere il ruolo di Elena e rispondere, usando la forma appropriata del pronome possessivo.

▶ Anna: Il mio quaderno è sul tavolo. Dov'è il tuo? (sulla sedia)   Elena: *Il mio è sulla sedia.*

1. I miei libri costano diecimila lire. Quanto costano i tuoi? (quindicimila)
2. La mia macchina è nel garage. Dov'è la tua? (dal meccanico)
3. Il mio ragazzo è ricco. E il tuo? (povero)
4. Il mio dottore lavora in quest'ospedale. Dove lavora il tuo? (nell'Ospedale Civile)
5. Le mie riviste sono nuove. Come sono le tue? (vecchie)

F. Dica che il primo dei seguenti oggetti appartiene *(belongs)* a lei ed il secondo a Paolo, usando la forma corretta del pronome possessivo.

▶ il quaderno vecchio e   *Il quaderno vecchio è mio;*
il quaderno nuovo   *il quaderno nuovo è suo.*

1. il libro d'italiano e il libro d'inglese
2. la macchina rossa e la macchina bianca
3. questi orologi e quell'orologio
4. la calcolatrice giapponese e la calcolatrice tedesca
5. queste verdure e quei formaggi
6. queste mele e quelle pere

V (BC): Appoint a student to go around the room asking similar questions of other students, who must answer the questions with the appropriate form of the possessive pronoun.

G. Carlo domanda a Gino di chi sono le seguenti cose. Assumere il ruolo di Gino, usando la forma appropriata del pronome possessivo.

▶ Carlo: Questi calendari, sono tuoi o   Gino: *Sono (i) suoi.* (o)
di Tommaso?   *Sono (i) miei.*

1. Questo zaino, è tuo o di Stefano?
2. Questa frutta, è nostra o dei nonni?
3. Questo stereo, è vostro o di Laura?
4. Quei giornali, sono tuoi o i loro?
5. Quelle penne, sono tue o sono mie?
6. Questa macchina da scrivere, è tua o di tuo fratello?

III. Pronomi complemento diretto

—Vedi bene il film dal tuo posto?
—Veramente non **lo** vedo per niente!

1. Direct-object pronouns (**i pronomi complemento diretto**) answer the question *whom?* or *what?* In the questions below, the words in bold-face are direct-object noun phrases (definite article + noun). In the responses, the words in boldface are direct-object pronouns that re-place the noun phrases.

   — Luciana visita **il nonno?**
   — Sì, **lo** visita.

   — Does Luciana visit *her grandfather?*
   — Yes, she visits *him.*

   — Stefano chiama **la madre?**
   — No, non **la** chiama.

   — Does Stefano call *his mother?*
   — No, he doesn't call *her.*

   — Chi accompagna **le signore?**
   — Mariella **le** accompagna.

   — Who accompanies *the ladies?*
   — Mariella accompanies *them.*

2. The following chart shows the forms of the direct-object pronouns.

Singular *(m. or f.)*		Plural *(m. or f.)*	
mi (m')	me	**ci (c')**	us
ti (t')	you *(fam.)*	**vi (v')**	you *(fam.)*
lo (l')	him, it	**li**	them *(m.),* you *(formal, m.)*
la (l')	her, it, you *(formal)*	**le**	them *(f.),* you *(formal, f.)*

   Note that the direct-object pronouns **lo (l')**, **la (l')**, **li** and **le** have more than one meaning. Context usually makes the meaning clear.

3. The pronouns **mi, ti, lo,** and **la** usually drop the final vowel before a verb that begins with a vowel sound.

   Giorgio **m'**invita a ballare. (**m'** − **mi**)
   Chi **t'**aspetta? (**t'** = **ti**)
   Mario? **L'**incontriamo alle dieci. (**l'** = **lo**)
   Anna? **L'**accompagno a casa. (**l'** = **la**)

   Giorgio invites *me* to dance.
   Who is waiting for *you?*
   Mario? We're meeting *him* at 10.
   Anna? I'll accompany *her* home.

   The pronoun **ci** may drop the final vowel before a verb that begins with **e** or **i.** The pronoun **vi** may drop the final vowel before a verb that begins with any vowel sound.

   C'invitano al cinema? (**c'** = **ci**)
   V'aspetta il vostro amico? (**v'** = **vi**)

   Are they inviting *us* to the movies?
   Is your friend waiting for *you?*

   The pronouns **li** and **le** retain the final vowel, even when they pre-cede a verb that begins with a vowel sound.

   Emilio e Lucia? **Li** incontriamo
     stasera.

   Emilio and Lucia? We're meeting *them*
     this evening.

4. Direct-object pronouns usually precede the conjugated verb form. In double-verb constructions with modals, the direct-object pronoun may precede the conjugated verb form or follow and be attached to the infinitive, in which case the final **e** of the infinitive is dropped.

Studio le lezioni. **Le** studio.   I study the lessons. I study *them.*
Non invito Marisa. Non **l'**invito.   I don't invite Marisa. I don't invite *her.*

Non **la** posso accompagnare. ⎫
Non posso **accompagnarla**. ⎭   I can't go with *her.*

E (BO): Ask students to substitute plural objects for singular objects, and vice versa, and to make the changes in the direct-object pronouns.

H.   Dire chi compra gli oggetti indicati.

▶   Chi compra il libro? (mia sorella)   *Mia sorella lo compra.*

1. Chi compra i dischi? (mio fratello)
2. Chi compra le riviste? (mia madre)
3. Chi compra i biglietti? (mio padre)
4. Chi compra il gelato? (mio cugino)
5. Chi compra la pizza? (mia nuora)
6. Chi compra l'orologio? (mio zio)

I.   Porre *(Ask)* le seguenti domande ad altri studenti che dovrebbero *(should)* usare *mi (m'), ti (t'),* o *ci (c')* nelle loro risposte, secondo il modello riportato.

▶   Il tuo amico ti cerca spesso?   *Sì, mi cerca spesso.*

1. Tua madre ti chiama?
2. Tuo cugino t'invita spesso al bar?
3. Tuo zio t'aspetta alla stazione?

▶   M'aspetti dopo la lezione?   *Sì, t'aspetto dopo la lezione.*

4. M'incontri al bar stasera?
5. M'inviti a prendere un caffè?
6. M'ascolti con attenzione?

▶   I parenti vi visitano spesso?   *No, non ci visitano spesso.*

7. I nonni vi visitano spesso?
8. I cugini vi cercano spesso?
9. Le cugine v'invitano spesso?

J. Rispondere alle seguenti domande personali, usando nelle risposte il pronome corrispondente al complemento diretto.

▶ Capisce la lezione di oggi?   *Sì, la capisco. (No, non la capisco.)*

1. Capisce il dialogo?
2. Capisce il tedesco?
3. Prende il tè?
4. Compra le matite?
5. Legge le riviste italiane?
6. Aspetta il suo amico dopo la lezione?
7. Adesso aspetta le sue sorelle?
8. Sua madre la chiama per telefono ogni giorno?
9. Invita gli zii a pranzo *(to dinner)?*
10. Studia la storia italiana?

K. Dica se stasera lei pensa di fare le seguenti cose, usando nelle risposte il pronome corrispondente al complemento diretto.

▶ guardare la televisione   *Sì, stasera penso di guardarla.*
No, stasera non penso di guardarla.

1. spedire il questionario
2. incontrare Patrizia
3. usare la calcolatrice
4. restituire i libri
5. pulire la macchina
6. accompagnare la mamma

L. Rispondere alle seguenti domande.

▶ Vuole prendere lezioni di guida?   *Sì, le voglio prendere.*
Sì, voglio prenderle.

1. Puoi darmi un passaggio?
2. Adesso devi pulire la casa?
3. Vuoi mangiare i panini al prosciutto?
4. Dobbiamo vedere la città di Siena?
5. Possiamo noleggiare la macchina?

IV. Concordanza del participio passato con i pronomi complemento diretto

— Chi ha rotto la tazza?
— L'ha **rotta** lui!

1. The past participle of a verb conjugated with **avere** agrees in gender and number with the preceding direct-object pronouns **lo (l')**, **la (l')**, **li**, or **le**.

Hai invitato **il tuo amico?**	Sì, **l'**ho **invitato.**
Hai visto **la signora?**	Sì, **l'**ho **vista.**
Hai comprato **i biglietti?**	Sì, **li** ho **comprati.**
Hai letto **queste riviste?**	Sì, **le** ho **lette.**

2. Agreement is optional with the preceding direct-object pronouns **mi (m')**, **ti (t')**, **ci (c')**, and **vi (v')**.

Maria, **ti** ha ⎰ **invitato** ⎱ Filippo?   Sì, **mi** ha ⎰ **invitato.** ⎱
⎱ **invitata** ⎰   ⎱ **invitata.** ⎰

Ragazzi, **vi** ha ⎰ **chiamato** ⎱ la zia?   Sì, **ci** ha ⎰ **chiamato.** ⎱
⎱ **chiamati** ⎰   ⎱ **chiamati.** ⎰

M. Ernesto è in partenza per Napoli. Maria, la moglie, chiede al marito se ha preso le seguenti cose. Assumere il ruolo di Ernesto, rispondendo affermativamente e facendo la concordanza necessaria.

▶ Maria: Hai preso la radio? Ernesto: *Sì, l'ho presa.*

▶ Maria: E i dischi? Ernesto: *Sì, li ho presi.*

1. E i biglietti?
2. E le riviste?
3. E il registratore?
4. E la calcolatrice?
5. E la penna nuova?
6. E i libri?
7. E il giornale?
8. E le matite?

V (BO): Have students change *Elena* to *Elena e Pia*, and make the corresponding changes in the verb forms.

N. Alessandra non ha avuto il tempo di fare tutto quello che doveva *(had to)* fare, ma la sua amica Elena l'ha aiutata. Dire che cosa ha fatto Elena.

▶ Alessandra ha comprato la frutta? *No, Elena l'ha comprata.*

1. Ha prenotato il campo da tennis?
2. Ha restituito il dizionario a Marianna?
3. Ha fatto la spesa?
4. Ha preparato i panini al prosciutto?
5. Ha fatto la telefonata a Francesco?
6. Ha accompagnato la zia?

V (BO): Ask students to respond in the negative.

O. Teresa risponde alla madre che le chiede se ha fatto alcune cose. Assumere il ruolo di Teresa.

▶ Hai spedito il questionario? *Sì, l'ho spedito.*

1. Hai chiamato il nonno?
2. Hai comprato la pasta?
3. Hai letto la rivista?
4. Hai trovato quel costume?
5. Hai visto lo zio?
6. Hai pagato il meccanico?
7. Hai ripassato la lezione?
8. Hai accompagnato le bambine?
9. Hai studiato il francese?
10. Hai fissato l'appuntamento con il dottore?

E (BO): Encourage students to add a specific time expression in their responses; e.g.,
S1: *Ti ha chiamato Stefano?*
S2: *Sì, mi ha chiamato [la settimana scorsa].*

P. Porre le seguenti domande ad un altro studente o ad un'altra studentessa.

1. Ti ha chiamato [Stefano]?
2. Ci ha visto la professoressa?
3. Vi ha sentito la mamma?
4. Mi hai ascoltato con attenzione?
5. Ti ha incontrato [Maria]?

A lei la parola

1. Report that you live with your parents.
2. Ask your instructor how his/her mother is.
3. Your teacher wants to know if you understand him/her. Say that you understand him/her very well.
4. When your sister comes home you want to know if she bought the theater tickets. She apologizes because she didn't buy them.
5. Report to your father that you went to the gas station to fill up the car tank, but deny that you drove fast.

Attualità

Conosce Torino?

Torino è, dopo Milano, il secondo tra i maggiori° centri industriali   largest
italiani. La città conserva ancora oggi l'originale struttura romana,
ampliata e perfezionata dai Savoia° dal XVI (sedicesimo) secolo° in poi.   Savoy royal family / century

    Torino ha avuto un enorme sviluppo° industriale dopo la seconda   development
guerra mondiale. La sua industria tessile° e quella automobilistica (Fiat   textile
e Lancia) sono oggi all'avanguardia non solo in Italia, ma anche
all'estero°.   abroad

L'automobile e le autostrade in Italia

In quasi° tutte le famiglie italiane, l'automobile non è solo usata per   almost
andare a lavorare, ma è anche il mezzo° insostituibile per gli   means
spostamenti°, per le gite di fine-settimana e per andare in vacanza. La   moving about
diffusione dell'automobile permette agli italiani di muoversi° più   move
facilmente su tutto il territorio nazionale, grazie° anche al gran numero   thanks to
di strade ed autostrade.

    Le autostrade italiane sono moderne, belle e comode. Sono fornite°   supplied
di numerose aree di servizio con stazioni di rifornimento° di benzina e   filling stations
luoghi di ristoro°. In molte aree di parcheggio, ci sono giardini con   refreshment stops
panchine°, fontanelle d'acqua e servizi igienici°. Tutte le autostrade   benches / rest rooms
sono a pagamento ed il pedaggio° è basato° sulla potenza° del motore   toll / based / power
dell'automobile. L'autostrada del Sole è la più lunga e pittoresca.
Partendo da Milano, essa attraversa° tutto il paese ed arriva fino al sud   crosses
dell'Italia.

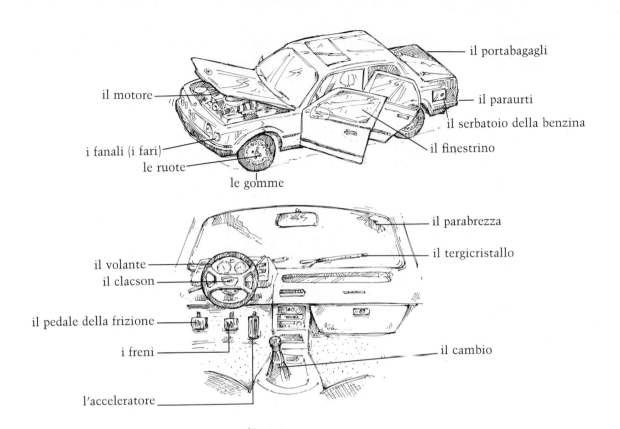

il portabagagli

il paraurti

il serbatoio della benzina

il motore

il finestrino

i fanali (i fari)

le ruote

le gomme

il parabrezza

il tergicristallo

il volante

il clacson

il pedale della frizione

i freni

il cambio

l'acceleratore

Dialogo: *Il pieno°, signore?*

Marco si ferma° ad un distributore di benzina° di una stazione di
servizio. Il benzinaio° si avvicina° alla sua Fiat.

Il benzinaio	Il pieno, signore?
Marco	No, solo venti litri di benzina.
Il benzinaio	Va bene. Controllo° anche il livello° dell'olio?
Marco	Sì. Vuole controllare anche la pressione delle gomme, per favore?
Il benzinaio	Volentieri!
Marco	Scusi, mi può lavare° il parabrezza°?
Il benzinaio	Perché no!
Marco	La ringrazio° molto.
Il benzinaio	Non c'è di che°!

Shall I fill it up

stops / gas pump

gas attendant / approaches

Shall I check / level

can you wash / windshield

Thank you

Don't mention it

Quanto ricorda?   Completare le seguenti frasi con parole appropriate.

1. Torino è il _____ tra i maggiori centri industriali italiani.
2. L'autostrada del _____ è molto pittoresca.
3. Venti _____ di benzina, per favore.
4. Faccio controllare anche la pressione delle _____ ?
5. L'industria tessile e _____ di Torino sono all'avanguardia in Italia e anche all'estero.
6. La _____ dell'automobile permette agli italiani di muoversi più facilmente.
7. La _____ e la _____ sono due tipi di automobili italiane.
8. L'autostrada più lunga d'Italia parte da Milano e arriva fino al _____ del paese.

RIPASSO: Lezioni 7ª & 8ª

In this section, you will review the following: Demonstrative adjectives
(Exercise A); Demonstrative adjectives and pronouns (Exercise B); Irregular
verbs **bere, dire, uscire** (Exercise C); Reflexives (Exercise D); Modal verbs
(Exercise E); Possessive adjectives and pronouns (Exercise F); Direct-object
pronouns (Exercises G–H); Vocabulary and expressions (Exercise I)

A. Dire come sono o cosa fanno le seguenti persone. Usare la forma corretta
di **questo** e di **quello.** [*Demonstrative adjectives*]

▶ Questo bambino è alto. (bambina / bassa)   *Quella bambina è*
bassa.

1. Questa signora lavora molto. (signorine / poco)
2. Quei giovani sono tristi. (signora / allegra)
3. Queste studentesse scrivono bene. (studenti / leggono)
4. Quel questionario è vecchio. (quaderno / nuovo)
5. Questo pane è buono. (pesce / cattivo)
6. Quest'albergo è grande. (ospedale / piccolo)
7. Quelle macchine sono belle. (negozi / eleganti)

B. **Questo o quello?** Indichi la sua preferenza, alternando **questo** e **quello.**
[*Demonstrative adjectives and pronouns*]

▶ *Preferisco questo libro e non quello.*

▶ *Preferisco quel libro e non questo.*

1. banane	3. sedia	5. orologio	7. frutta
2. computer	4. dischi	6. vino	8. albicocche

C. Formulare frasi complete secondo i modelli, usando i verbi **dire** e **uscire.**
[*Irregular verbs* **bere, dire, uscire**]

▶ io / Tommaso / sei   *Dico che esco con Tommaso alle sei.*

1. tu / Giorgio / domani   3. voi / le amiche / due
2. loro / i professori / più tardi 4. io e tu / Valerio / stasera

Le seguenti persone dicono cosa bevono.

▶ io / vino   *Dico che bevo vino.*

5. i signori Tosi / caffè   7. voi / tè freddo
6. il nonno / spremuta d'arancia 8. Carla / cappuccino

D. Trasferire l'azione al presente. [*Reflexives*]

1. Ci siamo svegliati tardi.
2. Carlo e Peppe si sono salutati.
3. I giovani si sono visti al museo.
4. Perché vi siete addormentati in classe?
5. Marta non si è sentita bene.
6. Si sono incontrati allo stadio.
7. I ragazzi si sono aiutati.
8. Mi sono vestita presto.

E. Creare frasi originali con le parole ed espressioni delle colonne A, B e C. [*Modal verbs*]

A	B	C
i genitori	dovere	prendere la sua macchina
la mia amica Carla	potere	visitare i suoi nonni
la sorella di Tina	volere	parlare con i nipoti
le zie		salutarsi
gli zii		comprare un nuovo registratore
la nipote		litigare con tutti
mio cognato		giocare con i bambini
mia nuora		andare all'ospedale

F. Completare le frasi con la forma corretta degli aggettivi e dei pronomi possessivi. [*Possessive adjectives and pronouns*]

▶ Lui ha pulito _____ macchina ed   *Lui ha pulito la sua macchina ed*
io ho pulito _____ .   *io ho pulito la mia.*

1. Noi andiamo con _____ macchina e voi andate con _____ .
2. Tu hai incontrato _____ amici ed io ho incontrato _____ .
3. Loro hanno parlato con _____ amici e noi con _____ .
4. Tu accompagni _____ madre ed io accompagno _____ .
5. Carla ha aiutato _____ cugino ed io ho aiutato _____ .
6. Io uso _____ calcolatrice e loro usano _____ .
7. Oggi Tommaso ha incontrato _____ nonno e noi abbiamo incontrato _____ .
8. Voi siete usciti con _____ famiglia e noi con _____ .

G. Trascrivere le seguenti frasi, sostituendo alle parole in corsivo i pronomi complemento diretto appropriati. [*Direct-object pronouns*]

1. Elisa porta *il costume rosso.*
2. Prendiamo *la motocicletta.*
3. Chiamo *il meccanico.*
4. Guardate spesso *la televisione?*
5. Patrizia guida *la macchina.*
6. Suggeriscono di comprare *quel libro.*
7. Ascolta *i dischi di Franco.*
8. Aspettiamo *i nostri cugini.*
9. Gli italiani leggono anche *le riviste americane.*
10. Vado a prendere *il giornale.*

H. Risponda alle domande di Marco, indicando quando lei ha fatto le seguenti cose. [*Direct-object pronouns*]

▶ Quando hai visto le bambine di Luca? (martedì)   *Le ho viste martedì.*

1. Quando hai comprato il registratore? (ieri)
2. Quando hai chiamato i nonni? (stamattina)
3. Quando hai incontrato le figlie di Maria? (due giorni fa)
4. Quando hai ricevuto la telefonata di Renato? (un'ora fa)
5. Quando hai preso la calcolatrice? (venti minuti fa)
6. Quando hai accompagnato i tuoi genitori? (venerdì)

I. Esprimere in italiano la seguente conversazione fra Mirella e Tonino. [*Vocabulary and expressions*]

Mirella	Tonino, I have to meet Angela at the supermarket. Can you give me a ride?
Tonino	Of course. But I'll have to use Luigi's car and not mine.
Mirella	Why? Where's yours?
Tonino	My sister took it to go the dressmaker's.
Mirella	What a nice brother you are! *My* brother never gives me his car.
Tonino	That's because his is new and mine is old.
Mirella	It's not that. He does it out of spite . . .

LEZIONE 9ª

See Instructor's Manual for
additional teaching suggestions for
Lezione 9ª.

Ti scrivo da Perugia

La Fonte Maggiore nella storica piazza di Perugia

Lisa Di Stefano è una giovane italo-americana di Boston che studia
pittura moderna all'Accademia di Belle Arti° di Perugia. Ora scrive al
suo ragazzo Robert Dale, un giovane fotografo che studia l'italiano da
due anni a Madison, Wisconsin.

Fine Arts Academy

                                    Perugia, 10 ottobre

Caro Bob,
    sono qui a Perugia da due settimane e finalmente ho il tempo di
scriverti due righe°. Pensavo di scriverti in inglese, ma poi ho cambiato
5 idea e come vedi, scrivo in italiano. Non ho ancora avuto notizie da te
e ti prego di rispondere presto alla mia lettera.

a few lines

    Questa città è antica e molto bella. La gente è simpatica e ci sono
moltissimi studenti stranieri come me. Qui ormai° siamo in pieno
autunno, ma fa ancora bel tempo. Però di notte la temperatura scende
10 di parecchi gradi e fa abbastanza freddo. Che tempo fa lì?

by now

    Io sto bene. Le lezioni all'Accademia non sono ancora cominciate e
quindi non sono molto occupata. Ho abbastanza tempo libero e mi
diverto ad andare in giro per i negozi°. Ho già visto antichi oggetti
d'arte°, ceramiche locali, molte belle maglie e camicie alla moda e
15 bellissime valige e borse di cuoio. Che sfortuna non avere molti soldi!

going shopping

art objects

    E tu come stai? Che fai? Ieri ricordavo con piacere° i giorni passati°
insieme e provavo nostalgia. Mi tornavano alla mente° le gite che
facevamo al mare l'estate scorsa ... A proposito, quando mi mandi le
foto fatte sulla spiaggia?

with pleasure / spent

I recalled

20   Per ora è tutto° e ti abbraccio affettuosamente.

That's all for now

                                                Lisa

E (BC): Challenge students to
create jointly in class a letter from
Bob to Lisa, telling her what he is
doing, and responding to her
request for the photographs taken
on the beach the previous
summer.

STAB.ᵗᵒ TIPOGRAFICO
G. Benucci
PERVGIA
Via Bontempi 21 - Telef. 22800
Fondato nell' anno 1884

Domande generali

E (BO): Appoint four students to retell the contents of the four major paragraphs on p. 206 in narrative form. Provide help with indirect-object pronouns, if requested (since they are not presented formally until *Lezione 11ª*).

1. Chi è Lisa? Dov'è? Perché?
2. Da quanto tempo è a Perugia Lisa?
3. Perché scrive al suo ragazzo in italiano?
4. Secondo Lisa, com'è Perugia? e la gente?
5. In quale stagione dell'anno è a Perugia Lisa? Che tempo fa lì?
6. Perché non è occupata Lisa?
7. Come passa il tempo libero?
8. Cosa ha già visto nei negozi?
9. Cosa ricordava Lisa ieri?

Domande personali

E (BO): Have students ask *you* the questions, and encourage them to formulate additional questions related to the ones provided; e.g., *Lei scrive lettere? A chi le scrive? Quando le scrive? Dove scrive lettere? Perché le scrive?*

1. Lei scrive lettere? A chi?
2. Riceve spesso lettere? Da chi?
3. Da quanto tempo studia l'italiano?
4. Conosce una città antica e bella? Quale?
5. Come si diverte quando ha tempo libero?
6. Che tempo fa oggi? Che tempo faceva ieri?
7. Faceva gite l'estate scorsa? Andava al mare o in montagna?

Modificazioni

1. — Sei occupato/a?   — No, non sono **ancora** occupato/a.
                                         affatto
                                         mai
                                         più

2. — Faceva gite con **lui**?   — **Sì, spesso.**
                             lei   Qualche volta.
                             loro   No, mai.
                             te   No, affatto.
                             voi   Raramente.

3. — Che tempo fa?   — Fa **bel tempo.**
                                            freddo
                                            cattivo tempo
                                            fresco

Vocabolario

Parole analoghe

la ceramica (*pl.* **ceramiche**)	**la lettera**	**moderno/a**
la foto(grafia)	**locale**	**la temperatura**
italo-americano/a		

Nomi

la borsa handbag
la camicia (man's) shirt
il fotografo photographer
la gente people
il grado degree
la maglia sweater
la notizia (piece of) news, news item
la pittura painting
la spiaggia beach
il tempo weather; time
la valigia (*pl.* **valige**) suitcase

Aggettivi

antico/a (*pl.* **antichi/e**) old, ancient
bellissimo/a very beautiful
moltissimo/a very many
parecchi/ie several
straniero/a foreign

Verbi

abbracciare to hug
cambiare to change
conoscere to know, to be acquainted with
pregare (**di** + *inf.*) to beg
provare to feel, to experience
ricordare to remember
scendere to go down

Altre parole ed espressioni

affettuosamente affectionately
come as, like
insieme together
ora now
raramente rarely
spesso often

alla moda fashionable
al mare at (to) the seashore
a proposito by the way
avere il tempo di to have the time to
avere notizia di to hear from
cambiare idea to change one's mind
che tempo fa lì? what's the weather like there? **fa abbastanza freddo** it's quite cold; **fa cattivo tempo** it's bad weather; **fa fresco** it's cool
di cuoio (made) of leather
di notte at night
di parecchi gradi by several degrees
in montagna in (to) the mountains
in pieno autunno in the middle of autumn
non ... mai not ever, never; **non ... ancora** not yet; **non ... affatto** not . . . at all; **non ... più** not any longer, no longer
provare nostalgia to be homesick

Pratica

A. Immagini di seguire un corso estivo all'università e di scrivere una lettera alla mamma. Ecco le cose di cui parla:

a. come sta
b. che cosa studia
c. che tempo fa
d. quello che fa di bello
e. se prova nostalgia
f. che ha bisogno di soldi

B. Immagini di essere in vacanza in Italia e di scrivere una cartolina *(postcard)* ad un amico/un'amica. Dica da quanto tempo è lì e racconti *(tell)* che ha visto e fatto parecchie cose finora *(until now).*

NOTA CULTURALE

Imparare l'italiano in Italia

Imparare l'italiano in Italia è un'esperienza simpatica e interessante. Per chi studia una lingua straniera non c'è di meglio del[1] contatto diretto con la gente del paese dove la lingua viene parlata[2]. Esistono in molte città accademie ed istituti riservati all'insegnamento dell'italiano agli stranieri. Il Centro Linguistico Italiano "Dante Alighieri", per esempio, offre programmi d'italiano a Roma, Firenze e Siena. Questa scuola è riconosciuta[3] dal Ministero della Pubblica Istruzione, ha ottimi[4] insegnanti altamente qualificati ed offre corsi mensili[5].

Inoltre[6], molte università italiane organizzano programmi di lingua, letteratura, arte e cultura per stranieri, specialmente d'estate. Giovani di tutte le parti del mondo approfittano annualmente di queste opportunità per imparare la lingua italiana, conoscere più a fondo i costumi e la vita sociale degli italiani e godere[7] allo stesso tempo di un soggiorno piacevole[8] in Italia.

Un gruppo di studenti stranieri davanti all'Università di Roma

1. there is nothing better than   2. is spoken
3. recognized   4. excellent   5. monthly
6. In addition   7. enjoy   8. pleasant stay

Pronuncia
I suoni /g/ e /ǧ/

1. The hard sound /g/, as in **prego** and **leggo,** is spelled **g** or **gg** before the letters **a, o,** and **u.** It is spelled **gh** before the letters **e** and **i.**
2. The soft sound /ǧ/, as in **gente,** is spelled **g** or **gg** and occurs only before the letters **e** and **i.**

A.   Ascoltare l'insegnante e ripetere le seguenti parole.

/g/		/ǧ/	
prego	lunghe	gennaio	suggerire
ragazzo	laghi	gente	oggetto
Liguria	alberghi	gentile	oggi

B. Leggere ad alta voce le seguenti frasi e fare attenzione alla pronuncia delle lettere *g* e *gg*.

1. I dialoghi sono troppo lunghi.
2. Gli alberghi e i negozi della città sono eleganti.
3. Leggo il giornale tutti i giorni.
4. Mi dai un passaggio oggi pomeriggio?

C. Proverbi Leggere ad alta voce i seguenti proverbi e poi dettarli ad un altro studente o ad un'altra studentessa.

Quando il gatto non c'è, i topi ballano.
When the cat's away, the mice will play.

Un bel gioco dura poco.
Fun doesn't last long.

Ampliamento del vocabolario

I. Che tempo fa?

È il primo maggio. Fa bel tempo. C'è il sole ed è sereno.

È il sette gennaio. Fa freddo. Nevica e tira molto vento.

È il quindici agosto. Fa cattivo tempo. Piove ed è molto umido.

È l'undici ottobre. Fa fresco ed è nuvoloso.

Espressioni utili

Che tempo fa? What's the weather like?
Quali sono le previsioni del tempo di oggi? What's the weather forecast today?
Il clima è mite. The climate is mild.

Fa bel tempo. It's nice weather.
Fa cattivo tempo. It's terrible weather.
Fa freddo. It's cold.
Fa fresco. It's cool.
Fa caldo. It's hot.
Fa molto caldo (freddo, fresco). It's very hot (cold, cool).

Nevica. It's snowing.
Piove. It's raining.
Tira (molto) vento. It's (very) windy.
C'è il sole. It's sunny.
C'è la nebbia. It's foggy.
È afoso. It's sultry (muggy).
È sereno. It's clear.
È nuvoloso. It's cloudy.

A. Rispondere alle seguenti domande.

1. Che tempo fa oggi? È sereno? È nuvoloso? Piove? C'è il sole?
2. Com'è il clima qui d'estate? In autunno? d'inverno? in primavera?
3. Nevica in Italia? Dove? Nevica negli Stati Uniti? Dove?
4. Quali sono le previsioni del tempo di domani?
5. Quando fa passeggiate lei? In quale stagione?
6. Lei fa gite d'inverno? Dove va?

B. Completare le seguenti frasi in maniera appropriata con una delle espressioni indicate.

molto caldo	la nebbia	nevica
umido e afoso	le previsioni	vento
il sole	nuvoloso	

1. Questo pomeriggio non esco perché fa freddo e _____ .
2. Sai quali sono _____ del tempo di domani?
3. Perché non aprite le finestre? Fa _____ qui.
4. Ti piace guidare quando c'è _____ ?
5. Quando tira _____ mia nonna diventa nervosa.
6. Non mi piace stare in questa città d'estate perché il clima è _____ .
7. Perché non andiamo al mare? Oggi finalmente c'è _____ e fa caldo.
8. Secondo le previsioni del tempo, domani è _____ e forse piove.

II. *Alcune espressioni di tempo con* volta, di, ogni, tutti/e

volta

a volte   at times
una volta al giorno (alla settimana, al mese, all'anno)   once a day (a week, a month, a year)
una volta ogni tanto   once in a while
qualche volta   sometimes

ogni

ogni anno (mese, settimana, giorno) each year (month, week, day)
ogni estate (autunno, inverno, primavera)   each summer (fall, winter, spring)
ogni lunedì (martedì, ecc.)   each Monday (Tuesday, etc.)

di

di quando in quando   from time to time
di rado   seldom
di solito   usually

tutti/tutte

tutti i giorni (mesi)   every day (month)
tutte le sere (le settimane)   every evening (week)

V (BO): Have students ask each other the questions, using *tu* with one classmate, and *voi* with two or more classmates.

C. Rispondere brevemente alle seguenti domande personali con un'espressione appropriata di tempo con *volta, di, ogni, o tutti/e,* per indicare che l'attività succede più di una volta.

▶   Va a fare la spesa?   *Sì, ogni settimana.*

1. Studia in biblioteca?
2. Va in chiesa?
3. Va al centro?
4. Si alza presto la domenica?
5. Dà un passaggio a sua madre?
6. Accompagna sua nonna al mercato?
7. Va allo stadio con i suoi amici?
8. Gioca a tennis con suo padre?
9. Scrive lettere ai parenti?
10. Guarda la televisione?
11. Ascolta la musica?
12. Legge il giornale?
13. Beve latte?
14. Fa gite con gli amici?

Struttura ed uso

I. L'imperfetto

Quando **ero** bambina, **abitavo** in una bella casa ed **avevo** un gatto ed un cane.

Forms

1. The chart below shows forms of the imperfect tense of a regular **-are, -ere,** and **-ire** verb. The endings of the imperfect are identical for all regular and for most irregular verbs. They are attached to the infinitive stem.

Infinitive;	comprare	prendere	partire
Infinitive stem:	compr-	prend-	part-
io	compr**avo**	prend**evo**	part**ivo**
tu	compr**avi**	prend**evi**	part**ivi**
lui / lei	compr**ava**	prend**eva**	part**iva**
noi	compr**avamo**	prend**evamo**	part**ivamo**
voi	compr**avate**	prend**evate**	part**ivate**
loro	compr**avano**	prend**evano**	part**ivano**

E (BO): Encourage students to create short sentences with the verbs listed. Cue the verb and the subject noun or pronoun; e.g., Instructor: *comprare, io* Student: *Io compravo dischi.*

2. The verb **essere** is irregular in all forms of the imperfect.

essere	
ero	eravamo
eri	eravate
era	erano

3. The verbs **bere, dire,** and **fare** have irregular imperfect stems.

	Stem	Imperfect tense
bere	**bev-**	bevevo, bevevi, ecc.
dire	**dic-**	dicevo, dicevi, ecc.
fare	**fac-**	facevo, facevi, ecc.

Uses

1. The imperfect tense (**l'imperfetto**) is used to describe an action in the past or a situation or condition that existed over an indefinite period of time in the past. In this use, the equivalent in English may be expressed as *was (were)* plus the *-ing* form of the verb.

Ascoltava la radio da solo.	*He was listening to* the radio by himself.
Leggevamo il libro con attenzione.	*We were reading* the book attentively.

2. The imperfect tense is used to describe a habitual or repeated past action. Words or expressions such as **di solito** *(usually)*, **sempre** *(always)*, **una volta al giorno** *(once a day)*, **qualche volta** *(sometimes)*, **spesso** *(often)* are frequently used with the imperfect. In this use, the equivalent in English may be expressed as *used to* or *would* + the verb form.

Andava sempre con Lina.	*He used to (would)* always *go* with Lina.
Di solito, **parlavo** con Gino e Filippo.	Usually, *I would speak* with Gino and Filippo.

3. The imperfect tense is used to describe actions in progress in the past when something else happened, or that occurred while something else was going on.

Dormivo quando Paolo è entrato.	*I was sleeping* when Paolo entered.
Mentre **studiavano, guardavano** la televisione.	While *they were studying, they were watching* television.

4. The imperfect tense is used to describe weather, clock time, age, health, and emotional and psychological states in the past.

Faceva bel tempo ieri.	The weather *was* nice yesterday.
Erano le tre e venti di mattina.	It *was* twenty after three in the morning.
Avevo quindici anni nel 1981.	I *was* fifteen years old in 1981.
Osvaldo non **si sentiva** bene ieri.	Osvaldo *was* not *feeling* well yesterday.
La signora **pensava** alla casa dove **abitava** quando **era** bambina.	The lady *was thinking* about the house where she *used to live* when she *was* a child.

P (BO): Ask students if a member of their family or if some of their friends used to do the same things when they were twelve years old.

A. Dica se lei faceva le seguenti cose quando aveva dodici anni.

▶ andare al mare   *Sì, andavo al mare.*

1. guidare la macchina
2. ballare bene
3. frequentare l'università
4. studiare l'italiano
5. spendere molti soldi
6. andare in montagna d'estate
7. lavorare il sabato
8. giocare a tennis qualche volta

B. Indicare quante volte le seguenti persone facevano queste cose l'anno scorso. Usare un'espressione della lista in basso e l'imperfetto del verbo.

di solito	qualche volta	una volta ogni tanto
sempre	ogni sabato	ogni settimana
spesso	tutti i giorni	

▶ Mirella va a teatro?   *No, ma l'anno scorso andava a teatro [ogni sabato].*

1. Marco va al bar?
2. Luisa fa le spese a Porta Portese?
3. Annalisa scrive lettere al suo ragazzo?
4. Dormite la domenica pomeriggio?
5. Fai una passeggiata nel parco?
6. I suoi amici fanno gite in montagna?

P (BC): Tell students where you were last Saturday night, and then ask them where they were.

C. Dire dove o con chi le seguenti persone erano sabato sera.

▶ Maria (all'ospedale)   *Maria era all'ospedale.*

1. Piero (a teatro)
2. Marco e Lucio (con gli amici)
3. tu (al cinema)
4. io (a casa)
5. noi (alla stazione)
6. voi (ad una festa)
7. tu e Marisa (al ristorante)
8. Anita e Carla (con gli zii)

E (BC): Ask students to create sentences describing two things that went on at the same time the previous week (in class, at home, downtown, etc.).

D. Indicare cosa faceva Luigi mentre Teresa faceva altre cose.

▶ studiare / ascoltare la radio   *Luigi studiava mentre Teresa ascoltava la radio.*

1. giocare a tennis / dare un passaggio alla sorellina
2. guardare la televisione / leggere il giornale
3. mangiare un panino / bere un tè freddo
4. fare il pieno / controllare le gomme
5. andare al mercato / ripassare le lezioni
6. pulire la moto / usare il computer
7. cercare un telefono / parcheggiare la macchina
8. dormire / fare una passeggiata

E. Completare le seguenti frasi con espressioni di senso compiuto *(logical)* usando l'imperfetto del verbo.

1. Quando ero piccolo/a, ...
2. Ieri, mentre guidavo, ...
3. Molto spesso, i miei amici ...
4. Quando mio padre andava a lavorare ...
5. Scrivevano una lettera mentre ...
6. Mentre ero in Italia, ...
7. Ricordavo con piacere ...
8. Ogni lunedì ...

II. *Espressioni negative*

— Vedi qualcosa?
— **Non** vedo **niente.**

1. Here is a list of the most commonly used negative expressions in Italian. You have already learned a number of them, such as **non ... mai, non ... più, non ... ancora** and **non ... affatto.**

non ... affatto	*not at all*	**Non** leggo **affatto.**
non ... mai	*never*	**Non** studiano **mai.**
non ... { niente / nulla	*nothing*	**Non** capisci **niente (nulla).**
non ... nessuno	*no one*	**Non** vedete **nessuno?**
	not any	**Non** vedo **nessun** film.
non ... { neanche / nemmeno / neppure	*not even*	**Non** parla **neanche (nemmeno, neppure)** con sua sorella.
non ... più	*no more, no longer*	**Non** la chiamano **più.**
non ... ancora	*not yet*	**Non** è **ancora** giorno.
non ... né ... né	*neither . . . nor*	**Non** andiamo **né** a Catania **né** a Palermo.

2. Negative expressions are usually made up of **non** + main verb + second negative word (or words). Note that in Italian, two negative words ("double negatives") do not make an affirmative, as they do in English.

Non capisco **niente.**	I *don't* understand *anything.*
Non vedo **nessuno.**	I *don't* see *anyone.*
Non prendo **mai** quel treno.	I *never* take that train.
Non studio **affatto.**	I *don't* study *at all.*

3. The negative pronoun **nessuno** *(no one)* is invariable.

> Non parlo con **nessuno.**

The negative adjective **nessuno** is used in the singular only. It has the same endings as the indefinite article **un** before a noun.

Non ho **nessun** quaderno.	I *don't* have *a single* notebook (*any* notebooks).
Non ho **nessuna** penna.	I *don't* have *a single* pen (*any* pens).

4. **Niente** or **nessuno** may precede the verbs in some instances. When this takes place, **non** is omitted.

— Chi ha letto il giornale?	— Who read the newspaper?
— **Nessuno** l'ha letto.	— *No one* read it.
— Cosa era a buon mercato?	— What was cheap?
— **Niente** era a buon mercato.	— *Nothing* was cheap.

F. Dica che lei non fa mai o affatto le seguenti cose.

▶ leggere il giornale   *Non leggo mai (affatto) il giornale.*

1. studiare la filosofia
2. scrivere lettere in cinese
3. vestirsi alla moda
4. ricevere zero in italiano
5. guardare la televisione la mattina
6. provare nostalgia

G. Dire che Carlo non ha nessuno degli oggetti indicati.

▶ valige di cuoio   *Carlo non ha nessuna valigia di cuoio.*

1. computer italiani
2. maglie italiane
3. calcolatrici americane
4. ceramiche spagnole
5. camicie rosse
6. registratori giapponesi

H. Immagini di non sentirsi bene e di non volere vedere nessuno o fare niente. Risponda alle seguenti domande in forma negativa.

▶ Parla con gli amici?   *No, non parlo con nessuno.*
▶ Fa qualcosa?   *No, non faccio niente.*

1. Incontra Ugo a piazza Navona?
2. Telefona a sua cugina?
3. Ascolta la radio?
4. Aspetta l'amico di Tina?
5. Prende un cappuccino?
6. Legge una rivista inglese?
7. Abbraccia i suoi nonni?
8. Riceve i parenti domenica?
9. Studia arte moderna?
10. Cerca libri interessanti?
11. Vede le sorelle di Giovanni?
12. Fa una gita?

Splendida gita
DI 2 GIORNI SULLA
COSTA AZZURRA
MONTECARLO - NIZZA - CANNES

I. Risponda alle seguenti domande dicendo che lei non fa le seguenti cose. Usi le espressioni negative fra parentesi.

▶ È ancora stanco? (non ... più)   *No, non sono più stanco.*

1. Fa la spesa? (non ... neanche)
2. Va al cinema o a teatro? (non ... né ... né ...)
3. Compra molta carne? (non ... affatto)
4. Vede i suoi amici una volta ogni tanto? (non ... nessuno)
5. Usa questa calcolatrice? (non ... nessuno)
6. Lei è sempre in ritardo? (non ... mai)
7. Ha un impegno? (non ... nessuno)
8. Compra qualche cosa oggi? (non ... niente)

J. Usare la forma negativa *non ... né ... né* secondo l'esempio.

▶ Quella ragazza è bella e alta.   *Quella ragazza non è né bella né alta.*

1. Questa borsa è elegante ed a buon mercato.
2. La mia valigia è vecchia e piccola.
3. Perugia è grande e brutta.
4. Quelle albicocche sono care e piccole.
5. Questi fagiolini sono freschi e squisiti.
6. La primavera è fredda e lunga.

III. *Pronomi personali di forma tonica*

—Vuoi volare **con me?**
—No, preferisco volare **con lui.**

1. Disjunctive pronouns (**pronomi personali di forma tonica**) are used principally as the objects of a preposition, such as **a, con, da, di,** and **per**.

Paola dà un libro **a noi.**	Paola gives a book *to us.*
Vuoi venire **con me?**	Do you want to come *with me?*
Andiamo **da loro** questo pomeriggio.	Let's go *to their house* this afternoon.
Non parliamo **di lei.**	Let's not speak *of her.*
Ecco un regalo **per te.**	Here's a present *for you.*

2. The following chart shows the disjunctive pronouns used with the preposition **con**. Note that the disjunctive pronouns **lui, lei, noi, voi,** and **loro** are identical to the subject pronouns.

Singular		Plural	
con **me**	with me	con **noi**	with us
con **te**	with you *(fam.)*	con **voi**	with you *(fam.)*
con **lui**	with him	con **loro**	with them, with you *(formal)*
con **lei**	with her, with you *(formal)*		

3. Disjunctive pronouns are used instead of object pronouns for emphasis or if there are two or more objects.

Parlo **a lui,** non **a te.**	I'm speaking *to him,* not *to you.*
Hanno chiamato **me** e **lui.**	They called *him* and *me.*

4. The disjunctive pronoun **sé** is used in place of **lui/lei** and **loro** to mean *himself/herself, themselves,* and the formal *yourself, yourselves.*

Fa tutto **da sé.**	He/she does everything *by himself/herself.*
Fanno tutto **da sé.**	They do everything *by themselves.*

K. Roberto ogni giorno mangiava con persone diverse. Indicare con chi mangiava, usando i pronomi personali di forma tonica.

▶ il sabato / Carla *Il sabato Roberto mangiava con lei.*

1. la domenica / Paolo e Marco
2. il lunedì / tu
3. il martedì / Federico
4. il mercoledì / io ed Elena
5. il giovedì / io
6. il venerdì / tu e Gianni

E (BC): Have students create two sentences each, saying to whose home they went the previous night, and at exactly what hour they went. Students should use a prepositional pronoun in the second statement; e.g., *Ieri sera sono andato/a dallo zio. Sono andato/a da lui alle sette.*

L.   Rispondere alle frasi seguenti, usando i pronomi personali di forma tonica appropriati.

▶   Parlano di Maurizio?   *Sì, parlano di lui.*
                                      No, non parlano di lui. Parlano [di voi].

1. Mangiano dai loro genitori?
2. Hai ricevuto una telefonata dal tuo amico?
3. C'è una lettera per la mamma?
4. Stasera Giancarlo viene con te e Luisa?
5. Venite al museo con me e Mauro?
6. Il calcolatore nuovo è per Carla?
7. Sono andati dalla nonna stamattina?

M.   Dire che le seguenti persone fanno certe cose da sé.

▶   lui: pulire la Fiat   *Pulisce la Fiat da sé.*

1. Carlo: studiare la   5. tu: pulire la tavola
   matematica   6. la signora: preparare la cena
2. tua cugina: leggere la lettera   7. io: imparare l'italiano
3. Pietro: andare dal dentista   8. lei: fare la spesa
4. i bambini: vestirsi

IV. *Pronomi relativi* che e cui

Ecco il ragazzo **di cui** ti ho parlato.

1. Relative pronouns like **che** and **cui** connect a dependent clause to a main clause and refer to a specific noun (the antecedent) in the main clause.

Main clause	dependent clause
Lisa è una giovane	**che** studia pittura a Perugia.
Robert è il giovane	a **cui** Lisa scrive una lettera.

2. The most common relative pronoun in Italian is **che** (*who, whom, that, which*). It replaces nouns or pronouns that designate persons, things, or abstract ideas. **Che** may be the subject or the direct object of a dependent clause. In the first two sentences below, **che** is the subject of the dependent clause. In the last two sentences, **che** is the direct object of the dependent clause.

Ecco il ragazzo **che** ha fatto la festa.	There is the boy *who* gave the party.
Ecco i biglietti **che** erano sul tavolo.	Here are the tickets *that* were on the table.
Ecco il ragazzo **che** ho conosciuto ieri.	There is the boy *(whom)* I met yesterday.
Ecco i biglietti **che** ho comprato stamattina.	Here are the tickets *(that, which)* I bought this morning.

Note that the relative pronoun **che** is never omitted in Italian. In English, *whom*, *which* and *that* are often omitted when they function as the direct object of a dependent clause.

3. The relative pronoun **cui** is used when the dependent clause is introduced by a preposition. **Cui** replaces nouns or pronouns that designate persons, things, and places. Note that in conversation, **dove** is often used instead of **in cui** to refer to places.

Ecco l'amico **di cui** parlo spesso.	Here's the friend *(of whom)* I often talk about.
Ecco la signora **con cui** è uscita mia madre.	Here's the lady *with whom* my mother went out.
Ecco i signori **a cui** abbiamo telefonato.	Here are the gentlemen *whom* we telephoned.
Ecco il negozio $\begin{Bmatrix} \textbf{in cui} \\ \textbf{dove} \end{Bmatrix}$ lavoro.	Here is the store $\begin{Bmatrix} in\ which \\ where \end{Bmatrix}$ I work.

N. Immagini di essere seduto/a ad un bar all'aperto con un amico e di chiedergli chi sono le persone che vedete.

▶ Quel ragazzo parla con Maria. *Chi è quel ragazzo che parla con Maria?*

1. Quell'uomo fa il pieno di benzina.
2. Quel signore beve il caffè.
3. Quella signora parla al telefono.
4. Quella ragazza legge il giornale.
5. Quelle bambine mangiano il gelato.
6. Quei ragazzi vanno a giocare a tennis.
7. Quel ragazzo vende le riviste.
8. Quegli studenti chiamano il cameriere.

O. Esprima la sua preferenza sulle seguenti cose, usando il verbo *preferire.*

▶ la lezione *Questa è la lezione che preferisco.*

▶ i funghi *Questi sono i funghi che preferisco.*

1. la maglia	4. il ristorante	7. la frutta
2. l'albergo	5. le verdure	8. l'automobile
3. le camicie	6. la pasta	9. la pittura

P. Completare le seguenti frasi in maniera originale.

▶ Mi piacciono le persone ... *Mi piacciono le persone che sono allegre.*

1. Mi piacciono le ragazze ...	5. Ho un amico ...
2. Conosco la signora ...	6. È Paola ...
3. Ho letto il giornale ...	7. Ascoltano il disco ...
4. Abbiamo visto il film ...	8. Ho ricevuto la lettera ...

Q. Immagini di mostrare agli amici alcune foto del suo viaggio in Italia. Usi *in cui* per i luoghi *(places)* e *con cui* per le persone.

▶ l'albergo *Ecco l'albergo in cui ho dormito.*

▶ gli amici *Ecco gli amici con cui sono andato a Venezia.*

1. la città	4. la villa	7. il bar
2. lo zio	5. il paese	8. i parenti
3. le ragazze	6. il ristorante	

R. Supponga di essere ad una festa e di rispondere a Giorgio che le domanda chi sono le persone presenti. Lei gli dice che sono le persone di cui gli ha parlato.

▶ Giorgio: Chi è quel signore basso?   Lei: *È il signore di cui ti ho parlato.*

1. Chi è quella signora magra?
2. Chi sono quei giovani alti?
3. Chi è quel ragazzo con la camicia bianca?
4. Chi è quella ragazza che parla con Dino?
5. Chi è quell'uomo che beve il caffè?
6. Chi sono quei ragazzi che cantano?

S. Dare delle informazioni sulle seguenti persone o cose, completando le frasi con *in cui, con cui,* ecc.

▶ Ecco l'ufficio in ...   *Ecco l'ufficio in cui lavoravo.*

1. Ecco la signorina di ...
2. Telefono agli amici con ...
3. Scrivo una lettera alla signora a ...
4. Parli con gli studenti con ...
5. È il film di ...
6. Sono le studentesse a ...
7. Ecco la biblioteca in ...
8. È il poeta di ...
9. Non trovo la foto di ...
10. Quello è l'uomo con ...

A lei la parola

1. Point out that your boyfriend or girlfriend never takes walks when it rains.
2. Notify your friend that you like taking a trip with him/her.
3. Find out whether your friends used to watch TV on Saturday mornings when they were children.
4. Ask your instructor if he/she has read the book that you gave him/her last week.
5. Identify the friend with whom you play tennis once a week.

Comunicare subito!

In tabaccheria e all'ufficio postale

If you should travel to Italy, you will soon learn that you must go to a tobacco shop to buy stamps, stationery, and cards. The following conversations will help you to cope with buying these items and mailing your cards and letters back home.

1. Sabrina Johnson entra in una tabaccheria° del centro di Firenze per   tobacco shop
   comprare dei francobolli° e delle cartoline illustrate da mandare ai   stamps
   suoi amici.

Sabrina	Buon giorno. Vorrei° delle cartoline illustrate e dei francobolli.
Tabaccaio	Ecco, signorina. Le cartoline sono all'angolo° e lei può sceglierle benissimo.
Sabrina	Che tipo di francobolli devo usare sulle cartoline da mandare per via aerea negli Stati Uniti?
Tabaccaio	Quelli da ottocento. Quanti ne vuole?
Sabrina	Dieci, per favore.

   I'd like

   in the corner

2. Renato Preschi è all'ufficio postale per spedire una raccomandata°.   registered letter
   Si mette in fila° e dopo un po' è di fronte allo sportello°.   He gets in line / window

Renato	Vorrei spedire questa lettera per mezzo di raccomandata.
Impiegato	Mi dispiace, signore. Le raccomandate si accettano° solo allo sportello numero 4. Qui vendiamo francobolli solamente.
Renato	Devo mettermi in un'altra fila allora. Intanto, mi servono anche dei francobolli. Ne vorrei dieci da seicento.
Impiegato	Ecco a lei. Sono seimila lire.

   are accepted

Pratica   Preparare dialoghi appropriati.

   A. Immagini di andare ad una tabaccheria per comprare carta da lettere, buste *(envelopes)* e francobolli.

   B. Supponga di essere all'ufficio postale perché deve spedire un pacco. Chieda ad un impiegato a quale sportello *(window, counter)* deve andare.

Espressioni di cortesia ed interiezione

In Italian as in English there are some basic brief expressions which are useful in conveying a wish or a warning in different social situations. There is an irrepressible quality about these frequently and commonly used expressions: a "Happy Birthday" wish to someone celebrating a birthday, and a "Careful!" warning to someone near danger are spontaneous reactions in certain social circumstances. Here is a list of some common courtesy expressions and interjections in Italian.

Alla salute! (Salute!)   To your health! Cheers!
Attenzione!   Careful!
Auguri!   Best wishes!
Bravo/a!   Bravo!
Congratulazioni!   Congratulations!
In bocca al lupo! Good luck! (*literally,* In the mouth of the wolf!); *Response:* **Crepi il lupo!**   May the wolf die!

Buon Anno! Happy New Year!
Buon appetito! Enjoy your meal!
Buon compleanno! Happy birthday!
Buon divertimento! Have a good time!
Buona fortuna! Good luck!
Buona giornata! Have a good day!
Buone vacanze! Have a nice vacation!
Buon viaggio! Have a good trip!

Che cosa dice?

E (BO): Ask students to create sentences that would elicit from classmates one of the expressions listed above; e.g.,
S1: *Ho avuto un bel voto* (grade) *in italiano.*
S2: *Congratulazioni!*

Che cosa direbbe *(would you say)* alle persone nelle seguenti circostanze?

1. Alla fine di un bel concerto di un pianista famoso.
2. Al suo amico che parte per l'Italia.
3. Alla sua amica che spera *(hopes)* d'incontrare un uomo molto ricco.
4. Al bambino che attraversa *(crosses)* la strade da solo.
5. Ai suoi amici che vanno al cinema.
6. A sua sorella che oggi compie *(completes)* venti anni.
7. Ai suoi genitori che oggi vanno all'isola di Capri per una settimana.
8. Quando beve un bicchiere di vino con gli amici.
9. Alla sorella di Giuseppe che si sposa fra una settimana.
10. Quando è seduto/a al tavolo di un ristorante con la sua famiglia.

LEZIONE 10ª

Un matrimonio elegante

Una felice coppia di sposi dopo la ceremonia di matrimonio

Ieri Mirella Baldini è andata al matrimonio di sua cugina Oriana ed ora
racconta l'avvenimento° alla sua amica, Rosanna Modica. | event

Rosanna	Allora, dimmi, com'è andata°? Sono curiosa di sapere tutto.	how did it go?
Mirella	È stato un matrimonio fantastico. Mia cugina portava un vestito da sposa semplice ma molto elegante, un romantico modello di Laura Biagiotti. Giuseppe era così emozionato che ha perfino fatto cadere l'anello di matrimonio°.	he even dropped the wedding ring
Rosanna	*(ride)* Povero Giuseppe. Sai che figura°! Lui che è sempre così spigliato° e disinvolto! C'era molta gente?	how embarrassing! / carefree
Mirella	Sì, c'erano per lo meno cento persone, per lo più giovani.	
Rosanna	Gli sposi hanno ricevuto gli invitati a casa di Oriana?	
Mirella	No. Il rinfresco ha avuto luogo nella villa di mio zio che è grande ed accogliente°.	comfortable
Rosanna	E tu, cosa ti sei messa?	
Mirella	Mi sono messa la gonna di velluto nero, la camicetta di seta bianca ed i sandali di camoscio° nero.	suede
Rosanna	Scommetto che hai fatto colpo su qualcuno!°	I bet you made an impression on someone!
Mirella	Macché°! I ragazzi invitati erano quasi tutti simpatici, ma nessuno era il mio tipo.	Not a chance!
Rosanna	Perché sorridi? Nascondi forse qualcosa?	
Mirella	*Io?* No, niente.	
Rosanna	Ma continua. Avete anche ballato?	
Mirella	Certo. C'era un famoso complesso rock che ha suonato fino alle tre del mattino°.	in the morning
Rosanna	Questo è tutto?	
Mirella	Beh°, prima di andare via ho conosciuto il chitarrista del complesso.	Well . . .
Rosanna	Ecco dunque perché sorridevi!	
Mirella	Sì, infatti. Luciano è carino e molto simpatico. Siamo rimasti d'accordo° di vederci domani sera.	We decided
Rosanna	Ah sì? E dove pensate di andare?	
Mirella	Non lo so. Forse in una discoteca del centro.	
Rosanna	Buon divertimento, allora!	
Mirella	Grazie. La prossima volta ti racconto tutto.	

E (BC): Have students invent a conversation between Luciano and Carlo about Luciano's first date with Mirella. Students should include information about where Luciano and Mirella went, what they wore, what they ate, how long they stayed out, and what time they returned home.

Domande generali

E (BC): After students have responded to the questions, list key words and expressions from the dialogue on the board. Challenge students to reconstruct the dialogue, using the key words and expressions as a guide.

1. Dov'è andata ieri Mirella?
2. A chi racconta l'avvenimento?
3. Com'è stato il matrimonio?
4. Com'era Giuseppe?
5. Quanta gente c'era?
6. Dove ha avuto luogo il rinfresco?
7. Che si è messa Mirella?
8. Chi ha incontrato Mirella prima di andare via?
9. Dove pensano di andare domani sera Mirella e Luciano?

Domande personali

E (BC): Ask one student to describe briefly a wedding or a special party he/she attended during the past year. Have other students elicit more information by asking appropriate questions.

1. Lei va qualche volta a matrimoni eleganti? Dove? Con chi va?
2. Lei balla? Le piace la musica rock o la musica classica? Perché?
3. Si mette vestiti eleganti per andare a feste?
4. Le piacciono le camicie o le camicette di seta o di poliestere?
5. Conosce complessi rock? Quali?
6. Che tipo di ragazzo/a preferisce? alto/a, intelligente, ecc.?

Modificazioni

E (BO): Have students create six-line conversational exchanges, using the *Modificazioni* as a source.

1. — Com'è stato **il rinfresco**?   — È stato **fantastico**!
   il matrimonio   meraviglioso
   lo spettacolo   noioso
   il ricevimento   divertente

2. — E tu, come ti   — Mi sono messo/a **la giacca nera.**
   sei vestito/a?   il maglione bianco
                         i sandali marrone
                         i pantaloni marrone
                         il vestito blu

3. — C'era molta gente?   — **C'erano per lo meno cento persone.**
                             Non c'era nessuno!
                             C'erano solo dieci persone.
                             Sì, un bel po'.

Vocabolario

Parole analoghe

blu	**curioso/a**	**la persona**
classico/a	**fantastico/a**	**il poliestere**
continuare	**il modello**	**i sandali**

E (BC): Challenge students to define in simple Italian *discoteca, matrimonio, sposi,* and *rinfresco,* and to create sentences with the expressions *andare via, avere luogo, per lo meno,* and *per lo più.*

Nomi

l'avvenimento event
la camicetta blouse
il/la chitarrista guitarist
il complesso (rock) (rock) band
la discoteca discotheque
la giacca jacket
la gonna skirt
il maglione sweater
il matrimonio wedding
il mattino morning
i pantaloni pants, trousers
il ricevimento reception
il rinfresco reception, party
la seta silk
lo spettacolo show
gli sposi the bride and groom
il tipo type
il velluto velvet
il vestito dress; suit; **il vestito da sposa** wedding dress

Aggettivi

carino/a nice, cute
emozionato/a excited, filled with emotion
invitato/a invited
marrone brown

meraviglioso/a marvelous
nero/a black
romantico/a romantic

Verbi

ballare to dance
nascondere to hide
raccontare to tell
ridere to laugh
sapere *(irreg.)* to know
scommettere to bet
sorridere to smile
sonare to play (music)

Altre parole ed espressioni

infatti as a matter of fact
qualcosa something
quasi almost
tutto everything, all

andare via to leave, to go away
avere luogo to take place
non lo so I don't know
per lo meno at least
per lo più for the most part
prima di (+ *inf.*) before (. . . ing)
un bel po' a great deal

Pratica

A. Immagini di essere andato/a al ricevimento di matrimonio di suo zio. Racconti al suo amico o alla sua amica:

1. quando è andato/a
2. con chi è andato/a
3. che cosa si è messo/a
4. quante persone c'erano al ricevimento
5. quello che ha fatto
6. chi ha conosciuto
7. quanto tempo è rimasto/a lì

B. Scrivere un riassunto basato sul dialogo a pagina 227. Per esempio:

▶ *Mirella dice che è andata al ricevimento di matrimonio di ...*

NOTA CULTURALE

La moda italiana

Lo sviluppo[1] della moda italiana come industria risale[2] agli inizi degli anni cinquanta, quando sarti[3] e disegnatori famosi cominciarono a presentare annualmente[4] le loro creazioni al pubblico. Firenze è stata da sempre il centro di queste manifestazioni di moda, ma negli ultimi anni ad essa si sono affiancate[5] con notevole successo le città di Roma, Milano e Torino.

Per quasi tutti gli italiani, vestire bene è molto importante. Essi prestano molta attenzione allo stile del loro abbigliamento[6], alla qualità della stoffa[7] e degli accessori, ed all'abbinamento[8] dei colori.

Le creazioni della moda italiana hanno successo non solo in Italia ma anche all'estero. La moda italiana è molto ricercata[9] nel mercato internazionale. Gucci, Pucci, Missoni, Valentino, Ferragamo e Biagiotti sono alcuni dei rappresentanti della moda italiana famosi in tutto il mondo. Dovuto al costante aumento dell'esportazione, l'industria della moda contribuisce in maniera rilevante[10] alla bilancia commerciale[11] italiana. Le esportazioni più diffuse sono quelle di camicie, scarpe, borse e articoli di cuoio. È da ricordare[12] che il successo dell'Alta Moda italiana nel mercato nazionale ed internazionale ha contribuito in Italia allo sviluppo di nuovi settori commerciali come quello della biancheria[13] e della cosmetica.

Alla scelta di un nuovo modello in un elegante negozio

1. development   2. goes back   3. tailors   4. yearly
5. have lined up   6. clothing   7. fabric
8. coordination   9. sought after   10. considerable
11. balance of trade   12. it should be remembered
13. linens and underclothes

E (BO): Ask students to identify cognates in the cultural note, and to give the English equivalents.

Pronuncia
Il suono /ʎ/

The sound /ʎ/, spelled **gli,** is somewhat like the *lli* in *million.* This sound may present problems of interference for English readers who tend to pronounce it like the combination *gli* in *glitter.*

A. Ascoltare l'insegnante e poi ripetere le seguenti parole.

gli	bi**gli**etto	abbi**gli**amento
fi**gli**	fo**gli**	botti**gli**a
a**gli**	ma**gli**a	Ca**gli**ari
e**gli**	fami**gli**a	sba**gli**are

E (BO): Have pairs of students dictate to each other the sentences in B, and then create three more sentences that contain words with the sound /ʎ/.

B. Leggere ad alta voce le seguenti frasi e fare attenzione alla pronuncia delle lettere *gli.*

1. Voglio una bottiglia di vino.
2. I figli abitano con la famiglia.
3. Compro due biglietti per Cagliari.

E (BC): Encourage students to create a dialogue between two people (a mother and a child, two friends, a professor and a student, etc.) in which the last line is *Meglio tardi che mai* or *Tale il padre tale il figlio.*

C. **Proverbi** Leggere ad alta voce i seguenti proverbi e poi dettarli ad un altro studente o un'altra studentessa.

Meglio tardi che mai.
　　Better late than never.

Tale il padre tale il figlio.
　　Like father, like son.

Ampliamento del vocabolario

I. I capi di vestiario, i tessuti ed i materiali

Gli articoli di abbigliamento

le calze *(f. pl.)* stockings, hose
i calzini socks
la camicetta blouse
la camicia shirt
il cappello hat
il cappotto (over)coat
la cravatta tie
la giacca jacket
la gonna skirt

i guanti gloves
l'impermeabile *(m.)* raincoat
il maglione (heavy) sweater
i pantaloni pants
i sandali sandals
le scarpe shoes
la sciarpa scarf
gli stivali boots
il vestito dress, suit

P (BO): Ask students to list how many of each article of clothing they have in their closets.

I tessuti ed i materiali

il cotone cotton
il cuoio (la pelle) leather, hide
la flanella flannel
la lana wool

il lino linen
il poliestere polyester
la seta silk
il velluto velvet, corduroy

Espressioni utili

calzare to fit (shoes, gloves)
indossare to wear; to put on
gli indumenti clothing
levarsi to take off (clothing)
la misura size (clothing, shoes)
portare to wear
il prezzo price

spogliarsi to undress
la taglia size (clothing)

a quadri checkered
a righe striped
a tinta unita one color
con le maniche lunghe (corte) with long (short) sleeves

P (BO): Ask students to say which articles of clothing in their closets are checkered, striped, of one color, with long or short sleeves, etc.

A. Identificare i seguenti articoli di abbigliamento e dire quanto costa ciascuno. Usare la fantasia!

▶ *Il numero cinque è una camicetta. Costa [...] lire.*

B. Identificare i capi di vestiario che portano le persone nella foto a pagina 230.

▶ *La donna porta i pantaloni, le scarpe e ...*

C. Identifichi due capi di vestiario indossati oggi da lei e da un altro studente/un'altra studentessa.

▶ *Io porto una gonna di lino ed una camicetta di seta. Franco porta un paio di pantaloni di lana ed una camicia di cotone.*

D. Dica che cosa indossa nelle seguenti circostanze.

▶ Va ad un matrimonio elegante.   *Porto un vestito di seta e un cappotto di lana.*

1. Fa caldo e va a fare una gita al mare.
2. Piove, fa freddo e tira vento.
3. Cerca lavoro e va a sostenere un colloquio *(interview)* presso una banca della sua città.
4. Va in montagna con la moto.
5. Stasera ha un appuntamento per andare a mangiare una pizza con gli amici.
6. Sabato sera va a teatro ad ascoltare un concerto di musica classica.
7. Questa mattina deve andare al mercato all'aperto per comprare frutta e verdura.

II. I colori

arancione orange	**blu** blue	**marrone** brown	**rosso/a** red
azzurro/a sky-blue	**giallo/a** yellow	**nero/a** black	**verde** green
bianco/a white	**grigio/a** grey	**rosa** pink	**viola** purple

Note that the adjectives **arancione, blu, marrone, rosa,** and **viola** are invariable; that is, their forms do not change when they modify a feminine or plural noun.

P (BO): Have students identify the colors of the articles of clothing worn by you, by themselves, or by their classmates. Have them also identify the colors of various classroom objects.

PAGINE GIALLE ELETTRONICHE

V (BO): Have students work in pairs and ask each other questions based on the items in Exercise E; e.g.,
S1: *Che cosa ti metti con una maglia grigia?*
S2: *Mi metto un paio di pantaloni verdi.*

E. Che cosa indossa con i seguenti articoli di vestiario?

1. Un paio di pantaloni di lino bianco.
2. Una gonna di lana a tinta unita.
3. Una giacca di lana blu.
4. Una camicetta di seta rossa.
5. Una maglia grigia.
6. Una cravatta a righe gialle e marrone.
7. Un paio di scarpe nere di cuoio.
8. Un paio di sandali marrone.

F. Supponga di essere in un negozio per comprare alcuni articoli di abbigliamento. Prepari un dialogo appropriato fra lei e la commessa *(salesperson)*. Ecco un esempio:

La commessa	Buon giorno, signore.
Lei	Buon giorno. Vorrei comprare una camicia di cotone con le maniche lunghe.
La commessa	A righe o a tinta unita?
Lei	A righe.
La commessa	Di che colore?
Lei	Bianca con le righe blu.
La commessa	Che misura porta lei?
Lei	Porto la misura 42.
La commessa	Aspetti un momento. Le porto alcuni modelli.

G. Le seguenti frasi sono in ordine sbagliato. Metterle in ordine per formare un brano di senso compiuto.

1. Anche le scarpe e la borsa di Francesca erano marrone.
2. La signora Cercato e sua figlia sono entrate in un negozio elegante del centro ed hanno comprato un paio di pantaloni verdi, due maglie gialle, una camicetta azzurra ed un vestito rosa.
3. La signora portava un cappotto grigio, le scarpe nere e una borsa rossa.
4. Ieri la signora Cercato e sua figlia Francesca sono andate al centro.
5. Francesca invece portava una gonna verde scuro, una camicetta bianca ed una giacca marrone.

Struttura ed uso

I. Contrasto fra l'imperfetto ed il passato prossimo

È mancata l'acqua proprio mentre **mi facevo** la doccia.

1. The sentences below all describe past events. Compare the sentences on the left (which use the imperfect) with the sentences on the right (which use the present perfect).

Imperfect	Present Perfect
Ogni sera **guardavo** la televisione.	Ieri sera **ho guardato** il telegiornale.
Ogni settimana **andavamo** al cinema.	Sabato scorso **siamo andati** a teatro.
Parlava di politica con suo padre.	Stamattina **ha parlato** con Giorgio.

2. The imperfect describes habitual, recurring actions in the past, whereas the present perfect describes unique, specific actions in the past. Expressions such as **ogni sera, ogni settimana,** and **di solito** often signal recurring actions. Expressions such as **ieri, sabato scorso** and **stamattina** often signal specific actions.

3. When both tenses occur in the same sentence, the imperfect describes an event in progress when another event happened. That other event is expressed in the present perfect.

   Sono arrivati mentre **leggevo** il giornale.   *They arrived* while *I was reading* the paper.

   Dormivano quando **ho telefonato**.   *They were sleeping* when *I called.*

E (BO): Challenge students to
supply other cues; e.g.,
S1: *studiare: in biblioteca / a
casa*
S2: *alzarsi: alle sei / alle dieci*
S3: *giocare: a tennis / a hockey*

A. Stefano dice che cosa faceva di solito e che cosa ha fatto ieri. Assumere il ruolo di Stefano.

▶ mangiare: a casa / al ristorante　　*Di solito, mangiavo a casa.*
　　　　　　　　　　　　　　　　　　　Ieri ho mangiato al ristorante.

1. uscire: con Maria / con Teresa
2. andare al bar: con gli amici / da solo
3. finire di lavorare: alle cinque / alle sette
4. fare: colazione a casa / colazione al bar
5. scrivere: a mia nonna / a mio zio
6. indossare: la giacca a righe / la giacca a tinta unita
7. mettersi: i sandali / le scarpe nere

B. Maurizio ha passato buona parte del pomeriggio a Piazza della Repubblica. Assumere il ruolo di Maurizio e raccontare *(tell)* agli amici quello che ha visto, mettendo il secondo verbo all'imperfetto.

▶ due ragazzi che passeggiano　　*Ho visto due ragazzi che*
　　　　　　　　　　　　　　　　　　　passeggiavano.

1. un bambino che mangia il gelato del fratellino
2. alcune signorine che bevono un caffè
3. due signore che entrano in un negozio di scarpe
4. alcuni giovani che discutono di politica
5. tre bambine che giocano fra di loro
6. molti turisti che escono dalla chiesa
7. un signore che legge una rivista

C. Dire una cosa che hanno fatto le seguenti persone quando avevano l'età *(age)* indicata fra parentesi.

▶ Giovanna (diciotto anni)　　*Quando Giovanna aveva diciotto*
　　　　　　　　　　　　　　　　　　anni, è andata in Germania.

1. Paolo (venti)　　　　　　　　　5. mio zio (trenta)
2. Gianna e Luisa (diciannove)　　6. mia nonna (cinquanta)
3. Filippo (tre)　　　　　　　　　7. mio fratello (ventotto)
4. i nostri cugini (diciassette)　　8. i nostri genitori (quaranta)

V (BO): Have students ask each
other the questions, using *tu* with
one classmate and *voi* with two or
more classmates.

D. Rispondere alle seguenti domande personali.

1. Quanti anni aveva quando è andato/a a scuola la prima volta?
2. Che tempo faceva ieri quando è andato/a al cinema?

3. Quando era piccolo/a, quali programmi guardava alla televisione? Quali lingue parlava? Quale scuola frequentava? Quali città visitava spesso?
4. Quando era più giovane giocava a tennis? Dormiva molto?
5. Quando era bambino/a andava al parco? Con chi andava?
6. Quando era piccolo/a pensava di diventare ingegnere? dottore? dentista? meccanico? professore/professoressa?

II. Verbi riflessivi con articoli di abbigliamento e parti del corpo

Si è messo **la** cravatta senza **la** camicia.

1. In reflexive structures, the definite article (not the possessive adjective) is used with articles of clothing and parts of the body when the possessor is clearly understood.

    Mi metto **la** camicia.   I put on *my* shirt.
    Mi lavo **le** mani.   I wash *my* hands.

2. When the subject of the sentence is plural, the article of clothing or part of the body is in the singular if each individual in the group has or uses only *one* of that particular item.

    I ragazzi si levano **il cappotto**.   The boys take off *their coats*.
    I bambini si lavano **la faccia**.   The children wash *their faces*.

E. Dire quali articoli di abbigliamento si mette ciascuna persona.

▶ io / i guanti   *Mi metto i guanti.*

1. loro / i pantaloni a righe
2. Giorgio / la giacca verde
3. Marta e Paola / la maglia di lana
4. mia sorella / l'impermeabile rosa
5. tu / il vestito blu e giallo
6. voi / le scarpe nuove di camoscio
7. noi / il cappotto marrone
8. le signorine / la gonna lunga di velluto

F. Dire se le seguenti persone si lavano le mani o la faccia.

▶ Lucio   *Lucio si lava le mani, ma non si lava la faccia.*

1. io   3. noi   5. Monica e Luciana
2. voi   4. tu   6. Elena

G. Dire che le persone indicate nell'esercizio F non si sono lavate le mani; si sono lavate la faccia.

▶ Lucio   *Lucio non si è lavato le mani; si è lavato la faccia.*

H. Esprimere in italiano.

1. — What color hat did you put on?
   — I put on my green hat.
2. — Did you take off your silk shirt?
   — No, I took off my wool pants.
3. — Which boots did you put on?
   — We put on our leather boots.
4. — Which skirt did you put on?
   — I put on my linen skirt.
5. — Did they take off their wool socks?
   — No, they took off their cotton socks.
6. — Did Laura and Lidia take off their brown coats?
   — No, they took off their blue coats.

III. Plurale di alcuni nomi ed aggettivi

Che **facce simpatiche!**

There are some nouns and adjectives in Italian whose formation of the plural depends on where the stress falls within the word. Among these are nouns and adjectives ending in **-co, -go,** and **-ca, -ga,** and nouns ending in **-cia, -gia.**

1. Masculine nouns and adjectives ending in **-co, -go,** whose stress falls on the next-to-the-last syllable, generally form their plural in **-chi, -ghi.**

   Questo parco è antico.   Questi par**chi** sono anti**chi.**
   Quel lago è largo.   Quei la**ghi** sono lar**ghi.**

   But if the stress falls on any other syllable, the plural endings generally are **-ci** and **-gi.**

   Che medico simpatico!   Che medi**ci** simpati**ci!**
   Lo psicologo ha ragione. Gli psicolo**gi** hanno ragione.

2. Feminine nouns and adjectives ending in **-ca, -ga** generally form their plurals in **-che, -ghe,** regardless of stress.

   La tua ami**ca** è simpati**ca.**   Le tue ami**che** sono simpati**che.**
   Quella sociolo**ga** è americana.   Quelle sociolo**ghe** sono americane.
   Questa è una parola analo**ga.**   Queste sono parole analo**ghe.**

3. Feminine nouns ending in **-cia, -gia,** whose stress falls on the **i,** form their plural in **-cie, -gie**.

      la farma**cia**   le farma**cie**
      la bu**gia** *(lie)*   le bu**gie** *(lies)*

4. Feminine nouns ending in **-cia, -gia** which are stressed on any other syllable, generally form the plural in **-ce** and **-ge**.

      la fac**cia**   le fac**ce**
      la vali**gia**   le vali**ge**

5. Summary of forms in **-co, -go, -ca, -ga, -cia, -gia**:

M. Sg.	M. Pl.	F. Sg.	F. Pl.
-co	-chi	-ca	-che
	-ci	-ga	-ghe
-go	-ghi	-cia	-cie
	-gi		-ce
		-gia	-gie
			-ge

I. Dire che le cose indicate sono lunghe, larghe, ecc. Fare attenzione ai sostantivi ed aggettivi che finiscono in *-go* o *-ga*.

▶   Questa gonna è lunga.   *Anche quelle gonne sono lunghe.*
▶   Questo lago è largo.   *Anche quei laghi sono larghi.*

1. Quest'albergo è nuovo.
2. Questa bottega è piccola.
3. Questa strada è lunga.
4. Questa riga è blu.
5. Questo radiologo è intelligente.
6. Questo psicologo è giovane.

J. Completare le frasi seguenti con la forma appropriata dei sostantivi o aggettivi in *-go* della lista in basso. (Ci sono due parole in più.)

    lungo   psicologo   alberghi   albergo   analoghe
    lunghi   biologi   laghi   lunga

1. Non capiamo il dialogo perchè è molto _____ .
2. Quello _____ è professore all'università di Bologna.
3. Mio zio va sempre allo stesso _____ .
4. Quei _____ lavorano molto.

5. Via Nazionale è una strada molto _____ .
6. I _____ italiani sono magnifici.
7. Le parole "sistema" e "system" sono _____ .

K. Volgere al plurale i nomi e gli aggettivi in *-co* e *-ca*.

▶ Questa giacca è bianca.   *Queste giacche sono bianche.*

1. Questo rinfresco è fantastico!
2. Questa chiesa è antica.
3. L'amico di Marco è simpatico.
4. Questa ragazza è sempre stanca.
5. Abbiamo visitato una biblioteca di Roma.
6. Questo disco è di Stefano.

L. Completare le frasi seguenti con i nomi e gli aggettivi in basso. Usare ciascun nome ed aggettivo una sola volta.

ricca	biblioteca	simpatiche	amiche
ricchi	classici	stanco	meccanico

1. Le studentesse di questa classe sono _____ .
2. A Roma ci sono molti licei _____ .
3. Franco è sempre molto _____ .
4. Mio padre è _____ e lavora in un garage.
5. La madre di Dora è _____ .
6. I nonni di Michele sono _____ .
7. Le _____ di Gino sono belle.
8. La _____ della nostra città è vecchia.

M. Mettere al plurale le parole indicate. Fare tutti i cambiamenti necessari.

▶ Ecco *la valigia* di Michele.   *Ecco le valige di Michele.*

1. *La farmacia* è chiusa.
2. Che *bugia!*
3. Dove metto *la buccia* (skin) della frutta?
4. Questa *spiaggia* (beach) italiana è bella.
5. Mangi quella *ciliegia?*
6. Che *faccia* carina!

IV. Sapere e conoscere

So molte cose...   ma non **conosco** molta gente.

1. Sapere is used to refer to knowledge of factual information (names, numbers, directions). This information is of the type that can be *imparted to someone else*. **Sapere +** *infinitive* refers to knowledge in the sense of *knowing how to do something*.

> **So** il tuo numero di telefono.   I *know* your telephone number.
> **Sappiamo** parlare cinese.   We *know how* to speak Chinese.

2. Conoscere *(to be acquainted with)* refers to knowledge in the sense of *knowing a person, a place, a thing,* or some other subject of knowledge that is acquired first-hand and cannot be imparted to another person.

> Lisa **conosce** l'amico di Roberto.   Lisa *knows* Robert's friend.
> **Conoscono** Pisa.   They *know* Pisa.

3. The following chart shows the present tense of **sapere** and **conoscere**.

sapere		conoscere	
so	sappiamo	conosco	conosciamo
sai	sapete	conosci	conoscete
sa	sanno	conosce	conoscono

N. Domandare ad un amico/un'amica se sa o sa fare le seguenti cose. Rispondere logicamente.

▶ ballare

S1: *Sai ballare?*
S2: *Sì, so ballare abbastanza bene.*

▶ l'indirizzo di Luisa

S1: *Sai l'indirizzo di Luisa?*
S2: *No, mi dispiace, non lo so.*

1. parlare spagnolo
2. giocare a tennis
3. alcuni proverbi italiani
4. cantare

5. aggiustare la moto
6. leggere il cinese
7. il mio numero di telefono
8. cucinare le lasagne

O. Domandare alle seguenti persone se conoscono le persone, i luoghi o le cose indicate.

▶ tu: Paola   *Conosci Paola?*

▶ lei: la Spagna   *Conosce la Spagna?*

1. voi: l'amica di Giorgio
2. loro: Venezia
3. tu: mio cugino

4. Giovanna: quel libro di Sciascia
5. lei: i signori De Santis
6. ragazzi: questa canzone

P. Supponga di volere avere delle informazioni su uno studente/una studentessa. Faccia le seguenti domande a Paolo, cominciando ogni frase con *Sai* o *Conosci*.

▶ dove abita   *Sai dove abita?*

1. il suo numero di telefono
2. dove studia
3. se ha il ragazzo/la ragazza
4. il suo indirizzo
5. se sa giocare a tennis

6. i suoi genitori
7. le sue amiche
8. che fa questo fine-settimana
9. se gli/le piace ballare
10. sua sorella

A lei la parola

1. Comment on the fact that when you were a child, you used to go play in the park with your friends every afternoon.
2. Point out that it is very cold today, and therefore, you'll put on your hat and your gloves.
3. Compliment your friends, saying that they are all very nice.
4. Find out if the young man/young woman you just met knows how to play tennis.
5. Find out which Italian cities your instructor knows.

Leggere e capire

Miniracconto

Leggere il miniracconto seguente e fare attenzione alle attività di Luca dopo che si è alzato.

Sono le dieci di mattina e Luca si sveglia all'improvviso.
Immediatamente ricorda che ha un appuntamento con gli amici per
andare a fare una gita ai Castelli Romani. Si rende conto° che è tardi e   he realizes
che ha dormito più del solito. Subito si alza, si fa la doccia, si lava e si
veste in fretta e furia. Poi, senza neanche mangiare, esce di casa,
prende la macchina e va verso il luogo fissato per l'appuntamento.
Quando Luca arriva, gli amici non sono lì ad aspettarlo.
Completamente sorpreso, Luca guarda il suo orologio e pensa che dopo
tutto non è arrivato con molto ritardo. I suoi amici potevano pure
aspettarlo. Pensa e ripensa, alla fine capisce la situazione e sorride a
denti stretti°. Oggi è sabato, e l'appuntamento era invece per domenica.   he smiles to himself

A.   Rispondere alle domande basate sul miniracconto.

1. Come e quando si sveglia Luca?
2. Quali sono i suoi programmi per quel giorno?
3. Cosa fa dopo che si è alzato?
4. Mangia a casa?
5. Come va all'appuntamento?
6. Perché è sorpreso Luca?
7. Che cosa fa Luca quando capisce la situazione?
8. Per quale giorno era l'appuntamento? Che giorno è oggi?

B.   Fra i seguenti titoli scegliere il più appropriato e spiegare il perché della scelta.

"Un appuntamento fra amici"
"Una mattina affaccendata *(busy)*"
"In fretta e furia"
"Un appuntamento mancato *(missed)*"
"Che addormentato!"

C.   Assumere il ruolo di Luca, riassumendo il miniracconto nella prima persona singolare.

RIPASSO: Lezioni 9ª & 10ª

In this section, you will review the following: Negative expressions (Exercise A); Disjunctive pronouns (Exercise B); Imperfect (Exercise C); Contrast between imperfect and present perfect (Exercises D–E); Reflexives with parts of the body and clothing (Exercise F); Nouns and adjectives ending in -co and -ca (Exercise G); Vocabulary and expressions (Exercise H)

A. Rispondere alle seguenti domande usando le espressioni negative. [*Negative expressions*]

▶ Conosce molti studenti all'università?   *No, non conosco nessuno.*

1. Ha molto da fare?
2. Studia tutte le sere?
3. Mangia la pasta e il pesce?
4. Con chi va al cinema?
5. È arrivata la zia dall'Italia?

B. Dire che Franco cucina per le seguenti persone, usando il pronome personale. [*Disjunctive pronouns*]

▶ Riccardo   *Cucina per lui.*

1. tu e Giorgio
2. io
3. Fernando ed Anna
4. io e Carla
5. Tina
6. lei e suo fratello

C. Le seguenti persone hanno fatto lo stesso lavoro ogni estate per diversi anni. Dire dove lavorava ogni persona. [*Imperfect*]

▶ Concetta / in un negozio   *Concetta lavorava in un negozio.*

1. Paolo / in un ristorante
2. io e Laura / in un cinema
3. Enrico / in un bar
4. Mariella e Pina / in un teatro
5. Pietro e Mauro / in un garage
6. io / in un supermercato
7. tu / in una banca
8. voi / in un ospedale

D. Formulare frasi con le parole suggerite, cambiando un infinito al passato prossimo e l'altro all'imperfetto. [*Contrast between imperfect and present perfect*]

▶ Mario / entrare / mentre / io / ascoltare / radio   *Mario è entrato mentre ascoltavo la radio.*

1. tu / venire / mentre / noi / essere al cinema
2. Laura / partire / per Pisa / quando / avere / vent'anni
3. loro / prendere l'autobus / mentre / io / parlare / signora
4. Giorgio / vedere / due professori / che / discutere
5. io / parcheggiare / mentre / voi / ordinare / caffè

245

E. Completare il brano che segue con la forma appropriata del passato prossimo e dell'imperfetto dei verbi fra parentesi secondo il contesto *(context)*. [*Contrast between imperfect and present perfect*]

Il mese scorso io (andare) _____ spesso a fare visita a mio nonno che non (abitare) _____ molto lontano. Un giorno io (andare) _____ a vederlo ma la nonna mi (dire) _____ che il nonno (essere) _____ in ospedale ma che non (stare) _____ troppo male. Io allora (decidere) _____ di andare a visitarlo e quando (arrivare) _____ vicino all'ospedale, io (incontrare) _____ le mie zie che (andare) _____ anche loro dal nonno. Allora tutti insieme (entrare) _____ per vedere il nonno che (essere) _____ molto felice di vederci.

F. Cambiare le frasi seguenti al passato prossimo. [*Reflexives with parts of the body and clothing*]

1. Valerio si lava le mani.
2. Ti metti i pantaloni?
3. Perché vi mettete quelle scarpe vecchie?
4. Mi lavo la faccia prima di uscire.
5. Io e Rosanna ci mettiamo un maglione arancione.

G. Formulare frasi di senso compiuto, usando il verbo **essere** con le parole della colonna A e gli aggettivi della colonna B. [*Nouns and adjectives ending in* **-co** *or* **-ca**]

▶   i miei fratelli / simpatico   *I miei fratelli sono simpatici.*

A	B	
1. quei dottori	bianco	tedesco
2. quella camicia	stanco	ricco
3. quel programma	simpatico	antipatico
4. suo fratello	fantastico	
5. le mie amiche		

H. Esprimere in italiano le seguenti conversazioni. [*Vocabulary and expressions*]

1. **Filippo** Hi, Paolo. Where did you go yesterday?
   Paolo I went to see Anna, but she was at the library.
   Filippo What did you do then?
   Paolo I returned home and watched an old movie on TV.

2. **Luisa** Was it raining yesterday when you went to the wedding reception?
   Teresa No, but it was very hot and humid.
   Luisa Did you dance a lot?
   Teresa Yes. There was a rock band that played until midnight. No one wanted to go home.

LEZIONE 11ª

See Instructor's Manual for additional teaching suggestions for *Lezione 11ª*.

Fine-settimana sulla neve

Tipico villaggio alpino durante la stagione invernale

È giovedì sera e Graziella Di Santo è dalla sua amica Sandra Pierini. Le due amiche programmano un brevissimo soggiorno in montagna.

Graziella	Sandra, perché non andiamo a passare un fine-settimana sulla neve?	
Sandra	Ottima idea. Ma ho bisogno di comprare un nuovo paio di sci.	
5 **Graziella**	Ti piacciono i miei? Li vendono a prezzo ridotto in un negozio di via Salaria. Perché non vai a comprarli là?	
Sandra	Ottimo! Con i prezzi di oggi risparmiare è sempre utile. Andremo a sciare a Campo Imperatore?	
10 **Graziella**	Sì, se non ti dispiace.	
Sandra	Ma non dormiremo mica° dove abbiamo dormito l'ultima volta?	really
Graziella	No, no. Quell'albergo non piace neanche a me.	
Sandra	Trovare un altro albergo a buon prezzo nei dintorni°, però, sarà un problema.	in the area
15 **Graziella**	Sì, perché sono tutti cari. Ma lascia fare a me°. Mio cognato ha un miniappartamento non molto lontano dalle piste e sono quasi sicura che potremo dormire lì.	leave it up to me
20 **Sandra**	Speriamo di sì. Quando gli telefoni?	
Graziella	Gli farò una telefonata appena tornerò a casa. Intanto pensa ad un mezzo di trasporto°.	means of transportation
Sandra	Ci ho già pensato. Possiamo usare la macchina di mio fratello. Stasera gli chiederò se ci presta la sua Fiat. Tanto° lui, poverino, non può guidare la macchina perché si è slogato° un braccio.	Since he sprained
Graziella	Oh, non lo sapevo.	
Sandra	Non ti preoccupare, non è niente di grave.	
Graziella	Bene, allora ti darò un colpo di telefono° domani sera per stabilire l'ora della partenza.	I'll phone you
30 **Sandra**	D'accordo. Ciao.	

E (BO): Have students create a dialogue in the form of a phone call from Graziella to her brother-in-law asking if she and Sandra can stay at the *miniappartamento* for the weekend.

Domande generali

E (BO): After students have answered the questions, have them summarize the contents of the core material in five or six sentences. Suggest that they use their responses to the questions as a guide in preparing the summary.

1. Che cosa chiede Graziella a Sandra?
2. Di che cosa ha bisogno Sandra?
3. Dove ha comprato gli sci Graziella?
4. Dove andranno a sciare le due amiche?
5. Dove potranno dormire Graziella e Sandra?
6. È facile trovare un albergo nei dintorni di Campo Imperatore?
7. Come andranno a Campo Imperatore?
8. Che cosa è successo al fratello di Sandra?
9. Quando stabiliranno le due amiche l'ora della partenza?

Domande personali

E (BO): Have students ask *you* the questions. Supply additional information with each response, to reinforce listening comprehension skills. Ask a few students to repeat what you have said to the class, to see if they have understood correctly.

1. Vuole passare un fine-settimana sulla neve?
2. Sa sciare? Se non sa sciare, vuole imparare?
3. Andrà a sciare questo fine-settimana? Con chi andrà?
4. Se andrà a sciare avrà bisogno di comprare qualcosa? Che cosa dovrà comprare?
5. Che cosa si mette quando va a sciare?
6. Se non andrà a sciare questo fine-settimana, cosa farà?

Modificazioni

E (BO): Encourage students to supply additional cues for the questions in No. 1, 2, and 3; e.g., No. 1: *ai tuoi nonni*
a tua sorella
ai tuoi genitori

1. Quando telefonerai **a tuo cognato?**   — Appena tornerò a casa.
       alla tua amica
       a tuo cugino
       a tua zia

2. — Non mi piacciono **questi sci!**   — **Neanche a me!**
       questi pantaloni   A me piacciono molto.
       quei luoghi   Come sei difficile!
       quegli alberghi   A te non piace niente!

3. — Ti è piaciuto **quell'albergo?**   — **Non mi è piaciuto granché.**
       il lago   Sì, mi è piaciuto molto.
       quel luogo   No, non mi è piaciuto affatto.
       lo spettacolo   È stato troppo lungo.

Vocabolario

Parole analoghe

il miniappartamento   **il problema**

Nomi

il braccio   arm
il fine-settimana   weekend
il lago   lake
il luogo   place
la neve   snow
il paio (le paia)   pair
la pista   trail
lo sci   ski
il soggiorno   stay

Aggettivi

brevissimo/a   very short
ottimo/a   excellent
utile   useful

Verbi

passare   to spend (time)
prestare   to lend, loan
programmare   to plan
risparmiare   to save
sciare   to ski
slogarsi   to sprain; to dislocate
stabilire   to establish, set (time)

Altre parole ed espressioni

appena   as soon as
granché   a great deal
invece   instead
là   there
ottimo!   great!
troppo   too

a prezzo ridotto   at a reduced price
che cosa è successo?   what happened?
non è niente di grave   it's nothing serious
non ti preoccupare   don't worry
l'ora della partenza   departure time
se non ti dispiace   if you don't mind
speriamo di sì   let's hope so

Pratica

A. Comporre un dialogo basato sulle seguenti informazioni. È una giornata afosa del mese di luglio a Roma. La temperatura è di 32 gradi centigradi. Silvia vuole andare alla spiaggia *(beach)* di Ostia e telefona alla sua amica Elena per domandarle se vuole andare con lei. La macchina di Silvia è dal meccanico e quindi le due amiche decidono di andare al mare con la metropolitana *(subway)*. Partiranno alle 11,30 e arriveranno a Ostia alle 12,00. Torneranno a casa la sera alle 20,00.

B. Descrivere in dieci frasi tutto quello che può essere successo *(could have happened)* a Sandra ed a Graziella quando sono andate a Campo Imperatore: come sono andate, per quanto tempo, dove hanno dormito, se si sono slogate una gamba *(leg)* o un braccio, ecc.

NOTA CULTURALE

Lo sci in Italia

In Italia lo sci è oggi lo sport invernale praticato da moltissimi giovani. D'inverno, intere famiglie approfittano[1] del fine-settimana e di periodi di vacanza per trascorrere[2] allegramente un po' di tempo sulla neve.

In Italia ci sono stati da sempre centri di sci molto belli e rinomati[3]. Sulle Alpi, fama internazionale hanno Madonna di Campiglio, Sestriere e Cortina d'Ampezzo, che nel 1956 fu[4] la sede della 7ª Olimpiade invernale. I successi sportivi di atleti italiani alle Olimpiadi ed in gare[5] internazionali hanno portato lo sci all'attenzione della gente e, di recente, lo sci è diventato uno sport di massa. Nuovi centri di sci sono stati aperti sulle Alpi e sugli Appennini. Uno dei più frequentati dell'Italia centrale è Campo Imperatore, situato alle pendici[6] del Gran Sasso, la vetta[7] più alta degli Appennini.

Anche le scuole incoraggiano[8] gli studenti verso lo sci. Durante l'inverno, vacanze settimanali sulla neve sono organizzate per studenti di ogni età. In speciali centri sportivi e sotto la guida[9] di maestri di sci[10], questi giovani vengono a contatto con la neve ed imparano a sciare.

Due giovani in seggiovia in un centro di sci

1. take advantage   2. to spend   3. renowned   4. was
5. competitions   6. slopes   7. peak   8. encourage
9. guidance   10. ski instructors

Pronuncia
Il suono /ŋ/

The sound /ŋ/ in Italian, spelled **gn,** sounds very much like the sound *ny,* as in *canyon.*

A. Ascoltare l'insegnante e ripetere le seguenti parole.

si**gn**ore	monta**gn**a	co**gn**ome	spa**gn**olo
si**gn**orina	biso**gn**a	co**gn**ato	Spa**gn**a

B. Leggere ad alta voce le seguenti frasi. Fare attenzione alla pronuncia delle lettere *gn*.

1. Il signor Cristini va in montagna.
2. La signorina ha bisogno di una lavagna.
3. Accompagno mia cognata in Spagna.

C. Proverbi Leggere ad alta voce i seguenti proverbi e poi dettarli ad un altro studente o ad un'altra studentessa.

Al bisogno si conosce l'amico.
A friend in need is a friend indeed.

Ogni medaglia ha il suo rovescio.
There are always two sides to a coin.

Ampliamento del vocabolario

I. Il corpo umano

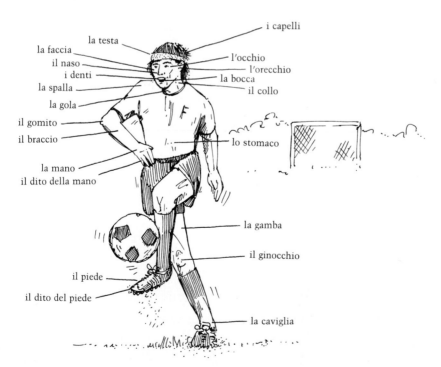

la testa
i capelli
la faccia
il naso
i denti
la spalla
la gola
il gomito
il braccio
la mano
il dito della mano
l'occhio
l'orecchio
la bocca
il collo
lo stomaco
la gamba
il ginocchio
il piede
il dito del piede
la caviglia

Note that **il braccio, il dito, il ginocchio,** and **la mano** are irregular in the plural:

il braccio, le braccia	**il ginocchio, le ginocchia**
il dito, le dita	**la mano, le mani**

The noun **capelli** *(hair)* is used in the plural in Italian:

Ho **i capelli biondi**.   I have *blond hair.*

Altre parole ed espressioni

Ti (Le) fa male la testa?   Do you have a headache?
Mi fanno male i piedi.   My feet hurt.
Mi fa male la gola.   My throat hurts.
Mi sono fatto male al piede sinistro (destro).   I hurt my left (right) foot.

Ho la febbre.   I have a fever.
i capelli biondi (castani, neri, grigi) blond (brown, black, grey) hair
i capelli lunghi (corti)   long (short) hair
gli occhi blu (verdi, castani)   blue (green, brown) eyes

A.   Completare le seguenti frasi con un sostantivo appropriato del corpo umano.

1. I miei ____ sono biondi.
2. Gli ____ di Luisa sono castani.
3. Ho le ____ lunghe.
4. Mi fa male la ____ .
5. Ho le scarpe nuove e mi fanno male i ____ .
6. Ho le ____ fredde.
7. Mi sono fatto/a male al ____ .
8. Quando gioco a tennis uso il ____ destro.

B.   Descriva uno dei suoi amici o parenti o uno dei personaggi *(characters)* di questo libro di testo *(textbook)*. Dica se la persona è alta o bassa, giovane o vecchia, magra o grassa. Menzioni il colore dei capelli e degli occhi e qualche caratteristica personale della persona.

C.   Domandi allo studente/alla studentessa vicino a lei se gli/le fanno male le seguenti parti del corpo.

▶   la mano destra   S1: *Ti fa male la mano destra?*
S2: *Sì, mi fa male.*
No, mi fa male la mano sinistra.

1. gli orecchi	3. le gambe	5. il braccio sinistro
2. i denti	4. la gola	6. la testa

II. Oggetti personali utili

l'**asciugacapelli** *(m.)*   hair dryer
l'**asciugamano**   towel
il **dentifricio**   toothpaste
le **forbici**   scissors
il **pettine**   comb

il **rasoio (elettrico)**   (electric) razor
il **sapone**   soap
la **spazzola per capelli**   hairbrush
lo **spazzolino da denti**   toothbrush
lo **specchio**   mirror

Espressioni utili

asciugarsi le mani (la faccia)   to dry
    one's hands (face)
farsi il bagno   to take a bath
farsi la doccia   to take a shower
guardarsi allo specchio   to look at
    oneself in the mirror
lavarsi i denti   to brush one's teeth

lavarsi le mani (la faccia)   to wash
    one's hands (one's face)
radersi la barba   to shave one's beard
pettinarsi i capelli   to comb one's
    hair
tagliarsi i capelli (le unghie)   to cut
    one's hair (nails)

P (BO): Ask students to specify which objects listed above they would need in order to perform one of the activities in the *Espressioni utili;* e.g., *Per lavarmi i denti ho bisogno del dentifricio e dello spazzolino da denti.*

D.   Dica di che cosa ha bisogno in queste circostanze.

▶   Lei vuole tagliarsi le unghie   *Ho bisogno delle forbici.*
    perché sono molto lunghe.

1. Lei deve andare a mangiare e vuole lavarsi le mani.
2. Deve uscire perché ha un appuntamento e si è appena lavato/a i capelli.
3. Si è messo/a un vestito nuovo e vuole guardarsi per vedere come gli/le sta.
4. Ha finito di mangiare e vuole lavarsi i denti.
5. Desidera tagliarsi i capelli che sono troppo lunghi.
6. Ha la barba lunga ed ha bisogno di radersi.
7. Tira vento e i suoi capelli sono in disordine.
8. Si è fatto la doccia e desidera asciugarsi.

P (BO): Tell students what you do on a typical morning before coming to class, and then ask them to do the same.

E.   Immagini di andare a passare un fine-settimana di ottobre a Nuova York con un amico/un'amica. Dica quali oggetti personali e capi di vestiario deve mettere nella sua borsa da viaggio *(travel bag).*

▶   *Metto nella mia borsa da viaggio un piccolo asciugacapelli, una maglia, ...*

Struttura ed uso

I. Pronomi complemento indiretto

— **Mi presti** ventimila lire?
— Perché?
— Domani è il tuo compleanno e voglio **comprarti** un bel regalo.

1. Indirect-object pronouns (**pronomi complemento indiretto**) usually replace indirect-object noun phrases introduced by the prepositions **a** or **per**. They usually indicate *to whom* or *for whom* something is being done.

— Telefonerai a tuo cognato?	— Will you telephone your brother-in-law?
— Sì, **gli** telefonerò stasera.	— Yes, I'll telephone *(to) him* this evening.
— Scrivi a tua cugina?	— Do you write your cousin?
— No, non **le** scrivo mai.	— No, I never write *(to) her.*
— Prepari il caffè per noi?	— Are you preparing coffee for us?
— Sì, **vi** preparo un bel caffè.	— Yes, I'm preparing a nice cup of coffee *for you.* (or) Yes, I'm preparing *you* a nice cup of coffee.

2. Here is a chart of the indirect-object pronouns in Italian. Compare them to the direct-object pronouns on page 193.

Singular		Plural	
mi (m')	to me, for me	**ci**	to us, for us
ti (t')	to you, for you *(fam.)*	**vi**	to you, for you *(fam.)*
gli	to him, for him		
le	to her, for her / to you, for you *(formal)*	**loro**	to them, for them / to you, for you *(formal)*

3. The indirect-object pronouns **mi, ti, ci,** and **vi** are identical in form to the corresponding direct-object pronouns. **Mi** and **ti** usually drop the vowel **i** before a verb that begins with any vowel sound. **Ci** and **vi** may drop the vowel **i** only before a verb that begins with **i**.

Mi chiede informazioni.	He asks *me* for information.
M'offre un gelato.	He offers *me* an ice cream.
Ti manda una lettera.	She sends *you* a letter.
T'offre un cappuccino.	She offers *you* a cappuccino.
Ci offrono un gelato.	They offer *us* an ice cream.
C'insegnano l'italiano.	They teach *us* Italian.
Vi dicono la verità.	They are telling *you* the truth.
V'insegnano il tedesco.	They teach *you* German.

4. Like the direct-object pronouns, indirect-object pronouns generally precede a conjugated verb form. In double-verb constructions with modals, the indirect-object pronoun may precede the conjugated verb form or follow and be attached to a dependent infinitive, in which case the final **e** of the infinitive is dropped.

Giorgio **m'**ha risposto.	Giorgio answered *me*.
Sua madre non **gli** dice niente.	His mother doesn't say anything *to him*.
Ti posso offrire un caffè? Posso offrir**ti** un caffè?	May I offer *you* a cup of coffee?

5. The pronoun **loro** always follows the verb. It is never attached to a dependent infinitive.

Parlo **loro** della gita.	I speak *to them* about the trip.
Signorine, posso offrire **loro** un aperitivo?	Ladies, may I offer *you* an aperitif?

Note: Today in Italy in conversation the pronoun **gli** is being used more and more to replace **loro** as the indirect-object pronoun meaning *to (for) them, to (for) you.*

6. In the present perfect tense, the past participle does not agree with preceding indirect-object pronouns, as it does in the case of direct-object pronouns.

— Hai telefonato a Mariella?	— Did you telephone (to) Mariella?
— Sì, **le** ho **telefonato**.	— Yes, I telephoned *(to)* her.
— Hanno mostrato i quadri a Filippo?	— Did they show the paintings to Filippo?
— No, non **gli** hanno **mostrato** i quadri.	— No, they didn't show *him* the paintings.

7. The following common verbs require indirect-object pronouns to indicate *to whom* or *for whom* something is done, said, etc. You know most of these verbs already.

chiedere	*to ask for*	Gli **chiederò** informazioni.
consigliare	*to advise*	Non le **consiglio** questo libro.
dare	*to give*	M'**ha dato** un disco per il mio compleanno.
dire	*to say, to tell*	Ci **ha detto** come si chiama.
dispiacere	*to be sorry*	Mi **dispiace**.
	to mind	Ti **dispiace** portarmi il libro?
domandare	*to ask*	Gli **domandiamo** dove abita.
insegnare	*to teach*	Chi vi **ha insegnato** l'italiano?
mandare	*to send*	Ieri gli **abbiamo mandato** una lettera.
mostrare	*to show*	Le **ha mostrato** il suo nuovo orologio.
offrire	*to offer*	Che cosa t'**ha offerto** Marilena?
prestare	*to lend*	Luigi m'**ha prestato** duemila lire.
rispondere	*to answer, to respond*	Non le **ha** ancora **risposto**?
scrivere	*to write*	Gianna non mi **scrive** mai.
spedire	*to send*	Perché non gli **hai spedito** la lettera?
spiegare	*to explain*	Gli **ho spiegato** la lezione.
telefonare	*to telephone*	Le **telefonerò** domani, signora.

E (BO): Encourage students to create short sentences using indirect-object pronouns with the verbs listed in the chart. Cue the verb and the noun or pronoun subject; e.g.,
Instructor: *chiedere, Elena*
Student: *Elena ci chiede informazioni.*

V (BO): Have students change the questions and answers to the present perfect.

A. Chiedere ad un altro studente/un'altra studentessa se scrive spesso, di rado o mai alle persone indicate.

▶ a tuo cugino   S1: *Scrivi spesso (di rado, mai) a tuo cugino?*
                  S2: *Gli scrivo [spesso].*

1. ai tuoi amici
2. a tuo zio Enrico
3. alle tue amiche
4. al tuo professore d'italiano
5. alle tue cugine
6. al tuo dottore
7. a tuo padre
8. a tua cognata

gas metano

IL METANO TI DA' UNA MANO.

B. Il padre di Graziella cerca informazioni sugli Stati Uniti. Si mette in contatto con le seguenti persone che recentemente hanno visitato l'America e chiede loro informazioni.

▶ il dottor Baldelli / la politica   *Gli chiede informazioni sulla politica.*

1. la zia / gli alberghi
2. la signora Benedetti / la città di Boston
3. il professore d'inglese / le università
4. io / il clima

5. tu / gli sport
6. noi / la moda
7. voi / i mezzi di trasporto
8. due amici di Mario / gli alimentari

V (BO): Have students change their responses to the present perfect or the imperfect.

C. Sandra è molto gentile con i suoi parenti e amici. Formare frasi complete, usando le parole indicate.

▶ mandare un libro d'arte / a Marco   *Gli manda un libro d'arte.*

1. scrivere lunghe lettere / ai nonni
2. offrire il caffè / al signor Dini
3. prestare lo specchio / a Giulietta
4. fare sempre attenzione / a suo suocero
5. consigliare di mangiare poco / a Graziella
6. insegnare a guidare / a suo figlio
7. dare un passaggio tutti i giorni / a sua madre
8. telefonare ogni giorno / al suo ragazzo
9. spiegare le lezioni / alle studentesse
10. mostrare le foto / a suo cognato

V (BO): Have students change their responses to the negative.

D. Dica quello che lei fa o ha fatto per i suoi parenti e amici. Usi le espressioni indicate ed i pronomi complemento indiretto nelle risposte.

▶ per suo padre: pulire la macchina   *Gli pulisco (Gli ho pulito) la macchina.*

1. per sua moglie: dare un passaggio
2. per suo fratello: insegnare a sciare
3. per la sua sorellina: lavare la faccia
4. per sua cugina: prestare i miei dischi
5. per i suoi suoceri: telefonare spesso
6. per i suoi zii: scrivere ogni tanto
7. per la sua amica: mandare un bel libro
8. per il suo amico: dare un disco per il suo compleanno

E. Completare le seguenti frasi con un pronome complemento indiretto appropriato.

1. Ieri io e Paolo siamo andati al Museo delle Belle Arti. Paolo _____ ha mostrato alcune statue antiche.
2. Antonella va a sciare a Campo Imperatore. La sua amica Elena _____ presta il paio di sci che ha comprato recentemente.
3. Il mio amico Carlo non ha molti soldi. Questa mattina io _____ ho dato diecimila lire.
4. Mio fratello vuole diventare dentista. Mio padre invece _____ consiglia di diventare avvocato.
5. La signora Dini telefonerà ai suoi genitori e chiederà _____ l'indirizzo dello zio Michele.
6. Il nostro professore d'italiano è bravo e _____ insegna bene l'italiano.
7. Domenica è il compleanno di Stefano. Pensiamo di spedir _____ una cartolina.
8. Se voi andate in Italia, i miei zii, che abitano a Milano, _____ mostreranno la città.

II. Costruzione con piacere

Mi piace l'aragosta.

1. The irregular verb **piacere** is used in constructions with indirect-object pronouns that are equivalent to English *to like, to be pleasing to.* **Piace** is followed by a singular noun, **piacciono** is followed by a plural noun.

Mi piace quella macchina.	I like that car. (That car *is pleasing to me.*)
Non **mi piace** quell'albergo.	I don't like that hotel. (That hotel *is* not *pleasing to me.*)
Mi piacciono i dischi americani.	I like American records. (American records *are pleasing to me.*)
Non **ci piacciono** le canzoni italiane.	We don't like Italian songs. (Italian songs *are* not *pleasing to us.*)

Note: In Italian the sentence structure is indirect object, verb, subject. In English it is subject, verb, direct object.

2. When **piacere** is followed by an infinitive, the singular form is used since the infinitive is the subject of the sentence.

Ci piace andare in montagna.	*We like to go* to the mountains.
Mi piaceva nuotare con gli amici.	*I used to like to go swimming* with my friends.

3. When the indirect object is a noun or a disjunctive pronoun, the preposition **a** is used.

A Massimo piace guidare velocemente.	Massimo likes to drive fast.
A te piace sciare.	You like skiing.

4. In the present perfect, **piacere** is conjugated with **essere**. The past participle agrees with the subject.

Ti **è piaciuto** quel **libro**?	Did you like that book?
Mi **è piaciuta** la tua **festa**.	I liked your party.
Gli **sono piaciuti** i miei **quadri**.	He liked my paintings.

E (BO): Cue the names of various individuals in the class and ask students to find out what foods the individuals like, and to report the information to the class.

F. Dica quello che le piace e quello che non le piace. Usi *piace* o *piacciono* nelle risposte.

▶ il formaggio   *Non mi piace il formaggio.*

▶ le olive   *Mi piacciono le olive.*

1. le patate
2. il tè freddo
3. gli spaghetti
4. l'acqua minerale
5. le mele
6. gli spinaci
7. l'uva
8. il cappuccino
9. le pere
10. i fagiolini

G. Dire che a Maria piacciono le prime cinque cose indicate ma non le piacciono le altre.

▶ il pompelmo   *A Maria piace il pompelmo.*

▶ i broccoli   *A Maria non piacciono i broccoli.*

1. il pompelmo
2. le pesche
3. i ravioli
4. il caffè
5. il gelato
6. i broccoli
7. la frutta
8. l'ananas
9. i funghi
10. i fagiolini

P (BC): Ask students to state three things they like or don't like to do.

H. Dire cosa piace fare alle seguenti persone.

▶ Marisa: ascoltare i dischi   *A Marisa piace ascoltare i dischi.*
    o ascoltare la radio

1. Paolo: fare una passeggiata o fare una gita
2. i miei fratelli: andare a sciare o giocare a tennis
3. mia zia: ballare o cantare
4. lui: uscire la sera o uscire il pomeriggio
5. voi: telefonare agli amici o telefonare alle amiche
6. loro: guidare velocemente o guidare lentamente
7. lei: fare la spesa ogni giorno o fare la spesa ogni settimana
8. Tina e Giulio: viaggiare in macchina o viaggiare in aereo

I. Giovanni ha dodici anni ed ha passato due settimane con il suo amico Piero. Dire quali cose gli sono piaciute molto e quali non gli sono piaciute granché mentre era con Piero.

▶ guardare la televisione fino alle dieci   *Gli è piaciuto molto.*

▶ il Museo delle Belle Arti   *Non gli è piaciuto granché.*

1. alzarsi alle sette di mattina
2. lavarsi i denti tre volte al giorno
3. andare al cinema il sabato pomeriggio
4. lavarsi i capelli ogni giorno
5. mangiare spesso gli spinaci
6. sciare con Piero ed i suoi cugini
7. giocare con il computer
8. mangiare in un ristorante italiano
9. dormire nel pomeriggio
10. giocare con la sorellina di Piero

III. *Futuro semplice*

Cristoforo Colombo dalla Maga Zurlina.

Incontrerai una buona regina, **farai** un lungo viaggio, **scoprirai** un nuovo mondo, **avrai** molte avventure ...

1. In Italian, as in English, the future tense (**il futuro semplice**) is used to express future actions or intentions. Compare the future-tense forms in the Italian and English sentences below. In Italian, the future tense consists of a single verb form; in English, it consists of the auxiliary *shall* or *will* and the basic verb.

Comprerò un nuovo paio di sci.	*I'll buy* a new pair of skis.
Stabiliremo l'ora della partenza.	*We'll establish* the hour of departure.
Partiranno abbastanza presto.	*They'll leave* quite early.

2. Here are the future-tense forms of a regular **-are**, **-ere**, and **-ire** verb. Note that the endings are identical for all three verbs, and that the stem consists of the infinitive minus the final **-e**. In **-are** verbs, the **a** of the infinitive ending changes to **e**.

	comprare	discutere	partire
io	comprer**ò**	discuter**ò**	partir**ò**
tu	comprer**ai**	discuter**ai**	partir**ai**
lui/lei	comprer**à**	discuter**à**	partir**à**
noi	comprer**emo**	discuter**emo**	partir**emo**
voi	comprer**ete**	discuter**ete**	partir**ete**
loro	comprer**anno**	discuter**anno**	partir**anno**

3. Verbs ending in **-care** and **-gare** add an **h** to the future tense stem to retain the /k/ and /g/ sound in the infinitive ending.

cercare: cercher-	**pagare: pagher-**
Io **cercherò** il libro.	Io **pagherò** il conto.
Noi **cercheremo** il giornale.	Noi **pagheremo** la rivista.

4. Reflexive verbs follow the same pattern as regular verbs in the future.

>   **Mi alzerò** alle otto.   *I'll get up* at eight o'clock.
>   **Ci vestiremo** fra poco.   *We'll get dressed* in a little while.

5. Remember that in Italian, when the action is about to take place or will take place in the near future, the present tense is often used.

>   Ti **telefono** domani sera.   *I'll call* you tomorrow night.

P (BC): Ask students to state three things they plan to do in the future, and on what day, in what month, or in what year they plan to do them.

J. Chiedere ad un altro studente/un'altra studentessa se farà le seguenti cose durante le prossime vacanze. Le risposte possono essere affermative o negative.

> ▶ partire per l'Italia   S1: *Partirai per l'Italia?*
>   S2: *Sì, partirò per l'Italia.*
>   *No, non partirò per l'Italia.*

1. telefonare a Giorgio
2. passare un fine-settimana in montagna
3. spendere molti soldi
4. divertirsi molto
5. uscire con gli amici
6. leggere molti libri
7. alzarsi tardi
8. andare a sciare sulle Alpi

K. Queste persone hanno perso varie cose, ma non hanno il tempo di cercarle oggi. Dire che le cercheranno domani.

> ▶ Ho perso i guanti, ...   *ma li cercherò domani.*

1. Hai perso l'orologio, ...
2. Ha perso lo zaino, ...
3. Abbiamo perso le penne, ...
4. Avete perso gli sci, ...
5. Hanno perso i libri, ...
6. Ho perso il disco di Marco, ...

L. Rispondere alle seguenti domande, usando il futuro dei verbi indicati ed un'espressione di tempo appropriata.

> ▶ Hai spedito il questionario?   *No. Lo spedirò [questo pomeriggio].*

1. Hai chiamato il nonno?
2. Hai comprato la gonna rossa?
3. Hai letto il giornale?
4. Hai trovato quel quadro?
5. Hai visto Maria?
6. Hai pagato il meccanico?
7. Hai finito i compiti?
8. Hai scritto le cartoline?
9. Hai studiato la storia?
10. Hai fatto l'appuntamento con il medico?

M. Luisa non capisce molto bene quello che dice Luigi e gli chiede di ripeterlo. Assumere il ruolo di Luisa o di Luigi.

▶   Luigi: Ti chiamo domani sera.   Luisa: *Che hai detto?*
Luigi: *Ho detto che ti chiamerò domani sera.*

1. Compro i biglietti dopodomani.
2. Ti aspetto dopo la lezione domani.
3. Parto per Milano giovedì sera.
4. Torno più tardi.
5. Scrivo a Pietro domani mattina.
6. Leggo questa rivista stasera.

IV. Verbi irregolari nel futuro

Faremo la nostra luna di miele... sulla luna!

The following nine verbs have irregular future stems. The endings are identical to those shown in the chart on page 262.

E (BO): Have students create short sentences in the future tense with the verbs listed. Cue the verb and the subject noun or pronoun.

Infinitive	Future stem	Future tense
andare	**andr-**	andrò, andrai, ecc.
avere	**avr-**	avrò, avrai, ecc.
bere	**berr-**	berrò, berrai, ecc.
cadere *(to fall)*	**cadr-**	cadrò, cadrai, ecc.
dare	**dar-**	darò, darai, ecc.
essere	**sar-**	sarò, sarai, ecc.
fare	**far-**	farò, farai, ecc.
vedere	**vedr-**	vedrò, vedrai, ecc.
venire	**verr-**	verrò, verrai, ecc.

V (BO): Ask students to change the sentences to the present, present perfect, or imperfect and to adjust the expressions of time, as necessary.

N. Completare le seguenti frasi, usando il futuro dei verbi indicati fra parentesi.

▶ (noi: dare) Domani _____ i dischi ai nostri amici.　*Domani daremo i dischi ai nostri amici.*

1. (dare) Che cosa ti _____ tua zia per il tuo compleanno?
2. (andare) I miei genitori _____ a Palermo domenica prossima.
3. (tu: andare) Dove _____ questo fine-settimana?
4. (venire) Chi _____ al centro con noi venerdì?
5. (lei: venire) A che ora _____ a casa domani sera?
6. (vedere) I signori Montini _____ i miei genitori giovedì.
7. (voi: vedere) Che cosa _____ al Teatro Eliseo questa sera?
8. (avere) Gianna _____ voglia di andare a sciare l'inverno prossimo.
9. (io: avere) _____ venticinque anni l'autunno prossimo.
10. (essere) Quante persone ci _____ allo stadio domenica?
11. (io: dare) _____ i miei sci a Luigi.
12. (fare) Domani noi _____ una gita.

O. Le seguenti persone non sono ancora arrivate, ma saranno qui più tardi. Completare ciascuna frase, usando la forma appropriata del verbo *essere* ed un'espressione di tempo.

▶ Gina non è ancora arrivata, ...　*ma sarà qui alle tre.*

1. Michele e Riccardo non sono ancora arrivati, ...
2. Mio fratello non è ancora arrivato, ...
3. Mia sorella non è ancora arrivata, ...
4. Le mie amiche non sono ancora arrivate, ...
5. I signori Baldini non sono ancora arrivati, ...
6. Le vostre cugine non sono ancora arrivate, ...

P. Rispondere al negativo usando la forma appropriata del verbo *andare* ed un'espressione di tempo differente da quella già indicata nelle domande.

▶ Giorgio va a Firenze a settembre?　*No, andrà a Firenze [ad ottobre].*

1. Vai al liceo questo pomeriggio?
2. Laura va a vedere un film di Fellini stasera?
3. Andate allo stadio domenica prossima?
4. Vanno a sciare il prossimo inverno?
5. I tuoi genitori vanno a teatro dopodomani?
6. La signorina Calieri va in montagna a giugno?

Q. Completare il seguente brano usando la forma appropriata del futuro dei verbi della lista in basso. Attenzione! Alcuni verbi sono regolari, altri irregolari nel futuro.

> fare · essere trasportare
> andare rendere avere

L'anno Duemila

Ieri Giuseppe ha letto sul giornale un articolo sulla vita dell'uomo nell'anno Duemila. L'articolo diceva che gli scienziati _____ scoperte meravigliose nel campo dell'energia, delle comunicazioni e della medicina. Gli uomini _____ una vita meno complicata. La gente _____ da un continente all'altro in pochi minuti. Enormi navi spaziali *(space ships)* _____ uomini e materiali dalla terra a giganteschi stazioni costruite nello spazio. Fantasiosi veicoli _____ possibili viaggi interplanetari. In conclusione, la vita dell'uomo nel Duemila _____ senz'altro avventurosa e più interessante.

V. *Futuro dopo* quando, appena *e* se

— **Quando** mi **restituirai** i soldi?
— **Appena vincerò** al totocalcio.

The future tense is used after **quando, appena,** and **se** when the action of the main verb takes place in the future. In English, the present tense is used after *when, as soon as,* and *if* in parallel situations.

Quando andremo a Napoli, staremo all'Albergo Sole.	*When we go* to Naples, we'll stay at the Albergo Sole.
Le telefonerò **appena arriverò** a casa.	I'll call her *as soon as I arrive* home.
Se tu porterai i tuoi sci, io porterò i miei.	*If you take* your skis, I'll take mine.

R. Alcuni amici pensano di passare le vacanze di Pasqua *(Easter)* in Italia. Dire quale città visiteranno appena arriveranno in Italia.

▶ Lucia: Palermo   *Appena arriverà in Italia, Lucia visiterà Palermo.*

1. Carlo: Brindisi
2. Silvia: Torino
3. Federico e Pietro: Messina
4. voi: Trieste
5. io: Pisa
6. noi: Milano

S. Dica a Paolo che se lui farà le seguenti cose, le farà anche lei.

▶ partire domani   *Se partirai domani, partirò anch'io.*

1. alzarsi presto
2. bere un aperitivo
3. spedire il questionario
4. mettersi la giacca
5. mangiare un panino
6. prendere il gelato
7. scrivere ad Antonio

P (BC): Tell several students that they have just won the *totocalcio* in Italy. Ask them to state what they will do with the prize money.

T. Dire quello che succederà, usando la forma appropriata del futuro dei verbi indicati.

▶ Quando vado a Siena, incontro mia cugina.   *Quando andrò a Siena, incontrerò mia cugina.*

1. Quando ho tempo, scrivo a Gabriella.
2. Quando mando una cartolina allo zio, mi ringrazia.
3. Quando esco con gli amici, mi diverto.
4. Quando viene il cameriere, paghiamo il conto.
5. Quando sono a casa, ascoltano la radio.
6. Quando finiamo le vacanze, torniamo a scuola.
7. Quando vado a Campo Imperatore, scio con Anna.

A lei la parola

1. Inquire as to whether your teacher liked the record you loaned him/her.
2. State that you'll go to Italy as soon as you have enough money.
3. Find out if your friend hurt his/her hand while he/she was playing tennis.
4. You're going to visit some friends next week. Promise that you'll phone them when you arrive at the station.
5. State emphatically that you like apples and pears, but you don't like grapes.

Attualità

Conosce Napoli?

Napoli si estende ad anfiteatro° sul pendio di colline° che degradano° verso il mare. Situata in uno scenario di una bellezza incomparabile, Napoli è stata cantata spesso da poeti e scrittori, come Petrarca, Tasso, Cervantes, Goethe e Byron. Un antico detto popolare "Vedi Napoli e … poi muori", suggerisce che non può esserci al mondo niente di più bello ed incantevole di Napoli e dintorni°.

like an amphitheater / on the hillsides / gradually descend

outskirts

Veduta panoramica di Napoli

Il totocalcio

In Italia è molto diffuso il totocalcio, un gioco° settimanale di pronostici° basato sulle partite di calcio. Al totocalcio si gioca mediante una schedina° che elenca° gli incontri di calcio della settimana. Per vincere, è necessario indovinare° tutti i risultati delle tredici partite°. I simboli da usare sono 1 per indicare la vittoria della squadra° che gioca in casa; 2 per indicare la vittoria della squadra ospite°, ed X, per indicare il pareggio°.

 Il montepremi°, che viene diviso tra i vincitori, rappresenta solo il 45% della somma pagata dalla gente che gioca le schedine. Il 55% va allo Stato italiano come tassa°, ed al CONI (Comitato olimpico nazionale italiano), che è l'ente responsabile di tutta l'attività sportiva italiana.

game
forecast
ticket / lists
guess
games
team
guest / tie
jackpot

tax

Tanto per sapere

Durante i secoli scorsi la tradizione popolare ha dato ad alcune città
italiane un titolo qualificativo particolare, basandosi° su una   based
caratteristica storica, politica e culturale della città stessa°. Per   itself
esempio, Padova, importante centro di studi fin dal Medioevo, è
conosciuta con l'attributo di "dotta"°: Padova la dotta.   learned
    Quello che segue è un elenco di alcune città con il loro particolare
attributo.

Milano la grande,   Firenze la bella,
Venezia la ricca,   Padova la dotta,
Genova la superba,   Ravenna l'antica,
Bologna la grassa,   Roma la santa.

Il campanilismo

La parola "campanilismo" deriva dalla parola campanile° e sta ad   bell tower
indicare l'attaccamento esclusivo e fanatico alla tradizione ed agli usi
della propria° città. Simbolo del paese nativo, il campanilismo risale°   one's own / dates back
al periodo storico in cui ogni villaggio e città usava combattere° contro   fight
quello vicino per conquistare il potere° su una determinata regione.   power
Terminate le battaglie militari, il campanilismo si è esteso alle sfide°   challenges
sportive, alle manifestazioni popolari ed alle competizioni che
periodicamente venivano organizzate° tra gli abitanti di città vicine.   were organized
    Oggi il campanilismo è molto evidente specialmente in occasione
di incontri di calcio° tra squadre appartenenti° a città diverse. Gruppi   soccer matches / belonging
sempre più numerosi di tifosi° accompagnano la squadra del cuore°   fans / heart
portando da una città all'altra il folclore e la passione del paese nativo.

Quanto ricorda?
1. Il campanilismo rappresenta ...
    a. la chiesa della città
    b. il folclore tradizionale
    c. l'attaccamento alla propria città o paese
2. L'attributo qualificativo di Firenze è ...
    a. la bella   b. la grassa   c. la santa
3. Il totocalcio è un gioco basato sulle ...
    a. competizioni   b. partite di calcio   c. sfide sportive
4. La città di Napoli è ...
    a. a nord di Roma   b. in Sicilia   c. a sud di Roma
5. Il porto più importante del sud dell'Italia è ...
    a. Genova   b. Napoli   c. Trieste

LEZIONE 12ª

See Instructor's Manual for
additional teaching suggestions for
Lezione 12ª.

Che partita è in programma?

Due giocatori durante una partita importante di calcio

È il venti aprile. Pietro Rossi e Daniela Paolini sono seduti su una panchina in un giardino pubblico di Roma e fanno programmi per domenica prossima.

Pietro	Daniela, vuoi venire allo stadio con me domenica prossima a vedere la partita di calcio?	
Daniela	Dipende. Che partita è in programma?°	Which teams are playing?
Pietro	Roma-Napoli, e come al solito sarà un incontro spettacolare.	
Daniela	Viene anche Luciano alla partita?	
Pietro	Non lo so, ma posso chiederglielo stasera. Perché?	
Daniela	Se Luciano viene con noi, gli dovrò pagare il biglietto anche questa volta.	
Pietro	Davvero? E perché?	
Daniela	Non porta mai una lira in tasca. Promette sempre di ripagarmi ma non lo fa mai. A che ora dobbiamo andare allo stadio?	
Pietro	Probabilmente verso l'una perché i posti non sono riservati. Secondo i giornali, è prevista la vendita totale dei biglietti e ci saranno quasi centomila persone.	
Daniela	Allora dobbiamo affrettarci ad acquistare i biglietti!	
Pietro	Appunto.° Se vuoi li posso comprare io oggi pomeriggio. C'è un rivenditore vicino a casa mia.	Right.
Daniela	Va bene. Però adesso non ho il denaro con me.	
Pietro	Eh, no, non farai mica come Luciano che non porta mai una lira in tasca.	
Daniela	Non ti preoccupare. Ti darò i soldi domenica, te lo prometto.	
Pietro	D'accordo. Ma se viene Luciano, chi gli paga il biglietto?	
Daniela	Ti dispiace se glielo paghiamo metà per uno°?	if we each pay half
Pietro	No. Così avrà a che fare con tutti e due° se non paga il debito al più presto.	he'll have to deal with the two of us

Line numbers: 5, 10, 15, 20, 25, 30

V (BC): Hand out previously prepared sheets of paper with cloze versions of all or part of the dialogue. Ask students to supply the missing words or expressions. Correct in class.

Domande generali

1. Dove sono Pietro e Daniela? Cosa fanno?
2. Dove pensano di andare domenica prossima i due amici? Che partita è in programma?
3. Perché Daniela vuole sapere se viene anche Luciano?
4. A che ora devono andare allo stadio? Perché?
5. Che cosa dicono i giornali?
6. Dov'è il rivenditore di biglietti?
7. Che cosa promette Daniela a Pietro?
8. Chi pagherà il biglietto di Luciano?

Domande personali

1. Lei che programmi ha per il fine-settimana?
2. Cosa fa di solito il sabato e la domenica?
3. Ci sono partite di calcio in questa città?
4. Preferisce vedere un incontro di calcio, di tennis o di hockey?
5. Porta sempre abbastanza soldi in tasca?
6. Ha mai pagato un biglietto per un incontro sportivo ad un amico/ un'amica?

Modificazioni

1. — Vuoi **venire allo stadio** con me?
   giocare a tennis
   vedere una partita di hockey
   andare alla partita di calcio

   — **Mi dispiace, ma non posso.**
   Forse più tardi.
   Sì, volentieri.
   Preferisco andare a sciare.

2. — Quanto costerà **un biglietto?**
   un cappuccino
   un paio di scarpe
   una borsa di pelle

   — **Non costerà molto.**
   Forse mille lire.
   Non lo so.
   Un bel po' di denaro.

Vocabolario

Parole analoghe

probabilmente   **spettacolare**   **totale**
riservato/a   **sportivo/a**

Nomi

il calcio soccer
il debito debt
il denaro money
il giardino pubblico public gardens, park
l'incontro match
la panchina (park) bench

la partita game
il posto seat
la tasca pocket; **in tasca** in his/her pocket
la vendita sale

E (BO): Ask students to create two-line conversational exchanges with the expressions *al più presto, come al solito, fare programmi,* and *ti dispiace se...?*

Verbi

acquistare   to purchase, buy
affrettarsi   to hurry
prevedere (previsto)   to expect
promettere   to promise
ripagare   to pay back

Altre parole ed espressioni

così   that way
dipende   that depends

al più presto   as soon as possible
come al solito   as usual
fare programmi   to make plans
ti dispiace se ...?   do you mind
      if . . . ?

Pratica

A.   Lorenzo ha intenzione di andare alla partita di calcio con la sua amica Lucia. Non ha potuto ancora comprare i biglietti e quindi chiede a suo padre di comprarglieli. Preparare un dialogo di sei righe fra Lorenzo e suo padre.

B.   Immagini di avere due biglietti per la partita di calcio di domenica prossima. Purtroppo altri impegni non le permettono di andare, quindi lei telefona ad un amico/un'amica, e gli/le offre i biglietti e spiega il motivo per cui non può andare.

NOTA CULTURALE

Gli sport in Italia

In Italia parlare di sport significa discutere di pallone e del gioco del calcio. Il calcio è il passatempo nazionale per nove mesi dell'anno, da settembre a giugno. Durante questo periodo molti italiani passano la domenica pomeriggio allo stadio o davanti al televisore a vedere la partita ed a fare il tifo[1] per la propria squadra[2]. Il calcio è stato da sempre uno sport per soli uomini, ma oggi molte donne seguono con interesse questo sport e vanno spesso allo stadio. Addirittura di recente[3] si sono formate squadre di calcio femminili, che a livello semiprofessionale ricevono già notevole attenzione da parte del pubblico.

Il secondo sport più popolare è il ciclismo. Specialmente i giovani praticano questo sport con passione durante i mesi più caldi dell'anno, fra maggio e settembre. Ma è il Giro d'Italia[4] che ogni anno attrae[5] l'interesse della stampa nazionale ed internazionale. Questa corsa[6], a cui partecipano anche molti ciclisti stranieri, inizia alla metà di maggio e dura circa venti giorni. Facendo tappa[7] ogni anno in differenti città italiane, il Giro attraversa tutta la penisola e porta[8] con sé un'atmosfera di festa e di gioventù.

Una corsa lungo la via dei Fori Imperiali a Roma

1. to root   2. team   3. Quite recently   4. Tour of Italy
5. attracts   6. race   7. stop   8. brings along

E (BO): Ask students to identify cognates in the cultural note, and to give as many related Italian words as possible: e.g., *gioventù, giovane, giovanile.*

Pronuncia
I suoni /**ts**/ e /**dz**/

The sound /ts/ is voiceless; the sound /dz/ is voiced. Both sounds are represented in writing by **z** or **zz**.

A. Ascoltare l'insegnante e ripetere le seguenti parole.

/ts/ = **z**	/ts/ = **zz**	/dz/ = **z**	/dz/ = **zz**
zio	piazza	zero	azzurro
calze	bellezza	zaino	mezzo

B. Leggere ad alta voce le seguenti frasi e fare attenzione alla pronuncia delle lettere *z* e *zz*.

1. Lo zio fa colazione con la zia.
2. Le calze sono azzurre.
3. A mezzogiorno molta gente va in piazza.
4. Una tazza di caffè, grazie.

C. **Proverbi**   Leggere ad alta voce i seguenti proverbi e poi dettarli ad un altro studente o ad un'altra studentessa.

L'ozio è il padre dei vizi.
Laziness is the root of all evil.
Dal dire al fare c'è di mezzo il mare.
Easier said than done.

Ampliamento del vocabolario

I. Gli sport

sciare	pattinare	nuotare	andare in barca

giocare a tennis	giocare a pallacanestro	giocare al calcio (al pallone)	andare a cavallo

Espressioni utili per gli sport

l'alpinismo mountain climbing
il calcio (il pallone) soccer
il ciclismo bicycle racing
l'equitazione (*f.*) horseback riding
il nuoto swimming
la pallacanestro basketball
la pallavolo volleyball
il pattinaggio skating
lo sci skiing
la vela sailing

Espressioni con verbi

fare l'alpinismo
giocare al calcio (pallone)
andare in bicicletta
andare a cavallo
nuotare (nel lago, nel mare, in piscina)
giocare a pallacanestro
giocare a pallavolo
andare a pattinare
andare a sciare
andare in barca

Altre espressioni utili per gli sport

l'arbitro referee
il campione/la campionessa
    champion
il campo da gioco playing field
il campo da tennis tennis court
la gara match, competition
il giocatore/la giocatrice player
la palestra gymnasium

la partita game
la piscina swimming pool
la squadra team

fare dello sport to engage in sports
praticare uno sport to practice a
    sport

P (BO): Have students work in small groups, using *tu* or *voi*, as appropriate. Appoint a note-taker for each group, who will report the information to the class.

A. Rispondere alle seguenti domande personali.

1. Lei fa dello sport? Che sport pratica?
2. In quale stagione va a sciare? a nuotare? a pattinare?
3. Preferisce giocare a pallacanestro o al pallone?
4. Va a nuotare al lago, al mare o in piscina?
5. Gioca spesso a pallavolo? a tennis? Dove gioca?
6. Con chi gioca a tennis? Gioca tutte le settimane?
7. È mai andato/a in barca? Dove? Quando?
8. Quando era bambino/a, andava a cavallo? Che sport praticava?
9. È campione/campionessa di nuoto? di tennis?
10. Litigano qualche volta fra di loro i giocatori delle squadre di calcio? Le piace quando litigano fra di loro o con l'arbitro?

B. Dica in quale stagione o in quali mesi i suoi amici praticano ciascuno degli sport indicati sopra.

C. Scrivere un brano di dieci righe su uno dei disegni a pagina 275. Spiegare come si chiama il giovane o la giovane, quanti anni ha, dove abita, se va al liceo o all'università, che sport pratica, ecc....

II. Parole analoghe: Nomi che finiscono con -ma

Nouns of Greek origin that end in **-ma** are masculine. The final **a** changes to **i** in the plural. Most nouns ending in **-ma** have easily recognizable English cognates.

Singular	Plural	Singular	Plural
il clima	i climi	il programma	i programmi
il dramma	i drammi	il sistema	i sistemi
il panorama	i panorami	il telegramma	i telegrammi
il poema	i poemi	il tema	i temi
il problema	i problemi	il teorema	i teoremi

D. Completare le seguenti frasi in maniera logica, usando le parole riportate sopra.

1. Conosci i tre ____ di Pitagora?
2. Abbiamo fatto bei ____ per il prossimo fine-settimana.
3. Avete mai letto un ____ epico?
4. Com'è il ____ in Italia durante l'estate?
5. Non ho ancora visto quel ____ alla televisione.

Struttura ed uso

I. Futuro, imperfetto e passato prossimo dei verbi modali

Non **volevo** finirla tutta,
ma non **ho potuto** resistere.

1. You are already familiar with the present-tense forms of the modal verbs **dovere, potere,** and **volere** (see *Lezione 8ª*). The following chart shows the future, imperfect, and present perfect forms of these three modals. Note that **dovere, potere,** and **volere** have irregular future stems.

	dovere to have to, must	**potere** to be able, can	**volere** to want, wish
Future	dovrò	potrò	vorrò
	dovrai	potrai	vorrai
	dovrà	potrà	vorrà
	dovremo	potremo	vorremo
	dovrete	potrete	vorrete
	dovranno	potranno	vorranno
Imperfect	dovevo	potevo	volevo
	dovevi	potevi	volevi
	ecc.	*ecc.*	*ecc.*
Present perfect	ho (sono) dovuto	ho (sono) potuto	ho (sono) voluto
	hai (sei) dovuto	hai (sei) potuto	hai (sei) voluto
	ecc.	*ecc.*	*ecc.*

2. In the present perfect the modals may be conjugated with either **avere** or **essere**, depending on the infinitive that follows. If the infinitive is a transitive verb (takes a direct object), it is conjugated with **avere**. If the infinitive expresses movement and is not transitive, it is conjugated with **essere**. When the modal is used in a response where the infinitive is understood, **avere** is used as the auxiliary verb.

Modals conjugated with **avere:**

Maria ha dovuto finire i compiti. — *Maria had to finish* the homework.
Abbiamo potuto prestare i soldi a Carlo. — *We were able to loan* the money to Carlo.
Non hanno voluto pagare il biglietto. — *They didn't want to pay* for the ticket.

Modals conjugated with **essere:**

Laura è dovuta andare a casa. — *Laura had to go* home.
Siamo potuti partire alle dieci. — *We were able to leave* at ten.
Non sono voluti uscire con noi. — *They didn't want to go out* with us.

But:

— Perché **non sei uscito** con Massimo? — Why *didn't you go out* with Massimo?
— Perché **non ho potuto**. — Because *I couldn't.*

V (BO): Ask students to respond in the imperfect or the present perfect.

A. Dire cosa dovranno fare dopodomani le seguenti persone, usando la forma appropriata del futuro di *dovere*.

▶ noi: lavorare   *Dovremo lavorare.*

1. io: comprare i biglietti
2. tu: andare a nuotare
3. lui: mangiare a casa
4. i ragazzi: bere qualcosa
5. noi: pulire la casa
6. lei: trovare la borsa
7. voi: finire i compiti
8. loro: acquistare un computer

P (BC): Ask students to state three things they wanted to do the previous day, week, or month, but which they weren't able to do for reasons given.

B. Dire che le seguenti persone non hanno potuto fare certe attività, usando la forma appropriata del passato prossimo di *potere*.

▶ Anna voleva uscire, ...   *ma non ha potuto.*

1. Volevo fare una passeggiata, ...
2. Volevi comprare un paio di sci, ...
3. Voleva andare in barca, ...
4. Le mie sorelle volevano fare colazione, ...
5. Mia cugina voleva ritornare a Pisa, ...
6. Volevate vedere la partita di calcio, ...

C. Dire cosa non vorranno fare le seguenti persone. Usare la forma appropriata del futuro di *volere* e aggiungere un'espressione di tempo appropriato.

▶ Piero: andare al cinema   *Piero non vorrà andare al cinema [sabato prossimo].*

1. Liliana: cominciare ad insegnare
2. noi: studiare informatica
3. tu: andare in vacanza al mare
4. Franco: pagare il caffè agli amici
5. voi: diventare campioni di sci
6. Maria e sua sorella: andare a pattinare
7. Mario e Dino: praticare uno sport invernale
8. io: discutere con l'arbitro

D. Completare le frasi 1–4 con la forma appropriata del futuro e le frasi 5–9 con la forma appropriata del passato prossimo di *dovere*, *potere* e *volere*.

Tempo futuro
1. Domani _____ chiamare la mia fidanzata.
2. Lunedì prossimo tu non _____ dare gli esami perché non hai studiato.

3. A febbraio Marcella _____ partire per la Grecia.

4. Pietro e Daniela non hanno molti soldi. Non _____ pagare il biglietto a Luciano.

Passato prossimo

5. La settimana scorsa i miei amici (volere) _____ andare alla partita di calcio. Non (potere) _____ uscire presto di casa. Quindi (dovere) _____ parcheggiare la macchina molto lontano dallo stadio.

6. Ieri sera io (volere) _____ telefonare a Luisa, ma non (potere) _____ parlare con lei perché non era a casa.

7. Il fine-settimana scorso noi (volere) _____ fare una gita in montagna. (dovere) _____ chiamare l'albergo due giorni prima.

8. Due giorni fa Luigi (volere) _____ vedere una partita di pallavolo. (dovere) _____ acquistare il biglietto in anticipo. Luciana non (potere) _____ andare con lui.

9. — Perché non sei andato a casa con tuo fratello?
   — Perché non (volere) _____ .

II. Due pronomi complemento

— Chi t'ha dato quel quadro?
— **Me l'**ha dato mio marito per il nostro anniversario.

1. When both indirect- and direct-object pronouns occur with the same verb, the indirect object precedes the direct object. The following chart shows the possible combinations of indirect- and direct-object pronouns.

Indirect-object pronouns	+ Direct-object pronouns			
	+ lo	+ la	+ li	+ le
mi	me lo	me la	me li	me le
ti	te lo	te la	te li	te le
gli } le }	glielo	gliela	glieli	gliele
ci	ce lo	ce la	ce li	ce le
vi	ve lo	ve la	ve li	ve le
loro	lo ... loro	la ... loro	li ... loro	le ... loro

2. The indirect-object pronouns **mi, ti, ci,** and **vi** become **me, te, ce,** and **ve** before **lo (l'), la (l'),** and **le**.

Mi chiede un favore.	He asks *me* for a favor.
Me lo chiede.	He asks *me for it.*
Ti ha comprato il biglietto.	He bought the ticket *for you.*
Te l'ha comprato.	He bought *it for you.*
Ci danno i pacchi.	They give *us* the packages.
Ce li danno.	They give *them to us.*
Vi scrivono le lettere.	They write the letters *to you.*
Ve le scrivono.	They write *them to you.*

3. The indirect-object pronouns **gli** and **le** become **glie** before **lo (l'), la (l'), li,** and **le**. The combination is written as one word.

Gli spedirò il questionario.	I'll send the questionnaire *to him.*
Glielo spedirò.	I'll send *it to him.*
Le ho comprato il libro.	I bought the book *for her.*
Gliel'ho comprato.	I bought *it for her.*

4. The indirect-object pronoun **loro** is never attached to a direct-object pronoun; it always follows the verb.

Mando **loro** il pacco.	I send *them* the package.
Lo mando **loro**.	I send *it to them.*

But:

Glielo mando.	I send *it to them.*

5. In double-verb constructions with modals, two object pronouns may either precede the conjugated verb or they may follow and be attached to the infinitive, in which case the final **e** of the infinitive is dropped. **Loro,** however, always follows the infinitive and is never attached to it.

— Vuoi i libri?

— Do you want the books?

— Sì, { **me li** puoi dare adesso?
       puoi dar**meli** adesso?

— Yes, can you give *them to me* now?

But:

— Chi prepara la colazione per i bambini?

— Who prepares breakfast for the children?

— Mamma { **la** vuole preparare **loro**.
          vuole preparar**la loro**.

— Mom wants to prepare *it for them*.

6. The reflexive pronouns follow the same pattern shown in the chart on page 281 when they are used in combinations with **mi, ti, ci,** and **vi** + direct-object pronoun. In the third persons singular and plural, the reflexive **si** becomes **se**.

Reflexive pronouns	+ Direct-object pronouns +lo	+la	+li	+le
mi	me lo	me la	me li	me le
ti	te lo	te la	te li	te le
si *(sg.)*	se lo	se la	se li	se le
ci	ce lo	ce la	ce li	ce le
vi	ve lo	ve la	ve li	ve le
si *(pl.)*	se lo	se la	se li	se le

Mi metto la giacca.
Me la metto.

I put on my jacket.
I put it on.

Ti levi il cappotto.
Te lo levi.

You take off your coat.
You take it off.

Si lava le mani.
Se le lava.

He/She washes his/her hands.
He/She washes them.

Ci asciughiamo la faccia.
Ce l'asciughiamo.

We dry our faces.
We dry them.

Si radono la barba.
Se la radono.

They shave their beards.
They shave them.

V (BO): Have students respond in the negative.

E. Dire che Gianna fa le seguenti cose per le persone indicate, usando i pronomi complemento diretto e indiretto nelle risposte.

▶ Gianna compra il vestito per me.   *Me lo compra.*

1. Presta il motorino a Carlo.
2. Offre la frutta alle invitate.
3. Dà il formaggio a voi.
4. Prepara gli spaghetti per loro.
5. Paga il conto per noi.
6. Dà i quaderni al professore.

V (BO): Have students ask *you* the questions, using the *lei*-form of address.

F. Franco chiede a Mario se fa le seguenti cose. Assumere il ruolo di Mario.

▶ Fai i compiti a tua sorella? (sì)   *Sì, glieli faccio.*

1. Mandi il telegramma a Michele? (sì)
2. Chiedi le informazioni a Laura? (no)
3. Spieghi il teorema a tuo cugino? (sì)
4. Presenti la tua amica a Elena? (no)
5. Spedisci i libri a Giorgio ed a Tina? (sì)
6. Scrivi la lettera alla tua ragazza? (no)
7. Prepari la colazione a Filippo? (sì)
8. Dai il registratore a Roberto? (no)

G. Completare la seguente conversazione fra Pietro e Luciano dopo la partita Roma-Napoli, usando due pronomi complemento nelle risposte.

Pietro Ti ha detto Daniela che sono al verde *(broke)*?
Luciano Sì, ...
Pietro Allora, quando mi dai i soldi che ti ho prestato?
Luciano ...
Pietro Non puoi darmeli domani mattina? Ho bisogno di comprare molte cose.
Luciano ...

H. Fare le seguenti domande ad un amico/un'amica, usando le espressioni indicate e un pronome complemento diretto o indiretto nelle risposte.

▶ dovere fare le spese oggi   S1: *Devi fare le spese oggi?*
                               S2: *(Sì, devo farle oggi alle undici.)*
                                   (Sì, le devo fare oggi alle undici.)
                                   (No, devo farle sabato.)
                                   (No, le devo fare sabato.)

1. dovere studiare la chimica stasera
2. volere vedere quel film martedì prossimo
3. potere fare colazione più tardi
4. dovere pagare il debito immediatamente
5. potere prestarmi il vestito di seta per andare a ballare
6. volere vedere la partita di tennis domani pomeriggio

I.   Completare le risposte nelle seguenti conversazioni, usando le forme appropriate dei due pronomi complemento.

   1. — Mi puoi comprare i biglietti?
      — Sì, posso _____ .
   2. — Vuole spiegare il dramma ai ragazzi?
      — No, non voglio _____ .
   3. — Quando gli devi dare i dischi?
      — Devo _____ più tardi.
   4. — Potete preparare il caffè per Luigi?
      — Sì, possiamo _____ ora.
   5. — Vogliono presentare Elena agli amici?
      — Sì, vogliamo _____ .

V (BO): Ask students to change the questions and answers to the future tense.

J.   Domandare ad un altro studente/un'altra studentessa se fa queste attività, usando due pronomi complemento nelle risposte.

▶   mettersi l'impermeabile   S1: *Ti metti l'impermeabile?*
                                 S2: *Sì, me lo metto.*
                                     No, non me lo metto.

   1. farsi la barba ogni mattina
   2. mettersi i guanti d'estate
   3. comprarsi uno zaino questo pomeriggio
   4. prepararsi la colazione alle sette
   5. spazzolarsi i capelli spesso
   6. lavarsi i denti tutte le sere

III. *Futuro di congettura o probabilità*

Dove **sará** il mio cappello?

The future tense is sometimes used to express conjecture or probability in the present.

— Che ora è?	— What time is it?
— **Saranno** le otto.	— *It's probably (It must be)* eight o'clock.
— Chi è alla porta?	— Who is at the door?
— **Sarà** Luciano.	— *It's probably (It must be)* Luciano.
— Che tempo fa?	— What's the weather like?
— **Pioverà.**	— *It's probably raining.*

K. Maria e Luigi hanno invitato alcuni amici a casa loro. Ogni volta che qualcuno bussa *(knocks)* alla porta, i due ragazzi cercano di indovinare *(to guess)* chi sarà.

▶ (Giorgio bussa.)   Maria: *Sarà Giorgio.*

▶ (Gianni e Anna bussano.)   Luigi: *Saranno Gianni e Anna.*

1. (Il signor Biavati bussa.)
2. (Le signorine Roselli bussano.)
3. (Paolo e sua sorella bussano.)
4. (L'ingegner Cristini bussa.)
5. (La professoressa Boni bussa.)
6. (I nostri cugini bussano.)

P (BC): Ask students to guess where each member of their family is at the present moment, and what each individual is probably doing; e.g., *Il mio fratellino sarà a scuola; scriverà nel suo quaderno.*

L. Rispondere alle seguenti domande con una risposta logica, usando il futuro del verbo per esprimere congettura o probabilità.

1. Che ora è?
2. Quanto costano due biglietti per quel dramma di Pirandello?
3. Dov'è il campo da tennis?
4. Chi è alla porta?
5. Che cosa fanno in casa le sue sorelle?
6. Chi sono quei giovani?
7. Di chi è questa matita?
8. Che tempo fa a Roma oggi?
9. Cosa guarda sua madre alla televisione?
10. Cosa mangia Enrico?

M. Formulare cinque domande sulla fotografia a pagina 274, usando il futuro del verbo per esprimere congettura o probabilità.

A lei la parola

1. One of your friends is waiting for the bus. Find out if he/she wants a ride.
2. Your instructor wants to know if someone can lend him/her a book. Say that you can lend it to him/her.
3. When your grandmother wants to know the time, tell her that it is probably two o'clock.
4. Point out that you cannot go horseback riding this weekend because you have to study.
5. When one of your friends tells you that he/she has many beautiful photos of Italy, inquire if he/she can show them to you.

Comunicare subito!

In farmacia

If you should feel ill during a trip to Italy, you might want to go to a **farmacia** to get advice from the **farmacista** about how to deal with your illness. The following two dialogues will provide you with some useful phrases and vocabulary.

1. Questa mattina mentre andava in giro per la città, Rossella si è slogata un piede. Ora il piede è gonfio°, e la giovane va in farmacia per sentire cosa le consiglia la farmacista.

    swollen

Rossella	Buon giorno, dottoressa. Ho un piede gonfio. Mi può dire cosa posso fare?
Farmacista	Mi faccia vedere°. Che cosa le è successo?
Rossella	Mentre camminavo ho messo il piede in una buca e sono caduta°.
Farmacista	Mi dispiace, ma io non posso proprio aiutarla. Le consiglio di andare al pronto soccorso° dove le faranno delle radiografie° al piede.
Rossella	Sarà molto grave?
Farmacista	No, non credo. Però c'è un gonfiore notevole°.

Let me see

I fell

emergency room
X-rays

considerable swelling

2. Massimo si è svegliato questa mattina con un bel mal di gola. Mentre va all'università entra in farmacia per acquistare delle compresse° per la gola.

lozenges

Farmacista	Buon giorno. Mi dica°.
Massimo	Ho un forte° mal di gola e vorrei delle compresse.
Farmacista	Ha per caso° la febbre?
Massimo	No, non credo. Ma ho anche un po' di mal di testa.
Farmacista	Allora, prenda subito delle aspirine e beva molti liquidi. Adesso le do anche delle compresse da prendere ogni quattro ore.
Massimo	La ringrazio molto°.

May I help you?
bad
by chance

Thanks very much

Altre parole ed espressioni utili

Nomi

l'antibiotico antibiotic
la goccia drop
il graffio scratch
l'infermiera female nurse
l'infermiere (*m.*) male nurse
l'influenza flu
l'iniezione (*f.*) injection, shot
l'irritazione (*f.*) irritation

la medicina medicine, medication
la pillola pill
la pomata ointment
la radiografia X-ray
lo sciroppo syrup
il sintomo symptom
il termometro thermometer

Verbi

avere (prendere) il raffreddore to have (catch) a cold

curare to cure

Pratica

Prepari dialoghi appropriati.

A. Immagini di avere un'irritazione ad un occhio e di andare in farmacia per comprare delle gocce.
La/Il farmacista ...

B. Immagini di avere l'influenza, e di telefonare ad un amico e di chiedergli di andare in farmacia per comprare delle medicine ed un termometro.
Il suo amico ...

Mantenersi in forma

No matter where you live, you know that it's essential to exercise and to eat properly in order to stay well. The following dialogue will give ideas about how to converse in Italian on this important topic.

Mariella incontra la sua amica Silvia che non vede da molto tempo.

Mariella	Ciao, Silvia. Che bella linea°! Come sei dimagrita°! Cosa fai per mantenerti così in forma?
Silvia	Sono due mesi che vado in palestra a fare ginnastica.
Mariella	Questo è tutto? Non stai a dieta speciale?
Silvia	No, cerco di mangiare solo cibi naturali con poche calorie.
Mariella	Piacerebbe° anche a me perdere un po' di peso°, ma sono troppo pigra. Tra l'altro non faccio esercizi e mangio abbondantemente ogni giorno.

figure / You've lost a lot of weight!

I'd like / weight

Altre parole ed espressioni utili

Nomi

la caloria calorie
la visita di controllo check-up

la vitamina vitamin

Verbi ed espressioni

andare in palestra to go to the gym
controllare il peso to check one's weight
dimagrire to lose weight
essere in forma to be in shape
fare esercizi (ginnastica) to do exercises

ingrassare to gain weight
mantenersi in forma to keep in shape
pesare to weigh
stare a dieta to be on a diet

Pratica

Prepari dialoghi appropriati.

A. Immagini di andare dal medico per fare una visita di controllo. Il dottore le consiglia di perdere peso e di fare ginnastica.

B. Si avvicina l'estate e lei vuole essere in forma. Dica ad un'amica cosa intende fare.

RIPASSO: Lezioni 11ª & 12ª

In this section, you will review the following: Indirect-object pronouns
(Exercises A–B); Constructions with **piacere** (Exercise C); Future tense
(Exercises D–E); Modal verbs **dovere, potere,** and **volere** (Exercise F);
Double-object pronouns (Exercise G); Object pronouns with infinitives
(Exercise H); Future of probability (Exercise I); Vocabulary and expressions
(Exercise J)

A.   Sostituire i verbi in corsivo con quelli indicati fra parentesi, e i pronomi
complemento diretto con quelli complemento indiretto corrispondenti. [*Indirect-object pronouns*]

> ▶   Luigi non lo *chiama* mai. (scrivere)   *Luigi non gli scrive mai.*

1. Gli studenti lo *ascoltano*. (rispondere)
2. Sergio ci *chiama* domani. (telefonare)
3. Sua madre lo *guarda*. (parlare)
4. I loro figli li *capiscono*. (scrivere)
5. Carolina mi *ha visto*. (rispondere)
6. I signori Blasini le *aspettano*. (fare una telefonata)
7. La signora Montesi vi *riceve* domani. (chiedere informazioni)

B.   Trascrivere le frasi seguenti e cambiare la posizione del pronome aggiun-
gendolo all'infinito. [*Indirect-object pronouns*]

> ▶   Claudio, ti posso mandare un disco?   *Claudio, posso mandarti un
> disco?*

1. Gli voglio offrire un caffè.
2. Tommaso, quando ci puoi dare il dizionario?
3. Le devo chiedere informazioni.
4. Tina, ti possiamo mostrare il nuovo televisore?
5. Il professore mi vuole spiegare la lezione.
6. Chi vi può dare le forbici?
7. Perché non gli vuoi spedire il pacco?
8. Ti posso prestare l'asciugacapelli?

C.   Dica che lei prende le prime cose ma non le seconde perché non le piacciono. [*Constructions with* **piacere**]

> ▶   prosciutto / formaggio   *Prendo il prosciutto perché non mi piace il
> formaggio.*

1. i funghi / le melanzane   5. la carne / il pesce
2. i pomodori / i fagiolini   6. le carote / le patate
3. la mela / le pesche   7. il latte / il caffè
4. la pasta / la verdura   8. il pepe / il sale

D. Dire che le attività indicate succederanno nel futuro, aggiungendo un'espressione di tempo appropriata. [*Future tense*]

▶ Franco vende i suoi sci.   *Franco venderà i suoi sci [la prossima settimana].*

▶ Mi metto la giacca nuova.   *Mi metterò la giacca nuova [stasera].*

1. Enrico si mette la giacca verde.
2. Maria discute della gita con Patrizia.
3. Kathy, parli con tua sorella?
4. Piero, spendi molti soldi?
5. Papà mi presta diecimila lire.
6. Ti diverti.
7. Si veste elegantemente.
8. Mi preparo per partire.

E. Dire che le seguenti persone faranno le attività indicate se o quando avranno tempo. [*Future tense*]

▶ Paolo: andare in banca   *Paolo andrà in banca se (quando) avrà tempo.*

1. io: leggere il giornale
2. mio cugino: giocare a tennis
3. mia madre: fare colazione
4. tu: lavarsi i capelli

F. Trascrivere le frasi includendo il verbo indicato. Usare il tempo della frase originale. [*Modal verbs **dovere, potere, volere***]

▶ dovere: Paolo usciva con gli amici.   *Paolo doveva uscire con gli amici.*

▶ dovere: Paolo esce con gli amici.   *Paolo deve uscire con gli amici.*

1. potere: Ho giocato a tennis con Viviana.
2. volere: Bevete il caffè o il latte?
3. potere: Alla festa ha ballato molto.
4. dovere: Sono andati a teatro con Rosa.
5. potere: Venivo a darti i biglietti.
6. dovere: Attraversava la strada.

G. Sostituire il pronome complemento diretto e indiretto alle parole indicate. [*Double-object pronouns*]

▶ Presto la macchina a Luigi.   *Gliela presto.*

1. Do un libro a mia madre.
2. Giorgio manda la lettera ai suoi amici.
3. Offro i dolci a Susanna.
4. Compro le riviste per le signorine.
5. Franca prepara la cena per me.
6. Il cameriere porta il conto a me.
7. Faccio la domanda alla professoressa.

H. Modificare le seguenti frasi, usando i pronomi complemento diretto o indiretto. [*Object pronouns with infinitives*]

▶   Potete finire <u>il lavoro</u>?   *Potete finirlo?*
                                         Lo potete finire?

1. Volete preparare <u>gli spaghetti</u>?
2. Puoi dare il vino <u>a Gino e a Nino</u>?
3. Dobbiamo pagare <u>il conto</u>.
4. Devo avvisare <u>le signorine</u>.
5. Possono prendere <u>la macchina del padre</u>.
6. Vuoi offrire il caffè <u>a Teresa</u>?
7. Devono comprare <u>i biglietti</u> stamattina.
8. Vogliamo dire <u>alle signore</u> di venire con noi.

I. Dare alle seguenti domande una risposta logica, usando il futuro del verbo per esprimere congettura o probabilità. [*Future of probability*]

1. Quanto tempo dura la partita?
2. Chi viene alla festa di Roberto?
3. Chi entra in classe adesso?
4. Cosa c'è da mangiare stasera?
5. Che programmi danno alla TV stasera?
6. Quale sport pratica Lucio?
7. Quanto costa una calcolatrice?
8. Quante persone ci sono allo stadio?

J. Esprimere in italiano le seguenti conversazioni. [*Vocabulary and expressions*]

1. **Susanna** You didn't really loan Elena my skirt?
    Viola Yes, I gave her your red skirt. She wants to wear it to a party tomorrow night.
    Susanna And who called while I was taking a shower?
    Viola Gina. She wants to borrow your blue jacket for this evening.
    Susanna My blue jacket? But I lent it to her yesterday! Doesn't she remember?
    Viola Someone's at the door. Who can it be?
    Susanna It's probably Gina for the jacket! Tell her I went to the library an hour ago and that I'm wearing my blue jacket.

2. **Ugo** Hello, Luca! Do you want to come and see the hockey game with me next Sunday?
    Luca I can't. I sprained my ankle while I was playing tennis.
    Ugo I'm sorry. Does it hurt a lot?
    Luca Nothing serious, but I'll have to see the game on TV.
    Ugo Too bad. As usual, I'll have to go by myself.

LEZIONE 13ᵃ

See Instructor's Manual for
additional teaching suggestions for
Lezione 13ᵈ.

Cento di questi giorni!

Alcuni giovani conversano durante una festa.

Un gruppo di amici si è riunito a casa di Luciana Giannelli per
festeggiare il compleanno di Giulio Forattini, che oggi compie
vent'anni. Franco De Mita ha portato alla festa Paola Bentivoglio, una
sua cugina di Salerno.

V (BO): Encourage students to
change *Scena 1ª* by having Paola
bring her cousin Franco to the
party, by introducing him to
several guests, by having different
kinds of food and drink served,
and by changing the hostess
(Luciana) to a host (Luigi).

SCENA 1ª

Franco	Luciana, ti presento mia cugina Paola.	
Luciana	Ciao, Paola. Mi fa molto piacere conoscerti. *(A tutti e due)* Vorreste bere o mangiare qualcosa?	
Paola	Veramente mangerei qualcosa. Ho più fame che sete°.	I'm more hungry than thirsty
5 **Franco**	Anch'io, grazie.	
Luciana	Non avete che l'imbarazzo della scelta°. Sul tavolo ci sono panini al prosciutto, tramezzini al tonno, olive e formaggio. Più tardi ci saranno anche gli spaghetti alla carbonara.	All you have to do is choose
10 **Franco**	Buoni! Al solo pensiero mi viene l'acquolina in bocca°.	Just thinking about it makes my mouth water
Luciana	Franco, presenta Paola ai nostri amici. Io intanto vado un momento in cucina.	
Franco	Volentieri.	

SCENA 2ª

Un'ora più tardi, i ragazzi sono seduti a tavola. Mangiano, bevono e
conversano allegramente.

E (BO): Ask students to use their
imagination to describe briefly the
physical characteristics of Franco,
Luciana, Paola and Marisa. Have
them tell what clothes the guests
are probably wearing to the party,
what kind of present they have
brought for Giulio, how long
they'll stay at the party, etc. Ask
students if they think Franco is
really joking when he states that
women's place is in the home.

15 **Franco**	Questi spaghetti sono davvero squisiti. Complimenti! Chi li ha cucinati?	
Giulio	Chi altro, se non Luciana?	
Luciana	Grazie, però il merito non è solo mio. Anche Marisa mi ha aiutata a cucinare.	
20 **Franco**	L'ho sempre detto io! Voi donne state bene a casa.	
Luciana	Eccolo, il solito uomo italiano. Basta che ci possiate tenere in casa°, voi uomini siete tutti felici.	As long as you can keep us at home
Paola	Invece io sono convinta che noi donne stiamo bene ed abbiamo successo anche nel mondo del lavoro.	
25 **Franco**	Ma guardate, che sto scherzando. Non ho nessuna intenzione di fare polemica°.	to start an argument
Luciana	Sì, sì, la solita storia. Con la scusa di fare dello spirito°, volete averla sempre vinta voi°.	to be witty / you always want to win

30   **Marisa**   Ragazzi, non litighiamo adesso! Ecco la torta e lo
                            spumante! Facciamo un bel brindisi° a Giulio.   Let's drink a nice toast
        Luciana   Tanti auguri Giulio! Buon compleanno!
          Paola   Cento di questi giorni°!   Many happy returns!

Domande generali

V (BC): Have students respond in writing to the questions. Ask them to exchange papers, and to take turns reading the answers aloud. Correct in class.

1. Dove si è riunito il gruppo di amici? Perché?
2. Franco a chi presenta sua cugina Paola?
3. Invece di bere, che cosa preferirebbe Paola?
4. Cosa c'è sul tavolo?
5. Quale piatto ha preparato Luciana?
6. Chi l'ha aiutata a cucinare?
7. Che cosa pensa Franco delle donne?
8. E Paola, che pensa delle donne?
9. Cosa dice Marisa? A Marisa piace litigare?
10. Quali espressioni usano gli amici per fare gli auguri a Giulio?

Domande personali

P (BO): Ask several students to describe a birthday party they recently gave or attended, using the questions as a guide. Appoint other students to report on what happened at the birthday party.

1. Le piacciono le feste? Perché sì? Perché no?
2. Quando fa feste, quante persone invita? Chi invita?
3. Quali sono le occasioni di queste feste? Compleanni, carnevale, visite di amici o di parenti?
4. Chi l'aiuta ad organizzare le feste?
5. Quali cibi serve ai suoi invitati? Quali bevande?
6. Quando è il suo compleanno? Quanti anni compierà?
7. Come festeggia il suo compleanno? Invita amici a casa? Va a mangiare al ristorante con la sua famiglia?
8. Quando i suoi amici festeggiano il compleanno, fa loro gli auguri? Con quali espressioni?

Esercizio di comprensione

Le seguenti frasi basate sul dialogo a pagina 293 sono in ordine sbagliato. Metterle in ordine per formare un brano di senso compiuto.

1. Luciana ha preparato molte cose da mangiare.
2. Allora Marisa dice che non è il caso di litigare.
3. Franco presenta sua cugina Paola a Luciana.
4. Oggi Giulio festeggia il suo compleanno.
5. Quindi gli amici fanno un bel brindisi e tanti auguri di buon compleanno a Giulio.
6. I suoi amici si riuniscono a casa di Luciana per festeggiarlo.
7. Cucina anche gli spaghetti alla carbonara con l'aiuto di Marisa.
8. C'è anche la torta e lo spumante.
9. Luciana e Franco cominciano a discutere del ruolo della donna.

Vocabolario

Parole analoghe

il caso	il merito	gli spaghetti
conversare	il momento	squisito/a
convinto/a	l'occasione (f.)	la storia
il gruppo	organizzare	il successo
invitare	preparare	la visita

Nomi

gli auguri best wishes
la bevanda drink
il cibo food
il compleanno birthday
la cucina kitchen
la festa party
l'invitato guest
il piatto dish
lo spumante sparkling wine
la torta cake

Aggettivi

felice happy
quanto/a? how much?
solito/a same old

Verbi

aiutare to help
compiere to complete
cucinare to cook
festeggiare to celebrate
presentare to introduce

riunirsi to gather
scherzare to joke
tenere to keep

Altre parole ed espressioni

allegramente gaily, happily
complimenti! my compliments!
  congratulations!

a tavola at the (dinner) table
avere intenzione di to intend to
buon compleanno! happy birthday!
cento di questi giorni! many happy
  returns!
chi altro? who else?
eccolo here he is
fare gli auguri to wish someone well
fare polemica to start an argument,
  to be controversial
invece di instead of
mi fa molto piacere di conoscerti
  I'm very pleased to meet you
nel mondo del lavoro in the working
  world
gli spaghetti alla carbonara spaghetti
  carbonara style
tanti auguri! lots of good wishes!

Pratica

A. È il suo compleanno. Immagini di fare una festa a casa sua e di telefonare ad alcuni amici per invitarli. Dica loro chi altro viene, come vestirsi per l'occasione, e se si ballerà.

B. È l'anniversario di matrimonio dei suoi genitori. Immagini di preparare un piccolo discorso per fare il brindisi in onore della mamma e del papà. Usi alcune delle seguenti espressioni: **Buon anniversario! Auguri! Cento di questi giorni!**

NOTA CULTURALE

La gastronomia italiana

"Cucinare bene e mangiare meglio[1]" è la norma seguita in genere[2] da tutti gli italiani. Ogni regione italiana è famosa per la creazione di specialità gastronomiche locali, e visitando l'Italia si possono gustare e paragonare[3] moltissimi tipi di cucine diverse. Dalla carne al pesce, dalla pasta ai contorni[4], dall'antipasto al dolce[5], c'è tutta una serie di piatti deliziosi preparati con erbe aromatiche, spezie[6] e prodotti genuini.

Il tipico pranzo festivo italiano è lungo e laborioso. Di solito, il pranzo si apre con un antipasto di prosciutto, salame e sottaceti[7]. Poi arriva il primo piatto costituito da pastasciutta[8] o minestra. Segue poi il secondo con carne o pesce e contorni di verdure crude o cotte[9]. Vari tipi di formaggio e frutta annunciano la fine del pranzo. Acqua minerale, vino bianco o rosso e talvolta[10] birra aiutano la gente a fare onore a questi piatti abbondanti e saporiti[11]. Chiude il pranzo un caffè espresso spesso accompagnato dal dolce e seguito immancabilmente[12] da un digestivo[13] che a questo punto ... è veramente necessario.

Alcuni piatti squisiti della cucina italiana

1. better   2. generally   3. enjoy and compare   4. side dishes
5. dessert   6. spices   7. pickled vegetables   8. *pasta* dish
served with any sauce   9. raw or cooked   10. sometimes
11. tasty   12. unfailingly   13. liqueur

E (BO): Ask students to identify cognates in the cultural note, and to give as many related Italian words as possible.

Pronuncia
Il suono /t/

In English, the sound /t/ is aspirated; that is, it is pronounced with a little puff of air, which you can feel on the back of your hand as you say /t/. In Italian, /t/ is never aspirated. The tip of the tongue is pressed against the back of the upper front teeth. Compare the /t/ in the English and Italian words *too* and **tu**, *telephone* and **telefono**. The sound /t/ may be spelled **t** or **tt**.

A. Ascoltare l'insegnante e ripetere le seguenti parole.

/t/ = t		/t/ = tt	
teatro	appetito	biglietto	tutti
telefono	subito	sette	spaghetti
tornare	partita	otto	prosciutto
torta	politica	mattina	letto
televisione	fratello	dottore	attenzione

E (BO): Have students create four or five sentences with words containing *t* and *tt*. Ask a few individuals to dictate the sentences as you write them on the board.

B. Leggere ad alta voce le seguenti frasi e fare attenzione alla pronuncia delle lettere *t* e *tt*.

1. Ho sette biglietti per il teatro.
2. Tutti hanno mangiato gli spaghetti.
3. Sul tavolo ci sono tramezzini al tonno e panini al prosciutto.
4. Sono le otto di mattina.

C. **Proverbi**   Leggere ad alta voce i seguenti proverbi e poi dettarli ad un altro studente o ad un'altra studentessa.

Chi trova un amico, trova un tesoro.
He/She who finds a friend, finds a treasure.

Quattrino risparmiato, due volte guadagnato.
A penny saved is a penny earned.

Ampliamento del vocabolario

I. Cibi e pasti

Here are additional terms related to food (**i cibi**) and meals (**i pasti**) to add to those you learned in *Lezione 7ª*.

L'antipasto

il prosciutto   cured ham
il salame   salami
i sottaceti   pickled vegetables

I primi piatti

la pastasciutta   pasta dish (spaghetti, fettuccine, etc.) served with a sauce
il brodo   broth
la pastina in brodo   broth with minuscule *pasta*
la minestra   soup
il minestrone   vegetable soup (with or without noodles)

I secondi piatti

Carne

l'agnello lamb
la bistecca steak
il maiale pork
il pollo chicken
il vitello veal

Pesce

l'aragosta lobster
il merluzzo cod
il polipo octopus
gli scampi shrimp
la sogliola sole
il tonno tuna
le vongole clams

* * *

il dolce dessert
il formaggio cheese
la frutta fruit

I pasti

la (prima) colazione breakfast
il pranzo dinner, lunch (main meal
    at noon)
la cena supper (light meal in the
    evening)

Espressioni utili

apparecchiare la tavola to set the
    table
passare il burro (sale, pepe) to pass
    the butter (salt, pepper)
sparecchiare la tavola to clear the
    table

Un posto a tavola

il bicchiere glass
il cucchiaio spoon
il cucchiaino teaspoon
il coltello knife
la forchetta fork
il piatto dish
il tovagliolo napkin

E (BC): Ask several students to
draw place settings on the board
according to directions given by
you. Vary the number of forks,
spoons, etc. and the position of
the item in relationship to the
plate.

P (BO): Have students ask *you* the
questions, using *lei.* Then have
them ask each other the
questions, using *tu.* Encourage
them to add related questions,
such as *A che ora fa la prima
colazione? A che ora cena? Chi
apparecchia la tavola a casa sua?
Chi la sparecchia? Chi lava i
piatti?*

A. Rispondere alle seguenti domande personali.

1. Le piace la cucina italiana? Perché?
2. Le piace cucinare o preferisce mangiare al ristorante?
3. Quale piatto tipico italiano o americano preferisce?
4. Mangia carne? Se mangia carne, quale tipo di carne le piace?
5. Mangia il pesce? Quale tipo?
6. Alla fine del pranzo, preferisce mangiare la frutta, il formaggio
   o il dolce?
7. Mangia spesso la minestra? Che genere?

B. Dal seguente menu ordinare un pranzo italiano completo senza spendere più di 30.000 lire.

Antipasto
Antipasto misto   3.500
Prosciutto e melone   6.000

Pasta
Spaghetti   5.000
Fettuccine   5.000
Rigatoni   5.000

Dolce, frutta e formaggio
Torte assortite   3.000
Frutta di stagione   2.500
Formaggio   2.500

Carne e Pesce
Bistecca di vitello   18.000
Braciola[1] di maiale   12.000
Pollo arrosto   10.000
Sogliola al burro   15.000
Fritto di scampi[2]   13.000

Verdura
Insalata   2.000
Asparagi   3.000
Fagiolini   2.000

Bevande
Caffè   1.000   Acqua minerale   1.800   Vino (bottiglia)   5.000

---

1. chop   2. fried shrimp

C. Immagini di essere stato/a ieri a pranzo presso una famiglia italiana. Racconti chi c'era e quello che ha mangiato.

II. Rivenditori e negozi

Many Italians prefer to shop in small food stores because of the personal attention given to them by the owners or the salesclerks and because of the quality of the food.

Rivenditori		Negozi	
il droghiere	grocer	**la drogheria**	grocery store
il lattaio	milkman	**la latteria**	dairy
il macellaio	butcher	**la macelleria**	butcher's shop
il panettiere	baker	**la panetteria**	bakery
il pasticciere	confectioner	**la pasticceria**	confectioner's shop
il pescivendolo	fish vendor	**la pescheria**	fish market
il salumiere	delicatessen seller	**la salumeria**	delicatessen

Note that nouns referring to persons selling food in small stores often end in **-iere/-iera** or **-aio/-aia,** and that the nouns of the corresponding shops often end in **-eria**.

E. Completare ciascuna frase con un sostantivo appropriato.

1. Il droghiere lavora in una _____ .
2. Dal panettiere compriamo _____ .
3. Compro il prosciutto dal _____ .
4. _____ vende carne.
5. _____ vende latte.
6. Hai comprato pesce fresco dal _____ ?
7. Comprate la torta dal _____ .

F. Immagini di volere fare una scampagnata *(picnic)* con gli amici e di dovere preparare un cestino *(basket)* di cibo. Vada dal salumiere, dal panettiere, dal fruttivendolo, ecc. per comprare tutto il necessario. Dica cosa compra.

Struttura ed uso

I. Il condizionale

Vorresti comprare questa macchina o quella?

Forms

1. The conditional consists of the future stem (see page 262) plus the conditional endings. The conditional endings are the same for all verbs. Here is the conditional of a regular **-are**, **-ere**, and **-ire** verb.

E (BO): Cue short sentences with verbs in the future tense, and ask students to transform them to the conditional; e.g.,
Instructor: *Abiterò a Firenze.*
Student: *Abiterei a Firenze.*

	abitare	**spendere**	**finire**
io	abiter**ei**	spender**ei**	finir**ei**
tu	abiter**esti**	spender**esti**	finir**esti**
lui/lei	abiter**ebbe**	spender**ebbe**	finir**ebbe**
noi	abiter**emmo**	spender**emmo**	finir**emmo**
voi	abiter**este**	spender**este**	finir**este**
loro	abiter**ebbero**	spender**ebbero**	finir**ebbero**
	I would live, you would live, etc.	*I would spend, you would spend, etc.*	*I would finish, you would finish, etc.*

Note that verbs ending in **-care** and **-gare** add an **h** in the conditional forms to retain the hard sound of the **c** and **g** in the infinitive.

Gio**ch**eresti a tennis?   Would you play tennis?
Lo pag**h**erei volentieri.   I'd gladly pay for it.

2. Verbs that have an irregular future stem also have an irregular conditional stem.

Infinitive	Future and conditional stem	Conditional tense (mood)
andare	**andr-**	andrei, andresti, ecc.
avere	**avr-**	avrei, avresti, ecc.
bere	**berr-**	berrei, berresti, ecc.
dare	**dar-**	darei, daresti, ecc.
dovere	**dovr-**	dovrei, dovresti, ecc.
essere	**sar-**	sarei, saresti, ecc.
fare	**far-**	farei, faresti, ecc.
potere	**potr-**	potrei, potresti, ecc.
vedere	**vedr-**	vedrei, vedresti, ecc.
venire	**verr-**	verrei, verresti, ecc.
volere	**vorr-**	vorrei, vorresti, ecc.

Uses

1. The conditional is used to refer to an action or state that might occur in the future if something else happened or if some condition were met.

> **Vedrei** quel film volentieri.
>
> *I would* gladly *see* that film (if I had the money).
>
> **Mangerebbe** tutto quello che c'è sul tavolo.
>
> *He would eat* everything on the table (if he had the opportunity).

2. The conditional is used to add politeness to wishes and requests.

> **Berresti** un caffè?   *Would you drink* a cup of coffee?
> **Vorrebbe** una bistecca?   *Would you like* a steak?
> **Vorremmo** due litri di latte.   *We would like* two liters of milk.
> **Dovreste** lavorare di più.   *You should (ought to) work* harder.
> **Potresti** darmi un passaggio?   *Could you give* me a ride?

A. Invitare un amico o un'amica a fare le seguenti cose. L'amico o l'amica deve usare nelle risposte espressioni come: *Sì, volentieri; Perché no?; No, non posso; Assolutamente no.*

> ▶ mangiare un'aragosta   *Mangeresti un'aragosta?*
>   *Sì, volentieri.*

1. venire alla festa di Giulio
2. giocare al pallone con noi
3. ballare con Francesca
4. cucinare un bel piatto di fettuccine
5. fare una gita al mare
6. abitare con tua zia a Venezia
7. bere una limonata
8. mettersi l'impermeabile nuovo

E (BC): Ask students what they would sell if they were a butcher or a baker, and what they would buy if they were at a drugstore or at a fishmarket. Use other vocabulary on p. 299.

B. Spiegare ad un amico o ad un'amica che cosa farebbero le seguenti persone.

> ▶ Paolo: spendere tutti i soldi di suo fratello
>
> *Paolo spenderebbe tutti i soldi di suo fratello.*

1. Lisa: viaggiare da sola
2. io: partire per l'Italia
3. tu: apparecchiare la tavola
4. loro: ordinare il pranzo
5. mia madre: restare a casa
6. Franco: divertirsi
7. voi: andare a cavallo
8. io e mia sorella: non litigare con te
9. io: bere un tè
10. noi: venire il prossimo luglio

C. Domandare se le persone indicate farebbero le stesse cose che fanno queste persone.

▶   Giancarlo accompagna Tommaso alla partita. E tu?   *Anche tu accompagneresti Tommaso alla partita?*

1. La signora Petri balla con Pino. E la signora Magri?
2. Nino e Flavio festeggiano il compleanno al ristorante. E tu?
3. Scherzate con il professore. E lei?
4. Mangio l'antipasto. E lui?
5. Volete venire al cinema con noi. E sua cugina?
6. Alessandra dà un regalo a Mariella. E loro?
7. Faccio molti programmi per il fine-settimana. E voi?
8. Guerrino organizza una festa per Luigi. E Tina?

V (BO): Have students change the subject in the responses to *voi* and make the corresponding changes in the verb forms.

D. Dica ad un amico o ad un'amica che lei farebbe le seguenti azioni il prossimo fine-settimana se avesse *(if you had)* molti soldi o tempo libero. Usi il condizionale dei verbi indicati, formulando frasi di senso compiuto.

▶   andare in montagna   *Andrei in montagna se avessi tempo libero.*

▶   comprare una macchina nuova   *Comprerei una macchina nuova se avessi molti soldi.*

1. fare una gita al mare con gli amici
2. stare in un albergo grande ed elegante
3. andare a mangiare al *Rugantino*
4. ordinare un piatto di scampi
5. visitare l'Europa
6. giocare a tennis il pomeriggio
7. vedere un film di Visconti

E. Domandare alle seguenti persone se vorrebbero fare le cose indicate.

▶   alla signora Giannelli: andare a teatro   *Vorrebbe andare a teatro?*

1. a sua madre: cucinare gli scampi o la sogliola
2. ai suoi amici: nuotare in piscina
3. al suo amico Carlo: ballare tutta la notte
4. a sua cugina: mangiare qualcosa
5. al cameriere: portarci una bottiglia d'acqua minerale
6. ai signori Marini: comprare una Fiat o una Maserati

F. Dire che cosa dovrebbero fare le persone indicate.

▶   tu: lavarsi i capelli   *Dovresti lavarti i capelli.*

1. voi: fargli gli auguri
2. Roberto: mettersi i guanti
3. noi: partire fra poco
4. la signora Certaldi: cucire la gonna di Teresa
5. loro: ascoltare le sue idee
6. Maria e Paola: litigare di meno

G. Rispondere alle seguenti domande personali, usando nelle risposte il condizionale dei verbi.

1. Sabato prossimo ci sarà *(there will be)* una partita di calcio. Secondo le previsioni del tempo farà freddo e pioverà. Perché non andrebbe alla partita?
2. In due teatri diversi della sua città sono rappresentate due commedie, una di Luigi Pirandello e l'altra di Arthur Miller. Quale commedia vorrebbe vedere?
3. Immagini di lavorare lontano da casa sua. Comprerebbe una motocicletta, una macchina, o una bicicletta per raggiungere il posto di lavoro? Perché?

II. Aggettivi interrogativi

Quale forchetta uso?

1. **Quale?** *(Which? What?)* is a two-form adjective. It changes to **quali** in the plural.

> **Quale** coltello usi? *Which (what) knife do you use?*
> **Quale** forchetta hai? *Which (what) fork do you have?*
>
> **Quali** cibi preferiresti? *Which (what) foods would you prefer?*
> **Quali** bevande vorresti? *Which (what) drinks would you like?*

2. **Quanto?** is a four-form adjective. The two singular forms **quanto?** and **quanta?** mean *how much?* The plural forms **quanti?** and **quante?** mean *how many?*

> **Quanto** caffè devo preparare? *How much coffee must I prepare?*
> **Quanta** minestra mangiano? *How much soup do they eat?*
>
> **Quanti** polli hai cucinato? *How many chickens have you cooked?*
> **Quante** persone hai invitato? *How many persons have you invited?*

3. **Che?** *(What? Which?)* is invariable.

> **Che** tipo di carne è? *What (which) type of meat is it?*
> **Che** ora è? *What time is it?*
> **Che** giorno è oggi? *What day is it today?*

E (BO): Ask students who are role-playing Eugenio to be more specific about the people or things Eugenio is referring to; e.g.,
Eugenio: *Guarda quella studentessa!*
Marcello: *Quale studentessa?*
Eugenio: *Quella che parla con il professor Buti.*

H. Eugenio e Marcello sono all'angolo di una strada. Eugenio indica qualcosa o qualcuno a Marcello che è distratto *(distracted)*. Assumere il ruolo di Eugenio o di Marcello, usando *quale* o *quali* nelle domande.

> ▶ quella studentessa Eugenio: *Guarda quella studentessa!*
> Marcello: *Quale studentessa?*

1. quella frutteria
2. quelle ragazze
3. quegli studenti
4. quell'orologio
5. quei bambini
6. quel signore alto
7. questa macchina
8. quelle belle vetrine

E (BO): Have students ask *you* the questions, and respond with the appropriate form of the adjectives *poco* or *molto*.

I. Chiedere alle seguenti persone quanto hanno bevuto o mangiato.

> ▶ Marco: tè *Quanto tè hai bevuto?*
>
> ▶ la signora Danieli: mele *Quante mele ha mangiato?*

1. voi: pesce
2. due bambini: frutta
3. Filippo: bicchieri d'acqua
4. i signori Ratiglia: carciofi
5. la nonna: antipasto
6. la professoressa: limonata
7. i ragazzi: tramezzini
8. il suo amico: caffè

J. Chiedere al professore o alla professoressa tre cose che ha fatto la settimana scorsa, venerdì, ieri, ecc...

▶ *Professore/Professoressa, quale libro ha letto la settimana scorsa?*

K. Formulare domande basate sulle seguenti risposte con *che* o la forma appropriata di *quale* o *quanto*.

▶ Gianna preferisce gli spaghetti   *Quale (Che) piatto preferisce?*
alla carbonara.

1. Ho perso due cravatte.
2. Hanno cinque sedie nuove.
3. Comprano un po' di formaggio.
4. Leggono giornali italiani.
5. Sono le tre di mattina.
6. Ci sono sei piatti sul tavolo.
7. Gli piacciono le camicie francesi.
8. Oggi è martedì.
9. Preferirei la musica classica.

III. *Pronomi interrogativi*

A chi pensa?

1. Interrogative pronouns are always followed by verb forms, in contrast to interrogative adjectives, which are always followed by nouns.

Interrogative adjective: *Interrogative pronoun:*
Quale cucchiaio usi?   **Quale** usi?

2. **Che cosa? cosa?** and **che?** all mean *what?* They are interchangeable.

> **Che cosa (Cosa, Che)** mangi? *What* are you eating?
> **Che cosa (Cosa, Che)** vuole? *What* do you want?

3. **Quale?** *(Which?)* becomes **qual** before **è**. It becomes **quali?** in the plural.

> **Quale** (cucchiaio) usi? *Which* (spoon) do you use?
> **Quale** (forchetta) vuole? *Which* (fork) do you want?
> **Qual** è la tua giacca? *Which* (one) is your jacket?
> **Quali** sono i tuoi guanti? *Which* (ones) are your gloves?
> **Quali** sono le tue camicette? *Which* (ones) are your blouses?

4. **Chi?** means *who?* **A chi?** means *(to) whom?* **Di chi?** means *whose?*

> **Chi** è entrato? *Who* entered?
> **A chi** scrivi? *To whom* are you writing?
> **Di chi** è la giacca? *Whose* jacket is it?

E (BO): Ask a third student to report what Maurizio says; e.g., *Ha detto che ha visto un bel film americano.*

L. Maurizio dice a Paolo che ha visto alcune persone e cose. Paolo è distratto e chiede a Maurizio di ripetere ciò che ha detto. Assumere il ruolo di Maurizio e Paolo, usando nelle domande *chi* per persone e *cosa? che cosa?* o *che?* per oggetti.

▶ un bel film americano Maurizio: *Ho visto un bel film americano.*
   Paolo: *Cosa (Che cosa, Che) hai visto?*

1. tre macchine sportive
2. una partita di calcio
3. il cognato di Stefano
4. la signora Santilli
5. uno spettacolo divertente
6. alcune studentesse italiane
7. un programma interessante
8. il suocero di Susanna

M. Formulare domande basate sulle seguenti risposte, con un pronome interrogativo appropriato.

▶ Preferisco questo piatto. *Quale preferisce?*

1. Marisa abita con sua madre.
2. Leggo queste riviste.
3. Gianna telefona spesso a Rosanna.
4. Vogliamo quei quadri.
5. Faccio un favore a Paolo.
6. Luigi parla con il professore.
7. Prendono la macchina e partono.
8. È la borsa di Carla.

N. Formulare domande e risposte con i pronomi interrogativi ed i verbi indicati. Usare la fantasia!

▶ con chi / parlare — *Con chi parla Carlo al telefono?*
— *Parla con Donatella.*

1. chi / compiere
2. che cosa / fare
3. cosa / bere
4. qual / essere
5. di chi / essere
6. a chi / scrivere

O. Formulare cinque o sei domande basate sulla fotografia a pagina 292, usando i pronomi interrogativi.

IV. Avverbi di tempo, luogo, modo e quantità

Chiaramente abbiamo sbagliato strada!

1. Adverbs are words that modify a verb, an adjective, or another adverb. They can be classified as adverbs of *time, place, manner,* and *quantity.*

Parta **adesso**.	Leave *now.*	(**adesso** = adverb of time)
Venite **qui,** per favore.	Come *here* please.	(**qui** = adverb of place)
Ascoltate **attentamente**.	Listen *carefully.*	(**attentamente** = adverb of manner)
Sono **abbastanza** stanco.	I'm *quite* tired.	(**abbastanza** = adverb of quantity)

2. Adverbs ending in **-mente** are usually adverbs of manner and correspond to English adverbs ending in *-ly*. They are formed by adding **-mente** to the singular feminine form of the adjective.

M. Sg. Adjective	F. Sg. Adjective	Adverb
chiaro	chiara	**chiaramente**
lento	lenta	**lentamente**
attento	attenta	**attentamente**
triste	triste	**tristemente**

Adjectives that end in **-le** or **-re** preceded by a vowel, drop the final **-e** before adding **-mente**.

Adjective	Adverb
difficile	**difficilmente**
facile	**facilmente**
regolare	**regolarmente**

3. Most adverbs (including all adverbs in **-mente**) occur directly after the verb.

Parla **piano**.	Speak *softly.*
Non mangi **troppo**.	Don't eat *too much.*
Ci vediamo **raramente**.	We see each other *rarely.*

4. In sentences with compound tenses, most adverbs of time, place, manner, and quantity are placed after the past participle. Some common adverbs of time (**già, mai, ancora, sempre**) are placed between the auxiliary verb and the past participle.

Emilio si è alzato **presto**.	Emilio woke up *early.*
Maria è andata **fuori**.	Maria went *outside.*
Siete **già** arrivati?	Have you arrived *already?*
Non ha **mai** studiato!	He *never* studied!

E (BC): Have students create four sentences, each one containing an adverb of time, place, manner, or quantity.

P. Completare le seguenti frasi con un avverbio appropriato che termini in **-mente**.

1. I ragazzi conversano _____ .
2. Mia madre guida _____ .
3. Giulio parla inglese _____ .
4. Bambini, ascoltate _____ !

Q. Completare i seguenti dialoghi con gli avverbi suggeriti. Ci sono quattro avverbi in più nella lista.

già	qui	sempre
subito	lì	ancora
mai	abbastanza	particolarmente

1. — Sono già le cinque meno dieci.
   — Davvero? Devo tornare _____ a casa.
2. — Dove vanno stasera?
   — A teatro. Carlo ha _____ comprato i biglietti.
3. — Io dico che quella donna ha torto.
   — Io invece dico che quella donna ha _____ ragione.
4. — Vittorio, come stai?
   — _____ bene, grazie.
5. — Hai _____ preparato gli spaghetti alla carbonara?
   — Sì, li ho preparati per il pranzo di compleanno di Raffaella.

A lei la parola

1. You are at a restaurant with a friend. Inform him/her that you would like to eat a lobster.
2. Your father asks you to prepare lunch. Respond that you would like to, but that you have an appointment at one o'clock.
3. Your best friend, who is having a party, asks you to bring some *antipasto*. Find out what type of *antipasto* you should bring.
4. Your mother has guests for lunch and asks you to set the table. Find out who is coming and which flatware *(posate)* you should put on the table.
5. You're not feeling well and prefer soup for supper. Tell your grandmother, who is going to cook the evening meal, that you like vegetable soup but not chicken broth.

Scrivere

Fare il riassunto

È molto importante imparare a fare un riassunto. Leggere attentamente la seguente conversazione fra Marisa, Giuliana e Franco e poi fare gli esercizi che seguono.

*Una delle belle fontane
che adornano le piazze
romane*

Da quanto tempo sei a Roma?

È sabato sera. Marisa Sandelli e sua cugina, Giuliana Modigliani,
passeggiano in via Veneto. Passano davanti ad un bar e vedono Franco
Sacchetti che sta bevendo un aperitivo. Marisa e Giuliana si fermano a
parlargli.

Marisa	Ciao, Franco. Ti presento Giuliana, una mia cugina di Genova.
Franco	Lieto di conoscerla, signorina.
Giuliana	Oh, il piacere è mio.
Franco	Possiamo darci del tu? Ti dispiace?
Giuliana	No, affatto.
Franco	Bene, da quanto tempo sei a Roma?
Giuliana	Da quindici giorni.
Franco	Che cosa hai fatto di bello?
Giuliana	Sono andata in giro per la città, ho visitato alcune chiese ed ho visto magnifiche fontane.
Franco	Quali sono le tue impressioni sulla città?
Giuliana	È molto bella. Però ha così pochi giardini pubblici!
Marisa	Hai ragione. Tra le capitali europee, Roma ha meno verde di tutte.

Franco Per fortuna abbiamo ancora i grandi parchi delle antiche
famiglie romane. Altrimenti la città sarebbe un enorme
insieme di palazzi.
Marisa Franco, vuoi fare una gita con noi uno dei prossimi giorni?
Franco È una splendida idea. Perché non andiamo domani ai
Castelli Romani°? Passo a prendervi alle dieci.
Marisa D'accordo. A domani allora.

a region outside Rome

A. Rispondere alle seguenti domande basate sulla conversazione fra
Marisa, Giuliana e Franco.

1. Da dove viene Giuliana e di chi è parente?
2. Chi suggerisce di "dare del tu"?
3. Da quanto tempo è a Roma Giuliana e cosa ha fatto finora?
4. Cosa dice Giuliana della città che ha visitato?
5. Cosa distingue Roma dalle altre capitali europee?
6. Cosa sarebbe la città senza i grandi parchi?
7. Chi suggerisce di andare ai Castelli Romani? Quando si farà questa
gita?

B. Quando ritorna a Genova, Giuliana Modigliani racconta a sua madre
come ha conosciuto Franco Sacchetti. Completare il seguente racconto fatto da Giuliana.

Sabato scorso, io e Marisa _____ via Veneto. _____ c'era Franco
Sacchetti che _____ . Ci siamo fermate e poi Franco _____ . Poi
mi ha chiesto _____ . Io, naturalmente, _____ . Allora Marisa ha
suggerito _____ e Franco ha detto che _____ . Veramente l'ho trovato molto simpatico.

C. Franco scrive al suo amico Ugo Cerretani che abita a Sorrento e gli
racconta come ha conosciuto Giuliana. Completare il racconto fatto
da Franco.

Sabato sera ero seduto ad un bar di via Veneto quando Marisa _____ . Marisa mi ha _____ Giuliana. Giuliana mi ha
detto che _____ . Ho suggerito di _____ . Il giorno dopo _____ Castelli
Romani. Secondo me, Giuliana è molto simpatica.

LEZIONE 14ª

In cerca di un appartamento

Finestre e balconi danno aria e luce agli appartamenti italiani.

313

Un mese fa Michele Salvato è venuto a Bologna per studiare medicina. Voleva prendere in affitto° un appartamentino, ma data la scarsità di appartamenti liberi, ha dovuto alloggiare in un modesto albergo di periferia. Prima di partire da Cagliari gli amici gli avevano detto che non era facile trovare casa, ma Michele non aveva creduto alle loro parole.

to rent

È passato ormai un mese e Michele sta ancora cercando casa. Per fortuna il portiere dell'albergo, un uomo tanto comprensivo quanto gentile, ha preso in simpatia° Michele e vuole aiutarlo. Un pomeriggio che Michele torna in albergo particolarmente scoraggiato il portiere lo chiama.

sympathizes with

V (BC): Hand out previously prepared sheets of paper with cloze versions of the first two paragraphs. Ask students to supply the missing words or expressions. Correct in class.

SCENA 1ª

Portiere Coraggio, Michele! Chi si ferma è perduto°! Ieri sera stavo leggendo il giornale ed ho trovato due annunci che mi sembrano proprio adatti per te.

never give up

Michele Grazie, lei è molto gentile. Mi faccia vedere.

5 Michele prende il giornale e legge attentamente gli annunci.

> Nelle vicinanze del Policlinico affitto un appartamentino al piano terra°, una camera, cucinino, bagno e riscaldamento centrale. Telefonare nel pomeriggio al 20192.

on the first floor

> Vicino a piazza San Donato, a due passi dall'°università affitto un appartamento ammobiliato al quarto piano, bagno con doccia, due camere, cucina, riscaldamento autonomo. Telefonare ore pasti° al numero 57905.

near

mealtimes

10

Michele Quest'appartamento vicino all'università sembra proprio adatto e forse ...

Portiere Adesso non perdere tempo! Telefona e vedi se è ancora libero.

15 **Michele** Ha proprio ragione. La ringrazio molto.

V (BO): Have two students role-play *Scena 2ª*, but suggest that they change the ending. The apartment does not suit Michele because it is too small and too expensive. Michele decides to stay at the hotel and continue to look for an apartment near the university.

SCENA 2ª

Alla fine della giornata Michele, stanco ma soddisfatto, ritorna in albergo. Appena entra, il portiere lo saluta.

Portiere	Ciao, Michele, com'è andata?	
Michele	Bene. Ho trovato finalmente l'appartamento. Chi la	
20	dura la vince°, non è così?	Never say die
Portiere	Certo. E com'è quest'appartamento?	
Michele	È più piccolo di quello che ho visto la settimana	
	scorsa, ma è meno costoso. Avevo in mente un	
	appartamento più grande, comunque questo è	
25	comodo e silenzioso e perciò° mi accontento.	therefore
Portiere	Mi fa piacere. Quando ti trasferisci?	
Michele	La prossima settimana. Adesso sono stanco, sto	
	morendo di sonno° e vado a dormire. Buona notte,	I'm very sleepy
	signor Ranieri.	
30	**Portiere**	Buona notte, Michele.	

Domande generali

E (BC): Ask students to summarize the core material in three or four sentences, using the questions as a guide.

1. Perché è a Bologna Michele Salvato?
2. Perché va a stare in un albergo di periferia?
3. Che cosa gli avevano detto i suoi amici di Cagliari?
4. Come si sente Michele dopo un mese di ricerca?
5. Chi aiuta Michele a trovare un appartamento? Come lo aiuta?
6. Alle fine della giornata, come si sente Michele?
7. Com'è l'appartamento che ha trovato? Dov'è?
8. Perché si accontenta?

Domande personali

E (BC): Ask one or two students a series of questions like those in the *Domande personali.* Appoint other students to report their answers to the class.

1. Lei abita in un appartamento o in una villa?
2. Da quanto tempo abita lì?
3. Com'è la sua casa? È piccola o grande?
4. La sua casa è vicina o è piuttosto lontana da qui?
5. Quante stanze ci sono nel suo appartamento? nella sua villa?
6. Pensa di trasferirsi in un futuro? Quando? Dove?
7. C'è riscaldamento centrale o autonomo nella sua casa?

Esercizio di comprensione

Mettere in ordine le seguenti frasi, basate sulla lettura a pagina 314–315.

1. Michele non aveva creduto alle loro parole.
2. Con l'aiuto del portiere dell'albergo, Michele ha trovato finalmente un appartamento vicino all'università.

3. Dopo un mese Michele sta ancora cercando un appartamento.
4. Il portiere dell'albergo lo ha preso in simpatia e vuole aiutarlo.
5. Michele Salvato è partito da Cagliari per Bologna per studiare medicina.
6. Gli sarebbe piaciuto andare ad abitare in un appartamento.
7. A Cagliari, gli amici gli avevano detto che non era facile trovare casa a Bologna.
8. Ma data la scarsità di appartamenti, Michele è dovuto andare a stare in un modesto albergo di periferia.

Vocabolario

E (BO): Elicit or point out word families like *affittare, affitto; alloggiare, alloggio; salutare, saluto.* Use the words in complete sentences.

E (BO): Have students ask you questions with the expressions *avere in mente, morire di sonno,* and *perdere tempo.* Respond at some length, and check to see if they can understand everything you say.

Parole analoghe

autonomo/a   modesto/a   la scarsità
centrale   particolarmente

Nomi

l'annuncio ad(vertisement)
l'appartamentino small apartment
il bagno bathroom
la camera room
il cucinino small kitchen
la doccia shower
la giornata day
la periferia outskirts
il piano floor, floor plan
il policlinico hospital
il portiere doorman
la ricerca search
il riscaldamento heating
le vicinanze neighborhood, environs

Aggettivi

adatto/a right
ammobiliato/a furnished
comodo/a comfortable
comprensivo/a understanding
dato/a given
quarto/a fourth
scoraggiato/a discouraged
silenzioso/a quiet
soddisfatto/a satisfied

Verbi

accontentarsi to be content
affittare to rent
alloggiare to lodge, to stay
ringraziare to thank
salutare to greet
trasferirsi to move

Altre parole ed espressioni

coraggio! cheer up!
ormai by now

avere in mente to have in mind
in cerca di in search of
mi fa piacere it pleases me
morire di sonno to be very sleepy
perdere tempo to waste time
per fortuna fortunately
più ... di more ... than
tanto ... quanto as ... as

Pratica

A. Supponga di avere preso in affitto un appartamento a Bologna. Sua madre (suo padre, un amico, un'amica) vuole sapere com'è l'appartamento. Telefoni a sua madre, le racconti com'è stato difficile trovarlo, le dica dove si trova e glielo descriva.

B. Immagini di abitare in un bell'appartamento che desidera subaffittare *(sublet)* per i mesi di luglio ed agosto. Prepari un annuncio da mettere sul giornale, usando alcune delle espressioni apparse *(that appear)* negli annunci a pagina 314.

NOTA CULTURALE

I giornali italiani

In Italia la stampa[1] è il principale mezzo d'informazione, nonostante la concorrenza[2] della radio e della televisione. Alcuni giornali sono indipendenti, ma molti sono finanziati da enti statali[3], banche, organizzazioni cattoliche e partiti politici. Ogni grande città italiana ha il suo quotidiano[4] ed in alcune città si stampa[5] più di un quotidiano. A Roma, per esempio, si pubblicano cinque importanti giornali: *Il Messaggero, Paese Sera, La Repubblica, L'Unità,* ed *Il Tempo.* Due dei giornali italiani più autorevoli[6] sono *Il Corriere della Sera,* di Milano e *La Stampa,* di Torino.

Oggi sono molto diffuse[7] anche le riviste illustrate settimanali che sono pubblicate quasi tutte a Milano. Le più note sono quelle di attualità e varietà[8] come *L'Europeo, Gente, Oggi* ed *Epoca,* e quelle femminili come *Grazia, Annabella* ed *Amica.* Fra le riviste politiche, d'opinione e di cultura ci sono *L'Espresso* e *Panorama,* che svolgono[9] una funzione di critica del costume[10] e di formazione etico-politica.

Tipica edicola di giornali in Italia

1. press   2. competition   3. state institutions   4. daily newspaper   5. is published   6. authoritative   7. widespread   8. variety   9. perform   10. customs

Pronuncia
Il suono /l/

English /l/ is pronounced further back in the mouth than Italian /l/. Italian /l/ is made with the tip of the tongue pressed against the gum ridge behind the upper front teeth. The back of the tongue is lowered somewhat. The sound /l/ is spelled l or ll.

A. Ascoltare l'insegnante e ripetere le seguenti parole.

/l/ = 1		/l/ = ll	
lontano	altra	bello	alla
latte	gentile	allegro	della
letto	pulire	allora	nella
leggere	colore	velluto	giallo
lettera	elegante	quelli	fratello

B. Leggere ad alta voce le seguenti frasi e fare attenzione alla pronuncia delle lettere *l* e *ll*.

1. Antonella legge la lettera.
2. Paola compra una gonna lunga di velluto blu.
3. Allora, sei andato a Palermo?
4. L'appartamento di Lisa è bello.

C. **Proverbi** Leggere ad alta voce i seguenti proverbi e poi dettarli ad un altro studente o ad un'altra studentessa.

Ad ogni uccello il suo nido è bello.
There's no place like home.

L'abito non fa il monaco.
Clothes don't make the man.

CUCINE COMPONIBILI
Viale dei Quattro Venti, 48/54
Tel. 5803998 - 5890514
00152 ROMA

Ampliamento del vocabolario

I. La casa

Le stanze

1. **la camera da letto** bedroom
2. **la cucina** kitchen
3. **la sala da pranzo** dining room
4. **il bagno (la stanza da bagno)**
   bathroom
5. **il salotto** living room
6. **lo studio** study, den

Altre parti della casa

 7. **la soffitta** attic
 8. **la cantina** cellar
 9. **le scale** stairs
10. **il camino** fireplace
11. **la parete** wall
12. **il soffitto** ceiling
13. **il pavimento** floor

Fuori della casa

14. **il garage** garage
15. **il giardino** garden
16. **il cortile** courtyard

A. Rispondere alle seguenti domande personali.

1. Quante stanze ci sono nella sua casa?
2. Faccia un elenco delle stanze della sua casa.
3. Dove mangia di solito, in cucina o in sala da pranzo? E quando ha invitati, dove mangia?
4. C'è un giardino intorno *(around)* alla sua casa?
5. Dove studia e fa i compiti?
6. Dove guarda la televisione? Dove ascolta la radio?
7. Dove si lava?

B. Disegni la sua casa ideale, indicando ogni stanza con il proprio nome.

II. I mobili e gli elettrodomestici

I mobili

l'armadio armoire, wardrobe
il comò chest of drawers
la credenza sideboard
il divano sofa
il guardaroba closet
la lampada lamp
il letto bed
la poltrona armchair
il quadro painting
lo scaffale bookshelf
la scrivania desk

lo specchio mirror
il tavolo table
il tappeto rug
la tenda curtain

Gli elettrodomestici

l'aspirapolvere *(m.)* vacuum cleaner
l'asciugatrice *(f.)* clothes dryer
il ferro da stiro iron
il frigorifero refrigerator
la lavastoviglie dishwasher
la lavatrice washing machine

C. Rispondere alle seguenti domande personali.

1. Che cosa c'è sulle pareti della sua stanza? E sul pavimento?
2. Che cosa mette nella lavastoviglie?
3. Di che colore sono i mobili della sua stanza? E le pareti?
4. Quali articoli di vestiario ci sono nel suo guardaroba?
5. Quante lampade ci sono nella sua stanza? Dove sono?
6. Quali cibi ci sono nel suo frigorifero?
7. Quante volte alla settimana usa la lavatrice e l'asciugatrice? E quante volte l'aspirapolvere?

D. Immagini di avere appena comprato una nuova casa e di doverla arredare *(decorate)*. Nella fattura a pagina 321, indichi quali mobili e elettrodomestici ha comprato per renderla comodamente abitabile.

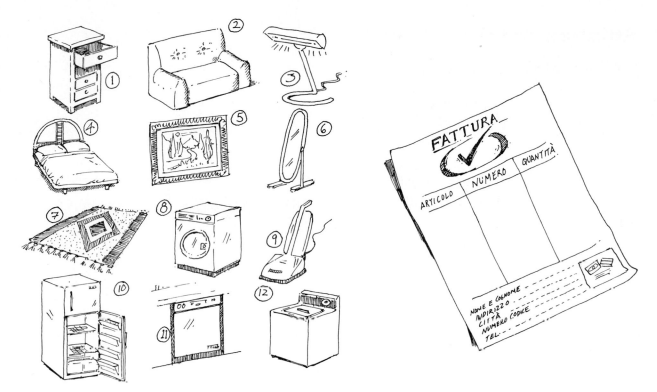

E. Completare le seguenti frasi con i nomi di mobili o elettrodomestici appropriati.

1. Il pavimento del salotto di Mario non è troppo bello. Vuole coprirlo *(cover it)* con un _____ .
2. Lo studio di Cristina è bello e spazioso, ma non c'è né un posto *(place)* dove studiare né un posto dove mettere i libri. Dovrà comprare una _____ e uno _____ .
3. Ho comprato latte, burro, frutta e verdura. Metto tutto nel _____ .
4. Paola, le pareti della tua stanza sono così nude! Perché non acquisti uno o due _____ ?
5. Angela, lasci sempre il cappotto, l'impermeabile ed i vestiti sulle sedie. Perché non li metti nell' _____ ?
6. La festa di ieri sera è stata divertente, ma adesso Angela ha molti piatti da lavare. Li mette tutti nella _____ .
7. Oggi Antonio ha lavorato molto ed ora sta morendo di sonno. Vuole andare a _____ .
8. Io e Carlo siamo appena tornati dal mare ed abbiamo un bel po' di indumenti da lavare. Mettiamo tutto nella _____ .

Struttura ed uso

I. Comparativo d'uguaglianza

Mio marito è forte **come** un leone.

1. Comparisons of equality (**il comparativo d'uguaglianza**) of *adjectives* and *adverbs* may be expressed in Italian with the patterns **così ... come** or **tanto ... quanto**. **Così** and **tanto** are often omitted. Note that when the second part of the comparison contains a pronoun, the disjunctive form is used.

Il salotto è **(così) grande come** lo studio.	The living room is *as big as* the study.
Il portiere è **(tanto) paziente quanto** Michele.	The doorkeeper is *as patient as* Michele.
Paola cammina **(così) lentamente come** Carlo.	Paola walks *as slowly as* Carlo.
Guido **(tanto) velocemente quanto** te.	I drive *as fast as* you.

2. Comparisons of equality of *nouns* and *verbs* are expressed with the pattern **tanto (tanti, tanta, tante) ... quanto**. In comparisons of equality of nouns, **tanto** and **quanto** agree with the nouns they modify. **Quanto** is invariable before *pronouns* and *proper names*.

Nina ha **tanti libri quanti** quaderni.	Nina has *as many books as* notebooks.
Io ho **tanto sonno quanto** lei.	I'm *as sleepy as* you are.
Dino **ha tanta fame quanto** Maria.	Dino is *as hungry as* Maria is.
Luigi studia **(tanto) quanto** Silvio.	Luigi studies *as much as* Silvio.

A. Adriana descrive a Mariella le caratteristiche di alcuni parenti e conoscenti. Assumere il ruolo di Adriana, facendo il paragone *(making a comparison)* con l'uso di *(tanto) ... quanto* o *(così) ... come.*

▶ Mario / intelligente / Michele   *Mario è (tanto) intelligente quanto Michele.*
Mario è (così) intelligente come Michele.

1. Laura / alto / Maria
2. Luigi / nervoso / Massimo
3. il signor Toselli / ricco / la signora Coletti
4. Stefano / allegro / Nicola
5. mia cugina / grasso / Adriana
6. Franco e Marisa / fortunato / noi
7. tuo fratello / cortese / tua sorella
8. mio zio / povero / il nonno di Antonio

B. Dire che le seguenti persone fanno le cose allo stesso modo, usando il comparativo d'uguaglianza *(tanto) ... quanto* o *(così) ... come.*

▶ Roberto e Riccardo: *Roberto cammina (così)*
camminare lentamente   *lentamente come Riccardo.*

1. Giorgio e suo fratello: guidare velocemente
2. lo zio e la zia: scrivere spesso ai nipoti
3. Giulia e sua sorella: svegliarsi presto
4. Lisa e Maria: studiare diligentemente
5. Stefano e Arturo: leggere attentamente
6. Tu e Silvio: andare frequentemente in biblioteca

C. Completi le frasi dicendo che lei possiede *(own)* questi oggetti, usando il comparativo d'uguaglianza.

▶ cravatte / camicie   *Ho tante cravatte quante camicie.*

1. giacche / cappotti
2. calze / calzini
3. maglie / gonne
4. vestiti / cappelli
5. scarpe / borse
6. camicette / impermeabili
7. guanti / scarpe
8. pantaloni / cravatte

II. Comparativo di maggioranza e di minoranza

Queste cascate sono **meno spettacolari di** quelle del Niagara!

1. Comparisons of inequality (**il comparativo di maggioranza e di minoranza**) refer to *two different subjects* and are formed with the patterns **più (...) di** or **meno (...) di**. The comparisons may contain adjectives, adverbs, nouns, or pronouns. When the second part of the comparison is a pronoun, the disjunctive form is used.

Bologna è **più grande di** Cagliari.	Bologna *is bigger than* Cagliari.
Laura ascolta **meno attentamente di** me.	Laura listens *less attentively than* I do.
Ho **più tempo di** Mauro.	I have *more time than* Mauro does.
Tu hai **meno soldi di** me.	You have *less money than* I do.

2. **Più di** and **meno di** are used in comparisons with cardinal numbers.

Abbiamo visto **più di venti** appartamenti.	We saw *more than twenty* apartments.
Ci sono **meno di dieci** studenti qui.	There *are fewer than ten* students here.

3. The preposition **di** contracts with a definite article that modifies a noun in the second part of a comparison.

Maria è **più alta della signorina Toscani**.   Maria is *taller than Miss Toscani.*

4. **Che** is used instead of **di** when two adjectives pertaining to *the same subject* are compared, or when there is a comparison between two nouns pertaining to the same subject.

Sono **più alto che grasso**.	I am *taller than (I am) fat.*
Hai **più iniziativa che denaro**.	You have *more initiative than money.*

D. Rosa paragona persone e cose. Assumere il ruolo di Rosa, usando l'espressione *più ... di* per le frasi 1–5 e l'espressione *meno ... di* per le frasi 6–10.

▶ Filippo / intelligente / Roberto   *Filippo è più intelligente di Roberto.*

1. Francia / grande / Austria
2. Carlo / fortunato / lei
3. mia sorella / simpatico / te
4. il professore / gentile / lui
5. l'ingegner Dini / energico / il dottor Celli

▶ Luisa / magro / me   *Luisa è meno magra di me.*

6. la nostra casa / elegante / tua
7. questa rivista / interessante / quel giornale
8. Franco / povero / Roberto
9. Luisa / giovane / me
10. Mario / silenzioso / sua sorella

E. Paragonare Marcello e Sandro, usando *più ... di* o *meno ... di* e l'avverbio indicato.

▶ guidare velocemente   *Marcello guida più velocemente di Sandro.*
   Sandro guida meno velocemente di Marcello.

1. scrivere frequentemente
2. camminare lentamente
3. parlare chiaramente
4. vestirsi elegantemente
5. alzarsi tardi
6. ascoltare pazientemente

F. Trasformare le seguenti frasi, usando alternativamente il comparativo di maggioranza e di minoranza, secondo l'esempio.

▶ Oggi ho letto otto annunci sul giornale.   *Ieri ho letto più di (meno di) otto annunci sul giornale.*

1. Domani vedrò sei appartamenti.
2. Stasera vado a comprare cinque giornali.
3. Sabato prossimo scriverò tre lettere.
4. L'anno prossimo comprerò sette camicie.
5. Ogni mese ricevo tre pacchi dai miei genitori.
6. Oggi ho studiato due ore.

E (BC): Encourage students to express their opinion about other people, activities, or things, using appropriate comparative forms. For activities, they should use infinitives (e.g., *Giocare a calcio è più divertente che giocare a tennis.*).

G. Esprimere la propria opinione sulle seguenti cose e persone, usando la forma appropriata del comparativo, secondo l'esempio.

▶ storia / noioso / filosofia   *La storia è più (meno) noiosa della filosofia.*

1. chimica / difficile / matematica
2. cucina / piccolo / salotto
3. tennis / divertente / calcio
4. lasagne / buono / spaghetti
5. cinema / interessante / teatro
6. appartamento / comodo / casa
7. portiere / simpatico / Michele
8. macchine tedesche / costoso / macchine americane

H. Rispondere alle seguenti domande, usando la forma appropriata del comparativo.

▶ Hai sete e fame?   *Ho più (meno) sete che fame.*

1. Ci sono tappeti o quadri in quell'appartamento?
2. In salotto ci sono sedie e poltrone?
3. Hai cugini o cugine?
4. Tua sorella preferisce indossare gonne o pantaloni?
5. Mangiate prosciutto o formaggio?
6. Hanno comprato dischi o riviste?

III. *Tempi progressivi*

— Che cosa **fai**?
— **Sto imparando** a cucinare.

1. As you know, Italian often uses the present and imperfect tenses to express ongoing actions in situations in which English uses a progressive tense.

Discutono di politica.	*They're discussing* politics.
Fa colazione.	*He's eating* breakfast.
Dormivamo quando sono entrati.	*We were sleeping* when they came in.
Scrivevo mentre **leggevi**.	*I was writing* while *you were reading*.

Italian also has a set of progressive tenses which "zero in" more specifically on an ongoing action. The progressive tenses are used when the speaker wants to stress that an action is (was) going on at the moment of speaking.

Present progressive:	— Cosa **stai facendo?**	— What *are you doing?*
	— **Sto leggendo** il giornale.	— *I'm reading* the newspaper.
Past progressive:	— Cosa **stavi facendo** ieri quando ho telefonato?	— What *were you doing* yesterday when I telephoned?
	— **Stavo studiando.**	— *I was studying*.

2. The progressive tenses are made up of **stare** plus the **-ando** or **-endo** form of the verb. The **-ando** forms are attached to the infinitive stem of **-are** verbs. The **-endo** forms are attached to the infinitive stem of **-ere** and **-ire** verbs.

-are	studiare	**sto studiando**, ecc.
-ere	leggere	**sto leggendo**, ecc.
-ire	partire	**sto partendo**, ecc.

3. The following chart shows the complete conjugation of the present and past progressive of **studiare**.

	Present progressive	Past progressive
io	sto studiando	stavo studiando
tu	stai studiando	stavi studiando
lui/lei	sta studiando	stava studiando
noi	stiamo studiando	stavamo studiando
voi	state studiando	stavate studiando
loro	stanno studiando	stavano studiando
	I'm studying, you're studying, etc.	*I was studying, you were studying, etc.*

4. Object and reflexive pronouns may precede **stare** or they may follow and be attached to the **-ando** or **-endo** form of the main verb.

Paolo **la sta guardando**.   Marco **si sta vestendo**.
Paolo **sta guardandola**.   Marco **sta vestendosi**.

V (BO): Have students change the subject in the responses first to *lei* and then to *loro*.

I. Dica ad un amico cosa sta facendo in questo momento, usando il presente progressivo.

▶ guardare la televisione   *Sto guardando la televisione.*

1. ascoltare la radio
2. giocare a tennis
3. leggere una rivista
4. bere un tè freddo
5. scrivere una lettera
6. finire i compiti
7. parlare al telefono
8. discutere con Michele

V (BO): Have students respond in the negative.

J. Trasformare le seguenti frasi, usando il passato progressivo.

▶ Tu lavoravi.   *Tu stavi lavorando.*

1. I ragazzi mangiavano.
2. Giulio cercava la sua amica.
3. Giancarlo e Tommaso tornavano dall'università.
4. Le signorine Battistini facevano colazione.
5. Pietro cercava lavoro.
6. Tu e Luigi facevate una passeggiata.
7. I bambini giocavano nel parco.
8. Le ragazze preparavano gli spaghetti alla carbonara.

V (BO): Have students respond in the negative.

K. Rivolgere queste domande ad un altro studente o ad un'altra studentessa che risponderà, usando i pronomi nelle risposte.

▶ Guardi la televisione?   *Sì, la sto guardando.*
                                     Sì, sto guardandola.

1. Cerchi quel libro?
2. Leggi il giornale?
3. Ti diverti?
4. Aspetti il treno?
5. Ti prepari per uscire?
6. Ti alzi adesso?
7. Telefoni al tuo amico?
8. Prendi lo zaino?

L. Chiedere ad un altro studente o ad un'altra studentessa cosa stava facendo sabato scorso alle otto, alle dieci, ecc. Usare il passato progressivo.

▶ S1: *Cosa stavi facendo sabato scorso alle dieci?*
    S2: *Stavo giocando a tennis.*

M. Dire cosa stanno facendo le persone nella fotografia a pagina 317.

IV. Trapassato prossimo

Hai detto che avevi già **visto** una cosa del genere?!

1. The pluperfect (**il trapassato prossimo**) is formed by using the imperfect of **avere** or **essere** plus the past participle. The past participle agrees with the subject when the verb is conjugated with **essere**.

Avevano mangiato la torta?	Had they eaten the cake?
Quando **erano arrivati**?	When had they arrived?

2. Here are the forms of the pluperfect of **studiare** (conjugated with **avere**) and **arrivare** (conjugated with **essere**).

	studiare	arrivare
io	avevo studiato	ero arrivato/a
tu	avevi studiato	eri arrivato/a
lui/lei	aveva studiato	era arrivato/a
noi	avevamo studiato	eravamo arrivati/e
voi	avevate studiato	eravate arrivati/e
loro	avevano studiato	erano arrivati/e
	I had studied, you had studied, etc.	*I had arrived, you had arrived, etc.*

3. The pluperfect is used to express or report an action in the past that *had taken place* before another past event. The past event may be expressed in the present perfect or imperfect.

— Che ti ha detto Enrico?   — What did Enrico tell you?
— Mi ha detto che ha trovato i biglietti che **avevo perso** la settimana scorsa.   — He told me that he found the tickets he *had lost* last week.
— Hai chiesto a che ora sono partiti?   — Did you ask at what time they left?
— No. Sapevo che **erano partiti** alle dieci.   — No. I knew they *had left* at ten.

N. Immagini di essere stato/a una settimana a Roma. Costruisca con gli elementi dati frasi negative, usando il trapassato prossimo.

▶ vedere tante fontane   *Non avevo mai visto tante fontane prima di allora.*

1. camminare tanto
2. vedere tante chiese
3. mangiare tanto gelato
4. conoscere tanti giovani italiani
5. incontrare tanti stranieri
6. fare tante passeggiate

V (BO): Appoint a student to ask the same questions, first in the present and then in the future. Other students should modify their responses according to the questions.

O. Dica che le seguenti cose erano già successe quando lei è arrivato/a a casa della sua amica Beatrice.

▶ Beatrice preparava il dolce?   *No, lo aveva già preparato.*

1. La sorellina faceva i compiti?
2. La madre usciva per andare dalla sarta?
3. Suo padre andava a lavorare?
4. Beatrice telefonava agli amici?

5. Beatrice cucinava gli spaghetti?
6. Suo fratello usava il computer?
7. Beatrice puliva il salotto?
8. La nonna metteva i piatti nella lavastoviglie?

P. Completare il seguente brano con la forma appropriata del trapassato prossimo dei verbi fra parentesi.

Angela (scrivere) una lettera a sua madre e le (dire) che lei e Luisa (arrivare) a Firenze dove (pensare) di rimanere altri due mesi per conoscere meglio la città. All'inizio (avere) intenzione di prendere in affitto un appartamentino al centro della città. Quindi (andare) in giro ogni giorno, (vedere) molti appartamenti, ma non (trovare) quello che cercavano. Dopo un po' di giorni di inutile ricerca (decidere) che era meglio non perdere più tanto tempo. Quindi, a malincuore *(reluctantly)*, (decidere) di andare a stare in una piccola pensione.

A lei la parola

1. Deny that you are looking for an ad in the newspaper at this moment.
2. Indicate the size of your bedroom by saying that it is as big as your living room.
3. Compare your desk with your brother's, saying that yours is larger than his.
4. Clarify to a friend that when he phoned last night you were not watching a certain television program because it was quite boring.
5. Inquire if your grandparents stayed in a *pensione* when they were visiting their relatives in Italy.

Attualità

Le università Italiane

In Italia ci sono molte università, in media° una o due per ogni regione. La maggior parte delle università italiane sono controllate dallo stato, mentre altre sono private. Milano, per esempio, oltre° alle due università statali ne° ha due private: l'Università Commerciale Luigi Bocconi e l'Università Cattolica del Sacro Cuore. In Italia ci sono alcune delle università più antiche d'Europa, come l'Università di Bologna fondata nel 1158, e l'Università di Padova, fondata nel 1221. Tutte le università italiane sono urbane e generalmente non esiste il "campus" universitario come negli Stati Uniti. Non esistono dormitori sotto la direzione universitaria, ma gli studenti vivono indipendentemente, benché° l'università sia° il centro delle loro attività intellettuali, politiche e sociali.

on the average

besides

of them

although / is

Conosce Siena?

Siena è la città dove a luglio e ad agosto di ogni anno, ha luogo il Palio
che si svolge nella splendida Piazza del Campo. Il Palio, che è una
corsa° di cavalli a cui partecipano i rappresentanti delle diciassette   race
contrade° cittadine con i loro bellissimi costumi folcloristici, è una   districts
delle manifestazioni ippico°-folcloristiche più celebri d'Italia. Un gran   horse
numero di turisti italiani e stranieri è sempre presente ad ogni
manifestazione del Palio di Siena.

Quanto ricorda?   Completare le seguenti frasi con una o due parole appropriate.

1. L'Università di ____ e l'Università di ____ sono due delle più antiche d'Europa.
2. Il Palio ha luogo ogni anno a Siena nella ____ .
3. Il Palio è una corsa di ____ .
4. In Italia, gli studenti vivono ____ perché non esistono dormitori.

*Piazza del Campo di
Siena dove ha luogo il
Palio*

RIPASSO: Lezioni 13ª & 14ª

In this section, you will review the following: Conditional (Exercise A);
Interrogative adjectives and pronouns (Exercise B); Comparatives of equality
and inequality (Exercises C–D); Present and imperfect progressive tenses
(Exercises E–F); Pluperfect tense (Exercises G–H); Adverbs of manner in
-mente (Exercise I); Vocabulary and expressions (Exercise J)

A. Dire cosa vorrebbero fare queste persone e perché non possono farlo,
usando le parole indicate. [*Conditional*]

▶ Nino / volere mangiare   *Nino vorrebbe mangiare*
un'aragosta / ma non trovare un   *un'aragosta, ma non trova un*
ristorante   *ristorante.*

1. Aldo / andare in Francia / ma non sapere il francese
2. noi / abitare in Germania / ma non conoscere nessuno lì
3. io / organizzare una festa / ma non avere tempo
4. Marta e Nicola / comprare una macchina / ma non avere denaro

B. Preparare dieci domande basate sulla foto a pagina 332. Formulare le prime
cinque domande usando aggettivi interrogativi e formulare le altre cinque
usando pronomi interrogativi. [*Interrogative adjectives and pronouns*]

C. Fare il paragone fra le seguenti persone o cose, usando *più* o *meno*, secondo il modello. [*Comparatives of inequality*]

▶ magro (i ragazzi / le   *I ragazzi sono più (meno) magri delle*
ragazze)   *ragazze.*

1. alto (lo zio / la zia)   4. economico (macchine / moto)
2. timido (gli uomini / le donne)   5. comodo (l'autobus / il treno)
3. felice (Maria / Tina)

D. Trasformare il comparativo d'uguaglianza in comparativo di maggioranza o
di minoranza. [*Comparatives of equality and inequality*]

▶ La macchina di Roberto è bella   *La macchina di Roberto è più*
come la macchina di Anna.   *bella della macchina di Anna.*

1. Abbiamo tanti libri quanto Luigi.
2. Gloria prepara tanti tortellini quanti ravioli.
3. Ci piace lavorare quanto studiare.
4. Hanno mangiato tanto pesce quanto noi.
5. Hai conosciuto tante persone a Roma quanto a Pescara?
6. Ho messo nel bicchiere tanta acqua quanto vino.
7. Il nostro lavoro è difficile quanto interessante.

E. Sulla base delle indicazioni date, costruire frasi usando il presente progressivo. [*Present progressive tense*]

▶ Roberto è al cinema.   *Roberto sta guardando un bel film italiano.*

1. Le impiegate sono in ufficio.
2. Tonio è alla sua scrivania.
3. Io sono in un'agenzia di viaggi.
4. Siamo in biblioteca.

F. Lei ha ricevuto telefonate da Luca, Franco, Antonio, Marco e Giulia. Dica cosa stava facendo in quei momenti. [*Imperfect progressive tense*]

▶ *Quando Luca mi ha telefonato, stavo mangiando.*

G. Costruire frasi negative, usando il trapassato prossimo dei verbi della lista. [*Pluperfect tense*]

leggere	trovare	incontrarsi	andare	comprare
vedere	divertirsi	telefonare	entrare	

▶ *Non avevo mai visto un film tedesco.*

H. Costruire frasi interrogative, usando il trapassato prossimo dei verbi dell'esercizio G. [*Pluperfect tense*]

▶ *Ti eri mai divertito così ad una festa?*

I. Completare le frasi seguenti con avverbi appropriati che terminano in -mente. Usare gli aggettivi della lista per formare gli avverbi. [*Adverbs of manner in -**mente***]

evidente   immediato   generale   frequente   tradizionale

1. _____ ascolto la radio quando studio.
2. _____ mangiano nel ristorante "Dante".
3. Vado _____ alla stazione.
4. _____ gli italiani sono molto generosi.
5. _____ i signori Martini non abitano ad Orvieto ora.

J. Esprimere in Italiano la seguente conversazione fra Paolo e Franco. [*Vocabulary and expressions*]

Paolo Hi, Franco. Would you like to come with me to see my new apartment on Saturday?

Franco Why not? Is it bigger than the one you had before?

Paolo Yes, bigger and cheaper.

Franco But I'm sure that it won't be as quiet as the other.

Paolo Generally it's very quiet, even though last Sunday the girl who lives on the floor above me **(al piano di sopra)** was celebrating her birthday with a group of friends!

LEZIONE 15ª

See Instructor's Manual for
additional teaching suggestions for
Lezione 15ª.

Perché suonano il clacson?

Un vigile dirige il disordinato traffico di Roma.

Marisa Graziani e sua madre hanno finito di fare le spese nei negozi del centro di Roma. Prendono l'autobus per tornare a casa, ma dopo un po' rimangono bloccate° in un grande ingorgo automobilistico. — they are stuck

La signora Graziani	Conducente, scusi, perché siamo fermi da tanto tempo? Perché l'autobus non va avanti?
Conducente	Ma signora, non vede che ci sono automobili dappertutto?
La signora Graziani	Non c'è modo di uscire da quest'ingorgo?
Conducente	No, deve avere pazienza ed aspettare. Un incidente o un guasto improvviso° possono intasare° le strade in pochi minuti. Se vuole, può scendere qui.
La signora Graziani	No, grazie. Siamo ancora molto lontane da casa.
Marisa	Ma adesso che fanno? Perché tutti suonano il clacson?
Un passeggero	È che dopo un po' d'attesa tutti perdono la pazienza. Sonare all'impazzata° è l'ultima cosa che fanno prima di decidere di lasciare la macchina per strada e continuare a piedi.
La signora Graziani	E dire che° non siamo neanche all'ora di punta°. Il traffico di Roma va di male in peggio° e le vie del centro sono le più intasate della città.
Una passeggera	Non si preoccupi, signora. Vedrà che fra poco il traffico si sbloccherà.
Marisa	Mamma, perché non scendiamo ed andiamo a piedi? Oppure°, la soluzione migliore sarebbe quella di prendere la metropolitana.
La signora Graziani	La metropolitana? Peggio che mai°! È sempre piena di gente e poi laggiù io non respiro bene. Tra l'altro sono stanchissima e mi fanno anche male i piedi. È meglio aspettare qui pazientemente.
Marisa	Come vuoi; tanto non abbiamo più niente da fare e non abbiamo fretta.

Margin glosses:
- sudden breakdown
- block
- like crazy
- to think that
- rush hour
- from bad to worse
- Or else
- Worse than ever

Line numbers: 5, 10, 15, 20, 25, 30

V (BO): Have students create a narrative/dialogue in which either Marisa or *la signora Graziani* recount the afternoon's adventures to a friend or acquaintance. Suggest to students that they use the questions on p. 337 as a guide.

Domande generali

1. Dove sono andate oggi Marisa e sua madre? Perché?
2. Cosa succede mentre sono sull'autobus?
3. Secondo il conducente, cosa può intasare le strade della città?
4. Cosa dice la madre del traffico di Roma?
5. È ottimista o pessimista la passeggera? Che dice?
6. Cosa suggerisce di fare Marisa?
7. Secondo Marisa, quale sarebbe la soluzione migliore?
8. Alla madre di Marisa piace prendere la metropolitana? Perché?

Domande personali

1. Quali sono le ore di punta nella sua città o nel suo paese?
2. Cosa causa ingorghi nella sua città?
3. Lei suona all'impazzata quando si trova in un ingorgo? A causa del traffico, ha mai lasciato la macchina per strada?
4. Quando va in centro, va in macchina o in autobus? Cosa fa in centro? In quali negozi preferisce fare gli acquisti?
5. Le piace prendere la metropolitana? Perché?
6. Quali mezzi di trasporto preferisce? Perché?
7. Mentre guida, suona spesso il clacson? Quando lo suona?
8. Ha mai avuto un guasto improvviso? Dove? Si è mai fermato qualcuno ad aiutarla?

Esercizio di comprensione

Completare le seguenti frasi basate sul dialogo a pagina 336 con una parola o una frase adatta.

1. In un ingorgo automobilistico tutti suonano _____ .
2. Marisa Graziani e _____ sono andate _____ a fare le spese.
3. L'autobus è bloccato perché _____ .
4. Un _____ o un _____ possono intasare le strade in pochi minuti.
5. Tutti suonano il clacson perché hanno perso _____ .
6. Prima di lasciare la macchina per strada e continuare a piedi, alcuni italiani _____ .
7. Le vie del centro di Roma sono _____ della città.
8. Per Marisa la migliore soluzione sarebbe _____ .
9. La signora Graziani non vuole prendere la metropolitana perché laggiù _____ e si _____ .

Vocabolario

Parole analoghe

automobilistico/a   il passeggero   la soluzione
causare   pazientemente   il traffico
la passeggera

Nomi

l'attesa waiting
il clacson horn
il conducente driver
il guasto breakdown
l'incidente accident
l'ingorgo traffic jam
la metropolitana subway

Aggettivi

bloccato/a blocked
fermo/a at a standstill
improvviso/a sudden
migliore better
ottimista optimistic
pessimista pessimistic
pieno/a full
pochi/e few
stanchissimo/a very tired

Verbi

intasare to block
lasciare to leave (behind)

respirare to breathe
sbloccare to unblock
sonare to blow (horn)
succedere (successo) to happen

Altre parole ed espressioni

avanti forward, ahead
dappertutto everywhere
laggiù down there
meglio better
tanto anyway

a causa di because of
all'ora di punta at rush hour
di male in peggio from bad to worse
fra poco shortly, in a little while
i mezzi di trasporto means of
    transportation
non c'è modo there is no way
non si preoccupi don't worry
peggio che mai worse than ever
per strada on the street
tra l'altro besides

Pratica

A. Marisa ha appena ottenuto *(obtained)* la patente di guida. I suoi genitori le permettono di usare la macchina di famiglia per andare a fare
le spese nel centro di Roma con la sua amica Elena. È l'ora di punta,
c'è molto traffico e subito tutto è fermo. Comporre un dialogo appropriato fra Marisa ed Elena.

B. Raccontare cosa è successo a Marisa ed a sua madre il giorno in cui
sono rimaste bloccate sull'autobus a causa di un ingorgo automobilistico. Cominciare il riassunto così:

▶ *Ieri pomeriggio Marisa e sua madre sono andate in centro per
fare le spese. Per tornare a casa, ...*

NOTA CULTURALE

I mezzi di trasporto nelle città italiane

Il mezzo di trasporto più diffuso in Italia è oggi l'automobile. Se nei decenni scorsi la bicicletta e la motocicletta sono state usate moltissimo per lavoro e divertimento, l'attuale sviluppo dell'industria automobilistica ha notevolmente cambiato le cose. Sebbene i giovani usino ancora moto e motorini, l'automobile rimane sempre il mezzo principale di trasporto. Nelle grandi città però, i mezzi pubblici come autobus e tram[1] permettono di spostarsi[2] facilmente.

Con lo sviluppo della motorizzazione è arrivato però anche l'ingorgo automobilistico. Salvo rare eccezioni[3], al centro della città le strade sono strette[4] ed irregolari, gli antichi palazzi sono addossati[5] l'uno sull'altro e c'è un eccessivo numero di mezzi pubblici e privati. Tutto ciò contribuisce a creare ingorghi che durano[6] anche alcune ore. Per risolvere questa situazione, le amministrazioni comunali[7] hanno cercato varie soluzioni. A Roma, a Milano ed a Torino la costruzione della metropolitana ha dato un notevole respiro[8] al traffico cittadino.

Persone che aspettano pazientemente l'arrivo dell'autobus

1. streetcar   2. to move from one place to another
3. With rare exceptions   4. narrow   5. huddled   6. last
7. municipal   8. respite

E (BO): Divide the class into small groups and challenge students to see which group can locate the most cognates in the cultural note within a specified period of time.

Pronuncia
Il suono /**kw**/

The sound /**kw**/, as in **quando**, is always spelled **qu**. It occurs before the vowels **a, e, i,** and **o.**

A.   Ascoltare l'insegnante e ripetere le seguenti parole.

quaderno	**qu**elli	**qu**indici	**qu**ota
quando	**qu**esto	**qu**i	**qu**otazione
ac**qu**a	**qu**ello	li**qu**ido	**qu**otidiano
quali	**qu**estione	ac**qu**istare	**qu**orum

B. Leggere ad alta voce le seguenti frasi, facendo attenzione alla pronuncia della combinazione delle lettere *qu*.

1. Qui ci sono quindici quaderni.
2. Quanto costa questo libro?
3. Beve acqua o qualche altra cosa?
4. Quali libri hai acquistato?

C. **Proverbi** Leggere ad alta voce i seguenti proverbi e poi dettarli ad un altro studente o ad un'altra studentessa.

Quando a Roma vai, fa' come vedrai.
When in Rome, do as the Romans do.

Acqua passata non macina più.
Let bygones be bygones.

Ampliamento del vocabolario

I. I mezzi di trasporto

l'aereo   l'autobus   il treno   la motocicletta (la moto)

l'automobile (l'auto)
la macchina   la barca   la metropolitana (la metro)   la bicicletta

il tassì   il tram   la nave   l'autocarro (il camion)

Espressioni utili

andare in vacanza   to go on vacation
andare al mare   to go to the seashore
andare in montagna   to go to the
    mountains
andare in campagna   to go to the
    country
**andare in macchina (in aereo, in
    autobus, in tram, in treno, in
    moto[cicletta], in barca, in
    bicicletta, in tassì)**   to go by car
    (by plane, by bus, by tram, by
    train, by motorcycle, by boat, by
    bicycle, by taxi)
andare con la nave   to go by boat
andare a piedi   to go on foot
prendere la metro(politana)   to take
    the subway

E (BO): Have students turn to the photograph on p. 335, and use their imagination to describe where the occupants of the various types of transportation are going and why.

Ask students to compare the size and cost of various makes of automobiles, bicycles, and motorcycles.

A.   Rispondere alle seguenti domande personali.

1. Ci sono montagne vicino alla sua città o al suo paese? C'è il mare?
2. In quale stagione dell'anno e con quale mezzo di trasporto va in montagna o al mare?
3. Per andare da Roma a Milano, userebbe il treno, la macchina o l'aereo? Perché?
4. La bicicletta è un mezzo di trasporto per lei? La usa per andare al liceo o all'università o a lavorare?
5. C'è la metropolitana nella sua città? Ha mai viaggiato in metropolitana? Dove? Che pensa della metropolitana?
6. Qual è il miglior mezzo di trasporto per andare dal suo paese in Italia?

E (BC): Have students suggest other situations that might require different types of transportation.

B.   Dopo avere letto ciascuna frase, suggerire il mezzo di trasporto più adatto.

▶   Lei è a casa e deve andare al centro, ma la sua macchina è dal meccanico.

Prendo la metropolitana o vado in autobus.

1. Un bambino desidera andare a vedere il suo amico che abita non
   molto lontano da casa sua.
2. Un vecchio non sta bene e deve andare all'ospedale. Abita da
   solo in un piccolo appartamento, ma ha il telefono.
3. La signora Baldini è a Boston e deve tornare a Milano domani.
4. Lei deve andare da Roma a Venezia. Ha molto tempo libero, però
   non vuole guidare.
5. Il signor Marchesi è all'aeroporto. È tornato dall'Inghilterra e sua
   moglie non è lì ad aspettarlo con la macchina.

II. Mestieri, professioni ed altre occupazioni

Luigi è **attore** e Silvia è **attrice**.

1. Many nouns referring to trades, professions, and other occupations
   have a regular masculine and feminine form.

il cuoco (male) cook	**la cuoca** (female) cook
l'impiegato (male) clerk	**l'impiegata** (female) clerk
l'operaio (male) blue-collar worker	**l'operaia** (female) blue-collar worker
il sarto tailor	**la sarta** dressmaker

2. Some masculine nouns that end in **-tore** have a feminine form that
   ends in **-trice**.

l'attore actor	**l'attrice** actress
il direttore (male) manager; headmaster	**la direttrice** (female) manager; headmistress
il lavoratore (male) worker	**la lavoratrice** (female) worker
lo scrittore (male) writer	**la scrittrice** (female) writer

3. Some masculine nouns form the feminine by dropping the final vowel and adding **-essa**.

il dottore (male) doctor	**la dottoressa** (female) doctor
il professore (male) professor	**la professoressa** (female) professor
lo studente (male) student	**la studentessa** (female) student

4. Some masculine nouns that end in **-ista, -ente,** or **-ante** can be feminine or masculine depending on the context.

il/la dentista dentist	**l'agente** agent
l'elettricista electrician	**il/la dirigente** executive
il/la farmacista pharmacist	**il/la cantante** singer
il/la giornalista journalist	**il/la negoziante** shopkeeper
il/la musicista musician	
il/la pianista pianist	
il/la regista film director	

5. Some nouns have only a masculine or only a feminine form.

Masculine form only	*Feminine form only*
l'architetto architect	**la casalinga** homemaker
l'avvocato lawyer	**la colf** (*shortened form for*
il banchiere banker	**collaboratrice familiare**) domestic
il falegname carpenter	help (*familiar*)
l'idraulico plumber	**la donna d'affari** businesswoman
il meccanico mechanic	
il medico doctor	
il muratore mason	
l'uomo d'affari businessman	

Espressioni utili

che lavoro fa (fai)? what work do you do?	**faccio il meccanico (l'avvocato)** I'm a mechanic (lawyer)
che mestiere fa (fai)? what trade do you have?	**scegliere una professione o un'occupazione** to choose a profession or occupation
esercitare (svolgere) un mestiere o una professione to practice a skilled craft or a profession	

C. Rispondere alle seguenti domande personali.

1. Vuole esercitare una professione o fare un mestiere quando finisce il liceo o l'università?
2. Quale professione o quale mestiere della lista a pagine 342–343 le piacerebbe esercitare?

3. Quale professione o quale mestiere esercita suo padre? suo fratello? suo zio?

4. Sua madre svolge una professione o un mestiere? E sua sorella? E sua zia?

5. Secondo lei, le donne devono esercitare una professione o un mestiere? Perché?

V (BC): Reverse the order of cues and responses; e.g.,
Instructor: *È impiegato, direttore o dirigente.*
Student: *Lavora in un ufficio.*

D. Indicare qual è l'occupazione o professione appropriata di queste persone.

▶ Giancarlo lavora in un ufficio. *È impiegato/direttore/dirigente.*

1. Il signor Conti costruisce edifici.
2. Raffaele aggiusta i motori delle auto.
3. Franca scrive per un giornale.
4. Giorgio lavora in una fabbrica.
5. Vittorio vende e compra prodotti.
6. Luisa lavora in un ospedale.
7. Elena vende medicine.
8. Il signor Bertini interpreta personaggi diversi nei film.

Struttura ed uso

I. Il superlativo relativo degli aggettivi

La giraffa è certamente **la più alta** di tutti noi.

1. The superlative (**il superlativo relativo**) of adjectives is used to compare person(s) or thing(s) to other persons or things. In Italian the superlative is formed by using **il (la, i, le) più ... di** or **il (la, i, le) meno ... di**. **Di** contracts with the definite articles in the usual prepositional contractions.

Silvio è **il più alto del** gruppo.	Silvio is *the tallest of the* group.
Teresa è **la meno alta del** gruppo.	Teresa is *the shortest of the* group.
Milano e Torino sono **le città più industriali** d'Italia.	Milano and Torino are *the most industrialized cities in* Italy.

2. Sometimes the superlative omits the second element in the comparison. When this happens, **di** is also omitted.

Maurizio è l'avvocato più giovane.	Maurizio is the youngest lawyer.

A. Con le parole date, costruire frasi complete che contengono il superlativo relativo, usando *più (+)* o *meno (−)*.

▶ Carla / + bella / tutte   *Carla è la più bella di tutte.*

1. quel programma / − interessante / tutti
2. il fiume Po / + lungo / Italia
3. questa lezione / − facile / tutte
4. quei vestiti / + eleganti / tutti
5. questa strada / − caotica / tutte
6. Via Dante / + stretta / tutte
7. quei palazzi / + alti / Milano
8. Laura / − silenziosa / le sue amiche

B. Immagini di essere appena arrivato/a a Firenze e di chiedere all'ufficio turistico dove sono le cose più belle, antiche, ecc. da vedere.

▶ le fontane / bello   *[Signore/Signorina, Signora], dove sono le fontane più belle?*

1. le statue / antico
2. la strada / vecchio
3. i negozi / elegante
4. i monumenti / importante
5. il museo / moderno
6. le chiese / grande
7. le piazze / famoso
8. il mercato / tipico

C. Reagire alle seguenti osservazioni di un amico o di un'amica, usando il superlativo e le espressioni *d'Italia* o *della città*.

▶ Questa è una bella fontana.   *Sì, è la fontana più bella della città!*

1. Questi due palazzi sono alti.
2. Questo museo è interessante.
3. Questa è una grande piazza.
4. Queste chiese sono antiche.
5. Questi negozi sono eleganti.
6. Questo è un mezzo di trasporto veloce.

D. Trasformare le frasi secondo l'esempio.

▶ Questa bambina è più alta delle altre.   *È la bambina più alta di tutte.*

1. Quel conducente è più nervoso degli altri.
2. Quei tappeti sono più belli degli altri.
3. Questo treno è più veloce degli altri.
4. Quei libri sono più vecchi degli altri.
5. Quella passeggera è più simpatica delle altre.
6. Questi appartamenti sono più comodi degli altri.

II. Il superlativo assoluto

Questo problema è **difficilissimo**.

1. Unlike the superlative, the absolute superlative (**il superlativo assoluto**) does not compare person(s) or thing(s) to other person(s) or thing(s). It expresses the highest degree possible. The absolute superlative can be formed by adding the suffixes **-issimo (-issima, -issimi, -issime)** to adjectives and **-issimo** to some adverbs, after dropping the final vowel. In English, the absolute superlative is usually expressed with *very* + adjective or adverb.

Adjective or adverb (minus final vowel)	+ suffix	Examples
bell(o)	-issimo (-a, -i, -e)	**bellissimo (-a, -i, -e)**
grand(e)	-issimo (-a, -i, -e)	**grandissimo (-a, -i, -e)**
difficil(e)	-issimo (-a, -i, -e)	**difficilissimo (-a, -i, -e)**
ben(e)	-issimo	**benissimo**
mal(e)	-issimo	**malissimo**

Questo dipinto è **bellissimo**.   This painting is *very beautiful.*
Lavoro **moltissimo**.   I work *very hard.*

2. Adjectives and adverbs in **-co** (**-ca,** etc.) and **-go** (**-ga,** etc.) add an **h** before the suffix **-issimo**.

— Lo zio di Enrico è ricco?   — Is Enrico's uncle rich?
— Sì, è **ricchissimo**.   — Yes, he's *very rich.*

— Il Rio delle Amazzoni è un fiume lungo, non è vero?   — The Amazon is a long river, isn't it?
— Sì, è un fiume **lunghissimo**.   — Yes, it's a *very long* river.

— Mangi molto?   — Do you eat a lot?
— No, mangio **pochissimo**.   — No, I eat *very little.*

3. Adjectives in **-io** (**-ia,** etc.) drop the final vowel **o** or **a** before the suffix **-issimo**.

— È vecchio quel palazzo?   — Is that palace old?
— Sì, è un palazzo **vecchissimo**.   — Yes, it's a *very old* palace.

4. The absolute superlative can also be expressed by using the adverbs **molto** and **assai** *(very)* before an adjective and most adverbs.

Quello spettacolo è **molto (assai) noioso**.   That show is *very boring.*
Sandra parla **assai (molto) lentamente**.   Sandra speaks *very slowly.*

E. Rispondere affermativamente alle seguenti domande usando il superlativo assoluto.

▶ Massimo è nervoso?   *Sì, Massimo è nervosissimo!*
 Sì, Massimo è molto nervoso!

1. I suoi capelli sono lunghi?
2. Quella borsa è vecchia?
3. Tuo padre sta male?
4. Perugia è una città antica?
5. Luca studia poco?
6. Il volo Boston–Roma è comodo?
7. La partita era interessante?

F. Rispondere ad ogni domanda, usando la forma del superlativo assoluto dell'aggettivo.

▶ Quella strada è stretta?   *Sì, è strettissima. (Sì, è molto stretta.)*

1. Quello studente è stanco?
2. Questa carne è fresca?
3. Questi dischi sono nuovi?
4. Quel falegname è bravo?
5. Quelle fontane sono belle?
6. Quella città è moderna?
7. Quelle bambine sono curiose?
8. Quell'edificio è grande?

G. Indicare che le seguenti persone fanno queste cose in maniera contraria a quella indicata, usando il superlativo assoluto.

▶ Questa bambina parla bene.   *No, parla malissimo (molto male).*

1. Quest'operaio guida male.
2. Questo medico lavora molto.
3. Quella sarta cuce bene.
4. Questo muratore lavora poco.

H. Preparare tre leggende *(captions)* per i seguenti disegni, usando il superlativo assoluto.

III. *Comparativi e superlativi irregolari di* buono, cattivo, grande e piccolo

Quest'ingorgo è **peggiore** di quello di ieri!

1. The adjectives **buono, cattivo, grande,** and **piccolo** have both a regular and an irregular form when used in comparative and superlative constructions. They are often interchangeable, although context determines when the regular or irregular forms should be used. The following chart shows the irregular forms.

Adjective	Comparative	Irregular Superlative	
buono	migliore	il ⎰ migliore	i ⎰ migliori
cattivo	peggiore	⎱ peggiore	⎱ peggiori
grande	maggiore	la ⎰ maggiore	le ⎰ maggiori
piccolo	minore	⎱ minore	⎱ minori

Luigi è il bambino **più cattivo** della classe.
Quest'ingorgo è **peggiore** di quello di ieri!
Quell'appartamento è il **più piccolo** di tutti.

Questa è la **più grande** fontana della città.
Dove sono i **migliori** negozi della città?

Luigi is the *worst* child in the class.
This traffic jam is *worse* than yesterday's!
That apartment is *the smallest* of all.

This is *the biggest* fountain in the city.
Where are the *best* stores in the city?

2. **Maggiore (il/la maggiore)** and **minore (il/la minore)** can be used in the sense of *older (oldest)* and *younger (youngest)* in reference to age.

Caterina è **maggiore** di sua cugina.   Caterina is *older* than her cousin.
Giuseppe è **il minore** dei fratelli.   Giuseppe is *the youngest* of the brothers.

3. **Buono, cattivo, grande,** and **piccolo** have irregular absolute superlative forms that are commonly used in conversation. They are not always interchangeable with regular superlative absolute forms.

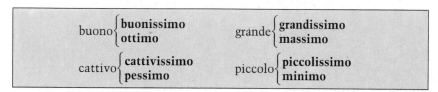

buono	{	**buonissimo** / **ottimo**	grande	{	**grandissimo** / **massimo**
cattivo	{	**cattivissimo** / **pessimo**	piccolo	{	**piccolissimo** / **minimo**

Questa torta è **ottima**!   This cake is *excellent*!
Quel vino è **pessimo**.   That wine is *terrible*.
Oggi la temperatura **massima** è 20° C.   Today the *highest* temperature is 20 degrees Celsius.

Qual è stata la temperatura **minima** di ieri?   What was the *lowest* temperature yesterday?

I. Formulare frasi complete, usando la forma irregolare appropriata del comparativo degli aggettivi indicati.

▶ Laura / grande / me   *Laura è maggiore di me.*

1. mio cugino / cattivo / tuo cugino
2. tu / piccolo / Luigi
3. i miei amici / buono / i suoi amici
4. mia sorella / grande / la sorella di Carlo
5. i miei fratelli / piccolo / i suoi fratelli
6. voi / cattivo / loro
7. la signorina Speroni / grande / il signor Dini
8. lui / buono / lei

J. Completare le seguenti frasi con il superlativo irregolare degli aggettivi indicati.

▶ (grande) Gianni è _____ dei suoi fratelli.   *Gianni è il maggiore dei suoi fratelli.*

1. (buono) Quello studente è _____ della classe.
2. (cattivo) Luigi era _____ di tutti i miei amici.
3. (piccolo) Adriana è _____ delle cugine.

4. (buono) Questi conducenti sono _____ degli altri.
5. (grande) Mia sorella Carla è _____ di tutti noi.
6. (cattivo) Quei giornalisti sono _____ della città.
7. (piccolo) Tu ed Enrico siete _____ della nostra squadra.

V (BO): Have pairs of students ask each other the questions, using the *tu*-form of address.

K.   Rispondere alle seguenti domande personali.

1. Chi è il/la maggiore dei suoi fratelli o sorelle? Chi è il/la minore?
2. Chi è il/la più grande della sua famiglia? Chi è il/la più piccolo/a?
3. Qual è il migliore programma che ha visto alla televisione la settimana scorsa? Qual è il peggiore?
4. Secondo lei, chi è il migliore attore americano? Chi è il migliore attore italiano? E la migliore attrice americana? italiana?
5. Secondo lei, chi è il migliore giocatore di calcio? di baseball? di pallacanestro?

IV. *Comparativi e superlativi di* bene, male, poco e molto

Carlo balla **meglio** di Giulio.

The adverbs **bene, male, poco,** and **molto** have irregular forms when used in comparative constructions that compare person(s) or thing(s) to other person(s) or thing(s).

Adverb	Comparative
bene	**meglio**
male	**peggio**
molto	**più**
poco	**meno**

— Come sta tua madre oggi?   — How is your mother today?
— Sta **meglio**, grazie.   — She's *better*, thank you.

— Sandra studia **meno di** Gianna.   — Sandra studies *less than* Gianna.
— Mio fratello studia **più di** tutti.   — My brother studies *more than* everyone.

P (BC): Ask students to compare members of their family with each other or with famous people; e.g., *Mio zio Carlo canta meglio di mio padre.*

L. Paragonare le cose che fanno le persone indicate con quelle che fa Luigi, sostituendo ad ogni avverbio il suo comparativo.

▶   Lisa canta male.   *Lisa canta peggio di Luigi.*

1. Giulio e Caterina nuotano male.   4. Pietro mangia poco.
2. Anna e Tina parlano molto.   5. Elena scrive male.
3. Lisa legge bene.   6. Giorgio gioca bene.

M. Affermare l'esatto contrario, seguendo l'esempio.

▶   Enrico lavora meglio di tutti.   *No, Enrico lavora peggio di tutti.*

1. Le giovani hanno risposto peggio di noi.
2. Tu hai parlato meno di lui.
3. Ieri Mario giocava peggio degli altri giocatori.
4. Io e Luigi guidiamo bene.

A lei la parola

1. Suggest to your friends that it's better to go downtown by subway than by car because there is lots of traffic.
2. Deny that the train is faster than the airplane.
3. Find out which trade is the best to practice today.
4. Report that a mechanic earns (*guadagnare*) more than a musician.
5. Point out that being an actor or an actress is a most interesting profession.

Comunicare subito!

Prendere il treno

Coping with trains, buses, planes, and other means of transportation in a foreign country is often difficult for foreigners. In this section you'll learn how to ask for and interpret information about how to get around Italy by train.

V (BO): Suggest to students that they vary the dialogues, changing the destinations, cost of tickets, and time of arrival and departure.

1. Giancarlo Minelli è a Firenze e desidera andare a Venezia. Una mattina esce dall'albergo e va alla biglietteria della stazione.

Giancarlo	Scusi, vorrei un biglietto di andata e ritorno° per Venezia.
Impiegato	Desidera viaggiare in prima o in seconda classe?
Giancarlo	In seconda classe. Quanto costa il biglietto?
Impiegato	Sessantamila lire.
Giancarlo	A che ora arriva il treno a Venezia?
Impiegato	Alle venti. Ecco il biglietto e buon viaggio.

round-trip ticket

Passeggeri in una stazione ferroviaria italiana

2. Kathy Carlson, una studentessa americana in vacanza a Roma,
deve andare a Perugia. Ora è all'ufficio informazioni della stazione,
e fa delle domande all'impiegato.

Kathy	Scusi, a che ora parte il treno per Perugia?
Impiegato	Alle sedici, dal secondo binario°.
Kathy	Quale treno devo prendere?
Impiegato	Il direttissimo Roma–Ancona. Alla prima fermata, la stazione di Orte, lei scende e aspetta la coincidenza° con un treno locale che la porterà a Perugia.
Kathy	Com'è complicato!
Impiegato	Non si preoccupi, signorina. Il viaggio non è lungo e non avrà nessun problema.
Kathy	La ringrazio molto°.
Impiegato	Non c'è di che. Buon viaggio!

track

connection

Thanks very much.

Attività

Preparare dialoghi appropriati basandosi sulle conversazioni riportate sopra e sulla lista del vocabolario in basso.

A. Immagini di essere a Roma e di volere andare a Parigi. Si rechi *(you go)* presso un'agenzia di viaggi per prenotare una cuccetta nel vagone letto del treno Roma–Parigi.

B. Supponga di essere sul treno Bologna–Milano e di parlare con una persona nel suo scompartimento. Lei chiede il permesso di aprire il finestrino.

Vocabolario utile

l'arrivo arrival
il bagaglio luggage
la biglietteria ticket office
il biglietto di andata one-way ticket;
   il biglietto di andata e ritorno
   round-trip ticket
il binario track
la (prima, seconda) classe (first,
   second) class
la coincidenza connection
la cuccetta berth
il deposito bagagli baggage room
l'entrata entrance
la ferrovia railroad
il finestrino (train) window
la galleria tunnel

l'orario ferroviario train schedule
la partenza departure
il posto (riservato) (reserved) seat
la sala d'aspetto waiting room
lo scompartimento (per fumatori)
   (smoking) compartment
la stazione ferroviaria train station
il treno diretto (direttissimo) direct
   (express) train; **il treno locale**
   local train; **il rapido** rapid train
l'ufficio informazioni information
   office
l'uscita exit
il vagone letto (ristorante) sleeping
   (dining) car

LEZIONE 16ᵃ

See Instructor's Manual for additional teaching suggestions for *Lezione 16ᵃ*.

Il telegiornale

Un annunciatore del telegiornale di RAI-DUE

Sono le venti ed i signori Cristini sono seduti in salotto davanti al televisore ad ascoltare le ultime notizie.

Annunciatore   Buona sera! Queste sono le principali notizie di oggi:

ROMA — Il Consiglio dei Ministri si è riunito per decidere il prezzo della benzina in relazione all'ultima diminuzione del prezzo del petrolio. Il Ministro dell'Industria° ha detto che è possibile che il
5   prezzo della benzina diminuisca già dalla prossima settimana°.

Secretary of Commerce
beginning next week

BRUXELLES — I ministri finanziari della Comunità Economica Europea hanno approvato il nuovo programma economico per i prossimi cinque anni. Il Mezzogiorno d'Italia° ed alcune zone depresse della Francia, Scozia ed Irlanda hanno ricevuto notevoli aiuti finanziari per
10   promuovere il loro sviluppo industriale.

southern Italy

CITTÀ DEL VATICANO — Secondo l'Osservatore Romano° è possibile che il Papa debba rimandare il suo viaggio in Africa, previsto per la settimana prossima. Il Santo Padre° vorrebbe partire lo stesso, ma i medici dicono che è necessario che si riposi ancora qualche mese
15   prima di intraprendere° quel lungo e faticoso viaggio.

Vatican daily newspaper
Holy Father
before undertaking

FIRENZE — A Palazzo Pitti le maggiori case di moda hanno presentato le ultime creazioni per la nuova stagione primavera-estate. La sfilata dei modelli ha avuto un enorme successo davanti ad un pubblico di esperti italiani e stranieri.

20   NOTIZIE SPORTIVE — La squadra nazionale di calcio prosegue la preparazione in vista dell'incontro° in programma di domenica con l'Inghilterra allo stadio "San Siro" di Milano.

for the match

... Attenzione, prego! Questa notizia è appena giunta° in studio:

has just arrived

A Milano c'è stata una grande esplosione vicino al Duomo°. Un
25   portavoce della polizia ha detto che è probabile che ci siano almeno dieci morti e numerosi feriti, ma la situazione è al momento molto confusa. Vigili del fuoco° e polizia sono già sul posto° per stabilire la causa dell'esplosione. Notizie più precise saranno date nel telegiornale della notte.

Cathedral

firemen / on the scene

30   Signori e signore, buona sera.

E (BO): Divide the class in small groups and have each group create a follow-up newscast in Italian about the explosion that took place near the cathedral in Milan. Encourage students to be imaginative in their explanations of what caused the explosion. Supply needed vocabulary, as appropriate.

Domande generali

E (BO): Have students report in their own words each of the TV news items, using the questions as a guide.

1. Dove sono seduti i signori Cristini? Che cosa ascoltano?
2. Perché si è riunito a Roma il Consiglio dei Ministri?
3. Che cosa hanno discusso i ministri della CEE (Comunità Economica Europea)?
4. Perché è possibile che il Papa non vada in Africa?
5. Secondo i medici, cosa è necessario?
6. Che cosa hanno presentato le maggiori case di moda?
7. Con chi si incontrerà domenica la squadra nazionale di calcio?
8. Che notizia è giunta in studio verso la fine del telegiornale?

Domande personali

E (BC): Ask additional questions, such as *Dov'è il televisore a casa sua? Quali programmi le piace guardare?*

1. Ascolta il telegiornale ogni sera? Preferisce ascoltare il giornale radio?
2. Quanto costa la benzina nella sua città o nel suo paese?
3. S'interessa della moda? S'interessa più della moda estiva? e di quella primaverile?
4. Qual è il suo sport preferito? Qual è la sua squadra preferita?

Esercizio di comprensione

Indicare se le seguenti frasi sono vere o false.

1. I signori Cristini sono seduti a tavola.
2. È possibile che il prezzo della benzina diminuisca.
3. Il nuovo programma economico durerà cinque anni.
4. Il Mezzogiorno d'Italia è una zona depressa.
5. Altri paesi d'Europa hanno bisogno d'aiuto finanziario.
6. Il Santo Padre sta benissimo e partirà per l'Africa la settimana prossima.
7. Le maggiori case di moda hanno presentato la nuova moda invernale.
8. Mentre l'annunciatore parlava è giunta in studio una cattiva notizia.
9. La polizia sa già qual è la causa dell'esplosione e il numero dei morti e dei feriti.

Vocabolario

E (BO): Elicit or point out word families such as *annunciare, annunciatore; economico, economia, economista, economizzare, economicamente; finanziario, finanza, finanziare, finanziato, finanziamento.* Ask for definitions in Italian of words like *enorme, notevole, duomo.*

Parole analoghe

approvare	finanziario/a	preciso/a
la causa	industriale	la preparazione
confuso/a	il ministro	presentare
la creazione	nazionale	principale
depresso/a	necessario/a	probabile
economico/a	il petrolio	la situazione
enorme	la polizia	lo studio
l'esplosione (f.)	possibile	la zona

Nomi

l'aiuto help; aid
l'annunciatore news reporter
la diminuzione decrease
il duomo cathedral
l'esperto expert
il ferito wounded
la Francia France
l'Irlanda Ireland
la moda fashion
il morto dead, fatality
la notizia news item; *pl.* news
il Papa Pope
il/la portavoce spokesperson
il pubblico audience
la Scozia Scotland
lo sviluppo development
il telegiornale TV news
il viaggio trip, voyage

Aggettivi

alcuno/a some
faticoso/a tiring
notevole sizable, important
preferito/a favorite
previsto/a scheduled
santo/a holy

Verbi

diminuire to diminish, to decrease
interessarsi to be interested
promuovere to promote
proseguire to continue
riposarsi to rest
riunirsi to meet
stabilire to determine

Altre parole ed espressioni

almeno at least

al momento for the time being
attenzione, prego! attention, please!
la casa di moda fashion house
composto di composed of
Comunità Economica Europea (CEE)
    European Economic Community
il Consiglio dei ministri Council of
    Ministers
in relazione a in relation to
Palazzo Pitti Florentine palace
la sfilata dei modelli fashion show
lo stesso just the same

Pratica

A. Immagini di dovere scrivere per il telegiornale una breve relazione *(report)* su un avvenimento (vero o immaginario) che ha avuto luogo nella sua città o nel suo paese e lo presenti alla classe. Gli altri studenti potranno reagire all'avvenimento, usando alcune delle espressioni della lista in basso.

Ancora! Again! Still!
Non ci credo proprio! I don't
    believe it at all!
Non mi dire! Don't tell me!
Può darsi! Maybe!
Che buffo! How funny!
Possibile? Is it possible?

Meno male! All the better!
Oh, mio Dio! Oh, good heavens!
    (My God!)
Che disgrazia! What a disaster!
Sarebbe ora! It's about time!
Che bello! How nice!
Sarà vero? Could it be true?

B. Scrivere un breve articolo per un giornale italiano basato sulle informazioni date nell'esercizio A. È importante spiegare prima **chi** sono i personaggi importanti e dopo **che cosa** è successo, **dove** è successo l'avvenimento, **quando, come** e **perché**.

NOTA CULTURALE

La radio e la televisione in Italia

Fino agli anni settanta, gli unici programmi radiofonici e televisivi diffusi[1] in Italia erano quelli controllati dallo stato italiano. Non c'era molta scelta di programmi poiché[2] la radio trasmetteva da tre stazioni, e la televisione su due canali[3]. Alla televisione il tempo di trasmissione era limitato, in quanto i programmi generalmente iniziavano verso mezzogiorno e terminavano alle ventitré e trenta.

Oggi a questi canali televisivi ed a queste stazioni radiofoniche si è aggiunto[4] un terzo canale televisivo statale, e sono sorte in tutto il paese numerose emittenti private. Il numero di queste stazioni private è talmente aumentato, che oggi è riconosciuta la necessità di una legislazione che regoli e definisca i limiti di ogni stazione radio e rete televisiva[5].

Mentre solo alcune di queste stazioni e reti, come Canale 5 e Rete 4, raggiungono tutto il territorio nazionale, la maggior parte di esse opera[6] localmente con potenza[7] piuttosto limitata. Inoltre, data l'insufficiente disponibilità finanziaria di molte di queste stazioni televisive, la maggior parte dei programmi trasmessi è costituita da spettacoli americani doppiati[8] (per esempio, *Dallas*) che tuttavia vengono seguiti con interesse dal pubblico italiano.

1. broadcast   2. since   3. channels   4. is added
5. TV network   6. operates, works   7. power   8. dubbed

LUNEDÌ 14 — EUR TV

RAIUNO

13,45: Contro quattro bandiere, film con George Pappard.
15,55: Il mondo che scompare.
17: Giovani ribelli, 6ª p.
18,40: Guglielmo il conquistatore, sceneggiato, 1ª puntata.
20,30: Airport '80, film con Alain Delon, Susan Blakely, Robert Wagner.

RAIDUE

16,20: La zingara di Alex, film con Jack Lemmon, Geneviève Bujold.
18,30: Un caso per due, telefilm.
20,30: Il cane di Monaco, film per la tv con Marie France Pisier.
23,10: Protestantesimo.
23,50: L'amante tascabile, film con Mimsy Farmer, Andrea Ferreol, Bernard Fresson.

15: D come donna.
16,30: Cartoni animati.
19,30: Mork e Mindy, tel.
20,30: Sotto il sole rovente, film con Rock Hundson, Julie Adams.

17: Cacciatori di taglie, film western.
19,30: Il miracolo del villaggio, film commedia.
21: Natalie, telenovela.

14,45: Atomicofollia, film con Mickey Rooney.
17,40: Mamma Vittoria.
18,30: Silenzio si ride.
19,45: Il Jolly è impazzito, film con Frank Sinatra, Mitzi Gaynor.
21,30: Flamingo Road.
23,10: Tour de France.

E (BO): Ask students to work in pairs and see how many cognates they can find in a specified period of time. Point out that there are cognates in the realia as well as in the cultural note.

Pronuncia
Il suono /d/

E (BO): Have students review the Italian alphabet by spelling aloud the words in Exercise A.

Italian /d/ is pronounced differently from English /d/. The tip of the tongue touches the edge of the gum ridge just behind the upper front teeth, instead of being pressed against the back of the upper front teeth. The sound /d/ is spelled **d** or **dd**.

A. Ascoltare l'insegnante e ripetere le seguenti parole.

/d/ = **d**		/d/ = **dd**	
duomo	preve**d**ere	a**dd**io	re**dd**ito
decisione	pren**d**ere	a**dd**izione	a**dd**ormentato
dramma	lune**d**ì	ane**dd**oto	su**dd**ito

B. Leggere ad alta voce le seguenti frasi e fare attenzione alla pronuncia delle lettere *d* e *dd*.

1. Dove desidera andare?
2. Devo prendere due quaderni.
3. Telefona lunedì alle dodici.
4. Addio, Donatella.

E (C): Have students think up situations for which one of the two proverbs would be an appropriate ending, or suggest situations yourself and ask students to identify the proverb that best matches the situations.

C. Proverbi Leggere ad alta voce i seguenti proverbi e poi dettarli ad un altro studente o ad un'altra studentessa.

Dimmi con chi vai, e ti dirò chi sei.
Birds of a feather flock together.

Detto, fatto.
No sooner said than done.

D. Dettato Leggere il seguente brano del telegiornale e poi dettarlo ad un altro studente o ad un'altra studentessa.

Il Consiglio dei Ministri si è riunito per decidere il prezzo della benzina in relazione all'ultima diminuzione del prezzo del petrolio. Il Ministro dell'Industria ha detto che è possibile che il prezzo della benzina diminuisca già dalla prossima settimana.

Stato membro della Comunità Europea

Ampliamento del vocabolario

I. Paesi e capitali d'Europa

Paesi	Capitali	Paesi	Capitali
la Spagna	Madrid	l'Irlanda	Dublino
la Francia	Parigi	la Grecia	Atene
l'Inghilterra	Londra	la Jugoslavia	Belgrado
la Germania Occidentale	Bonn	il Portogallo	Lisbona
la Germania Orientale	Berlino	l'Olanda	Amsterdam
la Svizzera	Berna	la Danimarca	Copenhagen
l'Austria	Vienna	il Lussemburgo	Lussemburgo
il Belgio	Bruxelles		

1. The definite article is generally used with the names of countries (including all European countries). The article contracts with the preposition **di**.

    L'Italia è un paese interessante.
    La capitale **del Portogallo** è Lisbona.
    Parigi è la capitale **della Francia**.

    Italy is an interesting country.
    The capital *of Portugal* is Lisbon.
    Paris is the capital *of France*.

2. The definite article is *not* used with the preposition **in** + name of country, except before a plural or a modified noun.

Vado **in Francia**.
In Spagna ci sono molti castelli.

I'm going *to France*.
In Spain there are many castles.

But: Abito **negli Stati Uniti**.
Nella Spagna centrale ci sono molte belle città.

I live *in the United States*.
In Central Spain there are many beautiful cities.

A.   Rispondere alle seguenti domande.

1. Quali sono le nazioni europee che confinano con *(border on)* l'Italia?
2. Qual è la capitale della Francia? dell'Inghilterra? della Spagna? della Danimarca?
3. Quali sono tre nazioni europee lontane dall'Italia e quali sono le loro capitali?
4. Quali nazioni vorrebbe visitare in Europa?

B.   Completare le seguenti frasi con nomi appropriati di paesi e capitali europei.

1. Le lingue ufficiali della _____ sono il francese, l'italiano ed il tedesco.
2. I francesi sono molto orgogliosi *(proud)* di _____ , la capitale del loro paese.
3. Conosco Lisbona, ma non conosco le altre città del _____ .
4. I miei amici sono partiti per la _____ . Saranno a Bonn domani mattina.
5. Londra è la maggiore città dell' _____ .
6. Sei mai stato a _____ ? Questa città dell'Austria è veramente incantevole *(enchanting)*.
7. Ho visitato quasi tutta la _____ , ma non sono mai stata a Barcellona.
8. Quando siamo andati in _____ abbiamo preso la nave a Brindisi, e siamo arrivati ad Atene il giorno seguente.
9. La capitale della Germania Orientale è _____ .

II. La radio e la televisione

Vocabolario utile

Nomi

l'annunciatore/l'annunciatrice news reporter (on TV and radio)
l'ascoltatore listener
il canale televisivo TV channel
il giornale radio (GR) radio news
il/la giornalista newsman/news-woman, reporter
l'indice di gradimento ratings
la pubblicità advertising, commercial, ad
la rete televisiva TV network
il telespettatore TV viewer
il televisore a colori color TV; **il televisore in bianco e nero** black-and-white TV
la trasmissione televisiva TV program
la tv (la tivvù) TV
la tv via cavo cable TV

la videocassetta videocassette
il videodisco videodisc
il videogioco video game
il videoregistratore video recorder
il volume volume

Verbi

abbassare to lower
accendere (acceso) to turn on
alzare to raise
cambiare to change (channels)
registrare to record
spegnere (spento) to turn off (TV, radio)

Altre parole ed espressioni

fare la pubblicità to advertise
in diretta live
mandare in onda to broadcast
premere il pulsante to press the button

C. Rispondere alle seguenti domande personali.

1. Quale canale televisivo preferisce? Perché?
2. Quali programmi televisivi guarda durante la settimana?
3. Che cosa fa quando comincia la pubblicità alla televisione?
4. Preferisce la pubblicità televisiva o quella radiofonica?
5. Ha un televisore a colori o uno in bianco e nero?
6. Quali sono le grandi reti televisive americane?
7. Ha un videoregistratore? Quali programmi registra?
8. Quando si sveglia la mattina, accende la radio o il televisore?

D. Preparare un giornale radio molto breve usando i titoli dei giornali qui riportati. Usare la fantasia.

> Il popolare presentatore televisivo Filippo Bodoni sposa la famosa cantante Daniela.

> Domani ci sarà la finale di pallacanestro tra le due squadre campioni di Boston e Los Angeles.

Struttura ed uso

I. Congiuntivo presente: verbi che esprimono desiderio, volontà e speranza

Speriamo **che parlino** italiano.

1. The subjunctive mood (**il congiuntivo**) is frequently used in Italian, in contrast to English, where it occurs only rarely. The subjunctive usually occurs in a dependent **che**-clause and reflects the speaker's attitude (wish, hope, emotion, feeling, opinion, etc.) expressed in the main clause toward an activity or event in the **che**-clause. The subject of the main clause is different from the subject of the dependent clause. In this lesson you will learn about the use of the present subjunctive after a verb of *wishing, willing,* or *hope.*

    Compare the verb forms in the pairs of sentences below. Note that the verb form in the first sentence in each pair is *indicative;* the speaker states a fact or expresses concrete reality. The verb form in the dependent **che**-clause of the second sentence in each pair is *subjunctive;* it reflects the speaker's desire to influence some other person's activity or an event in the **che**-clause, or the speaker's hope that some other person's activity or an event will occur in the future.

Indicative:	Giancarlo **risolve** il problema.	Giancarlo resolves the problem.
Subjunctive:	Voglio che Giancarlo **risolva** il problema.	I want Giancarlo to resolve the problem.
Indicative:	**Cercano** una soluzione.	They are looking for a solution.
Subjunctive:	Insisto che **cerchino** una soluzione.	I insist that they look for a solution.
Indicative:	Carla **arriva** domani.	Carla arrives tomorrow.
Subjunctive:	Spero che Carla **arrivi** domani.	I hope (that) Carla arrives tomorrow.

2. The present subjunctive is formed by adding the present-subjunctive endings to the infinitive stem. The chart below shows the present subjunctive of a regular **-are, -ere,** and **-ire** verb. Note the characteristic vowels **i** and **a** in the endings.

che-clause	**mandare**	**spendere**	**partire**
che io...	mand**i**	spend**a**	part**a**
che tu...	mand**i**	spend**a**	part**a**
che lui/lei...	mand**i**	spend**a**	part**a**
che noi...	mand**iamo**	spend**iamo**	part**iamo**
che voi...	mand**iate**	spend**iate**	part**iate**
che loro...	mand**ino**	spend**ano**	part**ano**

3. Verbs ending in **-care** and **-gare** add an **h** in all forms of the present subjunctive.

cercare		pagare	
cerchi	cerchiamo	paghi	paghiamo
cerchi	cerchiate	paghi	paghiate
cerchi	cerchino	paghi	paghino

4. Verbs that follow the pattern of **preferire** (see p. 90) add an **-isc-** between the stem and the ending in all singular forms and the third person plural.

che-clause	**preferire**	**capire**
che io ...	prefer**isc**a	cap**isc**a
che tu ...	prefer**isc**a	cap**isc**a
che lui/lei ...	prefer**isc**a	cap**isc**a
che noi ...	preferiamo	capiamo
che voi ...	preferiate	capiate
che loro ...	prefer**isc**ano	cap**isc**ano

5. Subject pronouns are sometimes used for the first three persons singular if the subject of the **che**-clause is not clear.

Giuseppe insiste **che (io) finisca** di leggere questo libro.   Giuseppe insists that I finish reading this book.

Voglio **che (tu) parta** alle due.   I want you to leave at two.

Speriamo **che (lei) capisca** l'inglese.   We hope that she understands English.

6. An infinitive construction is used instead of the subjunctive if there is no change of subject.

Desiderano che partiamo alle quattordici.   *They want us to leave* at 2:00 P.M.

Desiderano partire alle quattordici.   *They want to leave* at 2:00 P.M.

Spero che tu visiti Venezia.   *I hope that you visit* Venice.

Spero di visitare Venezia.   *I hope to visit* Venice.

Note that the preposition **di** is used after the verb **sperare** when the infinitive construction is used.

A. Scegliere la forma appropriata del verbo indicato fra parentesi.

1. Mamma vuole che voi (leggiate, leggetc) il giornale.
2. Papà vuole che tu (chiudi, chiuda) la porta.
3. Spero che Laura e Tina (non perdano, non perdono) il treno.
4. Speriamo che i ragazzi (giocano, giochino) a tennis.
5. Insisto che lei e Giorgio (partano, partono) con noi.
6. Insistiamo che i bambini (restino, restano) a letto.
7. Giacomo spera che tu gli (scrivi, scriva) una lettera.

P (BC): Ask a few students to create sentences expressing what they want (or don't want) to do during the following week. Appoint other students to act as mother, father, friend, etc. and to insist that the first group of students do (or don't do) the activities mentioned.

B. La madre di Carlo insiste perché suo figlio faccia o non faccia le cose indicate.

▶ Carlo: Non voglio parlare al professore stamattina. la madre: *Insisto che tu parli al professore stamattina.*

▶ Carlo: Voglio leggere questo libro. la madre: *Insisto che tu non legga quel libro.*

1. Non voglio apparecchiare la tavola stasera.
2. Non voglio preparare la colazione.
3. Voglio comprare una cassetta di musica rock.
4. Voglio vedere quel programma alla tivvù.
5. Non voglio lavarmi le mani prima di mangiare.
6. Non voglio mettermi a lavorare.
7. Voglio vendere la mia vecchia bicicletta.
8. Non voglio finire di studiare.

V (BO): Have students change the responses to the negative; c.g., *Non voglio che Giovanni compri un televisore a colori.*

C. Dica che lei vuole che le seguenti persone facciano o non facciano le cose indicate.

▶ Giovanni compra un televisore a colori. *Voglio che Giovanni compri un televisore a colori.*

1. Tu compri un videodisco.
2. Noi ascoltiamo il giornale radio.
3. Marta ci aspetta vicino al Duomo.
4. Tu e Giuseppina guardate un film alla televisione.
5. Paola mi telefona stasera.
6. Gianni e Cristina ci aiutano a cucinare.
7. Fabrizio abbassa il volume della radio.
8. Anna si mette la cuffia *(earphones)* per ascoltare una cassetta di musica rock.

D. Completare le seguenti frasi con espressioni di senso compiuto prima con una frase subordinata con *che* ed il congiuntivo e poi con un infinito.

▶ Voglio ...   *Voglio che tu resti a casa.*
                 Voglio restare a casa.

1. Non voglio ...   4. Spero ...   7. Non insisto ...
2. Desiderano ...   5. Non spero ...   8. Voglio ...
3. Non desiderano ... 6. Insisto ...

E (BC): Ask students to state three things that they hope will happen the next day, the next month, and the next year. Ask other students to report the information to the class.

E. Rispondere alle seguenti domande con frasi di senso compiuto.

▶ — Che vuole papà?   *Vuole che tu lo aiuti.*
  — Vuole che ...

1. — Cosa sperano che compriate?
   — Sperano che ...
2. — Perché insistono che tu finisca il lavoro?
   — Insistono che ...
3. — Chi desidera che cerchiate una soluzione?
   — L'avvocato ...
4. — Vuoi che ci riposiamo adesso?
   — Sì, voglio che ...

II. Verbi con congiuntivo presente irregolare

Voglio **che** tu **faccia** un po' di ordine in questa stanza.

The following common verbs have irregular present subjunctives. Note that the endings have the same characteristic vowel **a** regardless of whether they are **-are, -ere,** or **-ire** verbs.

Infinitive	che-clause	Present Subjunctive
andare	che ... (io, tu, ecc.)	vada, vada, vada, andiamo, andiate, vadano
avere		abbia, abbia, abbia, abbiamo, abbiate, abbiano
bere		beva, beva, beva, beviamo, beviate, bevano
dare		dia, dia, dia, diamo, diate, diano
dire		dica, dica, dica, diciamo, diciate, dicano
dovere		debba, debba, debba, dobbiamo, dobbiate, debbano
essere		sia, sia, sia, siamo, siate, siano
fare		faccia, faccia, faccia, facciamo, facciate, facciano
potere		possa, possa, possa, possiamo, possiate, possano
stare		stia, stia, stia, stiamo, stiate, stiano
uscire		esca, esca, esca, usciamo, usciate, escano
venire		venga, venga, venga, veniamo, veniate, vengano
volere		voglia, voglia, voglia, vogliamo, vogliate, vogliano

E (BC): Ask students to describe briefly an event that they hope will happen in the next few days. Tell them to indicate why they hope the event will happen, what persons will be involved, where the event will take place, etc.

F. Dica ad un amico o ad un'amica che lei vuole, spera, o insiste affinché faccia le seguenti cose.

▶ fare il tuo lavoro   *Insisto (Voglio, Spero) che tu faccia il tuo lavoro.*

1. uscire con Paolo
2. venire a casa
3. vedere il telegiornale
4. bere molta acqua minerale
5. venire in vacanza con me
6. essere pronto per le sette
7. stare in casa domani
8. dare un passaggio allo zio
9. avere molta pazienza
10. riposarsi un po'

G. Completare le seguenti frasi con un'espressione di senso compiuto, usando i verbi indicati fra parentesi.

▶ Voglio che tu ... (andare)   *Voglio che tu vada [al mercato].*

1. Non voglio che voi ... (bere)
2. Desidero che lui ... (dare)
3. Non desidero che lei ... (dire)
4. Spero che loro ... (stare)
5. Non spero che mio zio ... (venire)
6. Insisto che i bambini ... (uscire)
7. Non insisto che mia sorella ... (fare)
8. Voglio che i miei genitori ... (essere)

H. Abbinare le espressioni della colonna A con le espressioni della colonna B.

A	B
Mamma vuole che tu	andiamo da lui.
Mia zia insiste che io	escano più tardi.
I miei nonni desiderano che gli zii	beva una spremuta d'arancia.
Mio cognato spera che noi	la aiuti.

III. *Congiuntivo con espressioni impersonali*

— Che succede?
— È possibile **che** non ci **sia** più benzina.

1. The subjunctive is used in a dependent **che**-clause after certain impersonal expressions of necessity, possibility, probability, and opinion that reflect the speaker's attitude toward an activity or event.

È possibile **che lei sia** in ritardo.	It's possible that she's late.
È meglio **che usciate** ora.	It's best that you go out now.

2. Here are some common impersonal expressions that usually require the subjunctive.

è necessario	it's necessary	**è bene**	it's well (good)
è possibile	it's possible	**è meglio**	it's better (best)
è impossibile	it's impossible	**è giusto**	it's right
è opportuno	it's proper	**è preferibile**	it's preferable
è probabile	it's probable	**è importante**	it's important
è improbabile	it's improbable		

3. If there is no change of subject, an infinitive construction is used after an impersonal expression.

> **È necessario studiare.** It's necessary to study.
> **È meglio uscire.** It's best to go out.

4. If the impersonal expression indicates certainty, the indicative is used in the **che**-clause.

> È vero che **studiano** molto. It's true that they study a lot.
> È certo che Mario **viene** oggi. It's certain that Mario is coming today.

I. Dica alla sua amica Stella di fare queste cose.

> ▶ È necessario studiare stasera. *È necessario che tu studi stasera.*

1. È meglio andare in banca alle nove.
2. È bene fare una passeggiata.
3. È necessario avere pazienza.
4. È possibile uscire più tardi.
5. È importante venire alla lezione d'italiano.
6. È bene non essere in ritardo.

J. Formulare frasi complete usando le espressioni impersonali e le parole suggerite.

> ▶ è importante / i ministri / discutere il problema della benzina
>
> *È importante che i ministri discutano il problema della benzina.*

1. è necessario / tutti / ascoltare il telegiornale
2. è preferibile / noi / mettersi l'impermeabile
3. è bene / gli studenti / studiare una lingua straniera
4. è impossibile / tu / non fare mai niente
5. è meglio / voi / prendere subito quei posti
6. è probabile / io / ascoltare le notizie alla radio
7. è importante / l'annunciatore / parlare bene
8. è improbabile / Claudio / arrivare prima delle otto
9. è preferibile / loro / diminuire le ore di lavoro
10. è giusto / tu / pagare il conto

P (BC): Suggest a few situations that relate to individuals in the class or to local events; e.g.,

Instructor: *Stefano studia l'italiano da sei ore!*

Student: *È meglio che si riposi.*

K. Rispondere alle affermazioni che seguono, usando espressioni appropriate come *è possibile, è giusto,* ecc., nelle risposte.

▶ Ci sono molti feriti.   *È possibile che ci siano molti feriti.*

1. Il signor Cristini ci dà un passaggio.
2. Gli studenti s'interessano di politica.
3. La sfilata dei modelli ha un enorme successo.
4. Nino abbassa il volume della radio.
5. Quell'annunciatrice legge le notizie del telegiornale.
6. I vigili del fuoco discutono delle cause dell'esplosione.
7. Il prezzo della benzina diminuisce.
8. Il Papa resta a Roma.

IV. *Partitivo* di

Ho comprato **del pesce**.

1. The partitive (equivalent to English *some*) is usually expressed in Italian by prepositional contractions with **di**.

Ecco **del** tè freddo.	Here is *some* iced tea.
Ho comprato **del** pesce.	I bought *some* fish.
Ci sono **dei** bei quadri in quel museo.	There are *some* beautiful paintings in that museum.

2. The following chart shows the forms of the partitive.

Masculine		Feminine	
Singular	**Plural**	**Singular**	**Plural**
del pane **dello** zucchero **dell'**olio	**dei** piatti **degli** spinaci	**della** carne **dell'**insalata	**delle** camicie

3. The partitive is not normally used in negative sentences. Sometimes it is also omitted in interrogative sentences.

Non voglio dolce.	I don't want (any) dessert.
Non bevo vino.	I don't drink wine.
Vuoi caffellatte?	Do you want (some) coffee with milk?
Volete carne o pesce?	Do you want (some) meat or (some) fish?

P (BC): Have students recall food vocabulary in *Lezione 7ª* and *13ª*. Then ask them to say what they eat for breakfast, lunch, or dinner. Supply additional vocabulary, if necessary.

L. Giancarlo ha invitato Enrico a cenare. Riferire quello che Enrico mangia o non mangia.

▶ il minestrone   *Mangia del minestrone.*
                    Non mangia minestrone.

1. l'antipasto   4. gli asparagi   7. l'insalata
2. il pane   5. il riso   8. il formaggio
3. la carne   6. i funghi   9. il dolce

M. Completare le seguenti frasi, usando il partitivo *di*.

▶ Ci sono _____ belle ragazze   *Ci sono delle belle ragazze*
  sulla spiaggia.   *sulla spiaggia.*

1. Ho visto _____ amici a Pisa.
2. Mia sorella ha comprato _____ dischi americani.
3. Ho visto _____ appartamenti costosi.
4. Il professore prepara _____ esercizi difficili.
5. Quel turista ha visitato _____ musei di Roma.
6. Qui ci sono _____ cassette di musica rock.
7. Ieri ci sono state _____ esplosioni vicino al Duomo.

V (BO): Ask a second student to respond to each question, using the negative expression *né...né*; e.g.,

S1: *Vuole del burro o della margarina?*

S2: *Non voglio né burro né margarina.*

N. Formulare domande con le seguenti parole, usando il partitivo *di*.

▶   volere / burro / margarina   *Vuoi del burro o della margarina?*

1. prendere / dolce / formaggio
2. avere / cucchiai / coltelli
3. riunirsi / amici / amiche
4. scrivere / lettere / cartoline
5. comprare / penne / matite
6. assaggiare / ravioli / spinaci

A lei la parola

1. Insist that two or three of your friends watch the soccer game on TV with you this evening.
2. Report to a friend that it's possible that your parents will go to Rome next summer.
3. Find out if your mother wants you to buy some ice cream when you go food shopping this afternoon.
4. Encourage your sister to visit Florence this weekend. *(Spero che ...)*
5. Affirm that you read some Italian newspapers, but deny that you read any German magazines.

Scrivere

La narrativa

Quando lei vuole scrivere il racconto di un avvenimento, deve concentrarsi sulle informazioni e sui dettagli che possano interessare il lettore o la lettrice. Legga il seguente brano che parla di un immaginario incontro di calcio Roma–Napoli e poi faccia gli esercizi a pagina 375.

Forza Napoli!

È domenica mattina. Sono le nove e Roberto dorme ancora profondamente. All'improvviso un rumore assordante lo sveglia. Roberto si affaccia alla finestra della sua stanza e vede passare giù nella strada una lunga fila di automobili e torpedoni° pieni di gente che sta fischiando°, ridendo°, cantando e suonando strumenti vari. Poi dalla scritta ''Forza Napoli'' capisce di che cosa si tratta°.

Nel pomeriggio c'è in programma allo stadio Olimpico l'incontro di calcio Roma–Napoli, molto sentito dai tifosi° di entrambe le

motor coaches

whistling / laughing

what it's all about

anxiously awaited for by the fans

squadre°. Roberto si chiede: "Ma arrivano a quest'ora? Non hanno forse   both teams
dormito? Certo, con l'autostrada hanno impiegato meno di° tre ore, ma,   they took less than
perbacco° potrebbero anche fare meno rumore."   by Jove

Nel frattempo° la lunga fila di automobili continua e, toh°, quello   In the meantime / look there
cos'è°? È un autocarro che trasporta un asino infiocchettato d'azzurro°.   what's that? / donkey tasseled in blue
Poi segue Pulcinella, una maschera del teatro napoletano, che saluta
tutti allegramente. Un'altra auto trasporta una bara°, che dovrebbe   coffin
significare la sicura sconfitta° della Roma. Seguono infine° altre   defeat / finally
automobili con bandiere azzurre, una vera invasione!

Ma quella laggiù, che cos'è? Sì, è proprio una bandiera giallorossa°,   yellow and red
sono i colori della Roma! Bene, finalmente i tifosi romani cercano di
opporsi° a quelli napoletani e pian piano° spuntano° altre bandiere   oppose / little by little / appear
giallorosse. È il festoso preludio di quell'insieme° di sentimenti e di   combination
tifo° appassionato che esploderà in tutta la sua potenza durante la   rooting
partita.

A. Quali sono i cinque punti che l'autore di *Forza Napoli!* considera importanti ed interessanti per il lettore o la lettrice?

B. Con un massimo di dieci frasi e includendo le seguenti informazioni, descrivere una sfilata (*parade*) immaginaria che ha avuto luogo l'anno scorso.

1. Chi ha partecipato alla sfilata?
2. Qual era l'occasione della sfilata?
3. Dove e quando ha avuto luogo?
4. Com'erano vestiti i partecipanti?
5. Che cosa facevano?
6. Che tempo faceva?
7. Quali erano le reazioni delle persone che guardavano la sfilata?

RIPASSO: Lezioni 15ª & 16ª

In this section, you will review the following: Superlative of adjectives (Exercises A–B); Absolute superlative (Exercise C); Irregular comparatives and superlatives (Exercises D–E); Present subjunctive with verbs of wishing, willing, and hoping, and with impersonal expressions (Exercises F–H); Partitive with **di** (Exercise I); Vocabulary and expressions (Exercise J)

A. Esprima la sua opinione su ogni frase, usando il superlativo relativo secondo il modello. [*Superlative of adjectives*]

▶ L'appartamento di Gloria è grande. (Luisa)   *Sì, però l'appartamento di Luisa è il più grande di tutti.*

1. Questo ristorante è caro. ("Il Rugantino")
2. Quei negozi sono eleganti. (i negozi di via Frattina)
3. La Maserati è una macchina veloce. (Ferrari)
4. Le strade di questa città sono strette. (Perugia)
5. Il traffico di Torino è caotico. (Roma)
6. Padova e Venezia sono due città antiche. (Siracusa)
7. Il Tevere e l'Arno sono fiumi molto lunghi. (il Po)

B. Secondo lei, quali di queste persone o cose sono le più interessanti? Usi la fantasia! [*Superlative of adjectives*]

▶ scrittore   *Secondo me, [Dante Alighieri] è lo scrittore più interessante.*

1. opera
2. mestiere
3. sport
4. capitale d'Europa
5. programma radiofonico
6. canale televisivo
7. giornale
8. rivista

C. Patrizia e Pietro sono ad una festa e trovano che hanno gusti *(tastes)* simili. Assumere il ruolo di Pietro. [*Absolute superlative*]

▶ Patrizia: Questo cibo è molto buono, non è vero?   Pietro: *Sì, è buonissimo.*

1. Claudia è molto gentile, no?
2. Questa festa è molto noiosa, non ti sembra?
3. Questi dischi sono molto belli, non ti pare?
4. Questo ballo è molto difficile, non è vero?
5. Queste bevande sono molto buone, non ti sembra?
6. Stefano balla molto male, non ti pare?
7. Paola è molto bella, no?

D. Michele e Maria fanno confronti tra (*compare*) i loro amici, e mentre Maria dice cose positive sulla prima persona, Michele afferma il contrario. Assumere il ruolo di Michele. [*Irregular comparatives and superlatives*]

▶ Maria: Luisa canta meglio di Giorgio.　　Michele: *No, Luisa canta peggio di Giorgio.*

1. Paolo balla meglio di Sergio.
2. Caterina parla italiano meglio di Alberto.
3. Gino nuota meglio di sua sorella.
4. Patrizia gioca a tennis meglio di Barbara.
5. Tonio scrive meglio di te.
6. Viola cucina meglio di Lisa.

E. Maria e Michele continuano a discutere dei loro amici. Assumere il ruolo di Michele, usando il superlativo. [*Irregular superlatives*]

▶ Maria: Laura è buona. (Sergio)　　Michele: *No, Sergio è il migliore di tutti.*

1. Alberto è grande. (Tonio)
2. Susanna è cattiva. (Domenico)
3. Pietro è piccolo. (sua sorella)
4. Paola è buona. (Anna)
5. Gianni è cattivo. (io)
6. Gloria è piccola. (mio fratello)

F. Formulare frasi complete, usando il presente del congiuntivo. [*Present subjunctive with verbs of wishing, willing, and hoping, and with impersonal expressions*]

▶ voglio che Nina / guardare il telegiornale delle ventitré　　*Voglio che Nina guardi il telegiornale delle ventitré.*

1. speriamo che loro / venire prima delle dieci
2. desiderano che io / fare un viaggio in Francia
3. è bene che voi / comprare una cassetta nuova
4. è importante che noi / ascoltare il giornale radio
5. vuole che tu / preparare un'intervista per il programma
6. è improbabile che i ministri / raggiungere un accordo
7. è necessario che tu / approvare la pubblicità
8. è preferibile che voi / preparare una sfilata di modelli per la festa

G. Costruire frasi usando le espressioni indicate ed il presente del congiuntivo. [*Present subjunctive with verbs of wishing, willing, and hoping, and with impersonal expressions*]

▶ Vado dai miei zii. (è necessario)　　*È necessario che io vada dai miei zii.*

1. Guardiamo il telegiornale delle ventitré. (è importante)
2. Cerco un lavoro interessante. (mio padre vuole)

3. Franco presenta sua cugina a Luciana. (desidero)
4. Non vengo da voi questo pomeriggio. (è meglio)
5. Partiamo domenica prossima. (spero)
6. Quel signore arriva domani. (è improbabile)
7. Marta ci dà un passaggio. (è probabile)
8. Mettete la macchina nel garage. (è necessario)

H. Costruire frasi di senso compiuto secondo il modello, usando i pronomi indicati. [*Present subjunctive with verbs of wishing, willing, and hoping, and with impersonal expressions*]

▶ Voglio andare al mare. (tu)   *Voglio che tu vada al mare.*

1. Desidera guardare il telegiornale. (lei)
2. Voglio preparare le notizie sportive. (loro)
3. Spero di partire presto stasera. (voi)
4. È meglio usare la moto di Roberto. (tu)
5. Spero di rimandare il viaggio. (lui)
6. È giusto proseguire con il lavoro. (io)
7. È bene ascoltare il programma attentamente. (noi)
8. È necessario rispondere al telefono immediatamente. (voi)

I. Dica che prende le prime cose perché non le piacciono le seconde, usando il partitivo nella prima parte. [*Partitive with di*]

▶ olive / formaggio   *Prendo delle olive perché non mi piace il formaggio.*

1. il pane / i dolci
2. i pomodori / i fagiolini
3. le mele / le pesche
4. i ravioli / i rigatoni
5. il vitello / il maiale
6. l'aragosta / gli scampi
7. il minestrone / il brodo
8. il riso / l'insalata

J. Esprimere in italiano la seguente conversazione fra Gianni e Viola. [*Vocabulary and expressions*]

Viola   Did you listen to the 11 o'clock news last night?
Gianni   No. Don't tell me that something important happened.
Viola   Well ...
Gianni   I insist that you tell me everything!
Viola   The announcer said that the European Economic Community approved a new economic program that would raise *(aumentare)* the price of gas in Europe this summer.
Gianni   Would that be a problem for you?
Viola   No, but I had plans to travel everywhere in Europe this summer.
Gianni   You'll just have to take the train instead of your car.

See the Instructor's Manual for additional teaching suggestions for *Lezione 17ᵃ*.

Musica leggera o musica classica?

Un concerto di musica classica nel teatro alla Scala di Milano

Mariella Vannini, Giuliana Liverani e Carlo Masina passeggiano per una via di Roma. Ad un tratto° Giuliana si ferma davanti ad un cartellone pubblicitario. — *Suddenly*

Giuliana Guardate, sabato prossimo l'*Aida* di Verdi viene rappresentata° alle Terme di Caracalla. Vogliamo andare a vederla? Che ve ne pare?° — *is being performed* / *How about it?*

5 **Carlo** Scusa, ma sai bene che io non m'intendo di musica classica o di opera. A me piace molto la musica leggera e ... guarda caso°, sabato al Palazzo dello Sport c'è in programma un concerto di complessi famosi, come *I Cavalieri della notte*. Perché non ci andiamo tutti e tre°? — *look at the coincidence* / *the three of us*

10 **Mariella** Io non ne ho molta voglia. Sebbene sia già stata molte volte a Caracalla, non ho mai potuto vedere l'*Aida.* Sono sicura che sarà una serata magnifica e che ci divertiremo molto.

Giuliana È vero. Il dramma di *Aida*, i bellissimi costumi dei 15 personaggi, la musica, le luci, e lo scenario delle rovine di Caracalla sono qualcosa di indimenticabile.

Carlo Sì, però al Palazzo dello Sport ci saranno dei cantanti eccezionali. Ce ne sono alcuni come Michele Orlandini che suona la chitarra e canta in maniera 20 divina e ...

Mariella Carlo, guarda che una volta tanto, un po' di musica classica non ti farebbe male!

Carlo E va bene, andiamo pure° a vedere quest'*Aida.* Ma dovete promettermi che non ci lasceremo scappare° il — *All right, let's go* / *we won't miss* 25 prossimo concerto di musica leggera.

Giuliana Bravo, sono contenta che ti abbiamo convinto. Stasera telefonerò per prenotare i biglietti che ritireremo sabato prima dello spettacolo.

E (BO): Ask students to suggest ways of changing the ending of the dialogue; for example, Carlo refuses to go see the opera. Giuliana says if he doesn't go, she'll invite Luigi, who likes classical music. Mariella changes her mind and decides to go to the concert of light music with Carlo.

Roma—Terme di Caracalla

Stagione d'Opera 1988

Sabato 16 luglio 1988 – Ore 20,30

AIDA
Opera in quattro atti

Musica di
GIUSEPPE VERDI

Personaggi	Interpreti
Aida	Matilde Braga
Radames	Filippo Lambertini
Amneris	Eva Spini
Amonasro	Tiberio Ponzi

Direttore d'orchestra
Alessandro Biasi

Direttore del Coro
Luigi Abate

Scene e costumi
Patrizia Selva

Regia
Silvano Bravetta

Informazioni e prenotazioni telefoniche presso la biglietteria delle Terme: tel. 779078

Orario: dalle 14,00 alle 18,30.

PALAZZO DELLO SPORT-EUR

Sabato 16 luglio 1988 Ore 19,30

Il Comune di Roma, nel quadro delle manifestazioni folcloristiche e musicali dell'"Estate Romana" presenta

CONCERTO DI MUSICA LEGGERA

Partecipano:

Complessi	Cantanti
I Cavalieri della notte	Michele Orlandini
Gli Scapestrati	Gustavo da Rieti
I Melanconici	Marina Lattanzi
Le Sorelle Nostrane	Daniela
Lucia ed i Compagni	Ettore Boni

I biglietti sono in vendita presso i botteghini del Palazzo dello Sport tutti i giorni esclusa la domenica dalle ore 10,00 alle 15,00.

Per informazioni telefonare al 5485100.

Domande generali

E (BO): Ask a few questions about the musical programs shown in the publicity posters on p. 381.

1. Dove passeggiano Mariella, Giuliana e Carlo?
2. Che cosa vede Giuliana?
3. Quale opera viene presentata sabato prossimo alle Terme di Caracalla? A che ora?
4. Carlo s'intende di musica classica?
5. Che cosa c'è in programma al Palazzo dello Sport?
6. Giuliana dice che l'*Aida* è indimenticabile. Perché?
7. Chi preferisce andare al Palazzo dello Sport? Perché? Alla fine cosa decide di fare Carlo?

Domande personali

E (BC): Ask a few students a series of questions about a specific opera or concert they have seen or heard. Include questions about where the concert took place, how many people attended, what kind of clothes people wore to the concert, if the audience liked the music, etc.

1. Preferisce la musica classica o la musica leggera? Perché?
2. Le piace l'opera? Perché?
3. Quale opera conosce?
4. Quando vuole vedere un'opera, dove va?
5. Conosce qualche tenore famoso o soprano famoso? Quale?
6. Qual è il suo cantante o la sua cantante preferito/a? Ed il suo complesso preferito?

Esercizio di comprensione

Scegliere la risposta corretta.

1. L'*Aida* è ...
   a. un dramma di Pirandello.
   b. un'opera di Giuseppe Verdi.
   c. un concerto di musica leggera.
2. Le Terme di Caracalla ...
   a. sono antichi bagni romani.
   b. è una strada romana.
   c. è un'opera di Verdi.
3. Il cartellone pubblicitario annuncia ...
   a. la fine del mondo.
   b. la presentazione dell'opera *Aida.*
   c. un concerto di musica rock.
4. Mariella è stata alle Terme di Caracalla ...
   a. raramente.
   b. spesso.
   c. qualche volta.
5. Al Palazzo dello Sport ci saranno ...
   a. cantanti mediocri.
   b. un tenore ed un soprano famosi.
   c. dei complessi fantastici e cantanti eccezionali.

Vocabolario

Parole analoghe

classico/a	l'informazione	pubblicitario/a
il concerto	magnifico/a	lo scenario
convincere (convinto)	musicale	il soprano
divino/a	l'opera	telefonico/a
famoso/a	l'orchestra	il tenore

E (BO): Elicit or point out word families such as *informazione, informare; musicale, musica; telefonico, telefonare, telefonata, telefono; sera, serata.* Define in Italian words like *soprano, tenore, orchestra,* and *coro,* and ask students to identify the term defined.

Nomi

l'atto act
la biglietteria ticket office
il botteghino box-office
il cartellone poster
la chitarra guitar
il complesso musical group
il coro chorus
il flauto flute
l'interprete *(m. or f.)* interpreter, performer
la luce light
la maniera manner
la manifestazione exhibition
l'orario hours, schedule
il personaggio character
il pianoforte piano
la prenotazione reservation
la regia production
le rovine ruins
la serata evening

Verbi

intendersi di to be an expert in
ritirare to pick up

Altre parole ed espressioni

escluso/a excluding
presso at
che ve ne pare? how about it?
in vendita on sale
nel quadro di within the framework of
non ne ho molta voglia I don't feel much like it
il Palazzo dello Sport Sports Palace (building in Rome)
sebbene even though
le Terme di Caracalla Caracalla baths (built by the Romans)
una volta tanto just for once

Aggettivi

contento/a happy, glad
eccezionale exceptional
indimenticabile unforgettable
leggero/a light

Pratica

A. Supponga di visitare il Teatro alla Scala di Milano perché desidera sapere quali opere saranno in programma nelle prossime due settimane. Vuole sapere anche quanti giorni viene rappresentata ciascuna opera, quando saranno venduti i biglietti e quanto costano. Prepari un dialogo appropriato fra lei e l'impiegato del teatro.

B. Riassumere in cinque o sei frasi il dialogo a pagina 380, dichiarando *(declaring)* dove vuole andare ognuno, che cosa vuole vedere, quando e perché.

NOTA CULTURALE

La musica ed i giovani

I giovani italiani amano molto la musica. Concerti all'aperto o in teatri, festival della canzone, spettacoli di cantautori, discoteche e balere[1] cittadine costituiscono punti di ritrovo[2] per studenti e giovani. Attraverso la musica, ragazzi e ragazze si incontrano, si conoscono e scoprono interessi comuni.

La musica americana ed anglosassone esercita una grande influenza sulla gioventù italiana, specialmente per mezzo di videocassette e videomusica trasmessa dai canali televisivi. Per i giovani questa musica rock non è che il naturale complemento al fast-food, oggi molto diffuso nelle maggiori città ed all'abbigliamento casuale, che già da molti anni caratterizza lo studente italiano. Comunque non è solo la musica leggera che va di moda in Italia. Molti giovani amano anche la musica classica e l'opera, che hanno in Italia una tradizione antichissima.

Oggi, per avvicinare ancor più[3] i giovani alla musica classica e all'opera, molti spettacoli vengono allestiti[4] in luoghi antichi e suggestivi. L'Arena di Verona e le Terme di Caracalla a Roma sono soltanto i due più conosciuti tra i tanti teatri che sono a disposizione degli amatori della musica italiana.

Un giovane italiano mentre suona la sua chitarra

1. dance halls   2. gathering places   3. to bring even closer
4. produced

E (BO): Challenge students to give the base form for each of the cognates in the *Nota Culturale*; for example, *concerti: concerto; esercita: esercitare.*

Pronuncia
Il suono /p/

Italian /p/ is not aspirated (that is, it is not accompanied by a puff of air), in contrast to English /p/. The sound **p** is represented in writing by **p** or **pp**.

A. Ascoltare l'insegnante e ripetere le seguenti parole.

/p/ = **p**		/p/ = **pp**	
personaggio	o**p**era	a**pp**untamento	gia**pp**onese
perché	com**p**lesso	ca**pp**uccino	ra**pp**orto
periodo	a**p**eritivo	**p**urtro**pp**o	a**pp**artamento
parere	sem**p**re	a**pp**ena	a**pp**lauso

E (BC): Encourage students to create three or four more sentences that contain /p/ sounds. Have a few students dictate the sentences to you, and write them on the board, correcting any errors.

B. Leggere ad alta voce le seguenti frasi e fare attenzione alla pronuncia delle lettere *p* e *pp*.

1. Prendo sempre un cappuccino.
2. Ho un appuntamento importante.
3. Mi puoi dare un passaggio?
4. Mi piacciono le opere di Puccini.

C. Proverbi   Leggere ad alta voce i seguenti proverbi e poi dettarli ad un altro studente o ad un'altra studentessa.

Chi troppo vuole nulla stringe.
>   He who wants too much will end up with nothing.

Chi va piano va sano e va lontano.
>   Slowly but surely.

D. Scioglilingua

Sopra la panca la capra campa,
sotto la panca la capra crepa.
>   On the bench the nanny-goat lives,
>   under the bench the nanny-goat dies.

E. Dettato   Rileggere il seguente brano tratto dal dialogo a pagina 380 e poi dettarlo ad un altro studente o ad un'altra studentessa.

>   Scusa, ma sai bene che io non m'intendo di musica classica o di opera. A me piace molto la musica leggera e ... guarda caso, sabato al Palazzo dello Sport c'è in programma un concerto di complessi famosi, come *I Cavalieri della notte*. Perché non ci andiamo tutti e tre?

Ampliamento del vocabolario

I. Gli strumenti musicali

Here are some additional names of musical instruments to add to **la chitarra, il flauto** and **il pianoforte**.

l'arpa   harp
la batteria   drum set
il clarinetto   clarinet
il clavicembalo   harpsichord,
   clavichord

l'organo   organ
il sassofono   saxophone
il tamburo   drum
la tromba   trumpet
il violino   violin

A.   Rispondere alle seguenti domande personali.

1. Lei suona uno strumento musicale? Quale?
2. Quale strumento musicale preferisce ascoltare? Perché?
3. Vuole imparare a sonare uno strumento musicale? Quale? Perché?
4. Conosce qualche musicista famoso? Chi? Quale strumento musicale suona?
5. È mai andato/a a teatro ad ascoltare un'orchestra sinfonica? Dove?

B.   Legga i seguenti annunci pubblicitari, scelga quello che vorrebbe ritagliare *(cut out)*, e ne spieghi il perché.

Dischi e cassette originali anni 60 + opera Norma e Otello in 33 giri[1] + cofanetto[2] RCA 10 dischi 33 giri successi anni 60 vendo. Tel. 4964750	Chitarra classica Eko lavorazione artigianale ottimo stato o permuto[3] con buona chitarra acustica con fodero[4]. Chiamare Gianluca. Tel. 534115
Organo elettronico modello Kumar 198 2 tastiere[5] pedaliera/bassi ritmi con accompagnamento e memoria. Ottimo stato L. 670.000. Chiamare Silvano Tel. 813974	Vendo collezione discografica completa del soprano Maria Callas comprendente tutte le incisioni[6] dal 1947. Per informazioni telefonare ore serali al 2137864.

1. 33 r.p.m.   2. boxed set   3. trade   4. case   5. keyboards   6. recordings

II. I prefissi in-, s-, dis- e ri-

1. The prefixes **in-, s-,** and **dis-** can be added to words to form the negative or opposite meaning. **In-** is normally used with certain adjectives only; **s-** and **dis-** may be added to certain adjectives, verbs, or nouns.

2. The prefix **ri-** is added to certain verbs to imply repetition.

in-	utile *useful*	**in**utile *useless*
	felice *happy*	**in**felice *unhappy*
s-	fortuna *luck*	**s**fortuna *bad luck*
	consigliare *to advise*	**s**consigliare *to advise against*
	conosciuto/a *known*	**s**conosciuto/a *unknown*
dis-	piacere *pleasure*	**dis**piacere *displeasure, misfortune*
	fare *to do*	**dis**fare *to undo*
	organizzato/a *organized*	**dis**organizzato/a *disorganized*
	occupato/a *occupied,*	**dis**occupato/a *unoccupied,*
	employed	*unemployed*
ri-	leggere *to read*	**ri**leggere *to read again*
	aprire *to open*	**ri**aprire *to reopen*

C. Trasformare queste frasi, aggiungendo il prefisso *in-* alle parole in corsivo. Poi esprimere ogni frase in inglese.

▶ È un lavoro *utile*.   *È un lavoro inutile. (It's a useless job.)*

1. La riforma universitaria è *adeguata*.
2. Quello è un uomo molto *deciso*.
3. Questo bambino è molto *felice*.
4. La partenza di Lucia a febbraio è *certa*.

D. Trasformare queste frasi, aggiungendo il prefisso *s-* alle parole in corsivo. Poi esprimere ogni frase in inglese.

▶ Che *fortuna!*   *Che sfortuna! (What bad luck!)*

1. Questo scrittore è *conosciuto*.
2. Il professore ha fatto un commento *favorevole*.
3. È stato un viaggio *piacevole*.
4. L'impiegato ci *consiglia* di comprare questo libro.

E. Trasformare queste frasi, aggiungendo il prefisso *dis-* alle parole in corsivo. Poi esprimere ogni frase in inglese.

▶ Lo dice con *interesse*.   *Lo dice con disinteresse. (He/She says it with disinterest.)*

1. Questa casa è *abitata*.
2. Gli studenti lavorano con *attenzione*.
3. La mamma ha *fatto* il letto di Cristina.
4. I bambini *obbediscono* ai loro genitori.

V (BC): Ask students questions that require responses with a word containing the prefix *ri-*, meaning *again*. (For example *riaprire, rivedere, riscrivere*.)

F. Trasformare queste frasi, aggiungendo il prefisso *ri-* alle parole in corsivo. Poi esprimere ogni frase in inglese.

▶   Voglio *vedere* quell'opera.   *Voglio rivedere quell'opera. (I want to see that opera again.)*

1. Ha *guardato* quella rivista.
2. Hanno *eletto* quel rappresentante.
3. Penso di *telefonare* a Graziella.
4. Ci ha detto di *leggere* quel romanzo.

Struttura ed uso

I. Congiuntivo con espressioni d'emozione, dubbio o convinzione

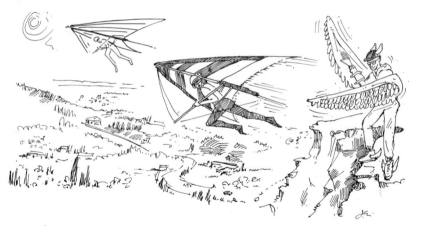

Ho paura che Mario **abbia perso** la testa.

1. The subjunctive is used in dependent **che**-clauses after expressions of emotion such as **essere contento, essere felice, dispiacere, avere paura, temere,** and **essere sorpreso,** when the subject of the dependent clause is different from the subject of the main clause.

Sono contento che (tu) **sia** qui.	I'm happy that you are here.
Sono felice che (lei) **venga**.	I'm happy that she's coming.
Mi dispiace che **partano** stasera.	I'm sorry that they are leaving tonight.
Ho paura che (lui) **abbia** mal di testa.	I'm afraid that he has a headache.
Sono sorpreso che **siate** già qui.	I'm surprised that you are already here.
Temo che **arrivino** tardi.	I'm afraid they'll arrive late.

2. The subjunctive is also used in dependent clauses after expressions of doubt, belief, and disbelief, such as **dubitare, non essere sicuro, non sapere se, sembrare, parere, credere,** and **non credere**.

Dubito che **parli** italiano.	I doubt that he/she speaks Italian.
Non sono sicuro che Davide **studi**.	I'm not sure that Davide studies.
Non so se parta stasera.	I don't know if he/she is leaving tonight.
Credo che Giovanna **arrivi** oggi.	I think Giovanna will arrive today.
Non credo che Lidia **abiti** a Roma.	I don't think that Lidia lives in Rome.

3. The infinitive is used after expressions of emotion, doubt, belief, or disbelief when there is no change of subject.

Sono contento di **essere** qui.	I'm happy to be here.
Mi dispiace di **partire** così presto.	I'm sorry to leave so soon.
Non penso di **avere** finito.	I don't think I've finished.
Credo di **giocare** bene.	I think I play well.

Note the use of the preposition **di** before the infinitive construction in the examples.

A. Dica che le seguenti persone sono contente di fare certe cose; poi dica che lei è contento/a che loro facciano queste cose. Usi l'espressione *essere contento/a* in tutte e due *(both)* le frasi.

▶ Luisa parte per Pisa.   *Luisa è contenta di partire per Pisa. Sono contento/a che Luisa parta per Pisa.*

1. I miei genitori vanno a teatro.
2. Faccio una festa per il compleanno di Vittorio.
3. Potete restare a Genova.
4. Gianfranco usa la macchina di suo fratello.
5. Fanno una gita a Siena.
6. Maria mi presta i suoi dischi.
7. Mio padre va in vacanza.
8. Tu e Laura avete un lavoro interessante.

B. Reagire alle seguenti situazioni, usando le parole indicate fra parentesi.

▶ Parli con Anna. (Sono felice che ...)   *Sono felice che parli con Anna.*

1. Sua sorella arriva tardi. (Temo che ...)
2. Ricevi tante telefonate. (Sono sorpreso/a che ...)
3. Non finiscono di lavorare. (Temo che ...)
4. Gina non può andare in vacanza. (Mi dispiace che ...)

5. Ci sono almeno cento feriti. (Ho paura che ...)
6. Sentite queste notizie. (Sono contento/a che ...)
7. Seguono quel corso di informatica. (Dubito che ...)
8. Ti sei fidanzata. (Sono felice che ...)

C. Dica che lei dubita o crede le seguenti cose.

▶   I giovani pensano al futuro.   *Dubito che i giovani pensino al futuro. Credo che i giovani pensino al futuro.*

1. Laura va alle Terme di Caracalla.
2. I biglietti non costano molto.
3. L'*Aida* è un'opera di Giuseppe Verdi.
4. Il prezzo della benzina diminuisce.
5. Michele Orlandini è un ottimo cantante.
6. Mio fratello diventa un musicista famoso.
7. Giorgio s'intende di musica leggera.
8. Luciano suona uno strumento musicale.

D. Franco non è d'accordo con Marco su molte cose. Assumere il ruolo di Franco, usando l'espressione *mi sembra che.*

▶   Marco: La squadra napoletana gioca bene.   Franco: *Mi sembra che la squadra napoletana non giochi bene.*

1. I fiumi americani sono grandi.
2. Quest'opera è bella.
3. I film italiani sono interessanti.
4. Giovanni e Paola si divertono alla festa.
5. Giuliana cucina bene.
6. Fa bel tempo qui in città.

E. Dia la sua risposta alle seguenti domande.

1. Crede che il calcio sia un gioco interessante?
2. Crede che ci siano molte industrie in Italia?
3. Crede che la musica leggera sia migliore della musica classica?
4. Crede che le trasmissioni televisive siano interessanti?
5. Crede che i genitori capiscano i loro figli?
6. Crede che la politica sia noiosa?
7. Crede che la tivvù sia migliore della radio?

II. Congiuntivo dopo le congiunzioni

Ti do il mio cappello **purché tu mi dia** il tuo costume.

The subjunctive is used in dependent clauses introduced by the conjunctions shown in the following chart.

affinché di modo che } perché	*so that, in order that*	Lavora **affinché** i figli possano frequentare l'università. Partiamo presto **di modo che** possiate prendere il treno delle nove. Parlate lentamente **perché** tutti vi capiscano.
benché sebbene } nonostante che	*although, even though*	Studia ancora **benché** sia mezzanotte. Esce **sebbene** faccia molto freddo. Parte **nonostante che** stia male.
in caso che	*in case that, in the event that*	Lascia il numero di telefono **in caso che** lui voglia parlarti.
a meno che	*unless*	Verremo da te **a meno che** non nevichi.
prima che	*before*	Telefono a Lina **prima che** tu venga.
purché	*provided that*	Verrà **purché** gli preparino un bel dolce.
senza che	*without*	Studiate **senza che** ve lo suggerisca vostra madre.

Note: The subjunctive is used after **prima che** and **senza che** only if the subjects of the main clause and the dependent clause are different. If the subjects are the same, **prima di** + infinitive or **senza** + infinitive is used.

Ti parlerò **prima che tu esca**.   I'll talk to you before you go out.
Ti parlerò **prima di uscire**.   I'll talk to you before going out.

Tiziana arriverà **senza che le telefoniamo.**   Tiziana will arrive without our phoning her.
Tiziana arriverà **senza telefonare.**   Tiziana will arrive without phoning.

V (BO): Have students respond with *di modo che* or *perché* in place of *affinché*.

F. Immagini di andare a Roma con alcuni amici. Dica che arriverete presto affinché ognuno dei suoi amici possa fare ciò che vuole. Usi la congiunzione *affinché*.

> ► Carlo può andare dallo zio.   *Arriveremo presto affinché Carlo possa andare dallo zio.*

1. Tina può vedere il Colosseo.
2. Mariella ed Anna possono visitare i Musei Vaticani.
3. Puoi telefonare ai tuoi parenti.
4. Potete incontrare i vostri amici.
5. Io e tu possiamo fare delle spese.
6. Susanna può andare a Villa Borghese.

G. Con le parole date costruire frasi, usando la congiunzione *sebbene*.

> ► andare in centro / essere tardi   *Vado in centro sebbene sia tardi.*

1. comprare una motocicletta / costare molto
2. uscire lo stesso / fare freddo
3. cercare lavoro / essere difficile trovarlo
4. andare alla partita / piovere
5. finire la colazione / essere in ritardo
6. fare una visita alla zia / abitare lontano

H. Abbinare le frasi seguenti, usando le parole fra parentesi.

> ► Il professore spiega chiaramente la lezione. Gli studenti la imparano bene. (affinché)   *Il professore spiega chiaramente la lezione affinché gli studenti la imparino bene.*

1. Mi alzo dal letto. Mia madre mi chiama. (prima che)
2. Facciamo questo lavoro. Mio padre ce lo chiede. (senza che)
3. Gli presto la bicicletta. Mi presta la sua moto. (purché)
4. Vado a telefonare ai nonni. Vogliono venire con noi. (in caso che)
5. Vai in Italia. Non hai molti soldi. (sebbene)
6. Mangio a mezzogiorno. Ho fatto la prima colazione alle dieci. (nonostante che)
7. Sandro mi aiuta. Posso finire i compiti. (di modo che)
8. Non hanno trovato una soluzione. Hanno studiato attentamente il problema. (benché)

III. Congiuntivo passato

Non credo **che lui abbia trovato** il tesoro.

1. The present perfect subjunctive (**il congiuntivo passato**) is used in a
dependent **che**-clause to reflect the speaker's attitude toward a recent
past action when the verb in the main clause is in the present indicative. It is formed with the present subjunctive of **avere** or **essere**
and the past participle of the main verb. The past participle of a verb
conjugated with **essere** agrees with the subject of the **che**-clause.

Non credo che **abbiano trovato** il parcheggio.	I don't think that they *have found* a parking space.
È possibile che Eleonora **sia** già **partita**.	It's possible that Eleonora *has* already *left*.
Sono contento che **abbiate vinto** la partita.	I'm happy that you *have won* the game.

2. The following chart shows the present perfect subjunctive of **trovare**
and **partire**.

che-clause	trovare	partire
che io ...	abbia trovato	sia partito/a
che tu ...	abbia trovato	sia partito/a
che lui/lei ...	abbia trovato	sia partito/a
che noi ...	abbiamo trovato	siamo partiti/e
che voi ...	abbiate trovato	siate partiti/e
che loro ...	abbiano trovato	siano partiti/e

I. Esprimere un'opinione, sostituendo al congiuntivo presente il congiuntivo passato.

▶ È probabile che Paola arrivi   *È probabile che Paola sia*
nel pomeriggio.   *arrivata nel pomeriggio.*

1. È impossibile che tu mangi tutta quella pasta.
2. È possibile che voi non studiate abbastanza.
3. È bene che loro comprino una nuova macchina.
4. Ho paura che il mio papà non ascolti il medico.
5. Non so se voi guardiate il telegiornale.
6. È sorpreso che tu telefoni così tardi.

J. Completare le seguenti frasi con espressioni di senso compiuto, usando i verbi al congiuntivo passato.

▶ È bene che Maria ...   *È bene che Maria [sia venuta alla festa].*

1. È importante che l'annunciatrice ...
2. Speriamo che loro ...
3. I miei parenti sono contenti che noi ...
4. Siamo sorpresi che il presidente ...
5. Mi dispiace che tu ...
6. È probabile che i vigili del fuoco ...
7. È giusto che io ...
8. È possibile che la polizia ...

K. Con le parole date costruire frasi, aggiungendo *che* e coniugando i verbi della frase subordinata al congiuntivo passato.

▶ C'è stato un incidente. È   *È possibile che ci sia stato un*
possibile.   *incidente.*

1. Non gioca con Francesco. È probabile.
2. Il Consiglio dei Ministri si riunisce al più presto. Speriamo.
3. I prezzi diminuiscono continuamente. Non è vero.
4. Le zone depresse ricevono aiuti finanziari. È meglio.
5. I ministri approvano il programma economico. È necessario.
6. Le case di moda presentano i loro modelli. È importante.
7. Non nevica più. È possibile.

IV. *Pronome* ne

Quanti **ne** ha mangiati?

1. The pronoun **ne** *(of it, of them)* is used when referring back to a phrase introduced by the partitive **di** or the preposition **di**. **Ne** precedes or follows the verb according to the rules for the position of direct-object pronouns (see p. 194).

— Offrono del **formaggio** a Stefano?	— Do they offer some cheese to Stefano?
— No, **ne** offrono a Carlo.	— No, they offer some (of it) to Carlo.
— Parlate **di Giovanni**?	— Are you talking about Giovanni?
— Sì, **ne** stiamo parlando. ⎤ — Sì, stiamo parlando**ne**. ⎦	— Yes, we're talking about him.
— Vuole assaggiare **delle olive**?	— Do you want to sample some olives?
— Sì, voglio assaggiar**ne**. ⎤ — Sì, **ne** voglio assaggiare. ⎦	— Yes, I want to sample some (of them).

Note that in Italian the pronoun **ne** is *always* expressed, in contrast to English, which often omits *of it, of them, about it, about them,* etc.

2. **Ne** is also used to refer to a direct object introduced by a number or by an expression of quantity.

— Ha due cugini?	— Do you have two cousins?
— Sì, **ne** ho due.	— Yes, I have two (of them).
— Quanti fratelli ha?	— How many brothers do you have?
— **Ne** ho quattro.	— I have four (of them).

3. The indirect-object pronouns **gli** or **le** become **glie** and are attached to **ne**. **Ne** is never attached to **loro**.

Gli darò dei panini.	I'll give him some sandwiches.
Le darò delle mele.	I'll give her some apples.
Gliene darò.	I'll give him/her some (of them).
Darò **loro** del vino.	I'll give them some wine.
Ne darò loro.	I'll give them some (of it).

4. In the present perfect, **ne** precedes the verb and acts as a direct-object pronoun, thereby requiring agreement of the past participle.

— Quante **mele** ha preso?	— How many apples did you take?
— **Ne** ho **prese** tre.	— I took three (of them).
— Quanti **bambini** hai visto al parco?	— How many children did you see at the park?
— **Ne** ho **visti** molti.	— I saw many (of them).

5. Note the use of **ne** in responses to questions that contain verbal expressions such as **avere bisogno di, avere paura di, avere voglia di,** and **discutere di** when nouns or verbs following them are replaced.

— Hai bisogno del dizionario?	— Do you need a dictionary?
— No, non **ne** ho bisogno.	— No, I don't need *one*.
— Avete paura degli esami?	— Are you afraid of exams?
— Sì, **ne** abbiamo paura.	— Yes, we're afraid *of them*.
— Hai voglia di uscire?	— Do you feel like going out?
— No, non **ne** ho proprio voglia.	— No, I really don't feel like *it*.
— Discuti sempre di sport?	— Do you always discuss sports?
— Sì, **ne** discuto sempre.	— Yes, I always discuss *it*.

E (BC): Have students use food vocabulary in place of the objects indicated. Cue the food items yourself or appoint a student to do so, using vocabulary from the lists on pages 165 and 297–298.

L. Chiedere ad un altro studente o ad un'altra studentessa se ha alcuni degli oggetti indicati.

▶ dei dischi italiani
S1: *Hai dei dischi italiani?*
S2: *Sì, ne ho.*
No, non ne ho.

1. dei biglietti per l'opera
2. degli strumenti musicali
3. dei dischi americani
4. delle riviste inglesi
5. dei registratori
6. delle cassette di musica rock
7. delle camicie blu
8. delle calcolatrici

E (BC): Appoint a student to cue some of the nouns referring to other family members or close relatives listed on p. 185.

M. Dica quanti parenti ha lei.

▶ fratelli *Ne ho [due]*.

1. zie	3. cognati	5. sorelle
2. cugine	4. nonni	6. zii

P (BC): Make statements using the verbal expressions *avere bisogno di, avere paura di, avere voglia di,* and *discutere di,* and ask students to respond in the affirmative or negative, using *ne*; e.g.,
Instructor: *Ho paura del traffico di questa città. E lei, [Mariella]?*
Student: *Anch'io ne ho paura.*

N. Rispondere alle seguenti domande negativamente o positivamente, sostituendo il pronome *ne* alle parole in corsivo.

1. Hai paura *del traffico romano?*
2. Avete voglia *di un bel caffè?*
3. Hanno avuto bisogno *di aiuto?*
4. Paolo discute spesso *di politica?*
5. I tuoi amici hanno voglia *di andare a vedere l'Aida?*
6. Hai bisogno *di usare il mio computer?*
7. Avete paura *di andare a cavallo?*
8. Stanno discutendo *di musica classica?*
9. Hai voglia *di fare colazione adesso?*

O. Supponga di fare una festa e di chiedere ad alcuni dei suoi invitati se hanno preso un po' dei cibi indicati. Assuma il ruolo delle persone invitate.

▶ Hai preso dell'antipasto? (sì) *Sì, ne ho preso.*

▶ Hai preso della pasta? (no) *No, non ne ho presa.*

1. dei fagiolini (no)	4. delle arance (sì)	7. dell'insalata (sì)
2. dei pomodori (no)	5. dell'uva (sì)	8. del tè (no)
3. del dolce (sì)	6. delle olive (no)	9. del caffè (sì)

A lei la parola

1. State that your father doesn't want to go to see *Aïda* tonight, although he likes opera very much. He prefers to stay home.
2. Advise your friends to go see the musical group *Gli Scapestrati* because you think the band is really exceptional.
3. Apologize to one of your friends because you didn't ask him to go to the concert with you last night. Tell him you had only two tickets, one of which you gave to your brother.
4. Inform your sister that you doubt that your grandparents are coming to dinner on Saturday. Add that you think they are coming on Sunday.
5. Explain to your mother that you like going to the movies, but that your boyfriend or girlfriend never feels like it.

Attualità

Conosce Ravenna?

Ravenna è una città della regione Emilia-Romagna. Capitale
dell'Impero d'Occidente nel 402 e capitale dell'Italia bizantina nel 584,
Ravenna è ricca di stupendi monumenti che rivelano l'influsso° delle   influence
dominazioni straniere. Il Mausoleo di Galla Placidia, il Mausoleo di
Teodorico, San Vitale e Sant'Apollinare in Classe sono ricchi di
mosaici colorati, pietre° preziose e marmi° trasparenti, che   stones / marble
contribuiscono a formare ambienti di luce soffusa ed affascinante.
Sosta° obbligata di studiosi ed amanti dell'arte, Ravenna attrae   stopping place
moltissimi turisti italiani e stranieri.

I parchi nazionali italiani

In Italia ci sono quattro parchi nazionali istituiti per tutelare° la flora e   to protect
la fauna che si trovano in queste zone. Negli ambienti incontaminati°   unpolluted
dei parchi nazionali crescono piante e fiori rari, e gli animali vivono e
si muovono nel loro habitat naturale. Specialmente durante i mesi
estivi, molte persone visitano questi parchi, che sono forniti di
alberghi, rifugi° e campeggi° bene attrezzati°.   shelters / camping grounds / equipped

    Due di questi parchi sono al nord, sulle Alpi. Vicino alla Valle
d'Aosta, e precisamente sulle Alpi Graie, è situato il Parco Nazionale
del Gran Paradiso. In questa vasta e bellissima zona vivono lo
stambecco°, il camoscio° e l'aquila reale°. Più verso est c'è il Parco   ibex / chamois / royal eagle
Nazionale dello Stelvio. Oltre alla flora ed alla fauna alpine, in questo
parco ci sono anche tipiche formazioni geologiche.

    Nel centro Italia, sugli Appennini, c'è il Parco Nazionale
d'Abruzzo. Questo parco, come quello del Gran Paradiso, era nei secoli
scorsi un'antica Riserva reale di Caccia°. Mentre gli altri parchi   Royal Hunting Reservation
nazionali non sono sempre accessibili durante l'anno, quello d'Abruzzo
ha persino° la caratteristica di essere abitato dall'uomo, e può essere   even
visitato in quasi tutti i mesi dell'anno.

    Nel promontorio del Circeo, sulla costa tirrenica, c'è il Parco
Nazionale del Circeo, che è anche una grande attrazione turistica,
specialmente durante il periodo estivo.

*La Camosciara nel Parco
Nazionale d'Abruzzo*

Le vacanze in Italia

La maggior parte degli italiani ama trascorrere° le vacanze in Italia   to spend
dove ci sono bellissimi posti di villeggiatura°. Secondo un recente   resort areas
sondaggio° dell'ISTAT (Istituto centrale di statistica), il sessanta per   poll
cento (60%) degli italiani preferisce fare le vacanze al mare. Inoltre, il
novantacinque per cento (95%) degli italiani va in vacanza nel periodo
compreso tra giugno e settembre, con punte massime° durante i mesi   peaks
di luglio ed agosto.

Indovinare!   Cercare di indovinare cosa descrivono le seguenti frasi.

1. Questi parchi erano antiche riserve di caccia.
2. Sono due animali che vivono nel Parco Nazionale del Gran Paradiso.
3. Sono due caratteristiche particolari del Parco Nazionale d'Abruzzo.
4. È la posizione geografica del Parco Nazionale del Circeo.
5. Dove preferisce trascorrere le vacanze la maggior parte degli italiani.
6. Sono i mesi dell'anno in cui la maggior parte degli italiani preferisce andare in vacanza.
7. Era l'antica capitale dell'Italia bizantina.
8. Caratteristiche artistiche di San Vitale e di Sant'Apollinare in Classe.

LEZIONE 18ª

Come vedete il vostro futuro?

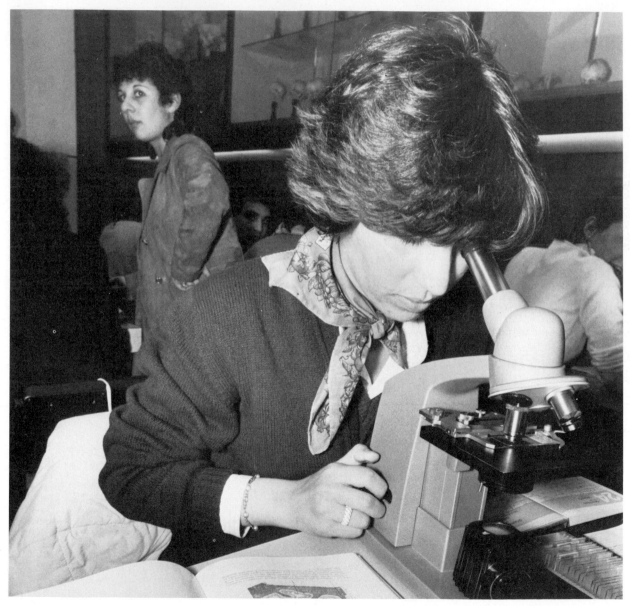

Preparandosi seriamente per una professione futura

Giacomo Cortese, giornalista di una radio privata italiana, intervista tre studenti universitari: Giorgio Solari, studente d'ingegneria, Patrizia Ranucci, studentessa di architettura, e Luciana Massimi, studentessa di scienze politiche.

Giornalista	Amici ascoltatori, buona sera. La trasmissione settimanale "I nostri giovani" presenta una breve discussione sulla preparazione al mondo del lavoro che i giovani ricevono oggi all'università. Sono con noi qui nello studio tre studenti che esprimeranno liberamente le loro opinioni. Giorgio, apra lei la discussione! Che pensa dell'attuale situazione universitaria?
Giorgio	È un po' caotica. Le aule sono sovraffollate°, ci sono pochi professori, mancano contatti° tra l'università e l'industria. È piuttosto difficile ricevere una preparazione adeguata per entrare con successo nel mondo del lavoro.
Giornalista	Patrizia, lei è d'accordo con Giorgio? Ci faccia conoscere la sua opinione, per favore. Come vede il futuro dei giovani?
Patrizia	Il nostro futuro non è tanto triste come ha suggerito Giorgio. Io devo ancora studiare un anno prima di laurearmi, e so che sarà un po' difficile trovare subito lavoro come libera professionista°. Comunque, siccome c'è molto bisogno di personale specializzato nei vari settori industriali, ci sono buone possibilità d'impiego per noi giovani.
Giornalista	Ma non c'è stata una riforma nell'università?
Luciana	Sì, ma in forma limitata. Sembrava che l'entrata in vigore° della riforma universitaria potesse migliorare la nostra situazione. Invece, ci sono stati pochi cambiamenti. Alcuni studenti addirittura° pensano che i politici continuino a perdersi in chiacchiere inutili° senza concludere nulla.
Giornalista	Avete suggerimenti concreti da dare? Giorgio, dica pure!
Giorgio	Nel passato abbiamo chiesto due cose: un contatto più efficace tra università ed industria, e l'istituzione di corsi universitari di breve durata°. Queste richieste° sono oggi sempre valide, ma stiamo ancora aspettando che vengano esaminate.

Glosses (right margin):

overcrowded
contacts are lacking

independent professional

implementation

even

waste time in useless talk

short term
requests

Luciana Quello che Giorgio ha detto è importante perché ciò ridurrebbe notevolmente il sovraffollamento dell'università.

40

Patrizia Allo stesso tempo molti giovani troverebbero lavoro più facilmente facendo così diminuire la disoccupazione giovanile.

Giornalista Bene, ragazzi. È stato uno scambio di idee molto

45 interessante e spero che i nostri ascoltatori abbiano apprezzato questa trasmissione. La prossima settimana ci incontreremo con alcuni giovani liceali ed ascolteremo anche le loro opinioni al riguardo°. Grazie per l'ascolto e buona sera.

E (BC): Role-play at the front of the class a radio or TV reporter interviewing three or four college or high school students in your city or state. Ask the students being interviewed pertinent questions related to local conditions or situations. Have the students remaining at their seats take notes during the interview. After you have concluded the session, ask for summaries of the responses to the questions.

° on this subject

Domande generali

1. Dove sono il giornalista e gli studenti?
2. Che cosa vuole sapere il giornalista?
3. Come si presenta il futuro degli studenti?
4. Quali difficoltà incontreranno gli studenti quando finiranno l'università?
5. Quali sono alcuni suggerimenti che danno gli studenti?

Domande personali

E (BC): Ask students if they have ever participated in an interview, what kinds of questions the interviewer asked, if the interviewer refrained from expressing his/her own opinion, if it is important that an interviewer *not* express his/her own opinion.

1. Lei è contento/a della situazione attuale nella sua università o nel suo liceo? Perché?
2. Se ha un problema all'università o al liceo, con chi lo discute?
3. Vorrebbe suggerire una riforma per l'università? per il liceo? Se risponde di ''sì'', perché?
4. Per gli studenti è difficile trovare lavoro nella sua città o nel suo paese?
5. Come vede il suo futuro? Perché?

Esercizio di comprensione

E (BC): Ask students to use their imagination to describe the three students being interviewed (age, physical characteristics, personality, what clothes they are probably wearing for the interview, etc.). Have them guess what Giorgio, Patrizia, and Luciana like or don't like to do, if they live at home with their parents or relatives or if they live with friends in an apartment, etc.

Il seguente brano è basato sull'intervista a pagina 401. Completare il brano con parole ed espressioni appropriate.

Il programma radiofonico _____ è una _____ settimanale. Nello studio di una radio privata _____ , alcuni studenti _____ le loro opinioni. Giorgio, lo studente che _____ la discussione, dice che le aule sono _____ , che non ci sono abbastanza _____ , e che _____ contatti tra l'università e l'industria. Secondo Patrizia, il futuro dei giovani studenti non è _____ , anche se è piuttosto difficile _____ lavoro come _____ . Secondo Luciana, i politici si perdono _____ . Infine, Giorgio offre un suggerimento: istituire corsi _____ . Questo, secondo Luciana, ridurrebbe notevolmente il _____ dell'università.

Vocabolario

Parole analoghe

adeguato/a	l'industria	presente
caotico/a	l'ingegneria	privato/a
concludere	intervistare	la riforma
concreto/a	l'istituzione	il settore
il contatto	l'opinione	la situazione
la discussione	il personale	specializzato/a
esaminare	il politico	universitario/a
il futuro	la possibilità	valido/a
grafico/a		

Nomi

l'ascolto   listening
l'aula   classroom
il bisogno   need
il cambiamento   change
la disoccupazione   unemployment
l'impiego   job
il passato   past
la richiesta   request
lo scambio   exchange
il sovraffollamento   overcrowding
il suggerimento   suggestion

Verbi

apprezzare   to appreciate
esprimere   to express
laurearsi   to graduate
mancare   to lack
migliorare   to improve
ridurre   to reduce

Aggettivi

attuale   present
breve   brief, short
ciò   this
efficace   effective
giovanile   young
settimanale   weekly
sovraffollato/a   overcrowded
vario/a   various

Altre parole ed espressioni

addirittura   even
liberamente   freely
notevolmente   remarkably
siccome   since

con successo   successfully
dica pure   say, go ahead
fare conoscere   to make known
in forma limitata   in a limited way

Pratica

A. Immagini di essere un/una giornalista della radio che intervista alcuni studenti universitari o liceali. Chieda quali sono le loro opinioni sull'università o sul liceo e se si sentono preparati per entrare nel mondo del lavoro.

B. Prepari cinque domande e risposte sulle sue personali possibilità d'impiego dopo la laurea e ne discuta durante la lezione d'italiano.

NOTA CULTURALE

Gli studenti italiani ed il lavoro

Nelle scuole ed università italiane manca un centro di orientamento scolastico e professionale che aiuti i giovani a scegliere la loro futura professione. Spesso gli studenti scelgono e frequentano una facoltà universitaria per il prestigio del titolo accademico o per tradizione di famiglia. Questo è vero specialmente per medicina e giurisprudenza[1] che hanno visto crescere[2] notevolmente negli ultimi anni il numero di giovani iscritti[3] ai loro corsi. Il risultato è che oggi in Italia ci sono moltissimi medici ed avvocati, ma solo pochi di loro riescono[4] a trovare un buon lavoro. Per gli altri, il conseguimento della laurea è l'inizio[5] di una dura ricerca. Alla fine, per non rimanere più a lungo disoccupati[6] i giovani laureati[7] dovranno adattarsi[8] ad un tipo di lavoro molto diverso.

Oggi però, la situazione va migliorando. A livello[9] regionale è già in atto[10] in molte città una cooperazione tra industria e scuole medie superiori. Gli studenti visitano ditte[11] private ed aziende pubbliche[12], mentre dirigenti e professionisti si incontrano con gli studenti nelle scuole. Lo scopo di questi incontri è di dare allo studente una visione più realistica della vita in modo[13] da facilitare più tardi il suo inserimento[14] nel lavoro.

Studenti che discutono possibilità di lavoro.

1. law   2. grow   3. enrolled   4. succeed   5. beginning
6. unemployed   7. graduates   8. adjust   9. level
10. in place   11. firms   12. public businesses
13. in order to   14. their entry

E (BO): Have students form five or six questions based on the content of the *Nota culturale*, and ask *you* to respond.

Pronuncia
Dittonghi e trittonghi

1. A *diphthong* is a phonetic group formed by a semivowel plus a vowel that occur in a single syllable. Unstressed **i** and **u** become semivowels when either one combines with **a, o,** or **e.**

abb**ia**   fig**lio**   **pie**de   q**ua**le   **cuo**re   g**ue**rra

Stressed **i** and **u** in combination with **a, o,** or **e** do not constitute a diphthong, and consequently are not pronounced as a single syllable.

vìa   mìo   zìe   diminuìre   sùa   bùe

2. A *triphthong* is a group of three vowels that occurs in a single syllable. It is composed of two semivowels and one vowel.

m**iei**   t**uoi**   g**uai**   v**uoi**   b**uoi**

A.   Ascoltare l'insegnante e ripetere le seguenti parole.

Dittonghi

gra**zie**	**pie**no
b**uo**no	stad**io**
v**uo**le	**pia**no

Trittonghi

miei	**vuoi**
tuoi	**puoi**
suoi	a**iuo**la

B.   Leggere ad alta voce le seguenti frasi e fare attenzione alla pronuncia dei gruppi di due o di tre vocali.

1. Puoi fare la prenotazione per domani?
2. Vuoi i miei guanti?
3. Vorrei i suoi biglietti.
4. Suo figlio non ha più bisogno d'aiuto.

C.   **Proverbi**   Leggere ad alta voce i seguenti proverbi e poi dettarli ad un altro studente o ad un'altra studentessa.

Natale con i tuoi e Pasqua con chi vuoi.
  Spend Christmas with your family and Easter with whomever you wish.
Con la scusa del figliuolo, la mamma si mangia l'uovo.
  One can use others as an excuse for selfish behavior.

D.   **Dettato**   Rileggere questo brano dell'intervista riportata a pagina 401 e poi dettarlo ad un altro studente o ad un'altra studentessa.

   Amici ascoltatori, buona sera. La trasmissione settimanale "I nostri giovani" presenta una breve discussione sulla preparazione al mondo del lavoro che i giovani ricevono oggi all'università. Sono con noi qui nello studio tre studenti che esprimeranno liberamente le loro opinioni. Giorgio, apra lei la discussione! Che pensa dell'attuale situazione universitaria?

Ampliamento del vocabolario

Il mondo del lavoro

The following words and expressions will help you to prepare for applying for a job in Italy some day. You already know many of the terms listed.

Nomi

l'agenzia di consulenza employment agency
il capo chief, boss
la carriera career
il colloquio job interview
il concorso competitive exam
il/la consulente consultant
il curriculum vitae curriculum vitae, résumé
la domanda d'impiego job application
la fabbrica factory
la gestione management
i giorni di ferie vacation days
l'impiego job, employment
l'occupazione occupation, employment
il posto job, position
la qualifica qualification
la retribuzione remuneration
il salario wage, pay
lo stipendio salary
lo sviluppo development, advancement
la tredicesima additional monthly salary or bonus paid to workers at Christmas time

Verbi

assumere to hire
gestire to manage
guadagnare to earn
intraprendere to undertake
licenziare to fire
licenziarsi to quit (a job)
richiedere to require, seek

Aggettivi

assicurativo/a insurance
gestionale managerial
qualificato/a qualified

Altre parole ed espressioni

a tempo parziale part-time
a tempo pieno full-time
fare lo straordinario to work overtime
sostenere un colloquio to have a job interview
guadagnarsi la vita to earn one's living
presso agenzia at an agency
trovare impiego to find a job

A. Rispondere alle seguenti domande personali.

1. Che tipo di impiego pensa di trovare quando finirà il liceo o l'università?
2. Cos'è più importante per lei: lo stipendio, il tipo di lavoro, l'assicurazione malattie *(health insurance)*, i giorni di ferie o la possibilità di fare carriera?
3. Quanto le piacerebbe guadagnare al mese?

4. Lavora adesso? Lavora a tempo pieno o a tempo parziale? Le piace fare lo straordinario?
5. Per quale lavoro è qualificato/a?
6. Per andare a sostenere un colloquio per un posto di lavoro, come si veste? come si prepara?
7. Quanti giorni di ferie all'anno le piacerebbe avere?
8. C'è molta disoccupazione nella sua città o nel suo paese oppure è abbastanza facile trovare lavoro?

B. **Cerca lavoro?** Legga i seguenti annunci e risponda alle domande che seguono a pagina 408.

Annunci

Offerte di lavoro

Industria ricerca

Laureato in chimica in possesso dei seguenti requisiti:
— età tra i 25 ed i 35 anni
— 2 o 3 anni di esperienza.
Il candidato sarà responsabile per:
— lo studio e lo sviluppo di nuovi prodotti
— l'assistenza tecnica ai clienti.
Inviare dettagliato Curriculum vitae a: *Agenzia Parini, Casella Postale 35, Como*

La grande catena di negozi di abbigliamento "La Moda" cerca per il suo negozio di Napoli un ...

Responsabile vendite

Questa posizione è adatta per una persona dinamica con spirito di organizzazione e indipendenza. Possibilità di sviluppo e soddisfacente retribuzione. Presentarsi o telefonare presso il negozio di Via Caracciolo 194, Tel. 237.415

Una buona occasione per intraprendere la carriera assicurativa.

Questo lavoro richiede:
— Buona predisposizione al contatto umano
— Ottimo aspetto
— Cultura media
— Automobile propria
— Capacità gestionali

Offre:
— Possibilità di sviluppo
— Buona retribuzione
— Carriera

Inviare Curriculum vitae a:
Agenzia di consulenza, Corso Mazzini 11, Genova

Assumiamo **Grafico/a** con esperienza di 2 o 3 anni presso agenzia di pubblicità.

Età tra i 24 e 30 anni.

Telefonare al 207.693, Verona

1. Quali sono le responsabilità di lavoro del candidato ricercato dall'industria chimica?
2. Quali caratteristiche deve possedere il/la responsabile vendite per il negozio di abbigliamento di Napoli? Quali vantaggi *(advantages)* offre questo lavoro?
3. Quali sono le qualifiche richieste per intraprendere la carriera assicurativa? Quali sono i vantaggi di quest'impiego?
4. Quale tipo di esperienza e quanti anni di attività nel ramo *(in the field)* deve avere il candidato o la candidata per l'impiego offerto a Verona? Secondo lei, sono sufficienti le informazioni sul lavoro offerto?

C. Supponga di lavorare per un'agenzia di consulenza che cerca personale specializzato e qualificato per le industrie della sua città o del suo paese. Prepari un annuncio per un'offerta di lavoro da mettere sul giornale, basandosi sui modelli a pagina 407.

E (BC): Role-play at the front of the class an employer interviewing an applicant for a part-time or full-time job. Ask appropriate questions, and refer occasionally to the curriculum vitae prepared by the student being interviewed.

D. Supponga di dovere sostenere un colloquio per ottenere lavoro presso un'agenzia di viaggi. Prepari un curriculum vitae basato sul seguente modello.

Curriculum vitae

Cognome: Pallavicini   *Nome:* Enzo

Data di nascita: 25 febbraio, 1968   *Luogo:* Vicenza

Domicilio: Via dei Castani 13
            67100 L'Aquila

Telefono: (0862) 27352

Titolo di studio: Maturità classica, luglio 1986

Esperienza di lavoro: guida turistica durante l'estate (1984–1985)

Caratteristiche personali: ottima salute, celibe

Altre qualifiche: buona conoscenza del francese e del tedesco

Referenze: 1. Prof. Rinaldo Santini
           Liceo Classico D'Annunzio
           L'Aquila
       2. Dott. Vittorio Ciccone
           Ufficio ENIT (Ente nazionale per il turismo)
           L'Aquila

Struttura ed uso

I. *Imperativo con i pronomi* lei e loro

Vada indietro, dottore, ancora indietro!

1. The **lei**- and **loro**-command forms of all verbs (regular and irregular) are identical to the third person singular and the third person plural forms of the present subjunctive. As in the case of informal commands, subject pronouns are not used with the formal **lei**- and **loro**-commands.

Present subjunctive in *che*-clause	Command forms with *lei* and *loro*
Voglio che **ascolti** il dialogo. Spero che **vengano** domani.	**Ascolti** il dialogo! **Vengano** domani!

2. Here are the imperatives of regular **-are, -ere,** and **-ire** verbs, and of an irregular verb.

	ascoltare	rispondere	partire	finire	fare
lei-command	Ascolti!	Risponda!	Parta!	Finisca!	Faccia!
loro-command	Ascoltino!	Rispondano!	Partano!	Finiscano!	Facciano!

3. In the negative imperative, **non** precedes the imperative form.

Non compri quella camicia!   Don't buy that shirt!
Non prendano quel giornale!   Don't take that newspaper!

4. Direct- and indirect-object pronouns always precede the imperative form, *except* for the indirect-object pronoun **loro**.

lei-commands	Scriva la lettera!	**La** scriva!
	Scriva a suo padre!	**Gli** scriva!
	Scriva la lettera a suo padre!	**Gliela** scriva!
	Scriva la lettera ai genitori!	**La** scriva **loro**!
loro-commands	Dicano la verità!	**La** dicano!
	Dicano la verità al professore!	**Gli** dicano la verità!
	Dicano la verità al professore!	**Gliela** dicano!
	Dicano la verità ai professori!	**La** dicano **loro**!

5. Reflexive pronouns also precede the imperative form. Remember that when direct-object pronouns are used in combination with reflexive pronouns, the reflexive pronoun **si** changes to **se** and precedes **lo, li, la, le**.

lei-commands	Si prepari!	Non **si** prepari!
	Si metta le scarpe!	**Se le** metta!
loro-commands	Si preparino!	Non **si** preparino!
	Si mettano le scarpe!	**Se le** mettano!

E (BC): Role-play an Italian-speaking stranger in your city or town trying to get from one location (the building in which class is being held) to another. Ask students to represent friendly passers-by who give you directions in your native language.

A. Spiegare brevemente ad alcuni turisti come arrivare ai luoghi indicati.

▶ al museo: prendere un tassì   *Prendano un tassì per arrivare al museo.*

1. al teatro "Eliseo": andare dritto
2. all'ufficio postale: seguire via Po
3. alla stazione: tornare indietro
4. allo stadio: prendere l'autobus numero 31
5. in banca: andare a piedi
6. all'ospedale: seguire quella freccia *(arrow)*

B. Assumere il ruolo del giornalista a pagina 401 e dare degli ordini appropriati alle persone indicate.

▶ il signor Solari: fare conoscere la sua opinione   *Faccia conoscere la sua opinione, per favore!*

1. il signor Collavati: aprire la discussione
2. la signorina Di Stefano: esprimere le sue idee sulla riforma universitaria
3. la signora Ranucci: spiegare agli ascoltatori la sua situazione
4. il signor Piovanelli: prepararsi per l'intervista
5. la signorina Cristini: suggerire qualcosa di concreto
6. la signora Cortese: venire allo studio alle sedici

C. Assumere il ruolo del presidente di una ditta e dare degli ordini alle seguenti persone, usando i pronomi complemento con le forme *lei* e *loro* dell'imperativo.

▶ alla segretaria: scrivere a macchina le lettere   *Le scriva a macchina.*

1. a due impiegati: preparare i questionari
2. ad un giovane impiegato: portargli il curriculum vitae
3. a due operai: guadagnarsi lo stipendio
4. ad un funzionario: non licenziare quegli operai
5. al capo del Personale: assumere quelle due segretarie
6. a due consulenti: presentargli le loro qualifiche

D. Ordinare ad un altro studente o ad un'altra studentessa di compiere le seguenti azioni e sostituire alle parole in corsivo i pronomi complemento, usando l'imperativo con *lei*.

▶ mettersi *l'impermeabile*   *Se lo metta.*

1. radersi *la barba*
2. mettersi *il cappotto*
3. pettinarsi *i capelli*
4. lavarsi *la faccia*
5. farsi *la doccia*
6. levarsi *le calze*

II. Imperfetto del congiuntivo

Vorrei **che** i vigili del fuoco **finissero** al più presto.

1. The imperfect subjunctive (**l'imperfetto del congiuntivo**) is used in dependent **che**-clauses, instead of the present subjunctive, *when the verb in the main clause is in a past tense or in the conditional.*

Maria **voleva** che io **andassi** con lei.	Maria wanted me to go with her.
Speravo che Carla **arrivasse** presto.	I was hoping that Carla would arrive early.
Vorrebbe che tu **leggessi** questo libro.	He/She would like you to read this book.
Sarebbe necessario che **partiste** alle otto.	It would be necessary for you to leave at 8:00.

2. The imperfect subjunctive of all regular and almost all irregular verbs is formed by adding the endings **-ssi, -ssi, -sse, -ssimo, -ste,** and **-ssero** to the first person singular of the imperfect indicative minus the final **-vo**.

	Imperfect indicative	Imperfect subjunctive
trovare	io trovavo	che (io) **trovassi**
avere	io avevo	che (io) **avessi**

3. The following chart shows the imperfect subjunctive forms of a regular **-are**, **-ere**, **-ire** verb, and of an irregular verb.

	studiare	leggere	partire	dire
che io	studia**ssi**	legge**ssi**	parti**ssi**	dice**ssi**
che tu	studia**ssi**	legge**ssi**	parti**ssi**	dice**ssi**
che lui/lei	studia**sse**	legge**sse**	parti**sse**	dice**sse**
che noi	studia**ssimo**	legge**ssimo**	parti**ssimo**	dice**ssimo**
che voi	studia**ste**	legge**ste**	parti**ste**	dice**ste**
che loro	studia**ssero**	legge**ssero**	parti**ssero**	dice**ssero**

4. The following verbs are irregular in the imperfect subjunctive.

dare: dessi, dessi, desse, dessimo, deste, dessero
essere: fossi, fossi, fosse, fossimo, foste, fossero
stare: stessi, stessi, stesse, stessimo, steste, stessero

V (BO). Have students respond in the present subjunctive, then in the imperfect subjunctive.

E. Questa mattina Marco ha ricevuto una telefonata da un amico. Riferire quello che l'amico voleva che Marco facesse, usando le parole indicate.

▶ vendere la sua moto a Giacomo   *Voleva che Marco vendesse la sua moto a Giacomo.*

1. telefonargli sabato alle dieci
2. comprargli delle cassette americane
3. prestare lo stereo a Francesca
4. spiegargli la lezione d'inglese
5. andare in biblioteca nel pomeriggio
6. giocare a tennis con Carlo
7. dare un libro di storia ad Anna

F. Trasformare ogni frase secondo il modello.

▶ Volevo telefonare alla nonna.   *Volevo che tu telefonassi alla*
Volevo che tu ...   *nonna.*

1. Temevo di essere in ritardo. Temevo che suo padre ...
2. Mi dispiaceva telefonare. Mi dispiaceva che lui ...
3. Ero contenta di fare quella gita. Ero contenta che tu ...
4. Volevo discutere di politica. Volevo che lei ...
5. Preferirei ascoltare la musica. Preferirei che loro ...
6. Dubitavo di conoscerla. Dubitavo che tu ...
7. Speravo di arrivare alle dieci. Speravo che lui ...

G. Costruire delle frasi iniziando con le espressioni indicate, e modificando opportunamente il verbo della frase subordinata.

▶   Le aule sono sovraffollate.   *Ero sorpreso che le aule*
    (Ero sorpreso che ...)   *fossero sovraffollate.*

1. Gli studenti hanno una buona preparazione. (Era difficile che ...)
2. La trasmissione presenta una discussione interessante. (Volevano che ...)
3. La nostra situazione può migliorare. (Speravo che ...)
4. C'è contatto tra l'università e le industrie. (Sarebbe necessario che ...)
5. Cerco un lavoro in qualche ditta italiana. (Mio padre voleva che ...)
6. Andiamo in classe dopo la trasmissione. (I professori preferivano che ...)
7. Patrizia fa conoscere la sua opinione. (L'annunciatore sperava che ...)

H. Completare le frasi seguenti con la forma appropriata dell'imperfetto del congiuntivo dei verbi fra parentesi.

▶   Non sapevo che Laura (essere)   *Non sapevo che Laura fosse*
    _____ così alta.   *così alta.*

1. Marta è andata al mare benché le (fare) _____ male lo stomaco.
2. Abbiamo voluto che Maria (venire) _____ con noi.
3. Speravo che Giulio (stare) _____ bene dopo essersi riposato.
4. Era meglio che tu non (bere) _____ niente a quella festa.
5. Vincenzo è venuto nonostante che non (sentirsi) _____ troppo bene.
6. Avevano paura che noi (fare) _____ molta confusione.
7. Gli studenti volevano che i professori (dare) _____ esami più facili.
8. Il giornalista chiedeva che gli studenti gli (restituire) _____ il questionario.
9. Credevamo che voi non (spendere) _____ tanto a Porta Portese.
10. Sarebbe meglio che loro (esprimere) _____ le loro opinioni.

I. Trascrivere le frasi al passato usando l'imperfetto del congiuntivo nella frase subordinata.

▶   Spero che mi invitino.   *Speravo che mi invitassero.*

1. I miei genitori vogliono che io esca presto.
2. È importante che tu gli dia un passaggio.

3. Vuole che io faccia una domanda al dottore.
4. Dubitano che Lucia guardi il telegiornale.
5. Desidero che rispondiate bene.
6. Ho paura che Giacomo non capisca.
7. Preferisce che aspettiamo.
8. Spero che voi mi scriviate ogni giorno.

III. *L'avverbio di luogo* ci

... in Italia? **Ci** vengo volentieri!

1. Ci (meaning either *here* or *there*) is used to refer to a previously mentioned place, particularly a noun preceded by **a** or **in**.

— Vai a Palermo a febbraio?	— Are you going to Palermo in February?
— No, **ci** vado a marzo.	— No, I'm going *(there)* in March.
— Vieni in biblioteca?	— Are you coming to the library?
— Sì, **ci** vengo.	— Yes, I'm coming *(there.)*

2. Ci is also used to replace **a** + a noun phrase after the verbs **pensare** and **credere**.

— Pensi alla tua ragazza?	— Are you thinking about your girlfriend?
— Sì, **ci** penso spesso.	— Yes, I think of her often.

3. Ci precedes or follows the verbs according to the rules for object pronouns.

— Andrai in Inghilterra quest'estate?   — Will you go to England this summer?
— No, non **ci** andrò.   — No, I won't go (there).

— Vuoi andare in campagna?   — Do you want to go to the country?

— Sì, **ci** voglio andare. ⎫
— Sì, voglio andar**ci**. ⎭   — Yes, I want to go (there).

J. Chiedere ad un altro studente o ad un'altra studentessa se va *spesso, mai, qualche volta, sempre,* ecc. nei seguenti luoghi, usando *ci* nelle risposte.

▶   Vai spesso al negozio di tuo padre?   *Sì, ci vado spesso (qualche volta, sempre).*
No, non ci vado spesso (mai).

1. all'ufficio postale   5. in montagna con gli amici
2. dal dentista   6. alla partita di calcio
3. al mercato rionale   7. a quel ristorante italiano
4. in Italia   8. dai tuoi amici

E (BC): Encourage students to suggest other logical cues, and write them on the board. Then ask questions using the cues and the *lei*-form of address.

K. Domandare ad uno studente o ad una studentessa se pensa *spesso, raramente, mai* a queste persone o cose.

▶   gli esami   S1: *Pensi spesso (raramente, qualche volta) agli esami?*
S2: *Sì, ci penso spesso.*
No, non ci penso affatto (mai).

1. al lavoro   4. alle vacanze estive
2. al viaggio in Europa   5. ai compiti da fare
3. alla tua amica   6. a tua madre

V (BO): Have students replace *stare* with *andare,* and substitute other place names for those provided.

L. Chiedere ad un altro studente o ad un'altra studentessa se è mai stato/a in una di queste città o in uno di questi paesi.

▶   Sei mai stato/a in Italia?   *Sì, ci sono stato/a.*
No, non ci sono mai stato/a.

1. a Berna   4. in Grecia   7. in Svizzera
2. a Lisbona   5. in Africa   8. a Dublino
3. ad Atene   6. nel Portogallo   9. a Parigi

A lei la parola

1. You are at an outdoor café in Naples. Ask the waiter politely to bring you a cup of tea and a tunafish sandwich.
2. Tell a group of tourists who want to go to the Colosseum in Rome to take bus 85.
3. Your uncle arrived late last night from Venice. Point out that your parents doubted that he would arrive on time.
4. Last night you watched an interesting program about Italian universities on the TV. Report that many university students were afraid that it would be difficult to find work in the future.
5. Nicola is very sick and has a fever. Tell him you hope he'll go home and stay there until he feels better.

Comunicare subito!

Chiedere informazioni

The following two conversations in Italian will help you not only to request information, but to understand the responses so that you'll be able to make use of the information. Listen to your instructor or the recordings and see how much you can understand without referring to the vocabulary list at the end of the section.

1. L'ufficio postale°

Post office

Luisa è in centro e cerca l'ufficio postale. Si avvicina ad un vigile° e gli chiede informazioni.

traffic officer

Luisa	Mi scusi, mi sa dire° dov'è l'ufficio postale?	can you tell me
Vigile	A piazza San Silvestro.	
Luisa	È molto lontano da qui?	
Vigile	No, signorina.	
Luisa	Posso andare a piedi?	
Vigile	Certamente, ci può arrivare° in dieci minuti. Vada dritto per via del Corso, poi prenda il primo incrocio a destra. Arrivata alla piazza, la attraversi e si troverà di fronte l'ufficio postale.	you can get there
Luisa	Grazie, buon giorno.	
Vigile	Buon giorno.	

2. *Il Museo delle Belle Arti*

Roberta e Paolo sono seduti ad un tavolo di un bar all'aperto. Una macchina si ferma° vicino a loro ed una signorina chiede loro delle informazioni.

stops

Signorina Mi scusino, dov'è il Museo delle Belle Arti?
Paolo È qua vicino. Continui per questa via, poi al semaforo giri a sinistra ed è arrivata.
Roberta Ma che dici? Non sai che quella strada è a senso unico°? — one-way
Paolo Oh, è vero. Non ci avevo pensato.
Roberta Senta, signorina. Una volta arrivata° al semaforo deve continuare dritto. Al primo incrocio giri a sinistra e poi torni un po'indietro°. — Once you have arrived; back
Paolo Sì, però deve sapere che vicino al museo è zona di sosta vietata° e non può parcheggiare là. Forse le conviene° parcheggiare qui ed andare a piedi. — there is no parking; it is more convenient for you
Signorina È un buon suggerimento. Grazie molte.
Roberta Non c'è di che°. Arrivederci. — You're welcome

Vocabolario utile

Nomi

l'incrocio intersection
il semaforo traffic lights
il vigile traffic officer

Aggettivi

lontano/a far
vicino/a near

Verbi

attraversare to cross; **attraversi** *(formal command)* cross
girare to turn; **girare alla prima destra (sinistra)** to take the first right (left)

Espressioni

a destra to (on) the right side; **a sinistra** to (on) the left side
a due passi da qui a short walk (a few steps) from here
andare avanti to go ahead; **andare dritto** to go straight ahead
a senso unico one-way (street)
continuare dritto to keep on going straight ahead
è da queste parti? is it around here (in this general area)?
fare il giro to go around; **faccia il giro della piazza** go around the square
mi sa dire? can you tell me?
mi scusi (mi scusino) excuse me
tornare indietro to turn back

Attività

Riferendosi alla cartina della città a pagina 64 della *Lezione 3ª*, creare dialoghi appropriati per individuare dove sono situati gli edifici rappresentati. Usare i dialoghi a pagina 417 e a pagina 418 come modelli. Assumere ruoli diversi secondo le situazioni.

RIPASSO: Lezioni 17ª & 18ª

In this section you will review the following: Present and past subjunctive (Exercises A–C); Subjunctive after conjunctions (Exercise D); Pronoun **ne** (Exercise E); Imperative with **lei** and **loro** (Exercises F–G); Imperfect subjunctive (Exercise H); Adverb of place **ci** (Exercise I); Vocabulary and expressions (Exercise J)

A. Formulare frasi complete, usando il congiuntivo presente o passato. [*Present and past subjunctive*]

▶ sono contento/a che Nina / arrivare in orario   *Sono contento/a che Nina arrivi (sia arrivata) in orario.*

1. dubito che tu / andare al concerto con loro
2. spero che loro / comprare i biglietti per la partita di calcio
3. i miei genitori / temere che io / non andare a lezione
4. non credo che Giovanni / fare le prenotazioni per l'opera
5. sperano che voi / potere ritirare i documenti
6. pensano che tu / andare al centro prima delle quindici
7. penso che tuo fratello / guidare abbastanza bene

B. Davide fa delle osservazioni sulle seguenti situazioni. Usare il congiuntivo presente o passato, secondo la necessità. [*Present and past subjunctive*]

▶ Arrivano in orario. (mi sorprende)   *Mi sorprende che arrivino (siano arrivati) in orario.*

1. Parte con lo zio. (sono contento)
2. Non fai lavorare Giuseppe. (mi dispiace)
3. Alessandra comincia a lavorare in ospedale. (sono sorpreso)
4. Prendono un tassì vicino allo stadio. (non credo)
5. Ho usato lo stereo. (dubitano)
6. Lui è rimasto a Roma. (credo)

C. Immagini di essere intervistato/a da un/una giornalista sul futuro dei giovani e di dargli la sua propria opinione. Cominci ciascuna frase con **Credo che**. [*Present and past subjunctive*]

▶ il problema universitario / non cambiare   *Credo che il problema universitario non cambi (sia cambiato).*

1. i professori / non ascoltare gli studenti
2. i giornali / non informare il pubblico chiaramente
3. le università / cominciare a ridurre il sovraffollamento degli studenti
4. il governo / suggerire delle riforme immediate
5. gli studenti / studiare la situazione attentamente
6. la radio italiana / presentare programmi su questo argomento

D. Completare le seguenti frasi, usando le parole indicate fra parentesi. [*Subjunctive after conjunctions*]

▶ Invito Giorgio a casa mia ...   *Invito Giorgio a casa mia a*
   (a meno che / non partire per   *meno che non parta per Napoli.*
   Napoli)

1. Telefono alle amiche ... (di modo che / passare da me)
2. Tina studia molto ... (affinché / potere laurearsi presto)
3. Finite la colazione ... (prima che / Giacomo arrivare)
4. Non puoi andare al concerto ... (nonostante che / avere fatto la prenotazione)
5. Luisa mi presta la macchina ... (purché / restituirgliela domani)
6. Mi piacciono le opere tedesche ... (sebbene / non capire il tedesco)

E. Formulare risposte di senso compiuto, usando il pronome **ne**. [*Pronoun ne*]

▶ Vuoi del caffè?   *Sì, ne voglio.*
                       No, non ne voglio.

1. Quante persone vedi nell'aula?
2. Quanta carne mangi ogni settimana?
3. Mangi spaghetti alle vongole?
4. Vedi opere alla televisione?
5. Discuti di filosofia con tuo padre?
6. Parli del tuo futuro con gli amici?
7. Quante macchine hai?
8. Hai bisogno di lavoro?

F. Trasformare le seguenti frasi, usando la forma **lei** o **loro** dell'imperativo. [*Imperative with lei and loro*]

▶ Le signorine prendono un tè.   *Signorine, prendano un tè!*

1. Il signor Bonelli guida lentamente.
2. La signora Catena non si mette il cappello.
3. I signori aprono le finestre.
4. Il signore canta una bella canzone italiana.
5. La signora si alza alle sette.
6. I signori Carelli non partono presto.

G. Ordinare a queste persone di compiere le azioni indicate, sostituendo alle parole in corsivo i pronomi complemento diretto o indiretto. [*Imperative with lei and loro*]

▶ Signora, dia il libro *a Michele*!   *Signora, gli dia il libro!*

1. Signorina, non compri *le valige* adesso!
2. Signori, paghino *il cameriere,* per favore!

3. Signore, risponda *alle ragazze*!
4. Signorine, suggeriscano *a Maria* di andare con loro!
5. Signora, dica qualcosa *a quelle signore*!
6. Signore, esprimano *le loro opinioni,* per cortesia!

H. Cominciare ciascuna frase con le espressioni indicate, facendo i cambiamenti necessari nel verbo della frase subordinata. [*Imperfect subjunctive*]

▶ Lei finisce di ascoltare quella trasmissione. (Era importante che ...)

Era importante che lei finisse di ascoltare quella trasmissione.

1. Le piace l'*Aida*. (Ero contento che ...)
2. Si diverte durante le vacanze. (Sperava che ...)
3. Frequenta quest'università. (Era improbabile che ...)
4. Rispondete a tutte le domande. (Era necessario che ...)
5. Io non faccio lo spiritoso/la spiritosa. (Papà voleva che ...)
6. Tu trovi un buon lavoro. (Erano contenti che ...)
7. Dite tutto a Beatrice. (Era impossibile che ...)
8. Clara parte per Torino. (Mi dispiaceva che ...)
9. Bevo molta acqua. (Il dottore suggeriva che ...)
10. Mi aspetta vicino alle Terme di Caracalla. (Era meglio che ...)

I. Dire quando queste persone sono andate o andranno a Bari, usando l'avverbio **ci** [*Adverb of place* **ci**]

▶ io (l'estate prossima)   *Ci andrò l'estate prossima.*

▶ voi (ieri)   *Ci siete andati ieri.*

1. Giulia (domani)
2. noi (la settimana scorsa)
3. tu (il mese prossimo)
4. i signori Marini (domenica scorsa)
5. lei, signora Dorato (fra due settimane)
6. voi (il mese scorso)

J. Esprimere in italiano le seguenti conversazioni. [*Vocabulary and expressions*]

1. — Do you think that there will be a reform of the university?
   — I doubt it. Last year they said they would start the reform soon, but nothing has happened.
2. — What did you and Mario say when the journalist asked you for concrete suggestions?
   — We said that we hoped there would be a greater contact between the university and industry.
3. — Professor Balducci, please tell us what you think will reduce the overcrowding of the universities.
   — Read the latest news in the newspaper and listen to the radio and TV broadcasts. They'll give you a lot of information.

LEZIONE 19ª

See Instructor's Manual for additional teaching suggestions for *Lezione 19ª*.

Cosa stai leggendo?

Durante la lezione di letteratura italiana

Cristina Belli, studentessa di legge, è seduta su una panchina nel giardino di Boboli a Firenze e legge un libro. È così assorta nella lettura che non si accorge° dell'arrivo di Luigi Rosati, un suo amico universitario.

                                                she doesn't notice

Luigi	Ciao, Cristina, cosa stai leggendo?
Cristina	Se te lo dicessi, non ci crederesti.
Luigi	Ah, no? Mettimi alla prova°.
Cristina	È un'antologia di poesia moderna.
5 **Luigi**	Poesia? Hai per caso cambiato facoltà?
Cristina	Ma che dici? Innanzi tutto a me la poesia è sempre piaciuta, e poi mi aiuta a distrarmi ed a non farmi pensare al solito codice° civile, alle leggi, al diritto° internazionale, ecc. ...
10 **Luigi**	E quale poeta stai leggendo adesso?
Cristina	Aldo Palazzeschi. È un poeta nato qui a Firenze nel 1885, è morto a Roma nel 1974 e ...
Luigi	... ed ha scritto "Rio Bo". Sorpresa? Come vedi, anch'io conosco la poesia!
15 **Cristina**	Non m'incanti°. Come studente di legge so che sei molto pratico e se tutti fossero come te, non ci sarebbe poesia. La poesia è un'espressione di idee, emozioni, esperienze nella quale il poeta interpreta se stesso e la realtà circostante. Ascolta un momento:

Just try me

code / law

You don't fool me

E (BC): Hand out sheets with two different prose versions of *La casa di Mara*. Ask students to choose which prose version best represents what the author is trying to say, and to explain their choice. Help them explain, with guided questions.

> La casa di Mara
> è una piccola stanza di legno.
> A lato un cipresso l'adombra° nel giorno.
> Davanti vi corrono i treni.
> Seduta nell'ombra dell'alto cipresso
> sta Mara filando°.
> La vecchia ha cent'anni
> e vive filando in quell'ombra.

conceals, shades

spinning

Luigi	*(interrompendola)* Capisco, capisco. Il poeta parla della vita di campagna e del vivere sano e tranquillo. Infatti la vecchia è vissuta° fino all'età di cento anni.
Cristina	*(sorridendo)* Se mi avessi dato tempo di leggere tutta la poesia, avresti capito che la "vecchia" non è una donna di campagna, ma è la morte.
35 **Luigi**	La morte?

lived

Cristina	Sì, ascolta ancora.	
	I treni le corron° veloci davanti	= *corrono*
	portando la gente lontano.	
	Ell'°alza la testa un istante	She
40	e presto il lavoro riprende.	
	I treni mugghiando°	bellowing, roaring
	s'incrocian° dinanzi° alla casa di Mara volando.	intersect / in front of
	Ell'alza la testa un istante	
	e presto il lavoro riprende.	
45	**Luigi** Sarà pure una bella poesia, ma è un po' triste. E poi	
	non mi sembra neanche tanto chiara.	
	Cristina Ma come°, non hai capito? I treni siamo noi, la	What's the matter
	nostra vita è il binario° che ci porta alla morte e la	railroad track
	piccola stanza di legno non è una casa di campagna,	
50	ma una bara°.	coffin
	Luigi È proprio triste! Per me comunque è valida la mia	
	interpretazione; se vivi in campagna, campi	
	cent'anni. Non sei d'accordo?	
	Cristina Sì, sì, è come dici tu. Se tu fossi un poeta, ne	
55	sentiremmo delle belle°! Adesso però devo andare e ti	we would hear some great things
	saluto. Ciao, Luigi.	*(ironical)*

Domande generali

E (BC): Ask students to suggest words and phrases that might describe the personalities and physical characteristics of Luigi and Cristina. Write the suggestions on the board under the headings *Luigi* and *Cristina* or ask students to take notes. Have several students describe the two individuals using the suggestions that seem most appropriate to them.

1. Dov'è Cristina Belli? Che sta facendo?
2. Di che cosa non si accorge mentre legge?
3. Che cosa sta leggendo?
4. Chi è Aldo Palazzeschi?
5. Secondo Cristina, che cosa è la poesia?
6. Di che tratta la poesia *La casa di Mara*?
7. Quale interpretazione dà Cristina della poesia *La casa di Mara*? E Luigi?
8. Secondo Cristina, Luigi comprende il significato della poesia di Aldo Palazzeschi?

Domande personali

1. Le piace la poesia? Chi è il suo poeta preferito?
2. Sa qualche poesia a memoria? Quale?
3. Lei scrive poesie? Di che parla nelle sue poesie?
4. Chi è il suo scrittore preferito o la sua scrittrice preferita?
5. Secondo lei, qual è il poema o l'opera letteraria più importante del suo paese?
6. Le piacerebbe essere scrittore o scrittrice? Ha mai scritto qualcosa? un racconto, un romanzo, un diario, ecc ...?

Vocabolario

Parole analoghe

l'antologia
l'arrivo
assorto/a
il cipresso
civile
comprendere
il diario

l'emozione *(f.)*
l'esperienza
internazionale
interpretare
l'interpretazione *(f.)*
interrompere
l'istante *(m.)*

letterario/a
la poesia
il poeta
pratico/a
la realtà
sorpreso/a
tranquillo/a

E (BO): Define in two different ways words relating to literature like *antologia, poesia, racconto,* and *romanzo,* and ask students to choose the best definition.

E (BO): Have students create two- or three line conversational exchanges, using the verbs and expressions *distrarsi, trattare di,* and *riprendere.*

F (BC): Write on board the title of a poem on some topic of interest to students (love, nostalgia, friendship, etc.). Provide a first and last line. Challenge students to complete the poem in an appropriate way, using familiar vocabulary and structures. Do not require verses that rhyme. Let students work individually, in pairs, or in small groups to create the poems. Set a time limit or allow students to complete the poems as homework assignments.

Nomi

l'età   age
il legno   wood
la lettura   reading
la morte   death
l'ombra   shade
l'opera   (literary or artistic) work
il racconto   short story
il romanzo   novel
il significato   meaning
la vita   life
il vivere   living

Aggettivi

chiaro/a   clear
circostante   surrounding
morto/a   dead
nato/a   born
sano/a   healthy
veloce   swift

Verbi

accorgersi   to realize, to notice
campare   to live
distrarsi   to relax, amuse oneself
riprendere   to start again, to resume
trattare di   to deal with
volare   to fly

Altre parole ed espressioni

infatti   in fact
proprio   really
pure   still

a lato   next, nearby
farmi pensare   let me think
innanzi tutto   first of all
nella quale   in which
per caso   by chance
sapere a memoria   to know by heart
se stesso   oneself

Pratica

A.   Immagini di fare un'inchiesta *(survey)* per sapere cosa e quanto leggono i suoi compagni di scuola. Prepari un questionario da discutere in classe.

B.   Immagini di essere uno scrittore o una scrittrice e scriva un breve componimento su un giorno importante della sua vita.

NOTA CULTURALE

La letteratura italiana contemporanea

Nel decennio 1930–1940 si sviluppa in Italia la narrativa neorealistica, che si afferma poi definitivamente nel dopoguerra[1].

Il neorealismo nasce con il proposito di documentare la realtà italiana e si presenta subito come letteratura di opposizione al fascismo. Il rappresentante di questo periodo iniziale è Alberto Moravia. Dopo la guerra il neorealismo abbandona la sua base culturale e punta[2] sulla cronaca e sul documento, usando spesso un linguaggio popolare. I disastri della guerra, il fascismo, la resistenza e la libertà sono alcuni temi trattati da Elio Vittorini, Giuseppe Berto, Vasco Pratolini, Ignazio Silone, Giorgio Bassani ed Elsa Morante.

Ma anche nel campo della poesia gli scrittori italiani si distinguono per creatività e originalità. Giuseppe Ungaretti, Eugenio Montale e Salvatore Quasimodo rappresentano la poesia italiana del ventesimo secolo. Le loro poesie hanno un richiamo[3] universale per intensità, purezza ed uso creativo della lingua. Due di loro, Quasimodo e Montale, ricevono inoltre il premio Nobel per la letteratura: il primo nel 1959, ed il secondo nel 1975.

Vetrina di una grande libreria

1. post-war period   2. focuses   3. appeal

E (BO): Have students form five or six questions based on the content of the *Nota culturale* and ask *you* to respond.

La punteggiatura

Generally, punctuation marks are used in Italian as they are in English. Here is a list of the most common ones.

.	punto	" "	virgolette
,	virgola	( )	parentesi
;	punto e virgola	-	trattino
:	due punti	—	lineetta
´	accento acuto	?	punto interrogativo
`	accento grave	!	punto esclamativo

A. Dettare il seguente dialogo ad un altro studente o ad un'altra studentessa, ricordando di dettare anche i segni di punteggiatura.
— Che dicevi? Scusa, non ti ascoltavo.
— Dicevo che potresti telefonargli per scusarti.
— Telefonargli? Sai bene che mi ha detto: "Non mi chiamare più, per favore!" Proprio così mi ha detto!
— Guarda, sono sicura che scherzava.

B. Dettare la poesia, *La casa di Mara,* ad un altro studente o ad un'altra studentessa.

Ampliamento del vocabolario

Sostantivi composti

Compound nouns in Italian can be made up of several elements. For example:

a. two nouns

l'arcobaleno (arco + baleno) = rainbow

b. two verb forms

il saliscendi (sali [salire] + **scendi** [scendere]) = latch

c. noun + adjective

l'acquaforte (acqua + forte) = etching

d. verb + noun (the largest group)

il rompighiaccio (rompi [rompere] + **ghiaccio**) = icebreaker

Here is a list of some common compound nouns, some of which you have already met.

l'apriscatole *(m.)* can opener
l'asciugacapelli *(m.)* hair dryer
l'asciugamano towel
l'aspirapolvere vacuum cleaner
il camposanto cemetery
il capoluogo capital of a region
il caporeparto department head
il capostazione station master
il cavatappi corkscrew
la lavastoviglie dishwasher

il marciapiede sidewalk
il paracadute parachute
il paraurti fender
il portafoglio wallet
il rompicapo puzzle
il salvadanaio piggy bank
il salvagente life preserver
lo spazzaneve snowplow
il tagliacarte paper knife

Completare le seguenti frasi con sostantivi composti appropriati.

1. Qual è il ____ della Lombardia, Como o Milano?
2. Perché butti *(throw)* i soldi nella borsa in quel modo? Perché non li metti nel ____ ?
3. Ho dovuto lavare tutti i piatti a mano perché la mia ____ non funziona.
4. Mi dispiace, ma non posso proprio uscire di casa. Sono bloccata dalla neve e lo ____ non è ancora arrivato.
5. Ecco una bottiglia di vino. Ma come l'apriamo se non abbiamo il ____ ?
6. Bravo, Gregorio, ti hanno dato una bella promozione al lavoro. Ora sei ____ .
7. Non è stato un incidente *(accident)* serio. Ho solo toccato il ____ della macchina di fronte alla mia.
8. A tutti i bambini piace mettere le monete nel ____ .
9. Pensa che non so nuotare e sono caduta nella piscina dei miei amici. Per fortuna mi hanno gettato subito un ____ .

Nuova lavastoviglie
REX SUPERBRILLANT
REX
**più avanti la casa...
migliore la vita**

Struttura ed uso

I. Trapassato del congiuntivo

— Credevo che tu **avessi aggiustato** la barca.

1. The pluperfect subjunctive (**il trapassato del congiuntivo**) is used when the action of the verb in the dependent clause occurred *before* the action of the verb in the main clause. It consists of the imperfect subjunctive form of **essere** or **avere** plus the past participle of the verb. Compare the present perfect subjunctive and the pluperfect subjunctive in the examples below.

Present perfect subjunctive:	Dubito che Patrizia **sia venuta**.	I doubt that Patrizia *has come.*
Pluperfect subjunctive:	Dubitavo che Patrizia **fosse venuta**.	I doubted that Patrizia *had come.*
Present perfect subjunctive:	Spero che tu **abbia trovato** i soldi.	I hope that you *have found* the money.
Pluperfect subjunctive:	Speravo che tu **avessi trovato** i soldi.	I hoped that you *had found* the money.

2. The following chart shows the forms of the pluperfect subjunctive of a verb conjugated with **essere** and a verb conjugated with **avere**.

	arrivare	finire
che io ...	fossi arrivato/a	avessi finito
che tu ...	fossi arrivato/a	avessi finito
che lui/lei ...	fosse arrivato/a	avesse finito
che noi ...	fossimo arrivati/e	avessimo finito
che voi ...	foste arrivati/e	aveste finito
che loro ...	fossero arrivati/e	avessero finito

A. Trasferire queste frasi al passato, usando nella subordinata il trapassato del congiuntivo.

▶ Sembra che capisca tutto. *Sembrava che avesse capito tutto.*

1. È probabile che sia entrato in quella libreria.
2. Siamo contenti che venga in vacanza con noi.
3. Il professore preferisce che impariamo a memoria quella poesia.
4. Non sono sicuro che il questionario sia arrivato.
5. È il romanzo più lungo che abbiamo letto.
6. La ragazza piange nonostante che la perdonino.
7. Gli sembra che tu conosca Eugenio Montale.
8. Spende molti soldi quantunque non guadagni abbastanza.

V (BO): Have students restate in the present; e.g., *È probabile che lui sia arrivato in ritardo.*

B. Trasformare ogni frase, coniugando il verbo della proposizione subordinata al trapassato del congiuntivo.

▶ Era probabile che lui arrivasse in ritardo. *Era probabile che lui fosse arrivato in ritardo.*

1. Era meglio che lei finisse di studiare.
2. Era bene che loro comprassero una casa nuova.
3. Speravano che lui vendesse la motocicletta.
4. Pensavo che venisse prima di me.
5. Era impossibile che voi trovaste dei posti liberi.
6. Non volevo che i lavoratori fossero in ritardo.
7. Dubitavate che io cercassi lavoro.
8. Era necessario che leggessimo quel libro.

II. Frasi introdotte da se

— Ah, **se avessi** un milione di dollari!

VENDESI
TEL 543.937

1. In a sentence containing a **se**-clause, when the main clause describes a fact or a condition that is likely to exist or to happen or that is habitual, the indicative is used in the **se**-clause and the indicative or imperative is used in the main clause.

> **Se vai a teatro,** ci veniamo anche noi.　　*If you go to the theater,* we'll go, too.
> **Se verranno,** arriveranno in ritardo.　　*If they arrive,* they will arrive late.
> **Se Maria era al ballo in maschera,** perché non ha ballato?　　*If Maria was at the masked ball,* why didn't she dance?
> **Se vieni alla festa,** porta qualcosa da mangiare.　　*If you come to the party,* bring something to eat.

2. To express a contrary-to-fact situation in the present or the future, the imperfect subjunctive is used in the **se**-clause. The conditional is generally used in the main clause to indicate the conclusion to the situation expressed in the **se**-clause.

> **Se avessi tempo,** scriverei un libro.　　*If I had time* (but I don't), I would write a book.
>
> Leggerebbero tutto il giorno **se potessero**.　　They would read all day *if they could* (but they can't).

3. **Se** + imperfect subjunctive is used in exclamations to express wishes that are impossible to fulfill.

> **Se avessi un milione di dollari!**　　If only I had a million dollars!
> **Se potessi partire adesso!**　　If only I could leave now!

4. The following chart summarizes the sequence of tenses used in sentences that contain a **se**-clause as well as a main clause.

Se-clause	Main clause
se { + present + future + past indicative	present, future, and past indicative tenses, imperative
se + imperfect subjunctive	conditional

C. Formulare frasi complete, usando **se** e l'indicativo per indicare che le situazioni sono possibili o abituali.

▶ piovere / io / non uscire　　*Se piove, non esco.*
　　Se pioverà, non uscirò.
　　Se pioveva, non uscivo.

1. noi / mangiare molto / sentirsi male
2. tu / venire al ristorante / con me / io / pagare

3. Susanna / chiamarlo / lui dire / che essere occupato
4. Giancarlo / arrivare presto / telefonare a sua sorella
5. i miei zii / venire / portarmi / della frutta fresca
6. voi / cantare / nessuno / ascoltarvi

D. Dire che sicuramente Teresa farebbe queste cose se avesse tempo.

▶ andare in Italia   *Se avesse tempo, andrebbe in Italia.*

1. leggere più romanzi
2. visitare Firenze
3. scrivere più spesso
4. fare una gita in campagna
5. giocare a tennis con Anna
6. organizzare una festa
7. andare al concerto
8. nuotare ogni giorno

E. Assumere il ruolo di Alessandra che dice ad un amico cosa farebbe se esistessero certe condizioni. Usare le parole indicate.

▶ partire / se potere comprare il biglietto   *Partirei se potessi comprare il biglietto.*

1. pagare il cameriere / se venire al nostro tavolo
2. venire / se Paolo invitarmi
3. comprare una macchina / se sapere guidare
4. andare a mangiare al ristorante / se non costare troppo
5. alzarsi tardi / se non avere molto da fare
6. fare una telefonata / se avere un gettone

F. Completare le seguenti frasi con espressioni di senso compiuto.

1. Se mi sento bene ...
2. Se parlerai con Luigi ...
3. Se hai comprato una videocassetta ...
4. Se farà caldo ...
5. Se avevi paura di andarci ...
6. Se andrete al mare ...

G. Trasformare queste frasi, usando il condizionale nella principale, e l'imperfetto del congiuntivo nella subordinata.

▶ Se posso, lo faccio.   *Se potessi, lo farei.*

1. Se parli, ti ascolto.
2. Se mangiamo poco, ci sentiamo meglio.
3. Se non mangiano, moriranno di fame.
4. Se ho tempo, cucino.
5. Se corro molto, mi sento stanco.

III. Condizionale passato

— **Avresti dovuto** guardare
dove andavi!

1. The conditional perfect (**il condizionale passato**) consists of the conditional of **avere** or **essere** plus the past participle of the main verb. As in the case of other perfect tenses, the past participle agrees with the subject when the verb is conjugated with **essere**.

2. Here are the forms of the conditional perfect of **ballare** (conjugated with **avere**) and **uscire** (conjugated with **essere**).

	ballare	uscire
io	avrei ballato	sarei uscito/a
tu	avresti ballato	saresti uscito/a
lui/lei	avrebbe ballato	sarebbe uscito/a
noi	avremmo ballato	saremmo usciti/e
voi	avreste ballato	sareste usciti/e
loro	avrebbero ballato	sarebbero usciti/e
	I would have danced, you would have danced, etc.	*I would have gone out, you would have gone out, etc.*

— Stamattina sono andato al centro a piedi.
— Invece di camminare, **avrei preso** volentieri l'autobus.
— La settimana scorsa sono andato a Padova.
— Io invece **sarei andato** piuttosto a Siena.

— This morning I went downtown on foot.
— Instead of walking, *I would have* gladly *taken* the bus.
— Last week I went to Padua.
— I, on the other hand, *would* rather *have gone* to Siena.

3. The conditional perfect is used in dependent clauses to express or report an action that is considered future *as viewed from the past.* In English, the simple conditional is used, but Italian requires the conditional perfect.

> Ero sicuro che **saremmo partiti** in orario.　I was sure that *we would leave (would have left)* on time.

4. The conditional perfect is used with **dovere** + infinitive to express an obligation.

> — Ho parlato con Eleonora.　　　　　— I spoke with Eleonora.
> — **Avresti dovuto parlare** con Laura.　— You *should have spoken* with Laura.
>
> — I ragazzi sono venuti alle nove.　— The boys came at nine.
> — **Sarebbero dovuti venire** prima.　— *They should have come* earlier.

5. The conditional perfect of **potere** + infinitive is equivalent to *could have (might have).*

> **Avrebbe potuto scrivere** alla mamma?　*Could he have written* to his mother?
> **Saresti potuto uscire** un po' prima.　*You might have gone out* a bit sooner.

6. The conditional perfect is also used in contrary-to-fact **se**-clauses *when the speaker refers to a past action.* In such cases, the pluperfect subjunctive is used in the **se**-clause and the conditional perfect is used in the main clause.

> Se mi **avessero aspettato, sarei andato** con loro.　If they *had waited* for me, I *would have gone* with them.
> **Sarebbero usciti** più tardi se **avessero saputo** che venivi.　They *would have gone* out later if they *had known* that you were coming.
> **Saresti venuto** se ti **avessero telefonato**?　*Would* you *have come* if they *had phoned* you?

V (BO): Ask a second student to respond to the questions in the affirmative or negative.

H. Chiedere ad un amico o un'amica se avrebbe fatto le stesse cose che hanno fatto queste persone.

> ▶ Ieri Luigi si è alzato presto.　　*Ti saresti alzato presto anche tu?*

1. Ieri sono andato in cerca di un registratore.
2. Laura ha preso in affitto un appartamento.
3. Gli amici hanno noleggiato una macchina per questo fine-settimana.
4. Martedì scorso siamo partiti per Verona.
5. L'altro ieri il professore ci ha invitato a casa sua.
6. Il portiere ha ritagliato gli annunci.
7. Il direttore ha firmato il contratto.

I.   Riferisca ciò che le hanno detto le seguenti persone, usando il condizionale passato con *avere* o *essere*.

▶   Roberto mi dice: "Partirò con   *Roberto m'ha detto che*
Clara."   *sarebbe partito con Clara.*

1. Carlo e Giovanna mi dicono: "Andremo in cerca di un appartamento."
2. Mia sorella mi dice: "Comprerò una lavatrice."
3. Il signor Milani mi dice: "Prenderò l'aereo a mezzogiorno."
4. Mia madre mi dice: "Userò la tua macchina stasera."
5. Lisa mi dice: "I miei amici faranno un viaggio in Spagna."

E (BO): Expand each situation *before* you ask the corresponding question, so that students can give a logical response.

J.   Indicare cosa avrebbero dovuto fare queste persone, usando il condizionale passato di *dovere* ed un'espressione di tempo appropriata.

▶   Oggi Carlo deve lavorare di   *No, Carlo avrebbe dovuto*
più, non è vero?   *lavorare di più [ieri].*

1. Stamattina Antonella e Luisa devono parlare con Anna, non è vero?
2. Domani devi tornare in biblioteca, non è vero?
3. Domani devi pagare l'affitto, non è vero?
4. Sabato prossimo dobbiamo comprare le tende, va bene?
5. Alle sette Lina deve andare a teatro, non è vero?

K.   Completare le seguenti frasi con espressioni di senso compiuto, usando il condizionale passato di *potere*.

1. Cristina, ...   4. Giacomo e Giorgio ...
2. Tu e Luigi ...   5. Gli studenti di legge ...
3. Io e mio fratello ...   6. Voi ...

A lei la parola

1. Inform one of your friends that if it were possible, you would like to become a writer.
2. Find out if your instructor would have liked to go to a lecture *(una conferenza)* given by a famous Italian poet.
3. Tell your mother that you would wash the dishes if you had a dishwasher.
4. Point out to a friend that you feared your parents had not received your letter.
5. Find out if your fiancé(e) would buy you a gold watch if he/she had the money.

Scrivere

Corrispondenza ufficiale

Quando lei scrive una lettera ufficiale in italiano, deve usare uno stile corretto ed un tono cortese. Legga la seguente lettera scritta per ottenere informazioni su un corso estivo di lingua italiana, facendo attenzione alle espressioni usate fra il saluto *(salutation)* e il congedo *(closing)*.

Lettera scritta da uno studente universitario americano al direttore del CLI (Centro Linguistico Italiano) Dante Alighieri a Roma:

Al Direttore del CLI "Dante Alighieri"
00162 Roma   Boston, 15 gennaio, 1987
Italia

Egregio Signor Direttore;
sono interessato a venire in Italia la prossima estate per perfezionare la mia conoscenza della lingua italiana. Sono iscritto al terzo anno di corso presso l'università di questa città ed ho studiato l'italiano per due anni.

    Vorrei sapere in che periodo presso di voi si organizzano corsi di lingua e letteratura italiana per stranieri. Gradirei inoltre ricevere un elenco di pensioni presso cui risiedere° durante il mio soggiorno a   reside
Roma.

    In attesa di ricevere una Sua comunicazione, La ringrazio.

                  Distinti saluti.

                  Paul Sheridan

A. Rispondere alle seguenti domande tenendo presente il contenuto della lettera.

    1. Perché lo studente vuole andare in Italia?
    2. Quale università frequenta?
    3. Quali corsi lo interessano particolarmente?
    4. Cos'altro vorrebbe ricevere? Perché?
    5. Come finisce la lettera di Paul?

B. Supponga di volere fare un corso estivo presso l'Istituto d'Arte di Milano. Scriva una lettera al direttore dell'Istituto, Prof. Pierantonio Ruberti. Adoperi *(Use)* le stesse espressioni usate nella lettera di Paul Sheridan.

LEZIONE 20ª

See Instructor's Manual for additional teaching suggestions for *Lezione 20ª*.

Una campagna elettorale

Giorno di elezioni

Domenica prossima è giorno di elezioni. Dopo un mese di campagna elettorale tutti andranno a votare per eleggere i nuovi rappresentanti al parlamento italiano. Le elezioni anticipate di un anno°, sono l'ultimo tentativo per risolvere l'attuale crisi politica dovuta alle dimissioni° del
5   Primo Ministro. Tutti i partiti politici considerano queste elezioni molto importanti e pubblicamente manifestano un certo ottimismo. Molta gente però è sulle spine° ed aspetta con ansia il risultato finale delle elezioni.

In questi ultimi giorni di campagna elettorale, i partiti politici
10 fanno a gara° per conquistare il maggiore numero di voti. Manifesti con foto di candidati e cartelloni di propaganda elettorale sono affissi° dappertutto. Annunci politici sono mandati in onda con regolare frequenza da stazioni radiofoniche e televisive, sia statali che private°. Perfino alcune automobili fornite di° altoparlanti girano in
15 continuazione per la città, facendo propaganda elettorale. Per le strade, ragazzi e ragazze distribuiscono senza sosta° volantini politici ai passanti. Questi sono due dei tanti volantini politici:

called one year in advance

resignation

on pins and needles

compete

posted

state-run or private /
provided with

incessantly

ELETTORI

Il 17 giugno ricordatevi di votare per il nostro partito

VOTATE

Per la sicurezza del posto di lavoro.
Per la stabilità economica del paese.
Per una lotta più decisa alla droga.
Per una vita migliore in un ambiente sano e pulito.

DATECI IL VOSTRO VOTO!

Datecelo per il vostro benessere e per il vostro futuro.

ELETTORE

Mi chiamo Bruna Paladini e voglio essere eletta al Parlamento con il suo aiuto e con il suo voto.

Desidera un'azione più decisa da parte dei politici italiani?	MI DIA IL SUO VOTO!
Crede in un futuro di pace e prosperità?	VOTI PER ME!
Vuole una città con più scuole ed ospedali?	MI AIUTI AD ESSERE ELETTA!
Crede in un'Europa unita come simbolo di sicurezza mondiale?	MI DIA LA SUA PREFERENZA!
Quale nome deve indicare sulla scheda?	BRUNA PALADINI

Non se lo dimentichi, voti per me!

E (BO): Have students work in pairs or small groups to create a news item for a TV or radio newscast announcing that Bruna Paladini won the election the previous week. Ask students to include a brief interview with Paladini, and several brief interviews with satisfied or dissatisfied voters.

Domande generali

E (BO): Ask students to compare the information given in the two political flyers on p. 438 and to state which flyer is more effective and why.

1. Dove andranno tutti domenica prossima?
2. Perché gli italiani votano con un anno in anticipo?
3. Descriva lo stato d'animo dei partiti politici.
4. Che cosa fanno i partiti politici in questi ultimi giorni della campagna?
5. Come trasmettono le loro idee al popolo italiano?
6. Che cosa c'è sui manifesti affissi dappertutto?
7. Che cosa distribuiscono i giovani ai passanti?
8. Fare il riassunto delle attività politiche di un partito nell'ultima settimana prima delle elezioni.

Domande personali

E (BC): If appropriate, ask students questions about the system used in your college or high school for elections to class president, class treasurer, etc. Discuss how ballots are counted, who counts them, how often elections take place, if candidates give speeches or hand out flyers, and so on.

1. Lei ha mai votato? Se ha votato, a che età ha votato per la prima volta?
2. Se non ha mai votato, quando potrà votare?
3. Quali sono i maggiori partiti politici americani?
4. In che periodo dell'anno si vota generalmente negli Stati Uniti?
5. Quando ci saranno le prossime elezioni presidenziali negli Stati Uniti?
6. Ha mai distribuito volantini politici ai passanti? Se no, le piacerebbe farlo?

Scheda elettorale

Vocabolario

Parole analoghe

l'attività	finale	pubblicamente
l'azione (f.)	la frequenza	radiofonico/a
la campagna	generalmente	il rappresentante
il candidato	indicare	regolare
considerare	l'ottimismo	risolvere
creare	il parlamento	il risultato
la crisi	il periodo	il simbolo
distribuire	politico/a	la stabilità
la droga	la preoccupazione	televisivo/a
elettorale	presidenziale	unito/a
l'elettore (m. or f.)	la propaganda	votare
l'elezione (f.)	la prosperità	il voto

Nomi

l'ambiente (m.) environment
l'altoparlante loudspeaker
il benessere well-being, comfort
la lotta fight
il manifesto poster
la pace peace
il partito party
il passante passer-by
il popolo people
il riassunto summary
la ricetta recipe
la scheda ballot
la sicurezza safety
il tentativo attempt
il volantino leaflet, flyer

Aggettivi

certo/a certain
deciso/a decisive
mondiale world
pulito/a clean

Verbi

affiggere (affisso) to post
conquistare to conquer
dimenticarsi to forget
eleggere (eletto) to elect
girare to go around
manifestare to show
preoccuparsi to worry
ricordarsi to remember
trasmettere to communicate

Altre parole ed espressioni

chiaramente clearly
perfino even

avere senso to make sense
con ansia anxiously
da parte di from, on the part of
dare le dimissioni to resign
dovuto a due to
in continuazione continuously
per la prima volta for the first time
il posto di lavoro job
Primo Ministro Prime Minister
lo stato d'animo mood

Pratica

A. Supponga di essere un/una giornalista e di intervistare una persona per strada. Chieda il nome e l'indirizzo della persona, dove lavora, per quale partito pensa di votare e perché. Scriva le domande e le risposte dell'intervista.

B. Massimo Boncompagni è un avvocato di trentacinque anni e vuole essere eletto al parlamento. Creare un volantino appropriato.

NOTA CULTURALE

Il sistema politico italiano

Lo stato italiano è nato con il nome di Regno[1] d'Italia nel 1861 come continuazione dell'antico regno di Sardegna[2]. Nel 1925 con l'affermazione[3] del fascismo, la costituzione del 1848 subì[4] profonde modificazioni e cambiamenti. Caduto il regime fascista nel 1943, con il referendum del 1946 il popolo italiano ha scelto[5] la repubblica al posto della[6] monarchia. Dal 1948, con l'entrata in vigore della nuova costituzione, l'Italia è una repubblica democratica.

Al vertice[7] dello stato vi sono vari organi che esercitano il potere legislativo (parlamento), esecutivo (governo) e giudiziario (magistratura), ognuno nei limiti stabiliti dalla costituzione. Il presidente della repubblica rappresenta l'unità dello stato e promuove[8] ed armonizza l'attività degli altri organi. Il parlamento è formato dalla Camera dei Deputati (630 membri) e dal Senato (315 membri). La linea politica del governo[9] è determinata dal consiglio dei ministri, composto dal presidente del consiglio e dai singoli[10] ministri. Nel settore giudiziario molto importante è la Corte Costituzionale, che ha il compito di assicurare[11] la corretta applicazione della costituzione.

> **COSTITUZIONE**
> **DELLA REPUBBLICA ITALIANA** *
>
> (Gazz. Uff. *n. 298, ediz. straord., del 27 dicembre 1947*).
>
> IL CAPO PROVVISORIO DELLO STATO
>
> VISTA la deliberazione dell'Assemblea Costituente, che nella seduta del 22 dicembre 1947 ha approvato la Costituzione della Repubblica italiana;
> VISTA la XVIII disposizione finale della Costituzione;
>
> PROMULGA
>
> la Costituzione della Repubblica italiana nel seguente testo:
>
> PRINCIPI FONDAMENTALI
>
> ART. I.
>
> L'Italia è una Repubblica democratica, fondata sul lavoro.
> La sovranità appartiene al popolo, che la esercita nelle forme e nei limiti della Costituzione.

Una pagina della costituzione della Repubblica Italiana

1. Kingdom   2. Sardinia   3. coming to power   4. underwent
5. chose   6. in place of the   7. at the head   8. promotes
9. government policy   10. individual   11. to assure

Ampliamento del vocabolario

La politica ed il governo

Espressioni utili

l'ambasciatore ambassador
la camera dei deputati chamber of representatives
il candidato candidate
la coalizione coalition
il consiglio dei ministri council of ministers
la costituzione constitution
il deputato representative
dimettersi to resign
il governo government; administration
il ministro minister; **il primo ministro** prime minister

la monarchia monarchy; **la monarchia costituzionale** constitutional monarchy
il parlamento parliament
il presidente president
il re king
la regina queen
la repubblica republic
il senato senate
il senatore senator
lo stato state

A. Rispondere alle seguenti domande.

1. Conosce il nome di un senatore del suo stato?
2. Le piacerebbe diventare un personaggio politico? Perché?
3. Il suo paese è una repubblica o una monarchia?
4. Quale forma di governo esiste in Inghilterra? Conosce il nome del re o della regina?
5. Si è mai dimesso un presidente degli Stati Uniti? Quale?
6. Lei ha mai lavorato nella campagna elettorale di qualche candidato politico? Se sì, che lavoro faceva?

B. Rispondere alle seguenti domande basate sulla nota culturale a pagina 441.

1. L'Italia è mai stata una monarchia?
2. In quale anno è diventata una repubblica?
3. Qual è la funzione del presidente della repubblica?
4. Qual è la funzione del consiglio dei ministri?
5. Chi fa parte del consiglio dei ministri?
6. Qual è il compito della Corte Costituzionale?

V (BC): Hand out two prepared political flyers for a candidate for the presidency, and ask students to decide which flyer is more effective and why.

C. Immagini di lavorare nella campagna elettorale per eleggere il nuovo presidente degli Stati Uniti. Prepari un volantino da distribuire al prossimo comizio *(rally)* politico del suo candidato o della sua candidata.

Struttura ed uso

I. Imperativo con pronomi complemento

—Invitiamo**lo** a cena.

1. A single-object pronoun (direct, indirect, or reflexive) follows and is
    attached to the affirmative **tu**-, **noi**-, and **voi**-command forms.

Compra**lo**!	Buy *it!*
Fate**li**!	Do *them!*
Telefoniamo**gli**!	Let's telephone *him!*

2. The single-object pronoun usually precedes the negative **tu**-, **noi**-,
    and **voi**-commands, though many Italians attach the pronoun to the
    verb.

Non **lo** comprare! Non comprar**lo**!	Don't buy *it!*
Non **lo** mandate! Non mandate**lo**!	Don't send *it!*

3. The indirect-object pronoun **loro** follows **tu**-, **noi**-, and **voi**-com-
    mands, but is not attached to them.

Telefoniamo **loro**!	Let's telephone *them!*
Manda **loro** una lettera!	Send *them* a letter!
Non rispondete **loro**!	Don't answer *them!*

4. The following chart summarizes the use of object pronouns with **tu**-, **noi**-, and **voi**-commands.

	Affirmative commands	Negative commands
tu-commands	Invita**lo** alla festa.	Non l'invitare alla festa! Non invitar**lo** alla festa!
	Manda**gli** il libro!	Non **gli** mandare il libro! Non mandar**gli** il libro!
	Alza**ti** ora!	Non **t**'alzare ora! Non alzar**ti** ora!
noi-commands	Aspettiamo**lo** a casa!	Non l'aspettiamo a casa! Non aspettiamo**lo** a casa!
	Diamo**le** un passaggio!	Non **le** diamo un passaggio! Non diamo**le** un passaggio!
	Mettiamo**ci** a studiare!	Non **ci** mettiamo a studiare! Non mettiamo**ci** a studiare!
voi-commands	Ascoltate**li**!	Non **li** ascoltate! Non ascoltate**li**!
	Telefonate**gli**!	Non **gli** telefonate! Non telefonate**gli**!
	Sedete**vi** qui!	Non **vi** sedete qui! Non sedete**vi** qui!

5. With certain monosyllabic **tu**-commands, such as **da'**, **di'**, **fa'**, **sta'**, and **va'**, the initial consonant of the pronoun is doubled, except in the case of the pronoun **gli**.

Da**mmi** il libro!	*Give me* the book!
Fa**mmi** vedere le tue scarpe!	*Let me* see your shoes!
Di**cci** cosa è successo!	*Tell us* what happened!
Sta**lle** vicino!	*Stay* near *her!*
But: Sta**gli** vicino!	*Stay* near *him!*

A. Maria chiede a Gabriele se può invitare queste persone alla festa del suo compleanno. Assumere il ruolo di Gabriele, usando gli appropriati pronomi complemento diretto nelle risposte.

▶ Maria: Invito Gregorio? (sì)   Gabriele: *Sì, invitalo!*

▶ Maria: Invito Stefano? (no)   Gabriele: *No, non invitarlo!*
                                                          No, non lo invitare!

1. Invito Carlo? (sì)
2. Invito Lucia? (no)
3. Invito Marco e Giorgio? (no)
4. Invito i nostri cugini? (sì)
5. Invito Sandro e Mirella? (sì)
6. Invito le amiche di Pino? (no)

B. Roberto chiede a Carlo se deve telefonare alle persone indicate per invitarle al cinema. Assumere il ruolo di Carlo, usando gli appropriati pronomi complemento indiretto nelle risposte.

▶ Roberto: Telefoniamo a Maria? (sì)   Carlo: *Sì, telefoniamole!*

▶ Roberto: Telefoniamo a Sergio? (no)   Carlo: *No, non gli telefoniamo!*
                                                           No, non telefoniamogli!

1. Telefoniamo a tua cugina? (sì)
2. Telefoniamo a tuo zio? (no)
3. Telefoniamo a Cristina e a Paolo? (no)
4. Telefoniamo a Michele? (sì)
5. Telefoniamo a Pino e a Gianni? (sì)
6. Telefoniamo ai nonni? (no)

E (BC): Hand out a list of *tu*-commands that require physical movement of some kind. Review the corresponding *lei* commands, then have each student direct one or more of the *tu*-commands to their classmates.

C. Trasformare queste domande in ordini.

▶ Giovanni, ti lavi le mani?   *Giovanni, lavati le mani!*

▶ Ragazze, vi vestite adesso?   *Ragazze, vestitevi adesso!*

1. Enrico, ti prepari per partire?
2. Ragazzi, vi alzate presto?
3. Anna, ti metti il cappotto?
4. Bambini, vi svegliate?
5. Carla e Gino, vi ricordate di telefonarmi?
6. Massimo, ti diverti a teatro?

D. Dia questi ordini ai suoi amici, sostituendo alle parole in corsivo i pronomi complemento appropriati.

▶ Prendi *il pane.*   *Prendilo.*

1. Comprate *il giornale.*
2. Leggi *quel libro.*
3. Pietro, non leggere *la rivista* in classe.
4. Non ascoltate *la radio* qui.
5. Giulio, rispondi *al professore.*
6. Telefoniamo *a Silvio ed a Stefano* dopo la lezione.

E. Oggi lei dà ordini a tutti. Usando l'imperativo, sostituisca le parole in corsivo con pronomi complemento indiretto.

▶ Mario, di' qualcosa *a me!*   *Mario, dimmi qualcosa!*

1. Di' *a Paola* di venire a casa!
2. Sta' vicino *a noi!*
3. Da' la borsa *a Carla!*
4. Di' *ai signori* di aspettare!
5. Da' una sedia *a me!*
6. Fa' la spesa *alla zia!*
7. Sta' a sentire *la tua amica!*
8. Fa' una telefonata *a Filippo!*

F. Ripeta l'esercizio precedente, ma questa volta, usi l'imperativo negativo.

▶ Mario, non dire niente *a me!*   *Mario, non mi dire niente!*
      Mario, non dirmi niente!

II. Imperativo con due pronomi complemento

— Porta**melo** qui!

1. In affirmative **tu-**, **noi-**, and **voi-**commands, two object pronouns follow the verb and are attached to it.

Porta**melo!**	Bring *it to me!*
Mandiamo**glieli!**	Let's send *them to him (her)!*
Spedite**cela!**	Mail it *to us!*
Mettiamo**cele!**	Let's put *them* on!

2. In the negative **tu-**, **noi-**, and **voi-**commands, two object pronouns usually *precede* the verb, though many Italians attach the pronouns to the verb.

Non **me lo** portare!	Non portar**melo!**	Don't bring *it to me!*
Non **glieli** mandiamo!	Non mandiamo**glieli!**	Let's not send *them to him!*
Non **ce la** spedite!	Non spedite**cela!**	Don't mail *it to us!*
Non **ce le** mettiamo!	Non mettiamo**cele!**	Let's not put *them* on!

3. In affirmative and negative **lei-** and **loro-**commands, two object pronouns precede the verb.

Glielo dia!	Give *it to him!*
Non **glielo** dia!	Don't give *it to him!*
Ce li mandino!	Send *them to us!*
Non **ce li** mandino!	Don't send *them to us!*
Se la metta!	Put *it* on!
Non **se la** metta!	Don't put *it* on!

4. The indirect-object or reflexive pronouns *always* precede the direct-object pronoun except for **loro**.

Date**lo loro!**	Give *it to them!*
Non **lo** date **loro!** ⎫ Non date**lo loro!** ⎭	Don't *give it to them!*

E (BC): Appoint a student to cue additional classroom or personal objects listed on p. 23 and p. 254.

G. Dica al suo amico Stefano che queste cose sono sue e le rivuole *(want them back).*

▶ la penna   *È la mia penna. Dammela!*

1. la matita
2. le riviste
3. i fogli di carta
4. il registratore
5. i libri
6. i quaderni

E (BC): Appoint a student to cue additional articles of clothing listed on p. 231.

H. Dica a sua madre di non comprarle questi indumenti.

▶ la giacca verde   *Non me la comprare!* o *Non comprarmela!*

1. la gonna lunga
2. i guanti neri
3. le scarpe marrone
4. il cappotto
5. la camicetta rosa
6. i pantaloni di lana

I. Immagini di essere in un ristorante con gli amici e di rispondere per tutti alle domande del cameriere. Usi l'imperativo nelle risposte.

▶ Il caffè   S1: *Vogliono il caffè adesso?*
                S2: *Sì, ce lo porti, per favore.*

1. il formaggio   3. la bistecca   5. il pesce
2. la minestra   4. gli spaghetti   6. le mele

J. Dia degli ordini a Valeria ed a Lidia, sostituendo i pronomi complemento diretto alle parole in corsivo.

▶ Valeria, portami *i libri.*   *Valeria, portameli!*

1. Compratemi *il caffè!*   4. Valeria, dalle *la notizia!*
2. Prestatele *la calcolatrice!*   5. Lidia, non gli restituire *i soldi!*
3. Lidia, pulisciti *le mani!*   6. Valeria, non offrirle *il gelato!*

K. Sostituire alle parole in corsivo i pronomi complemento.

▶ Signorina, si lavi *le mani!*   *Signorina, se le lavi!*

1. Signore, mi dia *il giornale,* per favore!
2. Signori, si mettano *i guanti!*
3. Signori, gli dicano *la verità!*
4. Signora, si metta *l'impermeabile* prima di uscire!
5. Signorina, mi presti *la sua penna* per favore!

III. Gli aggettivi indefiniti

—Hai ancora **qualche** manifesto?
—No, ma ho **molti** volantini.

1. Indefinite adjectives (**gli aggettivi indefiniti**) are frequently used in Italian to express an indefinite quantity of something, or to refer in rather vague terms to an item.

Indefinite adjectives	
alcuno (alcuna, alcuni, alcune)	some
altro (altra, altri, altre)	other
ogni *(invariable)*	each, every
molto (molta, molti, molte)	much, many
poco (poca, pochi, poche)	little, few
qualche *(invariable)*	some
troppo (troppa, troppi, troppe)	too much
tutto (tutta, tutti, tutte)	all, whole

2. **Alcuni/e** and **qualche** both mean *some,* and are interchangeable. However, **alcuni/e** is used in this sense only in the plural; **qualche** is invariable and it is followed by a singular noun. **Un po' di** is also used to express *some* in the sense of *a little, a bit of.*

Ecco **alcuni** volantini.	Here are *some* flyers.
C'era **qualche** candidato al comizio.	There were *some* candidates at the rally.
Prendi **un po' di** dolce.	Take *some (a little bit of)* dessert.

3. The plural forms of **molti/e, pochi/e,** and **troppi/e** are used with plural nouns.

Hai comprato **molti (pochi, troppi)** dischi.	You bought *many (few, too many) records.*
Hai comprato **molte (poche, troppe)** riviste.	You bought *many (few, too many)* magazines.

4. **Altro** (**altra**, etc.) is usually preceded by a definite or an indefinite article.

Votate per **l'altro** candidato!	Vote for the *other* candidate!
Dettare i proverbi ad **un altro** studente.	Dictate the proverbs to *another* student.

5. The singular forms **tutto/a** mean *the whole* and the plural forms **tutti/e** mean *all (the).* They are usually followed by the definite article.

Abbiamo mangiato **tutta la torta**.	We ate *the whole cake.*
Parlano **tutto il giorno**.	They speak *the whole day.*
Tutti i candidati parleranno.	*All the candidates* will speak.
Tutte le ragazze distribuiscono volantini politici.	*All the girls* distribute political pamphlets.

6. Ogni is invariable and is always used with a singular noun.

Telefona **ogni** mattina.   He phones *every* morning.
Il giornalista intervista **ogni** studente.   The reporter interviews *each* student.

L. Completare le seguenti frasi con le forme appropriate di *qualche* o *alcuni(e)*.

▶ Abbiamo trovato _____ libro.   *Abbiamo trovato qualche libro.*
▶ Ho _____ riviste.   *Ho alcune riviste.*

1. _____ negozi sono costosi.
2. _____ persona è povera.
3. _____ ragazze sono nervose.
4. _____ bevanda è fredda.
5. _____ aule sono pulite.
6. _____ ufficio è aperto.

M. Costruire brevi frasi unendo ai nomi gli aggettivi *molto, poco, troppo*.

▶ ristoranti   *Ci sono molti (pochi, troppi) ristoranti.*

1. campi da tennis
2. teatri
3. autobus
4. negozi eleganti
5. chiese
6. ospedali
7. biblioteche
8. banche
9. stazioni radio
10. giardini

E (BO): Have students respond with the appropriate form of the negative adjective *nessuno*.

N. Oggi è giorno di festa e Mario elenca *(lists)* i luoghi pubblici che sono chiusi, usando l'aggettivo indefinito appropriato.

▶ negozio   *Ogni negozio è chiuso.* o *Tutti i negozi sono chiusi.*

1. ufficio postale
2. farmacia
3. banca
4. teatro
5. museo
6. bar
7. scuola
8. supermercato

E (BO): Ask a second student to make an appropriate exclamation for each statement given by the first student; e.g.,
S1: *Mia zia ha molti vestiti.*
S2: *Che fortunata!*

O. Completare le frasi con la forma corretta dell'aggettivo tra parentesi.

▶ Mia zia ha (molto) vestiti.   *Mia zia ha molti vestiti.*

1. Mia nonna ha (troppo) pazienza.
2. Sergio ha (molto) amici.
3. Ha finito (tutto) il gelato.
4. Hanno invitato (poco) amiche.
5. Mangia (qualche) panino.
6. Siamo stati in Italia per (poco) giorni.
7. Il bambino ha mangiato (tutto) le ciliege.
8. Non abbiamo (troppo) soldi.

IV. I pronomi indefiniti

— C'è **qualcosa** che non va!

Indefinite pronouns (**i pronomi indefiniti**) are used to express an indefinite quantity. The most common indefinite pronouns are **qualcuno** *(someone)*, **qualcosa, qualche cosa** *(something)*, **tutto** *(all, everything)*, **tutti, tutte** *(everyone)*, and **ognuno** *(each one, everyone)*. Note that except for **tutti, tutte**, the indefinite pronouns are used with *third person singular forms of the verb* when they are the subject of a sentence.

Qualcuno è entrato prima di me.	*Someone* entered before me.
Hai **qualcosa** da darmi?	Do you have *something* to give me?
Ho comprato **qualche cosa** per lui.	I bought *something* for him.
Abbiamo finito **tutto**.	We finished *everything*.
Tutti sono in macchina.	*Everyone* is in the car.
Ognuno deve fare il proprio lavoro.	*Each one* must do his/her own work.

P. Sostituire le parole indicate con il pronome indefinito suggerito, trasformando i verbi se è necessario.

▶ *Laura* guarda il telegiornale. (qualcuno)   *Qualcuno guarda il telegiornale.*

▶ *Noi* leggiamo il giornale. (ognuno)   *Ognuno legge il giornale.*

1. *L'architetto* parla con il cameriere. (tutti)
2. *Il giornalista* scrive per quel giornale. (qualcuno)
3. *Io* ho lasciato i libri in automobile. (ognuno)
4. *Mia sorella* arriva presto. (tutti)
5. *Tutti* hanno vinto. (ognuno)

6. Hanno *dei libri* da darmi? (qualcosa)
7. *I giovani* prendono l'aereo. (qualcuno)
8. *Il libro* è sulla scrivania. (qualcosa)
9. Hanno comprato *del pesce*. (qualcosa)

Q. Rispondere alle seguenti domande con frasi complete usando un pronome indefinito appropriato.

1. Chi deve lavorare?
2. Chi è nell'aula adesso?
3. Lei cosa dà al suo amico?
4. Chi viene alla festa sabato sera?
5. Chi vota ogni anno?
6. Lei cosa ha lasciato nell'aula?
7. Lei cosa fa quando ha fame?
8. Dove sono gli studenti d'italiano?

A lei la parola

1. You are running for president of the student government in your school. Invite your friends to give you their vote.
2. Your sister has borrowed your hair dryer. Order her to please give it back to you.
3. Inform your parents that several friends of yours aren't going to vote in this political election.
4. Find out if your friends ate everything there was in your refrigerator.
5. Report that everyone is going to distribute flyers during this political campaign.

Attualità

Conosce Palermo?

Palermo è il capoluogo della Sicilia ed è situata su un golfo in un'ottima posizione geografica. Per la mitezza° del clima e per i suoi monumenti prestigiosi, Palermo è un centro turistico molto rinomato. La Palermo monumentale risale al tempo dei Normanni° [1072–fine del XII (dodicesimo) secolo] ed è ricca di opere architettoniche arabe e bizantine. La città vanta° una discreta attività economica che si basa principalmente su prodotti agricoli e vini pregiati°.

mildness

Normans

boasts of

valuable

Le donne italiane

Sin° dagli inizi degli anni settanta, il movimento femminista italiano
ha inciso° notevolmente sulla struttura sociale italiana. Oggi molte
giovani donne italiane, dalla casalinga° alla professionista, dalla
studentessa all'operaia, hanno preso coscienza° del proprio ruolo° non
solo nella famiglia, ma anche nella società. Il movimento di liberazione
della donna le ha incoraggiate° a cercare lavoro e ad intraprendere
carriere° fuori di casa.

    Ma in Italia non c'è abbondanza di posti di lavoro°, e nel passato
essi erano offerti quasi esclusivamente agli uomini. Comunque negli
ultimi decenni il progresso economico ha creato più posti di lavoro, e
lentamente l'atteggiamento° della gente verso il ruolo sociale della
donna è cambiato. In quasi tutte le città italiane sono sorti° gruppi
femministi, con il compito di aiutare la donna a risolvere problemi
personali e di famiglia. Questi gruppi o collettivi femministi sono
molto attivi nella politica del paese ed hanno spinto° il governo a
creare un maggior numero di infrastrutture sociali, come consultori°
medici, centri per la salute, centri sociali ed asili nido°.

From
affected
housewife
have become aware / role

has encouraged
to undertake careers
jobs

attitude
have been formed

pushed
dispensaries
daycare centers

Quanto ricorda?   Completare le frasi della colonna A con espressioni di senso compiuto
tratte dalla colonna B. Nella colonna B ci sono due elementi in più.

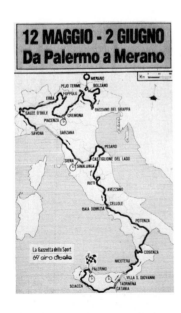

A
1. Molte donne italiane
2. A Palermo ci sono opere architettoniche
3. Sotto la pressione di collettivi femministi
4. Molti monumenti di Palermo

B
a. il governo italiano ha creato diversi servizi sociali per la donna.
b. che rivelano influenza araba e bizantina.
c. la gente mangia male.
d. risalgono alla fine del dodicesimo secolo.
e. lavorano fuori casa.
f. sono di stile rinascimentale.

RIPASSO: Lezioni 19ª & 20ª

In this section, you will review the following: Pluperfect subjunctive (Exercise A); **Se**-clauses (Exercises B–C); Conditional perfect (Exercise D); Commands with object pronouns (Exercises E–G); Indefinite adjectives and pronouns (Exercises H–I); Vocabulary and expressions (Exercise J).

A. Formulare frasi complete, usando le parole indicate. [*Pluperfect subjunctive*]

▶ Mia madre voleva che io (studiare di più).   *Mia madre voleva che io studiassi di più.*

1. Dubitavo che i miei amici (arrivare prima delle undici).
2. Era impossibile che noi (partire per la Francia).
3. Ero sorpreso che i tuoi genitori (permetterti di venire con noi).
4. Non sapevo che tu (chiamare Giovanni).
5. Uscivo spesso con Maria sebbene (essere molto occupato).
6. Era giusto che Gina (andare con i genitori in Inghilterra).
7. Non credevo che loro (conoscere tanto la poesia italiana).
8. Non sapevano se tutti gli italiani (votare).

B. Dire cosa farebbero le persone indicate se esistessero certe condizioni. [*Se*-*clauses*]

▶ io / comprare una macchina / avere i soldi   *Comprerei una macchina se avessi i soldi.*

1. Lola / bere un'aranciata / essere al bar
2. noi / fare gite / non dovere studiare
3. voi / venire a vederci / avere tempo
4. mio fratello / leggere di più / potere acquistare altri libri
5. il professore / parlare di Dante / esserci più studenti d'italiano
6. io / discutere di letteratura / avere la preparazione sufficiente

C. Creare conclusioni logiche alle frasi che seguono. [*Se*-*clauses*]

▶ Se potessi ...   *Se potessi, scriverei una bella poesia.*

1. Aiuterei quella donna se ...
2. Leggerei quella poesia se ...
3. Se volessi ...
4. Se mi scrivesse (Tonio) ...
5. Discuterei di letteratura se ...
6. Se non avessi molto da fare ...
7. Se mi avessi dato tempo ...
8. Avrei capito la lezione ...

D. Trasformare le seguenti frasi al passato, ed usare il condizionale passato ed il congiuntivo. [*Conditional perfect*]

▶ Pagherei il conto se potessi.   *Avrei pagato il conto se avessi potuto.*

1. Vedrei quel film se fosse di Fellini.
2. Se avesse molti soldi, Maria viaggerebbe continuamente.
3. Se avessi un gettone, telefonerei a Dora.
4. Cominceremmo a giocare se avessimo il pallone.
5. Ci farebbero questo favore se potessero.
6. Darei il compito a Giacomo se me lo chiedesse.
7. Se ti invitassero, andresti da loro?
8. Verrebbe a casa mia se non facesse tanto freddo?

E. Trasformare le seguenti frasi secondo l'esempio. Nelle risposte, usare due pronomi complemento. [*Commands with object pronouns*]

▶ Giorgio, porta *il libro a me!*   *Giorgio, portamelo!*

1. Marisa, manda *la lettera a Carlo!*
2. Signora, dia *la rivista a Marina!*
3. Bambini, lavatevi *le mani!*
4. Marco, porta *i giornali a me!*
5. Signorine, comprino *i biglietti per noi!*
6. Anna, fa *le valige per Carlo!*
7. Valeria, compra *la camicetta ad Anna!*
8. Pietro e Michele, pagate *il conto a loro!*
9. Signorina, faccia *la prenotazione al signor Tini!*

F. Trasformare in forma negativa le frasi dell'esercizio E. [*Commands with object pronouns*]

▶ Giorgio, porta *il libro a me!*   *Giorgio, non portarmelo!*
  Giorgio, non me lo portare!

G. Dare questi ordini ad un amico o ad un'amica, sostituendo alle parole in corsivo un pronome complemento. [*Commands with object pronouns*]

▶ Tina, da' *il libro a me!*   *Tina, dammi il libro!*

1. Di' *a Marco* di fare presto!
2. Sta' vicino *a me!*
3. Da' i libri *allo zio!*
4. Fa' vedere le scarpe *alla mamma!*
5. Di' qualcosa *a me!*
6. Fa' la spesa *per tua sorella!*

H. Costruire delle frasi, unendo a queste parole aggettivi indefiniti. [*Indefinite adjectives*]

▶ soldi   *Ho molti (pochi, troppi) soldi.*

1. compiti   4. amici   7. scarpe
2. vestiti nuovi   5. maglie   8. cugini
3. libri   6. dischi   9. valige

I. Completare le seguenti frasi, usando un pronome indefinito appropriato. [*Indefinite pronouns*]

▶ _____ deve leggere questa poesia.   *Ognuno deve leggere questa poesia.*

1. _____ lascia sempre i libri sul tavolo!
2. _____ guardano lo stesso programma.
3. Giorgio ha finito _____ .
4. Hai _____ da dire a Carla?
5. _____ è partito prima di me stamattina.
6. Dove sono _____ ?

J. Esprimere in italiano questa conversazione fra Antonella e Claudia. [*Vocabulary and expressions*]

Antonella Did Cesare call you yesterday?
Claudia Yes, he hoped that we would invite him to the party.
Antonella Why didn't you invite him?
Claudia Because if I had invited him, I would have had to invite his brother, Gino.
Antonella That's all right. Invite them! There's plenty to eat. Everyone will have a good time.
Claudia I'll call him right away. I don't have his number. Give it to me!
Antonella Here it is. You know, we should also have invited Tullio and Gregorio.
Claudia Let's invite them next time!

LEZIONE 21ª

See Instructor's Manual for additional teaching suggestions for *Lezione 21ª*.

Sciopero generale

Manifestazione di lavoratori

ROMA (3 maggio)— Continua oggi lo sciopero generale indetto° dai
sindacati in segno di protesta contro il governo. Anche due mesi fa i
sindacati dichiararono una giornata di sciopero, ma non ottennero
successo perché solo pochi lavoratori parteciparono alla
5 manifestazione. Oggi invece c'è più unità. Mentre i lavoratori vogliono
una decisa lotta contro il carovita, i sindacati chiedono miglioramenti
salariali.

    Nella città ieri c'è stato un caos indescrivibile. Ancora una volta
non tutti hanno aderito allo sciopero e molta gente è andata a lavorare
10 lo stesso. Sono rimasti aperti gli uffici statali, le banche e le ditte
private. Essendo fermi i mezzi pubblici di trasporto, ognuno si è dovuto
arrangiare alla meglio°. In circolazione c'erano pochi tassì e dappertutto
tante automobili. In ogni strada c'era un ingorgo. Essendo chiusi i bar e
le edicole dei giornali, la gente ha dovuto fare a meno del solito caffè e
15 del giornale.

    Oggi le autorità cittadine stanno cercando di attenuare i disagi
dello sciopero impiegando l'aiuto dei militari nei pubblici trasporti e
negli ospedali. Nonostante ciò, si prevede° che in tutta la città regnerà
una grande confusione fino a tarda sera°, rendendo ancora più
20 complicata la solita vita quotidiana.

    Ieri sera durante una conferanza stampa tenuta da un noto
esponente politico, abbiamo appreso che i rappresentanti dei sindacati
e del governo hanno deciso di incontrarsi al più presto. A quanto
sembra°, già da questa mattina a Palazzo Madama alcuni di loro stanno
25 discutendo e tutti sperano che una soluzione accettabile sia raggiunta
quanto prima.

called

E (BO): Have students work in
pairs or small groups to prepare
conversations between two or
more citizens who discuss the
events of the previous day. The
citizens should approve strongly
or complain bitterly about the
strikers' actions.

as well as they could

it is foreseen

late evening

It seems

Domande generali

E (BO): Have students ask *you* the
questions. Expand where possible
on your answers, to increase
students' listening
comprehensiòn.

1. Chi ha indetto lo sciopero? Perché?
2. Cosa chiedono i lavoratori?
3. Hanno scioperato tutti? Quali uffici erano aperti? Quali chiusi?
4. Cosa hanno fatto le autorità cittadine?
5. Chi ha tenuto una conferenza stampa ieri sera?
6. Cosa sta succedendo questa mattina a Palazzo Madama?

Domande personali

E (BO): If appropriate, ask
students if they have ever
participated in a strike at their
college or school. Discuss the
causes of the strike, reactions of
college or school officials, and the
outcome of the strike.

1. C'è stato uno sciopero recentemente nella sua città o nel suo paese?
2. Ha causato molti disagi?
3. Quali attività erano ferme?
4. Chi scioperava? Perché?
5. Lei partecipava allo sciopero? Perché?

Vocabolario

Parole analoghe

accettabile	**indescrivibile**	**recentemente**
l'autorità	**il militare**	**statale**
complicato/a	**ottenere**	**l'unità**
generale	**la protesta**	

Nomi

il carovita cost of living
il disagio discomfort
la ditta firm
la manifestazione demonstration
il miglioramento improvement
lo scioperante striker
lo sciopero strike
il sindacato labor union

Aggettivi

cittadino/a (of the) city
noto/a known
quotidiano/a daily
salariale wage

Verbi

aderire (a) to take part in, to support
apprendere (appreso) to learn
arrangiarsi to manage
attenuare to lessen
dichiarare to declare
impiegare to employ

indire (indetto) to call
raggiungere to reach
regnare to reign
rendere to render, to make
scioperare to strike

Altre parole ed espressioni

contro against
essendo being

ancora una volta once again
la conferenza stampa press conference
l'edicola dei giornali newsstand
l'esponente politico political figure
fare a meno to do without
in circolazione in circulation
in segno di as a sign of
nonostante ciò nevertheless
Palazzo Madama seat of the Italian Senate
quanto prima as soon as possible

Pratica

A. Immagini di telefonare ad un amico o ad un'amica e di discutere con lui/lei dello sciopero dei mezzi di trasporto nella sua città o nel suo paese. Includa nella telefonata:

1. quando è cominciato lo sciopero
2. chi è in sciopero
3. che sarà difficile uscire
4. come andrete a scuola o a lavorare
5. a che ora vi incontrerete e dove
6. chi deve telefonare agli altri amici

B. Immagini di essere un operaio o un'operaia e di essere intervistato/a da un/una giornalista. Scriva un dialogo in cui lei difende lo sciopero, includendo queste notizie:

1. quante volte gli operai hanno scioperato durante l'anno
2. perché sono in sciopero adesso
3. a quale partito politico appartengono *(belong)*
4. dove lavorano e quale tipo di lavoro fanno
5. che sperano che lo sciopero finisca quanto prima

NOTA CULTURALE

Il sindacato dei lavoratori

In Italia i sindacati dei lavoratori sono una grande forza[1] politica ed economica. Il loro potere[2] è aumentato molto dopo il 1969, anno di dura lotta[3] fra i dirigenti ed i lavoratori delle varie industrie. Oggi ogni categoria lavorativa è rappresentata dal suo proprio sindacato. Molti sindacati appartengono ad una di queste confederazioni: la CGIL (Confederazione Generale Italiana del Lavoro), la CISL (Confederazione Italiana Sindacati Lavoratori) e la UIL (Unione Italiana del Lavoro).

Con l'aiuto[4] dei sindacati, i lavoratori italiani hanno raggiunto molte conquiste, come la settimana lavorativa di quaranta ore, il preciso controllo dello straordinario[5] e la scala mobile[6] che permette aumenti salariali quando aumentano i prezzi dei generi di maggiore consumo[7].

Dimostrazione sindacale

1. force 2. power 3. hard struggle 4. help 5. overtime
6. cost of living increase 7. general consumption

Ampliamento del vocabolario

Nomi alterati

1. The meaning of many nouns and some adjectives in Italian can be altered by adding special suffixes (**suffissi speciali**) to them. These suffixes give the connotation of *smallness, bigness, affection,* and *disparagement* and are added to nouns and sometimes adjectives after dropping the final vowel. The more common special suffixes are: **-ino, -etto, -ello, -one,** and **-accio.**

2. Suffixes that denote smallness or affection are **-ino** (**-ina,** etc.), **-etto** (**-etta,** etc.), and **-ello** (**-ella,** etc.).

Che bel **disegnino!**	What a nice little design.
Ho un **gattino** bianco.	I have a nice little white cat.
Abbiamo una **casetta** in montagna.	We have a small (nice) house in the mountains.
Quella donna è **poverella** e non ha soldi.	That woman is quite poor and doesn't have any money.
Quel bambino è **cattivello**.	That child is rather naughty.

3. The suffix **-one** (**-ona,** etc.) denotes bigness or largeness.

Chi ha scritto quel **librone?**	Who wrote that big book?
Cosa c'è in quello **scatolone?**	What's in that big box?
Lo **stanzone** a destra è l'aula magna.	The huge room to the right is the public hall.
Gina è una **ragazzona**.	Gina is a big girl.

Note: Feminine nouns can become masculine when the suffix **-one** is added. This form is generally preferred to the feminine **-ona.**

una donna	**un** donn**one**
la finestra	**il** finestr**one**
la macchina	**il** macchin**one**

4. The suffix **-accio** (**-accia,** etc.) means *bad, nasty, unpleasant* and is used to give a pejorative meaning to nouns.

Non comprate quel **giornalaccio**.	Don't buy that bad newspaper.
Quei ragazzi dicono **parolacce** anche a casa.	Those boys say bad words even at home.

Note: While most of the suffixes given above may combine with numerous nouns and a few adjectives, language learners should be cautious in using *nomi alterati,* as their exact meaning depends on the context, the situation, the persons involved, and so on.

Struttura ed uso

I. Il passato remoto

— Venni vidi vinsi.

1. The preterit tense (**il passato remoto**) is a past tense that consists of one word. It is used frequently in writing, especially narrative writing, to relate events of the past, and it is sometimes referred to as the *historical past.*

Il terremoto di due anni fa **distrusse** quella casa.

The earthquake that took place two years ago *destroyed* that house.

Cristoforo Colombo **scoprì** il Nuovo Mondo nel 1492.

Christopher Columbus *discovered* the New World in 1492.

2. The preterit tense is formed by adding the preterit endings to the infinitive stem. The following chart shows the preterit forms of a regular **-are**, **-ere**, and **-ire** verb.

	comprare	**temere**	**finire**
io	comprai	temei(**-etti**)	finii
tu	comprasti	temesti	finisti
lui/lei	comprò	temè(**-ette**)	finì
noi	comprammo	tememmo	finimmo
voi	compraste	temeste	finiste
loro	comprarono	temerono(**-ettero**)	finirono
	I bought, you bought, etc.	*I feared, you feared, etc.*	*I finished, you finished, etc.*

Note that the second conjugation verbs may have two different forms for the first and third person singular forms and for the third person plural form. Both are correct, but usage determines which is more appropriate for a particular verb.

3. The **passato remoto** and the **passato prossimo** (*see Lezione 6ª*) are similar in that they express an action in the past. Generally the preterit is used in speaking when, in the evaluation of the speaker, the action is perceived as distant or unconnected to the present. Southern Italians appear to use the preterit more frequently than northern Italians in speaking and writing.

Ho comprato queste scarpe la settimana scorsa.	*I bought* these shoes last week.
Il poeta Salvatore Quasimodo **ricevette** il Premio Nobel nel 1959.	The poet Salvatore Quasimodo *received* the Nobel Prize in 1959.

4. Most common verbs have irregular preterit forms. Here are some of them. A more complete list is given in Appendix G.

Infinitive	Preterit forms
avere	ebbi, avesti, ebbe, avemmo, aveste, ebbero
conoscere	conobbi, conoscesti, conobbe, conoscemmo, conosceste, conobbero
dare	diedi, desti, dette (diede), demmo, deste, dettero (diedero)
essere	fui, fosti, fu, fummo, foste, furono
fare	feci, facesti, fece, facemmo, faceste, fecero
leggere	lessi, leggesti, lesse, leggemmo, leggeste, lessero
nascere	nacqui, nascesti, nacque, nascemmo, nasceste, nacquero
prendere	presi, prendesti, prese, prendemmo, prendeste, presero
sapere	seppi, sapesti, seppe, sapemmo, sapeste, seppero
scrivere	scrissi, scrivesti, scrisse, scrivemmo, scriveste, scrissero
vedere	vidi, vedesti, vide, vedemmo, vedeste, videro
venire	venni, venisti, venne, venimmo, veniste, vennero
volere	volli, volesti, volle, volemmo, voleste, vollero

A. Formulare frasi con le parole indicate, usando la forma appropriata del passato remoto.

▶ due anni fa / Laura e Luisa / andare / a vedere / un film italiano

Due anni fa Laura e Luisa andarono a vedere un film italiano.

1. l'anno scorso / Roberto / vedere / film di Fellini
2. sei mesi fa / Franco / vendere / macchina / Luigi
3. Dante Alighieri / nascere / 1265
4. i poeti italiani, Montale e Quasimodo / ricevere / Premio Nobel
5. il poeta Francesco Petrarca / amare / Laura
6. Giorgio Washington / essere / primo presidente / Stati Uniti

V (BO): Have students respond in the present perfect after they have responded in the preterit.

B. Dire cosa fece Marco a Firenze tre anni fa, usando il passato remoto.

▶ fare molte passeggiate   *Fece molte passeggiate.*

1. visitare la Galleria degli Uffizi
2. incontrare alcuni amici
3. scrivere molte cartoline ai genitori
4. vedere una commedia divertente al Teatro La Pergola
5. conoscere un artista famoso
6. prendere lezioni di musica
7. visitare il giardino di Boboli
8. volere andare a vedere *il David* di Michelangelo

C. Completare le seguenti frasi con espressioni di senso compiuto, usando il passato remoto dei verbi.

1. L'anno scorso, io ed i miei amici ...
2. Nel 1976, la nostra città ...
3. Due anni fa, mio padre ...
4. Tre anni fa, io ...
5. Nel 1900, la gente ...
6. Eugenio Montale ...

D. Trascrivere questo brano cambiando il soggetto da *io* a *noi*, e poi a *loro*, usando il passato remoto dei verbi.

Tre mesi fa preparai un questionario sui film italiani presentati a Nuova York. Scrissi a molti registi e attori italiani per avere le loro opinioni. Parlai anche con il professore che tiene un corso *(holds a class)* sul cinema italiano. Finii il lavoro dopo un mese e discussi il risultato del questionario con i miei amici. Imparai molto da questa ricerca interessante.

II. Verbi che richiedono una preposizione prima dell'infinito

— Non **riesco a** farlo funzionare.

1. The following verbs require the preposition **a** before an infinitive.

		Verb + *a* + infinitive
aiutare	*to help*	Lo **aiuto a** fare i compiti.
andare	*to go*	**Andate a** studiare?
cominciare	*to begin*	**Cominciate a** mangiare alle venti?
continuare	*to continue*	Luisa **continua a** nuotare in piscina.
divertirsi	*to have a good time*	**Si divertono a** giocare a pallacanestro.
imparare	*to learn*	Maria Pia **impara a** guidare la macchina.
insegnare	*to teach*	Il professore c'**insegna a** parlare italiano.
invitare	*to invite*	T'**invito a** prendere un caffè.
mettersi	*to begin to*	**Ti metti a** ballare adesso?
riuscire	*to succeed*	**Siamo riusciti a** trovare una soluzione.
venire	*to come*	**Vengo a** portarti il libro.

A Radio Roma c'è un computer per aiutarvi a scegliere

2. The following verbs and expressions require the preposition **di** before an infinitive.

		Verb or expression + *di* + infinitive
avere bisogno	*to need*	**Ho bisogno di** studiare.
avere paura	*to be afraid*	**Ho paura di** andare in motocicletta.
cercare	*to strive*	**Cerchiamo di** non spendere tutti i soldi.
chiedere	*to ask*	**Chiede di** essere scusato.
consigliare	*to advise*	Lui ci **consiglia di** prendere l'aereo.
credere	*to believe*	**Crede di** sapere tutto.
decidere	*to decide*	Mariella **decide di** partire da sola.
dimenticarsi	*to forget*	**Si sono dimenticati di** portare gli sci.
dire	*to say, to tell*	Gli **ho detto di** preparare la tavola.
finire	*to finish*	**Avete finito di** giocare?
pensare	*to think*	**Penso di** fare un viaggio a Parigi.
permettere	*to permit*	Mia madre mi **permette di** tornare a casa tardi.
preoccuparsi	*to worry*	**Si preoccupano di** arrivare in ritardo.
ricordarsi	*to remember*	**Ti sei ricordato di** comprare il giornale?
scrivere	*to write*	Gli **abbiamo scritto di** venire da noi.
sperare	*to hope*	**Spera di** finire prima di Lucio.
suggerire	*to suggest*	**Suggerisco di** andare a teatro.
temere	*to fear*	Luigi **teme di** perdere il treno.

V (BO): Ask a second student to change each response to the preterit.

E. Descrivere quello che fa Giuseppe, usando le parole indicate e la preposizione *a.*

▶ cominciare / studiare il francese *Comincia a studiare il francese.*

1. andare / vedere un film giapponese
2. mettersi / leggere il giornale
3. continuare / guardare la televisione
4. imparare / ballare
5. aiutare sua madre / cucinare
6. non riuscire / fare i compiti di matematica
7. divertirsi / scrivere poesie
8. cominciare / sciare bene

V (BO): Ask a second student to change each response to the preterit.

F. Formulare frasi, usando in ciascuna le seguenti parole e la preposizione *di.*

▶ io / temere / lavorare troppo *Temo di lavorare troppo.*

1. tu / finire / studiare
2. lui / pensare / leggere quel romanzo

3. noi / suggerire / fare una gita
4. loro / decidere / fare un viaggio
5. Mario / cercare / telefonare a Giovanni
6. Graziella / avere paura / guidare questa macchina
7. tu / avere bisogno / andare in vacanza
8. io / credere / avere ragione
9. studenti / sperare / uscire presto oggi
10. io e Claudia / non avere paura / andare in aereo
11. Camilla / dire / andare da lei più tardi
12. io / non ricordarsi mai / telefonare ad Enrico

G. Rispondere con frasi di senso compiuto alle seguenti domande personali, usando la preposizione *a* o *di*.

▶ Di che cosa ha paura?   *Ho paura di perdere l'aereo.*

1. Di che cosa si preoccupa lei?
2. A che ora si mette a mangiare la sera?
3. Riesce a leggere un libro alla settimana?
4. Cosa impara a fare?
5. Cosa spera di fare quando si laurea?
6. Cosa le permette di fare suo padre?
7. Che cosa si dimentica di fare spesso?
8. Deve andare a studiare o a mangiare dopo la lezione?

H. Formulare frasi, usando i verbi o le espressioni fra parentesi e aggiungendo le preposizioni *a* o *di* dove sono necessarie.

▶ Gli piace sciare.   *Imparo a sciare.*
   (Imparo / Volevano)   *Volevano sciare.*

1. Hanno deciso di comprare un computer. (Sperano / Non è riuscito / Pensavamo)
2. Cominciamo a cantare. (Continuo / Volevate / Si mette / Riescono)
3. Vengo a portarti un registratore. (Hanno deciso / Si è ricordato / Dovevo / Speriamo)
4. Mi hanno detto di telefonare. (Avrebbero dovuto / Ho deciso / Avete bisogno / Finiscono)

III. La correlazione dei tempi con il congiuntivo

— **Speravo** che **vincesse** il cavallo numero sette.

1. The following chart shows the sequence of tenses in a dependent **che**-clause when the verb in the main clause is in the present or future, or is a command form.

Main clause	Dependent *che*-clause
Present Future Command	Present subjunctive (simultaneous or future action) Present perfect subjunctive (past action)

2. In most cases, when the main verb is in the present or future or is a command form, and the action of the subjunctive occurs in the present or the future, the *present subjunctive* is used in the **che**-clause. When the action of the verb in the subjunctive occurred before that of the main verb, the *present perfect subjunctive* is used in the **che**-clause.

Spero che arrivi subito.	I hope he arrives soon.
Vorrà che tu venga con noi.	He will want you to come with us.
Sta' attento che Marta non cada.	Be careful that Marta doesn't fall down.
Spera che voi abbiate ricevuto la lettera.	He hopes you have received the letter.

3. The following chart shows the sequence of tenses in the dependent **che**-clause when the verb in the main clause is in any past tense or is in the conditional.

Main clause	Dependent *che*-clause
Imperfect Present perfect Pluperfect Preterit Conditional	Imperfect subjunctive (simultaneous or future action) Pluperfect subjunctive (past action)

4. If the main verb is in any past tense (imperfect, present perfect, pluperfect or preterit) or the conditional, and the action of the subjunctive verb occurs at the same time or later, the *imperfect subjunctive* is used in the **che**-clause. If the action of the subjunctive verb occurred before that of the main verb, the *pluperfect subjunctive* is used in the **che**-clause.

Speravo che tu venissi alla festa.	I hoped you would come to the party.
Era meglio che loro visitassero quel museo.	It was best that they visit that museum.
Speravano che noi fossimo già venuti.	They hoped that we had already come.
Sono arrivati prima che io avessi avuto tempo di telefonarti.	They arrived before I had time to call you.

5. The imperfect and pluperfect subjunctive are always used in a **che**-clause after **come se** *(as if)* regardless of the tense of the main verb.

Le parlo come se fosse mia sorella.	I speak to her as if she were my sister.
Agiva come se non avesse capito nulla.	He acted as if he had not understood anything.

  I. Scrivere nuove frasi sostituendo le parole in corsivo con le espressioni fra parentesi e cambiando la forma dei verbi dov'è necessario.

  1. *Voglio* che voi veniate allo stadio. (È meglio / Sarei felice / Credevo / Dubitavo)
  2. *È possibile* che quel cantante abbia organizzato lo spettacolo. (Non credono che / Speravano / Era improbabile / Bisognava)
  3. *Vuole* che tu prepari il pranzo. (Volle / Era contento / Ordinò / Era bene)

J. Completare queste frasi con la forma corretta dei verbi fra parentesi.

▶ (aprire) Non credo che Roberto _____ la lettera.　　*Non credo che Roberto apra (abbia aperto) la lettera.*

▶ (fare) Speravo che voi _____ quel viaggio.　　*Speravo che voi faceste (aveste fatto) quel viaggio.*

1. (organizzare) Bisognerebbe che voi _____ lo spettacolo.
2. (scioperare) Preferiva che gli operai non _____ .
3. (aiutare) È strano che tu non _____ tua sorella.
4. (presentarsi) Non credo che Giancarlo _____ quest'anno come candidato.
5. (restare) Era impossibile che io _____ con voi.
6. (andare) Vorrebbe che voi _____ in biblioteca.

E (BC): List on board two or three events that took place in your city or town the previous week. Indicate your reactions to the events, using expressions like *Ero contento/a che…, Ero triste che* …Then ask students for their reactions.

K. Esprima i suoi stati d'animo in merito a *(with respect to)* queste situazioni ed eventi che ebbero luogo la settimana scorsa. Scriva frasi complete usando i verbi *speravo, volevo, dubitavo, non credevo, ero contento, ero triste che* o altre espressioni simili.

▶ voi / venire alla festa　　*Ero contento che voi veniste (foste venuti) alla festa.*

1. Barbara / cercare lavoro
2. tu / leggermi la poesia che avevi scritto
3. noi / potere finire la lezione in tempo
4. Clara / dirmi quello che era successo ieri sera
5. Giulio / conoscerlo
6. tu ed Edoardo / parlare russo
7. Elena ed Alba / giocare a tennis con noi
8. tu / trovare i biglietti che avevo perso

A lei la parola

1. Find out the dates of birth and death of George Washington and report them to your class, using the preterit of the verbs *nascere* and *morire*.
2. Find out if your friend visited Venice and Florence when he/she went to Italy three years ago.
3. Inform your parents that you are making plans to go to Italy this summer.
4. Report to a friend that your parents wouldn't like you to travel alone.
5. Suggest that you would like your older sister to go along with you to Italy.

Comunicare subito!

All'aeroporto

1. l'aereo
2. la valigia
3. il passaporto
4. l'uscita
5. i bagagli
6. la passeggera
7. la dogana
8. il doganiere
9. il poliziotto
10. il tabellone
11. il passeggero
12. il carrello
13. la cinepresa
14. la macchina fotografica

Attività

Rispondere alle domande basate sull'illustrazione riportata sopra.

1. Cosa esamina il doganiere?
2. Cosa c'è nella valigia?
3. Cosa trasporta il passeggero?
4. A che ora parte l'aereo per Londra? e quello per Parigi? e quello per Mosca?
5. Quante valige ci sono nell'illustrazione? Quanti poliziotti? Quante persone?

Pratica

Preparare un dialogo appropriato.

Immagini di volere fare un viaggio in Italia. Prima vada a richiedere il passaporto e poi vada ad un'agenzia di viaggi per ottenere tutte le informazioni necessarie sul costo del viaggio e degli alberghi, sulle date di partenza e di ritorno e sull'orario dei voli.

In albergo

I signori Longanesi sono arrivati all'albergo Principe e si presentano all'impiegato dell'albergo.

Impiegato Buona sera, signori.

Signor Longanesi Sono il signor Longanesi. Mia moglie ed io abbiamo prenotato° una camera matrimoniale° per tre notti. — we reserved / double

Impiegato Un momento, controllo° subito ... Scusi, ha detto per tre notti? — I'll check

Signor Longanesi Sì, perché?

Impiegato Veramente la prenotazione° è stata fatta per due notti. — reservation

Signor Longanesi È impossibile. Avevo detto alla mia segretaria di fare la prenotazione per tre notti.

Impiegato Mi dispiace. Ma vediamo che cosa si può fare ... Ecco, guardi. Per la terza notte sono libere due camere singole. Le posso dare queste a meno che si liberi una camera matrimoniale tra oggi e domani.

Signor Longanesi Va bene, se non c'è di meglio, dobbiamo accontentarci°. — we'll have to make do

Pratica

Preparare un dialogo appropriato.

Immagini di telefonare all'albergo Michelangelo per prenotare una camera singola per una settimana durante il mese di giugno. Naturalmente lei vuole sapere anche il prezzo della camera.

LEZIONE 22ª

Come si può fermare l'inquinamento?

La statua di Garibaldi danneggiata dall'inquinamento

La seconda tavola rotonda sull'ecologia è stata organizzata oggi dall'Ente Provinciale per il Turismo. Nella sala del municipio di Ravenna sono presenti molti cittadini ed i rappresentanti dell'industria e del turismo.

Moderatore	Signore e signori, buon giorno. Lo scopo di questo dibattito è quello di far sì° che il problema dell'inquinamento sia conosciuto da tutti, che le cause di questo siano discusse e che soluzioni siano approntate° al più presto. Dopo questa breve introduzione, cedo la parola al primo interlocutore.	to make sure prepared

5

Un cittadino	È ormai evidente che l'equilibrio ecologico è necessario sia alla sopravvivenza dell'uomo che a quella dell'ambiente che lo circonda. Nell'ultimo decennio però alcuni fiumi e laghi sono stati inquinati dalle industrie che sono state create dal progresso tecnologico. Nonostante che qualche provvedimento sia stato preso dalle autorità, penso che controlli più severi siano necessari per risolvere questo problema.

10

15

Intendente alle Belle Arti	Il mio compito è di fare presente a voi che molti monumenti della nostra città sono stati danneggiati dall'inquinamento dell'aria. Ne è esempio lampante la statua di Garibaldi a piazza Risorgimento. Da bianca che era, oggi è diventata di un bel grigio fumo e ben presto sarà nera come la pece. Finora ben poco è stato fatto per salvare il nostro patrimonio artistico, ma mi auguro che dopo questa discussione la gravità della situazione sia capita da tutti.

20

25

*   *   *

Una studentessa	Finora sono state dette molte cose importanti, ma a me sembra che qui, come altrove, si parli e si discuta in continuazione senza prendere poi alcun provvedimento. Nel frattempo, sia gli uomini che gli animali e la natura stessa continuano a soffrire. Le spiagge sono sporche, il mare sembra avere cambiato colore, e gli animali selvatici sono scomparsi dai boschi. È tutto molto triste ...

30

Un ingegnere	Ciò che abbiamo sentito è senza dubbio vero, ma non si deve disperare. Anche se è poco per fermare l'inquinamento, alcune leggi sono già state

35

approvate dal governo. Ora bisogna fare in modo che
esse siano osservate sia dagli industriali che dai
cittadini.

40 **Moderatore** Signore e signori, abbiamo ascoltato oggi numerose
critiche e suggerimenti sul problema
dell'inquinamento, e sono sicuro che ognuno ne
trarrà le dovute conclusioni. Questa tavola rotonda è
ormai finita e ringrazio tutti i partecipanti. Buon
45 giorno ed un cordiale arrivederci alla prossima volta.

E (BO): Have students summarize
or express in their own words the
comments made by the four
individuals who participate in the
round table on ecology.

Domande generali

E (BO): Ask students which
individual who participated in the
round table on ecology expressed
his/her point of view most
effectively, and why.

1. Che cosa ha organizzato l'Ente Provinciale per il Turismo? Dove?
2. Chi è presente nella sala?
3. Secondo il moderatore, qual è lo scopo del dibattito?
4. Che cosa è successo nell'ultimo decennio?
5. Perché è cambiato il colore della statua di Garibaldi?
6. Di che cosa si occupa l'intendente alle Belle Arti?
7. Secondo il cittadino, che cosa è necessario per risolvere il problema?
8. Che cosa dice la studentessa delle spiagge, del mare e degli animali selvatici?
9. Secondo l'ingegnere, da chi devono essere osservate le leggi?

Domande personali

E (BC): Ask students which local,
state, or national ecological
problems most concern them. List
the problems on the board. Then
take a poll to find out on a scale
of 0–10 which problem(s) require
immediate action and by whom.

1. Lei è interessato/a nell'ecologia? Perché?
2. Nella sua città o nel suo paese ci sono problemi di inquinamento? Di che tipo?
3. Le piacerebbe partecipare o organizzare una tavola rotonda? Su quale soggetto?
4. Lei si preoccupa dell'ambiente in cui vive? Perché?

Vocabolario

E (BO): Elicit or point out word
families like cordiale,
cordialmente, cordialità; critica,
criticare, critico; controllo,
controllare; natura, naturale,
naturalmente. Ask students to use
the words in short sentences.

Parole analoghe

l'animale	ecologico/a	osservare
l'aria	l'esempio	il partecipante
la conclusione	l'interlocutore	il progresso
il controllo	l'introduzione	la statua
cordiale	il moderatore	tecnologico/a
la critica	il monumento	il turismo
l'ecologia	la natura	

Nomi

il bosco woods
il cittadino citizen
il compito task
il dibattito debate
l'equilibrio balance
la gravità seriousness
l'industriale industrialist
l'inquinamento pollution
il municipio city hall
il provvedimento measure, action
la sala hall
la scopo purpose
il soggetto topic
la sopravvivenza survival

Aggettivi

accettato/a accepted
dovuto/a right, proper
lampante clear
primo/a first
secondo/a second
selvatico/a wild
severo/a strict
sporco/a dirty
stesso/a itself

Verbi

augurarsi to hope
circondare to surround
danneggiare to damage

disperare to despair
emanare to issue
fermare to stop
inquinare to pollute
salvare to save
scomparire (scomparso) to disappear
trarre to draw

Altre parole ed espressioni

altrove everywhere else
finora until now

ben poco very little
ben presto quite soon
cedere la parola to yield the floor
ciò che what
l'Ente Provinciale per il Turismo Provincial Tourist Agency
fare in modo to make sure
fare presente to bring to someone's attention
grigio fumo smoke grey
in continuazione continuously
l'intendente alle Belle Arti Fine Arts expert
nel frattempo in the meantime
nero/a come la pece pitch black
il patrimonio artistico artistic heritage
senza dubbio without a doubt
sia ... che both . . . and
la tavola rotonda round table

E (BO): Have students recall useful transitional time expressions that link one sentence or one paragraph to another (e.g., *nel frattempo, più tardi*) and write the time expressions on the board. Then make a series of statements, and ask students to create follow-up sentences using one of the transitional time expressions listed.

Pratica

E (BC): Have students write a letter in Italian to a local newspaper, protesting the pollution caused by a local industry. Supply students with the appropriate salutations and endings for a letter of that type.

A. Immagini di fare una relazione sull'ecologia. Intervisti alcuni cittadini e chieda loro quali sono le cause dell'inquinamento e come esse possano essere ridotte o eliminate.

B. Valeria telefona alla sua amica Cristina per dirle che stasera alla televisione ci sarà un programma sull'ecologia. Le due amiche parlano dell'ora in cui ci sarà il programma e degli argomenti che tratterà. Scrivere un dialogo appropriato di dieci o dodici righe al riguardo.

NOTA CULTURALE

Industria ed inquinamento

Dal dopoguerra ad oggi l'Italia, da paese
essenzialmente agricolo, è diventato uno dei sette
paesi più industrializzati del mondo. Questo
successo è dovuto più che altro alle innovazioni
tecnologiche che contraddistinguono[1] la produttività
industriale italiana.

Lo sviluppo[2] industriale del paese ha però creato
anche un problema ecologico, l'inquinamento. I
rifiuti delle industrie hanno contaminato fiumi,
laghi e perfino tratti[3] di mare. Questo inquinamento
delle acque naturali ha causato finora danni notevoli
al turismo ed alla pesca[4]. Altra forma di
inquinamento è quello atmosferico, dovuto al
riscaldamento[5] invernale delle città, allo sviluppo
della motorizzazione ed ai fumi[6] delle fabbriche.
Ciò[7] ha causato danni non solo alla salute[8] della
gente, ma anche ad antichi monumenti ed edifici
pubblici.

All'inizio dello sviluppo industriale poco o niente
è stato fatto per diminuire o fermare ogni tipo
d'inquinamento, ma oggi molta gente si è resa
conto[9] dell'importanza di questo problema. Sotto la
pressione di gruppi cittadini e di associazioni
civiche il governo ha già emanato[10] leggi e
regolamenti a tutela[11] della salute pubblica e
dell'ambiente naturale.

1. characterize   2. development   3. stretches   4. fishing
5. heating   6. smoke   7. This   8. health   9. has realized
10. issued   11. protection

E **(BC):** Ask students a few questions that compare or contrast
pollution problems in Italy with those in the United States.

Un antico monumento in via di restauro

C.O.N.I.   F.I.d.C.

EKOCLUB

Ampliamento del vocabolario

Famiglie di parole

Nouns, verbs, adjectives, and sometimes adverbs are often related in sets referred to as word families. If you know one of the items in a word set, you are often able to recognize or form the others. Sometimes this is not an easy task since a particular word form may not exist or it may add additional syllables not easily recognizable. For example, from the word **fama** we can form the adjective **famoso** and the adverb **famosamente,** but not the verb, which doesn't exist. On the other hand, from the word **dramma** we can form the verb **drammatizzare,** another noun, **dramma-turgo** *(playwright),* the adjective **drammatico/a,** and the adverb **drammaticamente**. The examples given below are easier and more predictable.

Noun	Verb	Adjective	Adverb
studio	studiare	studioso/a	studiosamente
interesse	interessare	interessante	interessantemente

Completare lo schema con le parole appropriate, tenendo presente che la linea indica che quella particolare forma non esiste.

Nomi	Verbi	Aggettivi	Avverbi
spedizione		spedito	
sviluppo		sviluppato	—
curiosità	curiosare		
	economizzare	economico	
	centrare		centralmente
correzione	correggere		
	finire	finale	
	pazientare		pazientemente

Struttura ed uso

I. La voce passiva

—Questa spiaggia **è stata danneggiata** dall'erosione.

1. In passive constructions, the subject of the sentence is the recipient of the action. In Italian, the passive voice (**la voce passiva**) usually consists of **essere** in the desired tense plus the past participle of the verb being used. The past participle agrees in number and gender with the subject.

    Una tavola rotonda sull'ecologia **è organizzata** a Ravenna.
    La statua di Garibaldi **è stata danneggiata** dall'inquinamento.

    A round table on ecology *is organized* in Ravenna.
    The Garibaldi statue *has been damaged* by pollution.

2. If the doer is expressed, the noun that represents the doer is preceded by **da**.

    Il dibattito è stato aperto **dal** moderatore.
    La festa è stata organizzata **da** Nino.

    The debate was begun by the moderator.
    The party was organized by Nino.

3. In Italian, the passive voice is used mostly when one wants to emphasize the "receiver" rather than the "doer" of an action. The direct object of an active construction becomes the subject of a passive construction.

    Active: Verdi **ha composto** l'"Aida".
    Passive: L'"Aida" **è stata composta da Verdi**.

    Verdi *composed* "Aida".
    "Aida" *was composed by Verdi*.

    Active: Roberto **ha letto** tutte le riviste.
    Passive: Tutte le riviste **sono state lette da Roberto**.

    Roberto *read* all the magazines.
    All the magazines *were read by Roberto*.

E (BC): Make similar statements in the active voice about recent local events and accomplishments (a baseball game won by a local team, a band organized by a group of local musicians, etc.) and have students respond, using the passive voice.

A. Trasformare le seguenti frasi al passivo, secondo il modello.

► Lo studente discute del problema del mare.　　*Il problema del mare è discusso dallo studente.*

1. Tutti conoscono il problema dell'inquinamento.
2. Le autorità locali hanno preso alcuni provvedimenti.
3. Il governo stabilirà controlli più severi.
4. Ognuno capisce la gravità della situazione.
5. Gli industriali ed i cittadini osserveranno le nuove leggi.
6. Il moderatore ringrazia tutti i partecipanti.
7. L'intendente alle Belle Arti farà pulire la statua di Garibaldi.
8. L'inquinamento sporca le spiagge.

B. Rispondere a queste domande usando frasi con il verbo al passivo e scegliere la corretta indicazione fra quelle fra parentesi.

► Chi ha composto l'*Aida*? (Puccini / Verdi / Rossini)　　*L'Aida è stata composta da Verdi.*

1. Cosa presentano alle Terme di Caracalla? (un'opera / un film / una partita di calcio)
2. Chi ha organizzato la tavola rotonda sull'ecologia? (un avvocato / una casalinga / l'Ente Provinciale per il Turismo)
3. Cosa causa l'inquinamento? (gli animali / l'industria / il bosco)
4. Chi ha indetto lo sciopero generale? (il soprano / il sindacato / il poeta)
5. Chi ha disegnato questo palazzo? (il violinista / il regista / l'architetto)
6. Dove hanno comprato i biglietti? (alla stazione di rifornimento / al botteghino / all' ufficio postale)

C. Rispondere alle seguenti domande usando il passivo.

1. In che anno è stato pubblicato questo libro?
2. Dove è stata organizzata la tavola rotonda sull'ecologia?
3. Da chi è stato aperto il dibattito?
4. Da chi è stato scritto questo esercizio?
5. Da chi è stata letta questa lezione?
6. Da chi sarà tenuta la lezione d'italiano oggi?
7. Da chi è stato diretto l'ultimo film che lei ha visto?

II. *Costruzione impersonale con* si

Si trova un po' di tutto ad un mercato all'aperto.

1. The impersonal construction with **si** (**la costruzione impersonale con si**) is used to express sentences with indefinite subjects. The Italian construction is formed by **si** + a verb form in the third person singular or plural. The English equivalent is usually expressed by *one, people, they,* or *we* + a verb form or by a passive construction.

A Firenze **si mangia** bene.	One eats (People eat) well in Florence.
Non **si parla** inglese in aula.	We (People/They) don't speak English in class.
Qui **si parla** italiano.	Italian is spoken here.

2. The verb form is in the third person plural when it is used with a plural direct object.

Si rappresentano molte opere alle Terme di Caracalla.	Many operas *are presented* at the Terme di Caracalla.
A Torino **si fanno** molti scioperi.	*They strike* a lot in Turin.
A Firenze si **sono organizzate** tre mostre di libri.	Three book exhibits *were organized* in Florence.

   D. Formulare frasi usando il *si* impersonale con le parole indicate.

   ▶ non / vendere / libri / questo negozio

   Non si vendono libri in questo negozio.

   1. ogni domenica / andare / stadio
   2. sentire / molte canzoni italiane / radio
   3. in casa mia / bere / solo acqua minerale

4. uscire di casa / alle sette / per andare / concerto
5. bere / molte aranciate / quando fa caldo
6. non / mangiare / bene / quel ristorante
7. da qui / non / entrare
8. il conto / pagare / cassa
9. i biglietti / per / concerto / comprare / botteghino
10. dire / gli esami finali / essere / facili

E (BC): Ask students to state three kinds of foods that are served in a local restaurant, three kinds of clothing that are sold in a local department store, and three kinds of music that are heard on a local radio station. Students should use the impersonal *si*-construction in their responses.

E. Rispondere alle domande usando la costruzione con il *si* impersonale.

▶ Quale lingua si parla in Spagna?   *Si parla lo spagnolo.*

1. Quale lingua si parla in questa classe?
2. Dove si assiste all'opera?
3. Quali sono le lingue che si parlano in Europa?
4. Dove si mangia bene?
5. Dove si ascolta musica leggera?
6. Dove si comprano le medicine?
7. Dove si può vedere una partita di calcio la domenica?
8. Dove si comprano libri?
9. Cosa si fa in biblioteca?
10. Dove si può bere un buon caffè?

F. Una guida turistica spiega ai turisti le cose che faranno durante la gita. Scrivere i commenti della guida, usando la costruzione impersonale con *si*.

▶ Arrivano a Roma a mezzogiorno.   *Si arriva a Roma a mezzogiorno.*

1. Fanno un giro della città dalle dieci alle quindici.
2. Ritornano all'albergo alle diciassette.
3. Vanno al ristorante "Villa dei Cesari" alle venti.
4. Dopo cena vanno a Villa d'Este.
5. Domani alle nove visitano i Musei Vaticani.
6. Dopo pranzo prendono un autobus per andare ai negozi.
7. Alle diciotto fanno una passeggiata a Villa Borghese.
8. Dopo cena vanno a vedere un'opera di Verdi a Caracalla.
9. A mezzanotte ritornano all'albergo.
10. Dopodomani alle nove partono per Firenze.

III. Aggettivi numerali ordinali

— Mamma mia, Lidia abita
al **decimo** piano!

1. Ordinal numbers (**i numeri ordinali**) are used to rank things. Below
are listed the masculine singular forms of the ordinal numbers from
first to *tenth*.

primo	first	**sesto**	sixth
secondo	second	**settimo**	seventh
terzo	third	**ottavo**	eighth
quarto	fourth	**nono**	ninth
quinto	fifth	**decimo**	tenth

2. After **decimo**, ordinal numbers are formed by dropping the last vowel
of the cardinal numbers and adding **-esimo** (**-esima, -esimi, -esime**).
Numbers ending in accented **-é** (**ventitré, trentatré**, etc.) retain the
final **-e** without the accent.

undicesimo	eleventh	**ventitreesimo**	twenty-third
dodicesimo	twelfth	**cinquantesimo**	fiftieth
tredicesimo	thirteenth	**centesimo**	one-hundredth
ventesimo	twentieth	**millesimo**	one-thousandth
ventunesimo	twenty-first	**milionesimo**	one-millionth

3. Ordinal numbers in Italian agree in gender and number with the
nouns they modify. They generally precede the noun they modify.

È il **secondo** sciopero del mese. It's the *second* strike of the month.
È la **terza** tavola rotonda che It's the *third* round table we have
organizziamo. organized.

4. When an ordinal is replaced by a cardinal number, a raised letter **o** (for masculine) or **a** (for feminine) is used to show agreement with the noun.

il **9º** capitolo the *ninth* chapter
Lezione **22ª** Lesson *22* (the *twenty-second* lesson)

5. Roman numerals are generally used in place of ordinals when referring to popes, royalty, and centuries. The roman numeral follows the noun when referring to popes and royalty; it may precede or follow the noun when referring to centuries.

Il Papa Giovanni **XXIII (ventitreesimo)** Pope John *the Twenty-third*
Umberto **I (primo)** Umberto *the first*

il **XX (ventesimo)** secolo ⎫
il secolo **XX (ventesimo)** ⎬ the *twentieth* century

G. Marco ed alcuni suoi amici sono in fila *(are in line)* per entrare a teatro. Dire qual è la loro posizione nella fila, usando la forma ordinale dei numerali.

▶ Marco (3) *È il terzo.*
▶ Gianni e Lidia (21) *Sono i ventunesimi.*

1. Giacomo (18) 6. Silvia e Maria (20)
2. Mirella (23) 7. Giorgio (25)
3. Gina (11) 8. Carla (33)
4. Paolo (70) 9. Luisa (90)
5. Franco (1) 10. Piero e Pina (12)

H. Formulare frasi complete usando la forma appropriata dei numerali ordinali.

▶ quinto / rivista / leggere *È la quinta rivista che ha letto.*

1. terzo / museo / visitare
2. quarto / macchina / vedere
3. secondo / casa / comprare
4. primo / bicchiere d'acqua / bere
5. decimo / canzone / ascoltare

P (BC): Have students state on which day, in which month, and in which year some special event in their life occurred, using ordinal numerals in their responses.

I. Leggere ad alta voce le seguenti espressioni.

1. il 6º mese 4. il XIX secolo 7. Vittorio Emanuele II
2. la 9ª lezione 5. la 12ª linea 8. il secolo XXI
3. la 4ª fila 6. la 31ª mostra 9. Umberto I

J.   Rispondere alle seguenti domande.

1. Qual è il secondo giorno della settimana?
2. Qual è il decimo mese dell'anno?
3. Quale lezione segue la nona?
4. Chi è stato il primo presidente degli Stati Uniti?
5. Quale lezione stiamo studiando adesso?

A lei la parola

1. Inform your family that you are going to participate in a round table on ecology which was organized by your science class.
2. Notify your younger brother, who is going to Switzerland, that three languages are spoken there: French, German, and Italian.
3. Brag about the fact that this is the fourth time your best friend won the school tennis championship *(campionato)*.
4. Two of your schoolmates didn't come to class today. Notify them that the professor explained *(spiegare)* the nineteenth lesson.
5. When one of your friends inquires on which floor you live, tell him/her that you are on the twelfth floor.

Scrivere

Appunti di viaggio

Quando si viaggia si fanno sempre nuove esperienze e spesso si imparano anche cose diverse ed interessanti. Molte volte, la gente che viaggia scrive lettere ad amici o parenti per raccontare loro avvenimenti divertenti o fuori dell'ordinario. A volte ci sono persone che preferiscono scrivere appunti sul loro diario per non dimenticare le attività e le avventure giornaliere.

    Questo è il diario di Cynthia, una studentessa americana, che parla delle sue esperienze in Italia. Cynthia e la sua amica Lisa hanno fatto un viaggio di dieci giorni in Italia ed hanno visitato varie città per conoscere meglio il paese. Durante il viaggio, Cynthia ha annotato°   jotted down
spesso le sue impressioni sul diario per poterne parlare agli amici al suo ritorno negli Stati Uniti.

7 marzo— Questa mattina io e Lisa siamo arrivate a Roma. Dopo un bellissimo volo di sette ore, l'aereo ha atterrato° alle nove all'aeroporto internazionale Leonardo da Vinci. Alle dieci eravamo già in un magnifico albergo vicino al Colosseo. Lì abbiamo fatto subito la doccia, ci siamo cambiate, e via per il centro di Roma. Abbiamo trascorso° la serata in una famosa discoteca di via Veneto.   landed

spent

8 marzo— Oggi siamo andate a visitare alcuni monumenti importanti. Nel pomeriggio abbiamo preso un bel gelato in un bar di piazza Navona, dove abbiamo conosciuto due simpatici giovani romani. Stasera siamo andate al Teatro dell'Opera, dove abbiamo visto tre bellissimi balletti°.   ballets

11 marzo— Dopo un viaggio in treno di tre ore siamo finalmente arrivate a Firenze. Benché facesse freddo, siamo andate subito a vedere gli eleganti negozi del centro. Lisa non ha perso tempo ed ha comprato un bel vestito da sera, una collana° di corallo ed un bracciale° d'oro°.   necklace / bracelet
made of gold

13 marzo— Oggi abbiamo visitato il museo dell'Accademia ed abbiamo visto il *David* di Michelangelo. Che capolavoro° di bellezza, di forme e di linee! Se avessi potuto, lo avrei portato via; invece mi sono dovuta accontentare di fare alcune foto.   masterpiece

14 marzo— Ancora una volta in treno. Questa volta stiamo attraversando gli Appennini e corriamo verso Venezia. Che fame! Per errore abbiamo preso un treno diretto e non si arriva mai. Sul treno non c'è niente da mangiare e non vediamo l'ora di arrivare a Venezia.

15 marzo— Siamo alloggiate vicino a piazza San Marco, in un albergo da cui si gode la veduta° del Canal Grande. Che città diversa ed affascinante! I palazzi sorgono dall'acqua. Ponti e ponticelli° collegano° le calle°. Non c'è il minimo rumore di macchine. Non ci sono ingorghi come a Firenze e a Roma; c'è tranquillità assoluta. In serata siamo andate al teatro La Fenice, dove abbiamo ascoltato un bel concerto di musica barocca.   view

small bridges / connect
Venetian streets

16 marzo— Stamattina alle cinque è venuto un motoscafo°, il tassì locale, che ci ha riportate sulla terraferma. Siamo andate all'aeroporto di Venezia, da dove abbiamo raggiunto Roma. All'una del pomeriggio siamo ripartite per gli Stati Uniti. È così terminata la breve vacanza italiana, troppo breve per i miei gusti. Spero di ritornare in Italia quanto prima.   motorboat

A. Riassumere il viaggio di Cynthia e Lisa in un brano di non più di dieci frasi, cominciando con l'arrivo a Roma e terminando con il ritorno negli Stati Uniti. Usare la terza persona singolare o plurale.

B. Scriva un brano su un viaggio che lei ha fatto dentro o fuori degli Stati Uniti, o su un viaggio immaginario. Consideri i seguenti suggerimenti:

1. Nello scrivere, pensi alla persona o alle persone che leggeranno la sua descrizione.
2. Si concentri su una o due esperienze o idee (positive o negative).
3. Menzioni due o tre luoghi significativi *(meaningful)* per le sue esperienze e dica come si sentiva lei in quei luoghi e perché.

Ripasso: Lezioni 21ª & 22ª

In this section you will review the following: Preterit (Exercise A); Prepositions followed by infinitives (Exercise B); Vocabulary and expressions (Exercise C)

A. Riscrivere questa storia, trasferendo l'azione al passato remoto. [*Preterit*]

▶ Io e Marco andiamo al cinema.   *Io e Marco andammo al cinema.*

1. Vediamo un bel film di avventure.
2. Nel cinema incontro la mia amica Laura.
3. Laura mi saluta.
4. Io la presento a Marco.
5. Quando usciamo dal cinema, prendiamo un caffè insieme.
6. Poi Laura prende la metropolitana per tornare a casa.

B. Completare le frasi della colonna A con un infinito della colonna B, usando la preposizione corretta. [*Prepositions followed by infinitives*]

A	B
1. Suggeriamo a Marta	studiare il russo
2. Cominciamo	guardare il film
3. Si mettono	vendere la macchina
4. Mi permetti	ballare
5. Tina si preoccupa	finire il lavoro
6. Non riesco	giocare a pallone
7. Non ti dimenticare	studiare troppo
8. Imparano	portare l'ombrello

C. Trascrivere in italiano la seguente lettera, usando il passato remoto, il **si** impersonale e la voce passiva dove possibile. [*Vocabulary and expressions*]

Dear Pierino,

Last month, Carla, Roberto, and I went to the Scala di Milano where they presented the "Barbiere di Siviglia," which was written by Gioacchino Rossini. They say that Rossini wrote the music in a few weeks. It was an unforgettable evening. Many tickets were sold and you could see *(imperfect)* people from all parts of Europe. You could even hear many languages spoken. The costumes were designed by Gucci and they were beautiful. The orchestra was conducted by Alessandro Biasi and you could hear the violins above the other instruments.

After the opera we went to Francesca's where a large party was prepared by her mother. You could choose pasta, cheese, fruit, or dessert. Everyone enjoyed the party.

I'll write again soon. Regards,

Paola

Appendices

A. English equivalents of dialogues

The English equivalents (not literal translations) of the core material in *Lezione 1ª* to *Lezione 4ª* are provided in this appendix for out-of-class reference.

Lezione 1ª

Monologue 1

My name is Emilio Valle.
I'm Italian and I'm twenty years old.
I'm from Pisa and I'm a student.
I go to the University of Bologna.
I am studying medicine.

Monologue 2

My name is Julia Campo.
I'm Italian, too.
I'm a high school student.
I go to the "liceo scientifico."
I'm from Bari and I'm eighteen.

Lezione 2ª

Monologue 1

I'm Raffaele Renzi.
I'm thirty-seven years old.
I'm married and I have a son.
I have a degree in math.
I teach computer science at the University of Rome.
I live with my wife and son in a small town outside of Rome.

Monologue 2

My name is Lisa Renzi Melani.
I'm Raffaele's sister.
I'm thirty-three.
I'm also married, but I don't have children.
I'm an architect and I work with my husband.
I live in an apartment in downtown Rome.

Lezione 3ª

What are you up to?

Piero Salvatori wants to call Gina Bellini. He goes into the "Savoia" bar where there is a public phone and buys a token. Then he goes to the phone and dials the number. Fulvia, Gina's little sister, answers [the phone].

Fulvia	Hello?
Piero	Hi, Fulvia. It's Piero. Is Gina there?
Fulvia	Yes, but she's busy.
Gina	Fulvia, is it for me?
Fulvia	Yes, it's that boring Piero.
Gina	Don't be fresh. Give me the phone!

* * *

Gina	Hello, Piero, how are you?
Piero	So-so. Listen, what are you up to today?
Gina	Nothing special. Why?

Piero	Do you feel like going out for ice cream? There's a great ice cream parlor on Dante Street near the park.
Gina	Ice cream, now? What time is it?
Piero	It's 4:20.
Gina	I like the idea, but I have to study until six. I have a history test tomorrow.
Piero	Well then, I'll pick you up around 6:30, O.K.?
Gina	O.K. See you later!

Lezione 4ª

What would you like to order?

It's Tuesday afternoon. Enzo Genovesi and Bettina Lombardi are at an outdoor café. They want to order something to eat and drink, but the waiter doesn't come to their table right away. After a long wait, Enzo loses his patience and calls the waiter.

Enzo	Waiter, we've been here for a long time. Do you want to serve us or not?
Waiter	Yes, have a little patience. It's impossible to serve everyone at the same time. . . . What would you like to order?

Bettina	Iced tea and a tuna sandwich, please.
Waiter	And you, sir?
Enzo	A Coke and a ham sandwich, thank you.
Waiter	O.K., just a minute.

* * *

Enzo	So, what are you doing Thursday night, Bettina? Are you free?
Bettina	I think so. Why?
Enzo	I have two tickets for the *Teatro tenda*. Would you like to come with me?
Bettina	Sure. What's playing?
Enzo	Music and folk dances from Sardinia.
Bettina	Great, I like Sardinian music a lot.
Enzo	Ah, the waiter is finally here.
Waiter	Your cappuccinos.
Enzo	(But) what cappuccinos? We wanted iced tea, a Coke, a ham sandwich, and a tuna sandwich.
Waiter	I'm sorry, sir. There's a little mix-up. I'll be back in a minute.
Enzo	Let's hope so.

B. Spelling/sound correspondences

Ortografia		Suono	Esempi
a		/a/	casa
b		/b/	bicicletta
c	before **a, o,** and **u**	/k/	amica, amico, culturale
	before **e** and **i**	/č/	cento, ciao
	ch before **e** and **i**	/k/	che, chi
d		/d/	dieci
e		/e/	bene
f		/f/	favore
g	before **a, o,** and **u**	/g/	larga, governo, guidare
	before **e** and **i**	/g/	gelato, gita
	gh before **e** and **i**	/ğ/	lunghe, dialoghi
	gli before **e** and **i**	/ʎ/	luglio
	gn	/ŋ/	signora
h		*silent*	ho
i		/i/	idea
l		/l/	lettera
m		/m/	mano

n		/n/	**n**ome
o		/o/	p**o**co
p		/p/	**p**ratica
q	always in combination with **u**	/kw/	**qu**i
r		/r/	**r**adio
s	at the beginning of a word	/s/	**s**ignore
	ss between vowels	/s/	cla**ss**e
	s between vowels	/z/	ro**s**a, co**s**ì
	s before **b, d, g, l, m, n, r, v**	/z/	**s**bagliato, **s**doppiare, **s**veglia
	sc before **a, o,** and **u**	/sk/	**sc**arpa, e**sc**o, **sc**usa
	sc before **e** and **i**	/ʃ/	**sc**ientifico, cono**sc**ere
	sch before **e** and **i**	/sk/	fre**sch**e, fre**sch**i
t		/t/	**t**elefono
u		/u/	**u**no
v		/v/	**v**enire
z		/ts/	**z**io, pia**zz**a
		/ds/	**z**ero, a**zz**uro

Notes: 1. When a consonant is doubled, the sound is lengthened (held) slightly in speech.
2. The letters **j, k, w, x,** and **y** occur only in foreign words.

C. *Avere and essere*

Present	Imperfect	Future	Conditional	Preterit	Present Subj.	Imperfect Subj.	Commands
Avere							
ho	avevo	avrò	avrei	ebbi	abbia	avessi	abbi
hai	avevi	avrai	avresti	avesti	abbia	avessi	abbiate
ha	aveva	avrà	avrebbe	ebbe	abbia	avesse	abbia
abbiamo	avevamo	avremo	avremmo	avemmo	abbiamo	avessimo	abbiano
avete	avevate	avrete	avreste	aveste	abbiate	aveste	abbiamo
hanno	avevano	avranno	avrebbero	ebbero	abbiano	avessero	

Past participle: avuto
Present perfect: ho avuto, hai avuto, ha avuto, abbiamo avuto, avete avuto, hanno avuto

Essere							
sono	ero	sarò	sarei	fui	sia	fossi	sii
sei	eri	sarai	saresti	fosti	sia	fossi	siate
è	era	sarà	sarebbe	fu	sia	fosse	sia
siamo	eravamo	saremo	saremmo	fummo	siamo	fossimo	siano
siete	eravate	sarete	sareste	foste	siate	foste	siamo
sono	erano	saranno	sarebbero	furono	siano	fossero	

Past participle: stato
Present perfect: sono stato/a, sei stato/a, è stato/a, siamo stati/e, siete stati/e, sono stati/e

D. Regular verbs: simple tenses and compound tenses with *avere* and *essere*

	Verbi in -are comprare	entrare	Verbi in -ere vendere	Verbi in -ire dormire	Verbi in -ire (isc) finire
Indicative *Present*	compro i a iamo ate ano	entro i a iamo ate ano	vendo i e iamo ete ono	dormo i e iamo ite ono	finisco isci isce iamo ite iscono
Imperfect	compravo avi ava avamo avate avano	entravo avi ava avamo avate avano	vendevo evi eva evamo evate evano	dormivo ivi iva ivamo ivate ivano	finivo ivi iva ivamo ivate ivano
Future	comprerò erai erà eremo erete eranno	entrerò erai erà eremo erete eranno	venderò erai erà eremo erete eranno	dormirò irai irà iremo irete iranno	finirò irai irà iremo irete iranno
Preterit	comprai asti ò ammo aste arono	entrai asti ò ammo aste arono	vendei esti è emmo este erono	dormii isti ì immo iste irono	finii isti ì immo iste irono
Present *perfect*	ho comprato hai ha abbiamo avete hanno	sono entrato/a sei è siamo entrati/e siete sono	ho venduto hai ha abbiamo avete hanno	ho dormito hai ha abbiamo avete hanno	ho finito hai ha abbiamo avete hanno
Pluperfect	avevo comprato avevi aveva avevamo avevate avevano	ero entrato/a eri era eravamo entrati/e eravate erano	avevo venduto avevi aveva avevamo avevate avevano	avevo dormito avevi aveva avevamo avevate avevano	avevo finito avevi aveva avevamo avevate avevano
Commands	compra ate i ino iamo	entra ate i ino iamo	vendi ete a ano iamo	dormi ite a ano iamo	finisci ite isca iscano iamo

Conditional *Present*	comprerei eresti erebbe eremmo ereste erebbero	entrerei eresti erebbe eremmo ereste erebbero	venderei eresti erebbe eremmo ereste erebbero	dormirei iresti irebbe iremmo ireste irebbero	finirei iresti irebbe iremmo ireste irebbero
Subjunctive *Present*	compri i i iamo iate ino	entri i i iamo iate ino	venda a a iamo iate ano	dorma a a iamo iate ano	finisca isca isca iamo iate iscano
Imperfect	comprassi assi asse assimo aste assero	entrassi assi asse assimo aste assero	vendessi essi esse essimo este essero	dormissi issi isse issimo iste issero	finissi issi isse issimo iste issero
Past *Participle*	comprato	entrato	venduto	dormito	finito

E. Verbs conjugated with *essere*

andare to go	**piacere** to like
arrivare to arrive	**restare** to remain
cadere to fall	**rimanere (rimasto)** to remain
costare to cost	**ritornare** to return
diminuire to diminish, decrease	**riuscire** to succeed
dispiacere to mind, to be sorry	**salire*** to climb up
diventare to become	**sembrare** to seem
entrare to enter	**scendere (sceso)** to go down, get off
essere (stato) to be	**stare** to be
mancare to lack	**succedere (successo)** to happen
morire (morto) to die	**tornare** to return
nascere (nato) to be born	**uscire** to go out
partire to depart	**venire (venuto)** to come

*Conjugated with **avere** when used with a direct object

In addition to the verbs listed above, all reflexive verbs are conjugated with **essere**.
For example:

lavarsi   to wash oneself
  mi sono lavato/a, ti sei lavato/a, si è lavato/a, ci siamo lavati/e, vi siete
  lavati/e, si sono lavati/e

F. Verbs with irregular past participles

accendere (acceso) to turn on
affiggere (affisso) to post
aggiungere (aggiunto) to add
apparire (apparso) to appear
appendere (appeso) to hang
apprendere (appreso) to learn
aprire (aperto) to open
assumere (assunto) to hire
bere (bevuto) to drink
chiedere (chiesto) to ask
chiudere (chiuso) to close
cogliere (colto) to gather
comprendere (compreso) to understand
concludere (concluso) to conclude
conoscere (conosciuto) to know
convincere (convinto) to convince
coprire (coperto) to cover
correre (corso) to run
correggere (corretto) to correct
cuocere (cotto) to cook
desidere (deciso) to decide
dire (detto) to say
discutere (discusso) to discuss
eleggere (eletto) to elect
esprimere (espresso) to express
essere (stato) to be
fare (fatto) to do, to make
indire (indetto) to call
interrompere (interrotto) to interrupt
leggere (letto) to read
mettere (messo) to put
morire (morto) to die
muovere (mosso) to move
nascere (nato) to be born
nascondere (nascosto) to hide

offrire (offerto) to offer
perdere (perso or perduto) to lose
permettere (permesso) to permit
porre (posto) to place
prendere (preso) to take
prevedere (previsto) to expect, foresee
promettere (promesso) to promise
promuovere (promosso) to promote
proporre (proposto) to propose
proteggere (protetto) to protect
raggiungere (raggiunto) to arrive, reach
rendere (reso) to render
richiedere (richiesto) to require, seek
ridere (riso) to laugh
ridurre (ridotto) to reduce
rimanere (rimasto) to remain
riprendere (ripreso) to start again
risolvere (risolto) to resolve
rispondere (risposto) to answer
rompere (rotto) to break
scegliere (scelto) to select
scendere (sceso) to go down, get off
scomparire (scomparso) to disappear
scrivere (scritto) to write
soffrire (sofferto) to suffer
sorridere (sorriso) to smile
spegnere (spento) to turn off
spendere (speso) to spend
succedere (successo) to happen
togliere (tolto) to remove
trarre (tratto) to draw
trasmettere (trasmesso) to transmit
vedere (visto or veduto) to see
venire (venuto) to come
vincere (vinto) to win

G. Irregular verbs

The verbs in this section are irregular in the following tenses only.

accendere to turn on

Preterit: accesi, accendesti, accese, accendemmo, accendeste, accesero

affiggere to post

Preterit: affissi, affiggesti, affisse, affiggemmo, affiggeste, affissero

andare to go

Pres. Ind.: vado, vai, va, andiamo, andate, vanno
Future: andrò, andrai, andrà, andremo, andrete, andranno
Commands: va', andate, vada, vadano, andiamo
Conditional: andrei, andresti, andrebbe, andremmo, andreste, andrebbero
Pres. Subj.: vada, vada, vada, andiamo, andiate, vadano

apprendere   to learn (*compound of* **prendere**)

assumere   to hire
Preterit: assunsi, assumesti, assunse, assumemmo, assumeste , assunsero

bere   to drink
Pres. Ind.:   bevo, bevi, beve, beviamo, bevete, bevono
Imperfect: bevevo, bevevi, beveva, bevevamo, bevevate, bevevano
Future: berrò, berrai, berrà, berremo, berrete, berranno
Preterit: bevvi, bevesti, bevve, bevemmo, beveste, bevvero
Commands: bevi, bevete, beva, bevano, beviamo
Conditional: berrei, berresti, berrebbe, berremmo, berreste, berrebbero
Pres. Subj.:   beva, beva, beva, beviamo, beviate, bevano
Imp. Subj.:   bevessi, bevessi, bevesse, bevessimo, beveste, bevessero

cadere   to fall
Future: cadrò, cadrai, cadrà, etc.
Preterit: caddi, cadesti, cadde, cademmo, cadeste, caddero
Conditional: cadrei, cadresti, cadrebbe, etc.

chiedere   to ask for
Preterit: chiesi, chiedesti, chiese, chiedemmo, chiedeste, chiesero

chiudere   to close
Preterit: chiusi, chiudesti, chiuse, chiudemmo, chiudeste, chiusero

comprendere   to understand (*compound of* **prendere**)

concludere   to conclude
Preterit: conclusi, concludesti, concluse, concludemmo, concludeste, conclusero

conoscere   to know
Preterit: conobbi, conoscesti, conobbe, conoscemmo, conosceste, conobbero

convincere   to convince (*compound of* **vincere**)

dare   to give
Pres. Ind.:   do, dai, dà, diamo, date, danno
Preterit: detti (diedi), desti, dette (diede), demmo, deste, dettero (diedero)
Commands: da', date, dia, diano, diamo
Pres. Subj.:   dia, dia, dia, diamo, diate, diano
Imp. Subj.:   dessi, dessi, desse, dessimo, deste, dessero

decidere   to decide
Preterit: decisi, decidesti, decise, decidemmo, decideste, decisero

dire   to say, tell
Pres. Ind.:   dico, dici, dice, diciamo, dite, dicono
Imperfect: dicevo, dicevi, diceva, etc.
Preterit: dissi, dicesti, disse, dicemmo, diceste, dissero
Commands: di', dite, dica, dicano, diciamo
Pres. Subj.:   dica, dica, dica, diciamo, diciate, dicano
Imp. Subj.:   dicessi, dicessi, dicesse, etc.

discutere   to discuss
Preterit: discussi, discutesti, discusse, discutemmo, discuteste, discussero

dovere   to have to, must
Pres. Ind.:   devo, devi, deve, dobbiamo, dovete, devono
Future: dovrò, dovrai, dovrà, etc.
Conditional: dovrei, dovresti, dovrebbe, etc.
Pres. Subj.:   debba, debba, debba, dobbiamo, dobbiate, debbano

eleggere   to elect
Preterit: elessi, eleggesti, elesse, eleggemmo, eleggeste, elessero

esprimere   to express
Preterit: espressi, esprimesti, espresse, esprimemmo, esprimeste, espressero

fare   to do, make
Pres. Ind.:   faccio, fai, fa, facciamo, fate, fanno
Imperfect: facevo, facevi, faceva, etc.
Preterit: feci, facesti, fece, facemmo, faceste, fecero
Commands: fa', fate, faccia, facciano, facciamo
Pres. Subj.:   faccia, faccia, faccia, facciamo, facciate, facciano
Imp. Subj.:   facessi, facessi, facesse, etc.

indire   to call (*compound of* **dire**)

interrompere   to interrupt

Preterit:	interruppi, interrompesti, interruppe, interrompemmo, interrompeste, interruppero

leggere   to read

Preterit:	lessi, leggesti, lesse, leggemmo, leggeste, lessero

mettere   to place

Preterit:	misi, mettesti, mise, mettemmo, metteste, misero

morire   to die

Pres. Ind.:	muoio, muori, muore, moriamo, morite, muoiono
Future:	morrò, morrai, morrà, etc.
Pres. Subj.:	muoia, muoia, muoia, moriamo, moriate, muoiano

nascere   to be born

Preterit:	nacqui, nascesti, nacque, nascemmo, nasceste, nacquero

nascondere   to hide

Preterit:	nascosi, nascondesti, nascose, nascondemmo, nascondeste, nascosero

ottenere   to obtain (*compound of* **tenere**)

permettere   to permit (*compound of* **mettere**)

potere   to be able

Pres. Ind.:	posso, puoi, può, possiamo, potete, possono
Future:	potrò, potrai, potrà, etc.
Conditional:	potrei, potresti, potrebbe, etc.
Pres. Subj.:	possa, possa, possa, possiamo, possiate, possano

prendere   to take

Preterit:	presi, prendesti, prese, prendemmo, prendeste, presero

prevedere   to foresee (*compound of* **vedere**)

promettere   to promise (*compound of* **mettere**)

promuovere   to promote

Preterit:	promossi, promovesti, promosse, promovemmo, promoveste, promossero

raggiungere   to reach

Preterit:	raggiunsi, raggiungesti, raggiunse, raggiungemmo, raggiungeste, raggiunsero

richiedere   to require, seek (*compound of* **chiedere**)

ridere   to laugh

Preterit:	risi, ridesti, rise, ridemmo, rideste, risero

ridurre   to reduce

Pres. Ind.:	riduco, riduci, riduce, riduciamo, riducete, riducono
Future:	ridurrò, ridurrai, ridurrà, etc.
Preterit:	ridussi, riducesti, ridusse, riducemmo, riduceste, ridussero
Conditional:	ridurrei, ridurresti, ridurrebbe, etc.
Pres. Subj.:	riduca, riduca, riduca, riduciamo, riduciate, riducano

rimanere   to remain

Pres. Ind.:	rimango, rimani, rimane, rimaniamo, rimanete, rimangono
Future:	rimarrò, rimarrai, rimarrà, etc.
Preterit:	rimasi, rimanesti, rimase, rimanemmo, rimaneste, rimasero
Commands:	rimani, rimanete, rimanga, rimangano, rimaniamo
Conditional:	rimarrei, rimarresti, rimarrebbe, etc.
Pres. Subj.:	rimanga, rimanga, rimanga, rimaniamo, rimaniate, rimangano

riprendere   to start again (*compound of* **prendere**)

rispondere   to answer

Preterit:	risposi, rispondesti, rispose, rispondemmo, rispondeste, risposero

salire   to go up

Pres. Ind.:	salgo, sali, sale, saliamo, salite, salgono
Pres. Subj.:	salga, salga, salga, saliamo, saliate, salgano

sapere   to know

Pres. Ind.:	so, sai, sa, sappiamo, sapete, sanno
Future:	saprò, saprai, saprà, etc.
Preterit:	seppi, sapesti, seppe, sapemmo, sapeste, seppero
Commands:	sappi, sappiate, sappia, sappiano, sappiamo
Conditional:	saprei, sapresti, saprebbe, etc.

Pres. Subj.:   sappia, sappia, sappia, sappiamo,
             sappiate, sappiano

scegliere   to choose

Pres. Ind.:   scelgo, scegli, sceglie, scegliamo,
             scegliete, scelgono
Preterit: scelsi, scegliesti, scelse, scegliemmo,
             sceglieste, scelsero
Commands: scegli, scegliete, scelga, scelgano,
             scegliamo
Pres. Subj.:   scelga, scelga, scelga, scegliamo,
             scegliate, scelgano

scendere   to go down, get off

Preterit: scesi, scendesti, scese, scendemmo,
             scendeste, scesero

scrivere   to write

Preterit: scrissi, scrivesti, scrisse, scrivemmo,
             scriveste, scrissero

sedere   to sit

Pres. Ind.:   siedo, siedi, siede, sediamo, sedete,
             siedono
Commands: siedi, sedete, sieda, siedano, sediamo
Pres. Subj.:   sieda, sieda, sieda, sediamo, sediate,
             siedano

sorridere   to smile

Preterit: sorrisi, sorridesti, sorrise, sorridemmo,
             sorrideste, sorrisero

spegnere   to turn off

Preterit: spensi, spegnesti, spense, spegnemmo,
             spegneste, spensero

stare   to be

Preterit: stetti, stesti, stette, stemmo, steste,
             stettero
Commands: sta', state, stia, stiano, stiamo
Pres. Subj.:   stia, stia, stia, stiamo, stiate, stiano
Imp. Subj.:   stessi, stessi, stesse, stessimo, steste,
             stessero

tenere   to keep

Pres. Ind.:   tengo, tieni, tiene, teniamo, tenete,
             tengono
Future: terrò, terrai, terrà, etc.
Preterit: tenni, tenesti, tenne, tenemmo,
             teneste, tennero
Commands: tieni, tenete, tenga, tengano, teniamo

Conditional: terrei, terresti, terrebbe, etc.
Pres. Subj.:   tenga, tenga, tenga, teniamo, teniate,
             tengano

trasmettere   to transmit (*compound of* **mettere**)

uscire   to go out

Pres. Ind.:   esco, esci, esce, usciamo, uscite,
             escono
Commands: esci, uscite, esca, escano, usciamo
Pres. Subj.:   esca, esca, esca, usciamo, usciate,
             escano

vedere   to see

Future: vedrò, vedrai, vedrà, etc.
Preterit: vidi, vedesti, vide, vedemmo, vedeste,
             videro
Conditional: vedrei, vedresti, vedrebbe, etc.

venire   to come

Pres. Ind.:   vengo, vieni, viene, veniamo, venite,
             vengono
Future: verrò, verrai, verrà, etc.
Preterit: venni, venisti, venne, venimmo,
             veniste, vennero
Commands: vieni, venite, venga, vengano, veniamo
Conditional: verrei, verresti, verrebbe, etc.
Pres. Subj.:   venga, venga, venga, veniamo, veniate,
             vengano

vincere   to win

Preterit: vinsi, vincesti, vinse, vincemmo,
             vinceste, vinsero

vivere   to live

Future: vivrò, vivrai, vivrà, etc.
Preterit: vissi, vivesti, visse, vivemmo, viveste,
             vissero
Conditional: vivrei, vivresti, vivrebbe, etc.

volere   to want

Pres. Ind.:   voglio, vuoi, vuole, vogliamo, volete,
             vogliono
Future: vorrò, vorrai, vorrà, etc.
Preterit: volli, volesti, volle, volemmo, voleste,
             vollero
Conditional: vorrei, vorresti, vorrebbe, etc.
Pres. Subj.:   voglia, voglia, voglia, vogliamo,
             vogliate, vogliano

Italian-English Vocabulary

The Italian-English vocabulary contains most of the basic words and expressions included in the lessons, and many non-guessable words and expressions that appear in the photo and line art captions, proverbs, headings, and supplementary readings. A number after an active vocabulary entry refers to the lesson where the word first appears; the letters "LP" refer to the Lezione Preliminare. Meanings are limited to how they are used in the context of the book.

Stress is indicated with a dot under the stressed letter of the main entry when it does not fall on the next-to-last syllable. A tilde (~) is used to indicate repetition of a main entry; for example **d'**~ under **accordo** means **d'accordo.** A degree mark (°) indicates that a verb is irregular and can be found in the irregular verb listing in Appendix G. A preposition in parentheses indicates that the verb takes this preposition before an infinitive; for example **aderire (a)** means that **aderire** needs **a** before an infinitive.

The following abbreviations are used:

m. = masculine   *pl.* = plural
f. = feminine   *p.p.* = past participle
adj. = adjective

a *(frequently* **ad** *before a vowel)* at, to 1
abbassare to lower 16
abbastanza enough; ~ **bene** quite well LP
abbinare to match
abbracciare to hug 9
abitabile inhabitable
abitante inhabitant
abitare to live 2
abito suit, habit
acceleratore *m.* accelerator
accendere°, *p.p.* **acceso** to turn on 16
accettabile acceptable 21
accettato/a accepted 22
accompagnare to accompany 8
accontentarsi to be content 14

accordo: d'~ agreed, O.K. 3
accorgersi to realize, notice 19
acqua (minerale) (mineral) water 4
acquaforte *m.* etching 19
acquistare to purchase, buy 12
acquisto purchase 6
adatto/a right 14
addio good-by
addirittura even 18
addormentarsi to fall asleep 7
adeguato/a adequate 18
aderire (a) to take part in, support 21
adesso now 3
aereo plane 15; **andare° in** ~ to go by plane 15

affacciarsi alla finestra to lean out of the window
affascinante enchanting, fascinating
affatto: non ... ~ not at all 9
affettuosamente affectionately 9
affiggere°, *p.p.* **affisso** to post 20
affinché so that, in order that 17
affittare to rent 14
affrettarsi to hurry 12
afoso/a sultry, muggy 9
agente *m. or f.* agent 15
agenzia: ~ **di consulenza** employment agency 18; ~ **di viaggi** travel agency 8

aggiungere   to add
aggiustare   to fix 6
agnello   lamb 13
agosto   August 6
aiuola   flower bed
aiutare (a)   to help 13; **aiutarsi**
to help each other 7
aiuto   help, aid 16
albanese   Albanian
albergo   hotel 3
albicocca   apricot 7
alcuno/a   some 16
alimentari *pl.*   food products 7
alimento   food
allegramente   gaily, happily 13
allegria   joy 5
allegro/a   happy 5
alloggiare   to lodge, stay 14
allora   well, then 3
almeno   at least 16
alpinismo   mountain climbing
12
alto/a   high, tall 5
altoparlante *m.*   loudspeaker 20
altrimenti   otherwise
altro ieri   day before yesterday
6
altro/a   other, another 7
altrove   everywhere else 22
alzare   to raise 16; **alzarsi**   to
get up 7
amarsi   to love each other 7
ambasciatore *m.*   ambassador
20
ambiente *m.*   environment 20
americano/a   American 1
amica *(female)*   friend 1
amico *(male)*   friend 1
ammobiliato/a   furnished 14
amore *m.*   love 1
ampliamento   enrichment
ampliato/a   extended
ananas *m.*   pineapple 7
anche   also, too 1; **anch'io**   I,
too 1
ancora   still 7; ~ **una volta**
once again 21; **non ...** ~   not
yet 9
andare° (a)   to go 3; ~ **in giro**
to go around; ~ **via**   to leave,
go away 10; **va bene?**   O.K.? is
that all right? 3

aneddoto   anecdote
angolo   corner
animale *m.*   animal 22
anno   year 1; **avere ... anni**   to
be ... years old 1; **Buon** ~!
Happy New Year!
annunciatore *m.*   *(male)* news
reporter on TV and radio 16
annunciatrice *f.*   *(female)* news
reporter on TV and radio 16
annuncio   ad(vertisement) 14
ansia: con ~   anxiously 20
anticipo: essere in ~   to be
early LP
antico/a *(pl.* **antichi/e)**   old,
ancient 9
antipasto   hors d'oeuvre 13
antipatico   unpleasant 5
antologia   anthology 19
antropologia   anthropology 2
anziano/a   old 5; older person
aperto: all'~   outdoors, in the
open air 4
apparecchiare la tavola   to set
the table 13
appartamento   apartment 2;
appartamentino   small
apartment 14
appartenere   to belong
appena   as soon as 11
appetito: Buon ~!   Enjoy your
meal!
apprendere°, *p.p.* **appreso**   to
learn 21
apprezzare   to appreciate 18
approvare   to approve 16
appunto   note
aprile   April 6
aprire, *p.p.* **aperto**   to open 4
apriscatole *m.*   can opener 19
aragosta   lobster 13
arancia   orange (fruit) 7
aranciata   orange soda 3
arancione   *(invariable)* orange
(color) 10
arbitro   referee 12
architetto   architect 2
architettura   architecture 2
arcobaleno   rainbow 19
aria   air 22
armadio   armoire, wardrobe 14
arpa   harp 17

arrangiarsi   to manage 21
arrivare   to arrive 3
arrivederci   good-by *(informal)*
LP
arrivederla   good-by *(formal)* LP
arrivo   arrival 19
arrosto   roast
arte *f.*   art 2
articoli *(pl.)* **di abbigliamento**
clothing 10
artigianale   handicrafts *adj.*
asciugacapelli *m.*   hair dryer 11
asciugamano   towel 11
asciugarsi le mani (la faccia)   to
dry one's hands (face) 11
asciugatrice *f.*   clothes dryer 14
ascoltare   to listen (to) 3
ascoltatore *m. or f.*   listener 16
ascolto   listening 18
asparagi *pl.*   asparagus 7
aspettare   to wait (for), watch 3;
aspetta un minuto   wait a
minute 2
aspirapolvere *m.*   vacuum
cleaner 14
assai   very 15
assicurativo/a   insurance 18
assolutamente   absolutely 8
assordante   deafening
assorto/a   absorbed 19
assumere°   to hire 18; ~ **il**
ruolo   to take the part
atmosfera   atmosphere 5
attaccamento   attachment
attenuare   to lessen 21
attenzione!   attention! 16;
careful
attesa   waiting 15
attività   activity 8
atto   act 17
attore *m.*   actor 15
attraversare   to cross
attraverso   across, through
attrice *f.*   actress 15
attuale   present 18
attualità   update
audace   bold, daring 5
augurarsi   to hope 22
auguri! *pl.*   best wishes! 13;
tanti ~!   lots of good wishes!
13
aula   classroom 18

aumento increase
autobus *m.* bus 8; **andare° in** ~ to go by bus 15
autocarro truck 15
auto(mobile) *f.* automobile 15
automobilistico/a automotive 15
autonomo/a autonomous 14
autorità authority 21
autostrada superhighway
autunnale autumn 6
autunno autumn 6; **in pieno** ~ in the middle of autumn 9
avanti forward, ahead 15
avere° to have, to possess (something) 1; ~ **... anni** to be ... years old 1; ~ **bisogno di** to need 2; ~ **caldo** to be warm 2; ~ **da fare** to be busy 8; ~ **fame** to be hungry 2; ~ **fortuna** to be lucky 2; ~ **freddo** to be cold 2; ~ **fretta** to be in a hurry 2; ~ **il raffreddore** to have a cold; ~ **in mente** to have in mind 14; ~ **luogo** to take place 10; ~ **paura di** to be afraid of 2; ~ **ragione** to be right 2; ~ **senso** to make sense 20; ~ **sete** to be thirsty 2; ~ **sonno** to be sleepy 2; ~ **torto** to be wrong 2; ~ **voglia di** to feel like (doing something) 2; **non ne ho molta voglia** I don't feel much like it 17
avvenimento event 10
avvicinare to approach
avvocato lawyer 15
azione *f.* action 20
azzurro/a sky-blue 10

bagaglio luggage
bagno bathroom 14
ballare to dance 10
ballo in maschera masked ball 5
bambina *(female)* baby, child 5
bambino *(male)* baby, child 5
banana banana 7
banca bank 3
bancarella stall 7
banchiere *m.* banker 15

bandiera flag
bar *m.* café, bar 3
barca boat 15; **andare° in** ~ to go boating 12; to go by boat 15
basso/a short 5; **in basso** below
basta it's enough 7
basta così that's enough 6
battaglia battle
batteria drum set 17
bellezza beauty
bellissimo/a very beautiful 9
bello/a beautiful, handsome, nice 5
ben: ~ **poco** very little 22; ~ **presto** quite soon 22
benché although, even though 17
bene well, good, fine LP
benessere *m.* well-being, comfort 20
benissimo just great! LP; very well 15
benzina gasoline 8
benzinaio gas station attendant
bere°, *p.p.* **bevuto** to drink 6
bevanda drink 13
bianco/a white 6
biblioteca library 3
bicchiere *m.* (drinking) glass 4
bicicletta bicycle 15; **andare° in** ~ to go biking 12; to go by bike 15
biglietteria ticket office 17
biglietto ticket 4; ~ **di andata** one-way ticket; ~ **di andata e ritorno** round-trip ticket
binario track
biologia biology 2
birra beer 6
bisogno need 18; **avere°** ~ **di** to need 2
bistecca steak 13
bloccato/a blocked 15
blu *(invariable)* blue 10
bocca mouth 11; **In** ~ **al lupo!** Good luck!
borsa handbag 9
bosco woods 22
botteghino box office 17
bottiglia bottle
braccio (braccia, *f. pl.*) arm 11

brano passage, paragraph
bravo/a capable, good 5; ~! Bravo!
breve brief, short 18
brevissimo/a very short 11
brillante brilliant 5
broccoli *pl.* broccoli 7
brodo broth 13
bronzo bronze 19
brutto/a ugly 5
buca pit, hole
bue (buoi, *pl.*) ox
bugia lie
buonissimo/a very good 15
buono/a good 3; **buon giorno** hello, good morning LP
burro butter 7

c'è there is 3; ~ **Gina?** is Gina there? 3
caduta fall
caffè *m.* café 4; coffee 4
calcio soccer 12
calcolatrice *f.* calculator 1
caldo: avere° ~ to be warm (person) 2; **fare°** ~ to be warm (weather) 9
calendario calendar 1
calmo/a calm, tranquil 5
calzare to fit (shoes, gloves) 10
calze *pl.* stockings, hose 10
calzini *pl.* socks 10
cambiamento change 18
cambiare to change 9; to change (channels) 16; ~ **idea** to change one's mind 9
cambio stick shift
camera room 14; ~ **da letto** bedroom 14; ~ **dei deputati** chamber of representatives 20
cameriere *m.* waiter 4
camicetta blouse 10
camicia man's shirt 10
camino fireplace 14
camion *m.* truck 15
campagna campaign 20; country-side, country 20; **andare° in** ~ to go to the country 15
campanilismo exaggerated local pride
campare to live 19

campione *m.* *(male)* champion 12

campionessa *(female)* champion 12

campo field; ~ **da gioco** playing field 12; ~ **da tennis** tennis court 12

camposanto cemetery 19

canadese Canadian 5

canale *(m.)* **televisivo** TV channel 16

candidato candidate 20

cane *m.* dog

canottaggio rowing

cantante *m. or f.* singer 17

cantare to sing 3

cantautore *m.* singer/composer

cantina cellar 14

canzone *f.* song

caotico/a chaotic 18

capelli *pl.* hair 11

capire to understand 4

capitale *f.* capital 16

capo chief, boss 18; **capi di vestiario** articles of clothing 10

capolavoro masterpiece

capoluogo capital of a region 19

caporeparto department head 19

capostazione *m.* station master 19

cappello hat 10

cappotto (over)coat 10

cappuccino coffee with steamed milk 3

carattere character, nature

caratteristiche *(pl.)* **personali** personal characteristics 5

carciofo artichoke 7

carino/a pretty 5; nice, cute 10

carne *f.* meat 7

Carnevale *m.* Mardi Gras 5

caro/a expensive, dear 5

carota carrot 7

carovita *m.* cost of living 21

carrello luggage cart

carriera career 18

carta map

cartellone *m.* poster 17

cartolina post card

casa house 2; ~ **di moda** fashion house 16

casalinga homemaker 15

cascata waterfall

caso case 13; **in** ~ **che** in case that, in the event that 17; **per** ~ by chance 19

castano/a brown 11

catena di montagne mountain chain

cattivissimo/a very bad 15

cattivo/a bad 5

causa cause 16; **a** ~ **di** because of 14

causare to cause 15

cavallo horse; **andare° a** ~ to go horseback riding 12

cavatappi *m.* corkscrew 19

caviglia ankle 11

cedere la parola to yield the floor 22

celibe: essere° ~ to be single *(man)* 8

cena supper (light meal in the evening) 8

cenare to eat supper

centesimo/a one-hundredth 22

cento one hundred 1; ~ **di questi giorni!** many happy returns 13

centrale central 14

centro downtown 2; center

ceramica (ceramiche, *f. pl.***)** ceramics 9

cerca: in ~ **di** in search of 14

cercare to look for 3; ~ **di** to strive 21

certo certainly, of course 7

certo/a certain 20

che that, that which 5; what 13; ~ **cosa? (cosa?)** what? 3

chi? who? 2; **a** ~? to whom? 3; **con** ~? with whom? 2; ~ **altro?** who else? 13

chiamare to call 3; **chiamarsi** to be called, to be named 7; **come si chiama?** what's your name? *(formal)* LP; **come ti chiami?** what's your name? *(informal)* LP

chiaramente clearly 20

chiaro/a clear 19

chiedere° (di), *p.p.* **chiesto** to ask (for) 4

chiesa church 3

chilo: al chilo per kilo (metric weight) 7

chimica chemistry 2

chitarra guitar 17

chitarrista *m. or f.* guitarist 10

chiudere°, *p.p.* **chiuso** to close 4

ci there 7; us, to us, ourselves; ~ **sono** there are 3

ciao hi; bye *(informal)* LP

ciascuno/a each

cibo food 13

ciclismo bicycle racing 12

ciliegia cherry 7

cinema *m.* cinema 3

cinepresa movie camera

cinese *m.* Chinese (language, person) 2

cinese Chinese 5

cinquanta fifty 1

cinquantesimo/a fiftieth 22

cinque five LP

ciò this 18; ~ **che** what 22

cipolla onion 7

cipresso cypress tree 19

circa about, approximately

circolazione: in ~ in circulation 21

circondare to surround 22

circondato/a surrounded

circostante surrounding 19

città city 3

cittadino citizen 22

cittadino/a (of the) city 21

civile civil 19

clacson *m.* horn 15

clarinetto clarinet 17

classe *f.*: **la (prima, seconda)** ~ (first, second) class

classico/a classic 10; classical 17

clavicembalo harpsichord, clavichord 17

cliente *m. or f.* customer 4

clima *m.* climate 12; **il** ~ **è mite** the climate is mild 9

coalizione *f.* coalition 20

cognata sister-in-law 8

cognato brother-in-law 8

cognome   last name LP
coincidenza   connection
colazione *f.*: **prima ~**   breakfast 13
colf *f. (shortened form for* **collaboratrice familiare***)* domestic help 15
collegio   boarding school
collo   neck 11
colloquio   job interview 18
colore *m.*   color 10
coltello   knife 13
come   how 4; as, like 9; **~ al solito**   as usual 12; **~ sta (stai)?**   how are you? LP; **com'è ...?**   what is . . . like? 3
cominciare (a)   to begin 21
comò   chest of drawers 14
comodo/a   comfortable 14
compiere   to complete 13
compito   task 22; homework
compiuto: di senso ~   logical
compleanno   birthday 13; **buon ~!**   happy birthday! 13
complesso   musical group 17; **~ rock**   rock band 10
complicato/a   complicated 21
complimenti!   my compliments! congratulations! 13
componente *m.*   member
componimento   essay
comporre   compose
composto di   composed of 17
comprare   to buy 3
comprendere°, *p.p.* **compreso**   to understand 19
comprensivo/a   understanding 14
computer *m.*   computer 1
Comunità Economica Europea   European Economic Community, Common Market 16
comunque   however 6
con   with LP
concerto   concert 16
concludere°, *p.p.* **concluso**   to conclude 18
conclusione *f.*   conclusion 22
concordanza   agreement
concordare   to agree

concordato   agreement
concorso   competitive exam 18
concreto/a   concrete 18
conducente *m.*   conductor 15
conferenza stampa   press conference 21
confinare con   to border
confronto   comparison
confusione *f.*   confusion 4
confuso/a   confused 16
congiuntivo   subjunctive
coniugare   to conjugate
conoscente *m.*   acquaintance
conoscere°   to know, to be acquainted with 9
conosciuto/a   known 17
conquistare   to conquer 20
conseguenza   consequence 8
conseguimento   attainment
considerare   to consider 20
consigliare (di)   to advise 11
Consiglio dei ministri   Council of Ministers 16
consulente *m. or f.*   consultant 18
contatto   contact 18
contento/a   happy, glad 17
contenuto   contents
continuare (a)   to continue 10
continuazione: in ~   continuously 22
contrario/a   opposite
contro   against 21
controllare: ~ il peso   to check one's weight; **~ l'olio (le gomme)**   to check the oil (tires) 8
controllo   control 22
conversare   to talk 13
convincere°, *p.p.* **convinto**   to convince 17
convinzione   persuasion
coperto/a   covered, sheltered
coppia   couple 8
coraggio!   cheer up! 14
cordiale   cordial 22
coro   chorus 17
corpo umano   human body 11
corsa   race; ride *(colloq.)*
corsi *(pl.)* **di studio**   academic disciplines 2
corsivo   italic

corso   main street, avenue
cortese   polite, courteous
cortile *m.*   courtyard 14
corto/a   short
cosa   thing: **che ~? (cosa?)**   what? 3; **che ~ è successo?**   what happened? 11; **che ~ fai di bello oggi?**   what are you up to today? 3; **che cos'è?**   what is it? 1; **~ c'è in programma?**   what's playing? 4
così   that way 12; **così così**   so-so LP
costante   constant
costare   to cost 5; **quanto costa?**   how much is it? 7
costituito/a   established
costituzione *f.*   constitution 20
costoso/a   expensive
costruito/a   built
costume *m.*   costume 5
cotone *m.*   cotton 10
cravatta   tie 10
creare   to create 20
creazione *f.*   creation 16
credenza   sideboard 14
credere (di)   to believe; to think 4; **credo di sì**   I think so 4
crescere   to grow
crisi *f.*   crisis 20
critica   criticism 22
cuccetta   berth
cucchiaino   teaspoon 13
cucchiaio   spoon 13
cucina   kitchen 13
cucinare   to cook 13
cucire   to sew 5
cugino/a   cousin 8
cui   who, whom 9
cuoca   *(female)* cook 15
cuoco   *(male)* cook 15
cuoio   leather, hide 10; **di ~** (made of) leather 9
cuore   heart
curare   to cure
curioso/a   curious 10
curriculum vitae *m.*   curriculum vitae, résumé 18

d'accordo   agreed, O.K. 3
da   from 3; **~ parte di**   from, on the part of 20; **~ solo/a**

alone 2; **vado** ~ **Laura** I'm going to Laura's house 5; **vengo** ~ **te** I'm going to your house 5

danneggiare to damage 22

danno damage

danza dance 4

dappertutto everywhere 15

dare° to give 4; ~ **le dimissioni** to resign 20; ~ **un passaggio** to give a ride 8

dato/a given 14

davanti a in front of 3

davvero! really 6

debito debt 12

decennio decade 7

decidere° (di), *p.p.* **deciso** to decide 4

decimo/a tenth 22

deciso/a decisive 20

denaro money 12

dente *m.* tooth 11

dentifricio toothpaste 11

dentista *m. or f.* dentist 15

dentro in, inside

deposito bagagli baggage room

depresso/a depressed 16

deputato representative 20

desiderare to wish, to want 3

desiderio wish, desire

destro/a right 11

dettaglio detail

dettare to dictate

di *(frequently* **d'** *before the vowel* **i***)* of, from LP

diario diary 19

dibattito debate 22

dicembre December 6

dichiarare to declare 21

diciannove nineteen LP

diciassette seventeen LP

diciotto eighteen LP

dieci ten LP

difficile difficult 5

difficilissimo/a very difficult 15

diffusione spreading

diffuso/a diffused, spread out

dimagrire to lose weight

dimenticare to forget 6; **dimenticarsi (di)** to forget 20

dimettersi to resign 20

diminuire to diminish, to decrease 16

diminuzione *f.* decrease 16

dimissioni: dare° le ~ to resign 20

dinamico/a dynamic, energetic 5

dipende that depends 12

dire° (di), *p.p.* **detto** to say, to tell 6; **dica pure** say, go ahead 18

diretta: in ~ live 16

direttore *m.* *(male)* manager, headmaster 15

direttrice *f.* *(female)* manager, headmistress 15

dirigente *m. or f.* executive 15

dirigere to direct

disagio discomfort 21

disco record 1

discorso speech

discoteca discotheque 10

discussione *f.* discussion 18

discutere°, *p.p.* **discusso** to discuss 4

disegno drawing

disfare° to undo 17

disinvolto/a carefree, self-possessed 5

disoccupato/a unoccupied, unemployed 17

disoccupazione *f.* unemployment 18

disonesto/a dishonest 5

disperare to despair 22

dispiacere to be sorry, to mind 11; **mi dispiace** I'm sorry 4; **se non ti dispiace** if you don't mind 11; **ti dispiace se ...?** do you mind if . . . ? 12

dispiacere *m.* displeasure, misfortune 17

disponibilità availability

distrarsi to relax, amuse oneself 19

distribuire to distribute 20

dito (dita, *f. pl.***):** ~ **del piede** toe 11; ~ **della mano** finger 11

ditta firm 21

divano sofa 14

diventare to become 6

diverso/a various

divertente amusing 5

divertimento: buon ~**!** have a good time!

divertirsi (a) to have a good time, to enjoy oneself 7

divino/a divine 17

divorziare to divorce 8

divorziato/a divorced 8

dizionario dictionary 1

doccia shower 14

dodicesimo/a twelfth 22

dodici twelve LP

dogana customs

doganiere customs agent

dolce sweet 7

dolce *m.* dessert 13

domanda question; ~ **d'impiego** job application 18

domandare to ask 11

domani tomorrow 4; **a** ~ 'till tomorrow LP; **da** ~ starting tomorrow 8

domenica Sunday 4

donna woman 5

donna d'affari businesswoman 15

dopo after 4

dopodomani the day after tomorrow 4

doppio double

dormire to sleep 4

dottore *m.* *(male)* doctor 15

dottoressa *(female)* doctor 15

dove? where? 2; **di dov'è?** where is he/she from?/where are you *(formal)* from? 1

dovere° to have to, must 3

dovuto a due to 20

dovuto/a right, proper 22

dramma *m.* drama 12

dritto straight ahead

droga drug 20

drogheria grocery store 13

droghiere *m.* grocer 13

dubbio doubt

dubitare to doubt 17

due two LP

dunque then, so 6

duomo cathedral 16

durante during 7

e *(frequently* **ed** *before a vowel)* and LP

eccezionale exceptional 17

ecco there is, there are LP; **eccolo** here he is 13

ecologia ecology 22

ecologico/a ecological 22

economia economics 2

economico/a economic 16

edicola dei giornali newsstand 21

efficace efficacious 18

egli he

egregio dear (in a letter salutation)

elegante elegant 5

eleggere°, *p.p.* **eletto** to elect 20

elencato/a listed

elenco list

elettorale electoral 20

elettore *m. or f.* elector, voter 20

elettricista *m. or f.* electrician 15

elettrodomestici *pl.* household appliances 14

elezione *f.* election 20

ella she

emanare to issue 22

emozionato/a excited, filled with emotion 10

emozione *f.* emotion 19

enorme enormous 16

ente (corporate) body

Ente *(m.)* **Provinciale per il Turismo** Provincial Tourist Agency 22

entrare to enter 3

entrata entrance

equilibrio balance 22

equitazione *f.* horseback riding 12

esagerare to exaggerate 5; **non ~!** don't exaggerate! 5

esagerato/a exaggerated 5

esame *m.* exam 3

esaminare to examine 18

escluso/a excluding 17

esempio example 22; **ad ~** for example

esercitare to exercise; **~ un mestiere o una professione** to practice a skilled craft or a profession 15

esitare to hesitate

esorbitante exorbitant 5

esperienza experience 19

esperto expert 16

esplosione *f.* explosion 16

esponente *(m.)* **politico** political figure 21

espressioni *(pl.)* **di tempo** weather expressions 9

espresso strong coffee without milk 3

esprimere° to express 18

essa she, it

esse they

essendo being 21

essere, *p.p.* **stato** to be 1; **~ in forma** to be in shape

essi they

esso he, it

estate *f.* summer 6

estendersi to extend

estero: all'~ abroad

età age 19

Europa Europe 16

fa ago 6

fabbrica factory 18

faccia face 11

facile easy 5

fagiolini *pl.* string beans 7

falegname *m.* carpenter 15

falso/a insincere 5

fame: avere ~ to be hungry 2

famiglia family 2

famoso/a famous 17

fanali *pl.* headlights

fantastico/a fantastic 10

fare°, *p.p.* **fatto** to do, to make 3; **faccio il meccanico (l'avvocato)** I'm a mechanic (lawyer) 15; **~ a meno** to do without 21; **~ attenzione** to pay attention; **~ bel tempo** to be nice (weather) 4; **~ caldo** to be hot (weather) 4; **~ colazione** to have breakfast or lunch 4; **~ conoscere** to introduce, to make known 10;

~ dello sport to engage in sports 12; **~ fotografie** to take pictures 4; **~ freddo** to be cold (weather) 4; **~ ginnastica** to do exercises; **~ gli auguri** to wish well 13; **~ il giro** to go around; **~ il pieno** to fill it up 8; **~ in modo** to make sure 22; **~ la pubblicità** to advertise 16; **~ la spesa** to shop (for food) 7; **~ lo straordinario** to work overtime 18; **~ male** to hurt, feel pain 11; **~ presente** to bring to someone's attention 22; **~ programmi** to make plans 12; **~ uno sconto** to give a discount 5; **~ una domanda** to ask a question 4; **~ una gita** to go on an excursion 4; **~ una passeggiata** to take a walk 4; **~ polemica** to start an argument, to be controversial 13; **fammi pensare** let me think 19; **farsi il bagno** to take a bath 11; **farsi la doccia** to take a shower 11

fari *pl.* headlights

farmacia pharmacy 3

farmacista *m. or f.* pharmacist 15

fascino charm

fastidio trouble

faticoso/a tiring 16

fattura invoice, bill

favore: per ~ please 4

febbraio February 6

febbre fever 11

felice happy 13

felicità happiness 1

femminile female, feminine

ferito wounded 16

fermare to stop 22; **fermarsi** to stop 7

fermo/a at a standstill 15

ferro da stiro iron 14

ferrovia railroad

festa party 13

festeggiare to celebrate 13

festoso/a festive

fidanzarsi to become engaged 8

figlia daughter 2
figlio son 2; **figli** children 2
figliuolo son, child
fila row
filosofia philosophy 2
film *m.* film, movie 1
finale final 20
finalmente at last, finally 4
finanziario/a financial 16
fine *f.* end
fine-settimana *m.* weekend 11
finestra window 1
finestrino window
finire (di) to finish 4
fino a until 3
finora until now 22
fiore *m.* flower
fisica physics 2
fisico/a physical
fissare un appuntamento to make a date 8
fissato/a fixed (time or place)
fiume *m.* river
flanella flannel 10
flauto flute 17
foglio di carta piece of paper 1
folcloristico/a folkloristic 4
fondo: a ~ deeply
fonte *f.* fountain
forbici *(f. pl.)* scissors 11
forchetta fork 13
forma: in ~ limitata in a limited way 18
formaggio cheese 7
fornito/a furnished
forse perhaps 5
fortuna luck 17; **avere ~** to be lucky 2; **Buona ~!** Good luck!; **per ~** fortunately 14
fortunato/a fortunate 6
fotografia photography; photograph 9
fotografo photographer 9
fra between, among 3; **~ cinque minuti** in five minutes LP; **~ di loro** between (among) themselves 6; **~ poco** shortly, in a little while 15
fragola strawberry 7
francese *m.* French (language, person) 2

francese French 5
francobollo (postage) stamp
frase *f.* sentence
fratellino little brother 3
fratello brother 2
frattempo: nel ~ in the meantime 22
freddo: avere° ~ to be cold (person) 2; **fare° (abbastanza) ~** to be (quite) cold (weather) 9
freno brake 6
frequentare to attend 1
frequenza frequency 20
fresco/a fresh 7; **fare° ~** to be cool (weather) 9
fretta: avere° ~ to be in a hurry 2
frigo(rifero) refrigerator 14
frutta fruit 7
fruttivendolo fruit vendor 7
funghi *pl.* mushrooms 7
funzionare to function, work
funzionario manager 8
fuoco fire
fuori outside 2
futuro future 18

galleria tunnel
gamba leg
gara match, competition 12
garage *m.* garage 14
gatto cat
gelateria ice cream parlor 3
gelato ice cream 3
generale general 21
generalmente generally 20
genere gender; product; **una cosa del ~** something like that
genero son-in-law 8
genitori *pl.* parents 8
gennaio January 6
gente *f.* people 9
gentile kind, courteous 5
geologia geology 2
gestionale managerial 18
gestione *f.* management 18
gestire to manage 18
gettone *m.* token 3
già already LP
giacca jacket 10
giallo/a yellow 10

giapponese *m.* Japanese (language, person) 2
giapponese Japanese 5
giardino garden 14; **~ pubblico** public gardens, park 12
ginocchio (ginocchia, *f. pl.***)** knee 11
giocare to play (a game) 3; **~ a calcio** to play soccer 12; **~ a pallacanestro** to play basketball 12; **~ a pallavolo** to play volleyball 12; **~ a tennis** to play tennis 8; **~ al calcio (pallone)** to play soccer 12
giocatore *m.* *(male)* player 12
giocatrice *f.* *(female)* player 12
gioco game
giornale *m.* newspaper 1; **~ radio (GR)** *m.* radio news 16
giornaliero/a daily
giornalista *m. or f.* journalist 15
giornata day 14; **Buona ~!** Have a good day!
giorno day; in the daytime 4; **giorni** *(pl.)* **di ferie** vacation days 18
giovane young 5
giovanile young 18
gioventù youth
giovedì *m.* Thursday 4
girare to go around 20; to turn; **~ alla prima destra (sinistra)** to take the first right (left)
giugno June 6
giusto right 16
gli the; to you, to him, to them
goccia drop
godersi to enjoy
gola throat 11
golfo gulf
gomito elbow 11
gomme *pl.* tires
gonna skirt 10
governo government, administration 20
gradire to like, wish
grado degree 9; **di parecchi gradi** *pl.* by several degrees 9
grafico/a graphic 18
graffio scratch

granché a great deal 11
grande big, large, great 2
grandissimo/a very large 15
grasso/a fat 5
grave: non è niente di ~ it's nothing serious 11
gravità seriousness 22
grazie thank you LP
grigio gray 10
grigio fumo smoke grey (color) 22
gruppo group 13
guadagnare to earn 18
guadagnarsi la vita to earn one's living 18
guai! woe!
guanti *pl.* gloves 10
guardare to look (at), to watch 3; **guardarsi allo specchio** to look at oneself in the mirror 11
guardaroba *m.* closet 14
guasto breakdown 15
guidare to drive 3
gusto taste

i the
idea idea 3; **l'**~ **mi piace** I like the idea 3
idraulico plumber 15
ieri yesterday 6
il the
imparare (a) to learn 3
impegnato/a busy, engaged 4
impegno engagement, appointment 8
impermeabile *m.* raincoat 10
impiegare to employ 21
impiegata *(female)* clerk 15
impiegato *(male)* clerk 15
impiego job; employment 18
importante important 8
impossibile impossible 4
improbabile improbable 16
improvviso/a sudden 15; **all'improvviso** suddenly
in in 2
incidente *m.* accident 15
incontrare to meet 3; **incontrarsi** to meet (each other) 7
incontro match 12
incrocio intersection

indescrivibile indescribable 21
indicare to indicate 20
indice *(m.)* **di gradimento** ratings 16
indietro back, behind
indimenticabile unforgettable 17
indire°, *p.p.* **indetto** to call 21
indirizzo address
indossare to wear; to put on 10
indovinare to guess
indumenti *pl.* clothing 10
industria industry 18
industriale industrial 16
industriale *m.* industrialist 22
infatti in fact 19, as a matter of fact 10
infelice unhappy 17
infermiera *(female)* nurse
infermiere *m.* *(male)* nurse
influenza flu
informatica computer science 2
informazione *f.* information 17
ingegnere engineer
ingegneria engineering 18
inglese *m.* English (language, person) LP
inglese English 5
ingorgo traffic jam 15
ingrassare to gain weight
iniezione *f.* injection, shot
innamorarsi to fall in love 7
innanzi tutto first of all 19
iniziare to begin
inizio beginning
inquinamento pollution 22
inquinare to pollute 22
insegnamento instruction
insegnante *m.* instructor, teacher
insegnare (a) to teach 2
insieme together 9
intanto in the meantime, meanwhile 8
intasare to block 15
intelligente intelligent 5
intendente *(m.)* **alle Belle Arti** Fine Arts expert 22
intendersi (di + noun) to be an expert in 17
intenditore expert

intenzione: avere ~ **di** to intend to 13
interessarsi to be interested (in) 16
interlocutore *m.* interviewer 22
internazionale international 19
intero/a entire
interpretare to interpret 19
interpretazione *f.* interpretation 19
interprete *m. or f.* interpreter, performer 17
interrompere° to interrupt 19
intervista interview
intervistare to interview 18
intraprendere to undertake 18
introduzione *f.* introduction 22
inutile useless 17
invece instead 11; ~ **di** instead of 13
invernale winter 6
inverno winter 6
inviare to send
invitare (a) to invite 21
invitato guest 13
invitato/a invited 10
io I
ironia irony 5
isola island
istante *m.* instant 19
istituzione *f.* institution 18
istruzione *f.* education
italiano Italian (language, person) LP
italiano/a Italian 1
italo-americano/a Italian-American 9

la the; her, it
là there 11
laggiù down there 15
lago lake 11
lampada lamp 14
lampante clear 22
lana wool 10
lasciare to leave (behind) 15
lato: a ~ next, nearby 19
lattaio milkman 13
latte *m.* milk 4
latteria dairy 13
lattuga lettuce 7

laurea university degree 2
laurearsi to graduate 18
lavagna blackboard 1
lavarsi to wash oneself 7; ~ **i denti** to brush one's teeth 11; ~ **le mani (la faccia)** to wash one's hands (one's face) 11
lavastoviglie *f.* dishwasher 14
lavatrice *f.* washing machine 14
lavorare to work 2
lavoratore *m.* *(male)* worker 15
lavoratrice *f.* *(female)* worker 15
lavoro: che ~ fa (fai)? what work do you do? 15; **mondo del ~** working world 13
le the; them, to you, to her
legge *f.* law 1
leggere°, *p.p.* **letto** to read 4
leggero/a light 17
legno wood 19
lei you, she, her
lentamente slowly 6
leone *m.* lion
lettera letter 9
letterario/a literary 19
letteratura literature 2
letto bed 7
lettore *m.* *(male)* reader
lettrice *f.* *(female)* reader
lettura reading 19
levarsi to take off (clothing) 10
lezione *f.* lesson; ~ **di guida** driving lesson 8
li them
lì there 6
liberamente freely 18
libero/a free 4
libreria bookstore 3
libro book 1
liceale high school 1
licenziare to fire 18; **licenziarsi** to quit (a job) 18
liceo Italian high school 1
lieto/a di conoscerla I'm pleased to meet you
limonata lemon soda; lemonade 4
limone *m.* lemon 7
lingue *(pl.)* **straniere** foreign languages 2

lino linen 10
lira lira (Italian currency) 5
litigare to quarrel 8
lo the; him, it
locale local 9
lontano/a da far from 3
loro you, to you, they, them, to them, their
lotta fight 20
lotteria lottery 6
luce *f.* light 17
luglio July 6
lui he, him
luminoso/a bright
luna moon; ~ **di miele** honeymoon
lunedì *m.* Monday 4
lungo along
lungo/a long 4; **una ~ attesa** a long wait 4
luogo place 11
lupo: In bocca al ~! Good luck!; **Crepi il ~!** *(response)* May the wolf die!

ma but LP
macchina car, automobile 6; **andare° in ~** to go by car; ~ **da scrivere** typewriter 1; ~ **fotografica** camera
macellaio butcher 13
macelleria butcher's shop 13
macinare to ground
madre *f.* mother 2
maggio May 6
maggioranza majority
maggiore older 15
maglia sweater 9
maglione *m.* sweater 10
magnifico/a magnificent 17
magro/a thin 5
mai ever, never 6; **non ... ~** never, not . . . ever 6
maiale *m.* pork 13
maiuscola capital (letter)
male bad LP; **di ~ in peggio** from bad to worse 15; **non c'è ~** not too bad LP
malissimo very bad 15
mancare to lack 18
mandare to send 3; ~ **in onda** to broadcast 16

mangiare to eat 3
manica: con le maniche *(pl.)* **lunghe (corte)** with long (short) sleeves 10
maniera manner 17
manifestare to show 20
manifestazione *f.* exhibition 17; demonstration 21
manifesto poster 20
mano *f.* **(mani,** *f. pl.)* hand 11
mantenere to maintain; **mantenersi in forma** to keep in shape
marca brand name 6
marciapiede *m.* sidewalk 19
mare sea; **al ~** at (to) the seashore 9
marito husband 2
marrone *(invariable)* brown 10
martedì *m.* Tuesday 4
marzo March 6
maschile male, masculine
massimo/a greatest, maximum 15
matematica mathematics LP
materiali *pl.* materials 10
matita pencil 1
matrimonio wedding 10
mattina morning; in the morning 4
mattino morning 10
meccanico mechanic 6
medaglia medal
mediante by means of
medicina medicine 1
medico doctor 15
Medioevo Middle Ages
meglio better 15
mela apple 7
melanzana eggplant 7
meno: a ~ che unless 17; **per lo ~** at least 10
mente: avere° in ~ to have in mind 14
mentre while 6
meraviglioso/a marvelous 10
mercato market 3; **a buon ~** inexpensive, cheap 5, ~ **rionale** local market
mercoledì *m.* Wednesday 4
merito merit 13
merluzzo cod 13

mese *m.* month 6
messicano/a Mexican 5
mestiere *m.* trade, profession 15; **che ~ fa (fai)?** what trade do you have? 15
metà: la ~ di maggio middle of May
metallo metal 19
metro(politana) subway 15
mettere°, *p.p.* **messo** to place, to put 4; **mettersi** to put on (clothing) 7; **mettersi (a)** to begin to, to start to 7
mezzi *(pl.)* **di trasporto** means of transportation 15
mezzanotte midnight 3
mezzogiorno noon 3
mi me, to me, myself
mica: non ... ~ not at all, never
miglioramento improvement 21
migliorare to improve 18
migliore better 7
milanese from Milan 7
milione *m.* million 7
milionesimo/a one-millionth 22
militare *m.* military 21
mille one thousand 7
millesimo/a one-thousandth 22
minestra soup 13
minestrone *m.* vegetable soup 13
miniappartamento studio apartment 11
minimo/a smallest, minimum 15
ministro minister 16; **Primo ~** Prime Minister 20
minoranza minority
minore younger 15
minuscola lowercase (letter)
mio/a my, mine
misto/a mixed
misura size (clothing, shoes) 10
mobili *pl.* furniture 14
moda fashion 16; **alla ~** fashionable 9
modello model 10
moderatore *m.* moderator 22
moderno/a modern 9

modesto/a modest 14
modificazioni variations
modo: di ~ che so that, in order that 17; **non c'è~** there is no way 15
moglie *f.* wife 2
moltissimo/a very many 9
molto very 5; **~ bene** very well LP; **molto/a** much, many 5
momento moment 13; **al ~** for the time being 16
monaco monk
monarchia monarchy 20; **~ costituzionale** constitutional monarchy 20
mondiale world 20
mondo world; **~ del lavoro** working world 13
montagna mountain; **catena di montagne** mountain chain; **in ~** in (to) the mountains 9
monumento monument 22
morire°, *p.p.* **morto** to die 6; **~ di sonno** to be very sleepy 14
morte *f.* death 19
morto dead, fatality 16
morto/a dead 19
mosca fly
mostra show
mostrare to show 11
moto(cicletta) motorcycle 6; **andare° in ~** to go by motorcycle
motore *m.* engine
motorino moped
municipio city hall 22
muratore *m.* mason 15
museo museum 3
musica music 2
musicale musical 17
musicista *m. or f.* musician 15

napoletano/a Neapolitan, from Naples 6
nascere°, *p.p.* **nato** to be born 6
nascondere° to hide 10
naso nose 11
nato/a born 19
natura nature 22
nave *f.* ship 15; **andare° con la ~** to go by ship 15

né ... né neither . . . nor 9
neanche: non ... ~ not even 9
nebbia: c'è la ~ it's foggy 9
necessario/a necessary 16
negoziante *m. or f.* shopkeeper 15
negozio store 3
nemmeno: non ... ~ not even 9
neppure: non ... ~ not even 9
nero/a black 10; **~ come la pece** pitch black 22
nervoso/a nervous 5
nessuno no one; **non ... ~** no one, not any 9
neve snow 11
nevicare to snow 9
nido nest
niente no, none, nothing 6; **~ di speciale** nothing special 3; **non ... ~** nothing 9; **non è di grave** it's nothing serious 11
nipote *m.* grandson; nephew 8; *f.* granddaughter; niece 8
no no LP
noi we, us
noioso/a boring 3
noleggiare un'automobile to rent a car 8
nome first name LP
non not; **~ c'è male** not too bad LP
nono/a ninth 22
nonna grandmother 3
nonno grandfather 3
nonostante che although, even though 17
nonostante ciò nevertheless 21
nostalgia: provare ~ to be homesick 9
nostro/a our, ours
notevole sizable, important 16
notevolmente remarkably 18
notizia (piece of) news, news item 9; **le notizie** news 16
noto/a known 21
notte *f.* night; in the nighttime 4; **di ~** at night 9
novanta ninety 1
nove nine LP
novembre November 6

nubile: essere ~ to be single (*woman*) 8
nulla: non ... ~ nothing 9
numero number
nuora daughter-in-law 8
nuotare to swim 12
nuoto swimming 12
nuovo/a new 5
nuvoloso/a cloudy 9

o or 1
obbedire (*also spelled* **ubbidire**) to obey 4
occasione *f.* occasion 13
occhio eye 11
occupato/a busy, occupied 3; employed 17
occupazione *f.* employment, occupation 18
odiarsi to hate each other 7
offrire, *p.p.* **offerto** to offer 4
oggetto thing
oggi today 3
ogni (*invariable*) each, every single 4; **~ tanto** every once in a while 7
ognuno everyone 20
olio d'oliva olive oil 7
ombra shade 19
onesto/a honest 5
opera opera 17; (literary or artistic) work 19
operaia (*female*) blue-collar worker 15
operaio (*male*) blue-collar worker 15
opinione *f.* opinion 18
opportuno/a proper 16
ora now 9; **a che ~?** at what time? 3; **che ore sono?** what time is it? 3; **nell'~ di punta** at rush hour 15; **~ della partenza** departure time 11
orario hours, schedule 17; **~ ferroviario** train schedule
orchestra orchestra 17
ordinare to order (food) 4
ordine order
orecchio ear 11
organizzare to organize 13
organizzato/a organized 17
organo organ 17

originale original 5
ormai by now 14
orologio watch 1
ospedale *m.* hospital 3
osservare to observe 22
ottanta eighty 1
ottavo/a eighth 22
ottenere° to obtain 21
ottimismo optimism 20
ottimista optimistic 15
ottimo/a great, excellent 11
otto eight LP
ottobre October 6
ozio laziness

pacco package
pace *f.* peace 20
padre *m.* father 2
paese *m.* small town 3; country 16
pagare to pay (for) 3
paio (paia, *f. pl.*) pair 11
palazzo: ~ dello Sport Sports Palace (building in Rome) 17; **~ Madama** seat of the Italian Senate 21; **~ Pitti** Florentine Palace 16
palestra gymnasium 12; **andare° in ~** to go to the gym
pallacanestro *f.* basketball 12
pallavolo *f.* volleyball 12
pallone *m.* soccer 12
panchina (park) bench 12
pane *m.* bread 7
panetteria bakery 13
panettiere *m.* baker 13
panino al prosciutto ham sandwich 4
panorama *m.* panorama 12
pantaloni *pl.* pants, trousers 10
Papa *m.* pope 16
parabrezza windshield
paracadute *m.* parachute 19
paragonare to compare
paragone *m.* comparison
paraurti *m.* fender 19
parcheggiare to park 8
parcheggio a pagamento pay parking 8
parco park 3
parecchi/ie several 9
parenti *pl.* relatives 8

parere to seem 17; **che ve ne pare di ...?** what do you think about . . . ? 17
parete *f.* wall 14
parlamento parliament 20
parlare to speak 3; **parlarsi** to speak to each other 7
parola word; **~ analoga** cognate
partecipante *m.* participant 22
partenza departure 6
particolarmente particularly 14
partire to leave, depart 4
partita game 12
partito (political) party 20
passaggio: dare un ~ to give a ride 8
passante *m.* passer-by 20
passare to spend (time) 11; **~ il burro (sale, pepe)** to pass the butter (salt, pepper) 13; **passo a prenderti** I'll pick you (*informal*) up 3
passato past 18; **~ prossimo** present perfect
passeggero/a passenger 15
passeggiare to take a walk 5
passeggiata: fare una ~ to take a walk 4
passi: a due ~ da qui a short walk (a few steps) from here
pasta pasta 7
pastasciutta pasta dish (spaghetti, vermicelli, etc.) served with a sauce 13
pasticceria confectioner's shop 13
pasticciere *m.* confectioner 13
pastina in brodo broth with minuscule pasta 13
pasto meal 13
patata potato 7
patente (*f.*) **di guida** driver's license 8
patrimonio artistico artistic heritage 22
pattinaggio skating 12
pattinare to skate 12; **andare° a ~** to go skating 12
patto agreement, pact
paura: avere° ~ to be afraid 2
pavimento floor 14

paziente   patient 15
pazienza: avere° ~   to be patient 2
pazzesco/a   wild, crazy 5
peccato: che ~!   what a shame! LP
pece *f*.: **nero/a come la** ~   pitch black 22
pedale *(m.)* **della frizione**   clutch
peggio   worse 15; **di male in** ~   from bad to worse 15; ~ **che mai**   worse than ever 15
peggiore   worse 15
pelle *f*.   leather, hide 10
penisola   peninsula
penna   pen 1
pensare (di)   to think (of, about) 3; ~ **a** (+ *noun*)   to think of 3
pepe *m*.   pepper 7
peperone *m*.   pepper 7
per   for 3
pera   pear 7
perché?   why? 3; **perché**   because 3; so that, in order that 17
perdere, *p.p.* **perso, perduto**   to lose 4; ~ **tempo**   to waste time 14
perfetto/a   perfect 5
perfino   even 20
periferia   outskirts 14
periodo   period 20
permettere (di)   to permit 21
però   however 7
persona   person 10
personaggio   character 17
personale *m*.   personnel 18
pesare   to weigh
pesca   peach 7
pesce *m*.   fish 7
pescheria   fish market 13
pescivendolo   fish vendor 13
pessimista   pessimistic 15
pessimo/a   terrible 15
pettinarsi i capelli   to comb one's hair 11
pettine *m*.   comb 11
piacere *m*.   pleasure 17
piacere   to like, to be pleasing, to please 11; **l'idea mi piace**   I like the idea 3; **mi fa molto** ~ **di conoscerti**   I'm very pleased

to meet you *(informal)* 13; **mi fa** ~   it pleases me 14; **mi piacciono i negozi eleganti**   I like elegant stores 5; **per** ~   please 6
pianista *m. or f.*   pianist 15
piano   softly 13; floor, floor plan 14
pianoforte *m*.   piano 17
piatto   dish 13: **primo** ~   first course 13; **secondo** ~   second course 13
piazza   square
piccione   pigeon
piccolissimo/a   very small 15
piccolo/a   small, little 2
piede *m*.   foot 11; **andare° a piedi**   to go on foot 15
pieno/a   full 15
pigliare   to take, to catch
pigro/a   lazy 5
pillola   pill
piovere   to rain 9
piscina   swimming pool 12
pista   trail 11
pittura   painting 9
più   more 15; **in** ~   extra; **non ...** ~   no more, no longer 9; **per lo** ~   for the most part 10; ~ **... di**   more . . . than 14
piuttosto   rather 5
pizza   pizza 6
pizzeria   pizza parlor 6
po' *(abbreviation for* **poco***)*   little; **un** ~ **di confusione**   a little mix-up 4; **un** ~ **di pazienza**   (have) a little patience 4; **un bel** ~   a great deal 10
poco/a *(pl.* **pochi/e***)*   few, little 15; **poco**   little; **ben** ~   very little 22; **fra** ~   shortly, in a little while 15; ~ **tempo fa**   not long ago, a little while ago 6
poema *m*.   poem 12
poesia   poetry 19
poeta *m*.   poet 19
poi   then, after that 3
policlinico   hospital 14
poliestere *m*.   polyester 10
polipo   octopus 13
politica   politics 20

politico   politician 18
politico/a   political 20
polizia   police 16
poliziotto   police
poltrona   armchair 14
pomata   ointment
pomeriggio   afternoon; in the afternoon 4
pomodoro   tomato 7
pompelmo   grapefruit 7
popolo   people 20
porre   to pose (a question)
porta   door 1
portabagagli *m*.   trunk
portafoglio   wallet 19
portare   to bring; to wear 3
portavoce *m. or f.*   spokesperson 16
portiere *m*.   doorman 14
porto   port
possibile   possible 16
possibilità   possibility 18
posto   seat 12; place 13; job, position 18; ~ **di lavoro**   job 20; ~ **riservato**   reserved seat
potenza   power
potere°   to be able, can 8; *m*. power
poverino/a   poor thing 6
povero/a   poor 5
pranzo   dinner, lunch (main meal at noon) 13
pratica   practice
praticare uno sport   to practice a sport 12
pratico/a   practical 19
precedente   preceding
preciso/a   precise 16
preferibile   preferable 16
preferire   to prefer 4
preferito/a   favorite 16
pregare (di)   to beg 9
prego   please 16
premere il pulsante   to press the button 16
prendere°, *p.p.* **preso**   to take 6; to have (*in the sense of* to eat, to drink) 3; ~ **il raffredore**   to catch a cold; ~ **in affitto**   to rent; ~ **la metro(politana)**   to take the subway 15

prenotare to make reservations, to reserve 8
prenotazione *f.* reservation 17
preoccuparsi (di) to worry 20; **non ti preoccupare** don't worry 11; **non si preoccupi** don't worry 15
preoccupazione *f.* preoccupation, worry, care 20
preparare to prepare 13; **prepararsi (per)** to get ready 7
preparazione *f.* preparation 16
presentare to introduce 13; to present 16
presentazione *f.* introduction
presente present 18
presidente *m.* president 20
presidenziale presidential 20
pressione pressure
presso at 17; **~ agenzia** at an agency 18
prestare to lend, loan 11
presto early 13; soon; **a ~** see you soon LP; **al più ~** as soon as possible 12; **ben ~** quite soon 22
prevedere°, *p.p.* **previsto** to expect, to foresee 12
previsione: Quali sono le previsioni del tempo di oggi? What's the weather forecast today? 9
previsto/a scheduled 16
prezzo price 5; **a prezzi fissi** at fixed prices 5; **a ~ ridotto** at a reduced price 11; **che prezzi!** what prices! 5
prima di before 10; **~ che** before 17
primavera spring 6
primaverile spring 6
Primo Ministro Prime Minister 20
primo/a first 6
principale principal 16
privato/a private 18
probabile probable 16
probabilmente probably 12
problema *m.* problem 11
professione *f.* profession 15
professore *m.* *(male)* professor LP

professoressa *(female)* professor LP
profondamente deeply
programma *m.* program 11
programmare to plan 11
progresso progress 22
promettere°, *p.p.* **promesso** to promise 12
promuovere° to promote 16
pronto? hello (response on the phone) 3
propaganda propaganda; advertising 20
proposito purpose; **a ~** by the way 9
proprio just 8; really 19; proper
prosciutto cured ham 7
proseguire to continue 16
prosperità prosperity 20
prossimo/a next 4
protesta protest 21
provare to feel, to experience 9; **~ nostalgia** to be homesick 9
provincia province
provvedimento measure, action 22
prudente careful, cautious 5
psicologia psychology 2
pubblicamente publicly 20
pubblicità advertising, commercial, ad 16
pubblicitario/a advertising 17
pubblico audience 16
pulire to clean 4
pulito/a clean 20
puntuale: essere ~ to be on time LP
purché provided that 17
pure still 19
purtroppo unfortunately

qua here
quaderno notebook 1
quadri: a ~ checkered 10
quadro painting 14; **nel ~ di** within the framework of 17
qual/e? which? 6; which one 13
qualche *(invariable)* some 20; **~ tempo fa** some time ago 6; **~ volta** sometimes 9

qualcosa something 10; **~ da bere e da mangiare** something to drink and eat 4
qualcuno someone 20
qualifica qualification 18
qualificativo/a descriptive
qualificato/a qualified 18
quando? when? 3; **quando** when(ever) 3; **di ~ in ~** from time to time 9
quanto/a? how much? how many? 13; **quante belle cose!** what a lot of beautiful things! 5; **~ costa?** how much is it? 7; **~ prima** as soon as possible 21
quaranta forty 1
quarto/a fourth 14
quasi almost 10
quattordici fourteen LP
quattrino penny
quattro four LP
quello/a that, that one; **quello che** that which 7
questo/a this, this one 4
qui here
quindi therefore 6
quindici fifteen LP
quinto/a fifth 22
quotidiano/a daily 21

raccontare to tell 10
racconto short story 19
radersi la barba to shave one's beard 11
radio *f.* radio 1
radiofonico/a radio 20
radiografia x-ray
rado: di ~ seldom 9
ragazza girl 5; **la mia ~** my girlfriend 7
ragazzo boy 5; **il mio ~** my boyfriend 7
raggiungere° to reach 21
ragione: avere° ~ to be right 2
rappresentante *m.* representative 20
raramente rarely 9
rasoio (elettrico) (electric) razor 11
re *m.* king 20
reagire to react

realtà reality 19

recentemente recently 21

reddito income

regalo gift

regia production 17

regina queen 20

regione region

regista *m. or f.* movie director 15

registrare to record 16

registratore *m.* tape recorder 1

regnare to reign 21

regola rule

regolare to regulate 20

relazione: in ~ a in relation to 16

rendere to render, to make 21

repubblica republic 20

respirare to breathe 15

restare to stay, to remain 6

restauro restoration

restituire to return, to give back 4

rete *(f.)* **televisiva** TV network 16

retribuzione *f.* remuneration 18

riaprire, *p.p.* **riaperto** to reopen 17

riassumere summarize

riassunto summary 20

ricco/a rich 5

ricerca search 14

ricetta recipe 20

ricevere to receive 4

ricevimento *m.* reception 10

richiedere°, *p.p.* **richiesto** to require, seek 18

richiesta request 18

ricordare to remember 9; **ricordarsi (di)** to remember 20

ridere°, *p.p.* **riso** to laugh 10

ridurre° to reduce 18

riempire to fill in

riferimento: con ~ a referring to

riferire to report

rifiuto refusal

riforma reform 18

righe *pl.* lines; **a ~** striped 10

riguardo: al ~ in this regard

rileggere°, *p.p.* **riletto** to read again 17

rimandare to send back 3; to postpone 3

rimanere°, *p.p.* **rimasto** to stay, to remain 6

rimato/a rhymed

rinfresco reception, party 10

ringraziare to thank 14

rinomato/a renowned

rionale: mercato ~ local market

ripagare to pay back 12

riportato/a given

riposarsi to rest 16

riprendere°, *p.p.* **ripreso** to start again, to resume 19

risalire to go up again

riscaldamento heating 14

riservato/a reserved 12

riso rice 7

risolvere° to resolve 20

risparmiare to save 11

rispondere°, *p.p.* **risposto** to answer, to respond 3

risposta response

ristorante *m.* restaurant 3

risultato result 20

ritardo: essere in ~ to be late LP

ritirare to pick up 17

ritrovo meeting place

riunirsi to gather 13; to meet 16

riuscire° (a) to succeed 21

rivenditore *m.* vendor, retailer 5

rivista magazine 1

rivolgere to turn

romano/a in/of Rome; Roman

romantico/a romantic 10

romanzo novel 19

rompicapo puzzle 19

rompighiaccio icebreaker 19

rosa *(invariable)* pink 10

rosso/a red 6

rotto *(p.p.* **of rompere°)** broken

rovescio reverse, other side

rovine *pl.* ruins 17

rumore *m.* noise 7

ruote *pl.* wheels

russo Russian (language, person) 2

russo/a Russian 5

sabato Saturday 4

sala hall 22; **~ da pranzo** dining room 14; **~ d'aspetto** waiting room

salame *m.* salami 7

salariale wage 21

salario wage, pay 18

sale *m.* salt 7

salire to rise, to climb

saliscendi *m.* latch 19

salotto living room 14

salumeria delicatessen 13

salumiere *m.* delicatessen seller 13

salutare to greet 14; **salutarsi** to greet each other 7

Salute! To your health! Cheers!

saluto greeting; **Distinti saluti** Yours truly

salvadanaio piggy bank 19

salvagente *m.* life preserver 19

salvare to save 22

sandali *pl.* sandals 10

sano/a healthy 19

santo/a holy 16

sapere° to know, to know how 10; **non lo so** I don't know 10; **sai cucire** you know how to sew 5; **~ a memoria** to know by heart 19

sapone *m.* soap 11

Sardegna (the island of) Sardinia 4

sarta *(female)* dressmaker 15

sarto *(male)* tailor 15

sassofono saxophone 17

sbagliare to make a mistake

sbloccare to unblock 14

scaffale *m.* bookshelf 14

scale *pl.* stairs 14

scambio exchange 18

scampi *pl.* shrimp 13

scarpe *pl.* shoes 10

scarsità scarcity 14

scegliere°, *p.p.* **scelto** to choose 15

scelta choice 7

scena scene 5
scenario scenery 17
scendere°, *p.p.* **sceso** to get off, to descend 6
scheda ballot 20
schema *m.* pattern
scherzare to joke 13
sci *m.* ski 11
sciare to ski 11; **andare° a ~** to go skiing 12
sciarpa scarf 10
scientifico/a scientific 1
scienza: scienze naturali natural science 2; **scienze politiche** political science 2
scioglilingua tongue-twister
scioperante *m.* striker 21
scioperare to strike 21
sciopero strike 21
sciroppo syrup
scolorito/a faded
scommettere, *p.p.* **scomesso** to bet 10
scomparire, *p.p.* **scomparso** to disappear 22
scompartimento (per fumatori) (smoking) compartment
sconosciuto/a unknown 17
sconsigliare to advise against 17
sconto discount 5
scopa broom
scopo purpose 22
scoprire to discover
scoraggiato/a discouraged 14
scorso/a last, previous 6
Scozia Scotland 16
scritta caption
scrittore *m.* *(male)* writer 15
scrittrice *f.* *(female)* writer 15
scrivania desk 14
scrivere° (di), *p.p.* **scritto** to write 4; **scriversi** to write to each other 7
scuola school
scuro/a dark
scusa excuse 8
scusare to excuse; **scusa** excuse me *(informal)* LP; **mi scusino** excuse me 4
sdoppiare to halve, separate
se if 4

sé oneself; **da ~** by him/herself, itself, themselves
sebbene even though 17
secondo according to 3
secondo/a second 22
sede seat, center
sedia chair 1
sedici sixteen LP
seduto/a seated
seggiovia chair-lift
segno: in ~ di as a sign of 21
segretaria secretary 7
seguente following
seguire to take (courses) 4; to follow 4
sei six LP
selvatico/a wild 22
semaforo traffic lights
sembrare to seem, to appear 8; **mi sembra** it seems to me, I think 7
semplice simple 6
sempre always 6
senato senate 20
senatore *m.* senator 20
senso: a ~ unico one-way (street); **avere° ~** to make sense 20; **di ~ compiuto** logical
sentire to listen; to hear; to feel 4; **senti** listen 3; **sentirsi** to feel 7
senza: ~ che without 17; **~ dubbio** without a doubt 22
sera evening; in the evening 4
serata evening 17
serbatoio della benzina gas tank
sereno/a clear 9
seriamente seriously
servire to serve 4
sessanta sixty 1
sesto/a sixth 22
seta silk 10
sete: avere° ~ to be thirsty 2
settanta seventy 1
sette seven LP
settembre September 6
settemila seven thousand 5
settimana week 5
settimanale weekly 18
settimo/a seventh 22

settore *m.* sector 18
severo/a strict 22
sfilata dei modelli fashion show 16
sfortuna bad luck, misfortune 6
sfortunato/a unlucky, unfortunate 6
sforzo effort 5
sgarbato/a rude 5
si himself, herself, themselves, yourself
sì yes LP
sia ... che both ... and 22
siccome since 18
sicurezza safety 20
significare to mean
significato meaning 19
signor + *last name* Mr. LP
signora Ma'am; **~ + *last name*** Mrs. LP
signore sir LP
signorina Miss LP
silenzioso/a quiet 14
sillabazione syllabication
simbolo symbol 20
simpatico/a nice, attractive, pleasant 3
sincero/a sincere 5
sindacato labor union 21
sinistro/a left 11
sintomo symptom
sistema *m.* system 12
situazione *f.* situation 16
slitta sleigh
slogarsi to sprain, to dislocate 11
sociologia sociology 2
soddisfatto/a satisfied 14
soffitta attic 14
soffitto ceiling 14
soffrire, *p.p.* **sofferto** to suffer; to bear 4
soggetto topic 22
soggiorno stay 11
sogliola sole 13
soldi *pl.* money 6
sole: c'è il ~ it's sunny 9
solito/a same old 13; **come al ~** as usual 12; **di ~** usually 9
solo/a only 5; **da ~** alone 2

soluzione *f.* solution 15
sonare to play (music) 10; to blow (horn) 15
sonno: avere° ~ to be sleepy 2; **morire° di** ~ to be very sleepy 14
sopra on, upon; above
soprano soprano 17
sopravvivenza survival 22
sorella sister 2
sorellina little sister 3
sorgere to rise
sorpreso/a surprised 19
sorridere°, *p.p.* **sorriso** to smile 10
sostantivo noun
sostenere un colloquio to have a job interview 18
sostituire replace
sottaceti *pl.* pickled vegetables 13
sotto under
sovraffollamento overcrowding 18
sovraffollato/a overcrowded 18
sovrano/a sovereign
spaghetti *pl.* spaghetti 13; ~ **alla carbonara** spaghetti carbonara style 13
spagnolo Spanish (language, person) 2
spagnolo/a Spanish 5
spalla shoulder 11
sparecchiare la tavola to clear the table 13
spazzaneve *m.* snowplough 19
spazzola per capelli hairbrush 11
spazzolino da denti toothbrush 11
specchio mirror 11
specializzato/a specialized 18
spedire to mail; to send 4
spegnere°, *p.p.* **spento** to turn off (TV, radio) 16
spendere, *p.p.* **speso** to spend (time/money) 4
sperare (di) to hope 21; **speriamo di sì** let's hope so 11
speranza hope
spesso often 9

spettacolare spectacular 12
spettacolo show 10
spiaggia beach 9
spiegare to explain 11
spina thorn
spinaci *pl.* spinach 7
spiritoso/a: non fare lo/la ~! don't be fresh! 3
spogliarsi to undress 10
sporco/a dirty 22
sport *m.* sport 12
sportivo/a sporty, sporting, sports 12
sposarsi to get married 8
sposato/a married 2
sposi *pl.* bride and groom 10
spremuta d'arancia freshly squeezed orange juice 4
spumante *m.* sparkling wine 13
squadra team 12
squisito/a exquisite 13
stabilire to establish, set (time) 11; to determine 16
stabilità stability 20
stadio stadium 3
stagione *f.* season 6
stamattina this morning 4
stampa press
stanchissimo/a very tired 15
stanco/a tired
stanotte tonight 4
stanza room 14; ~ **da bagno** bathroom 14
stare° to be 4; to stay; **come sta?** *(formal)* how are you? LP; **come stai?** *(informal)* how are you? LP; ~ **a dieta** to be on a diet
stasera this evening 3
statale state 21
Stati *(pl.)* **Uniti** United States 6
stato state 20; ~ **d'animo** mood 20
statua statue 22
stazione *f.* station 3; ~ **di servizio** gas station 8; ~ **ferroviaria** train station
stereo stereo 1
stesso/a same 5; itself 22; **lo** ~ just the same 16; **se** ~ oneself 19

stipendio salary 18
stivali *pl.* boots 10
stomaco stomach 11
storia history LP; story 13
storico/a historical
strada street 5; **per** ~ on the street 15
straniero/a foreign 9
stretto strait
stringere to grasp
studente *m.* *(male)* student LP
studentessa *(female)* student LP
studiare to study 1
studio study, den 14
studioso scholar
stupido/a stupid 5
su on 3
subire to undergo, to suffer 8
subito right away, immediately 4
succedere, *p.p.* **successo** to happen 15
successo success 13; **con** ~ successfully 18
suddito subject
suggerimento suggestion 18
suggerire (di) to suggest 4
suo/a your, yours, his, her, hers
suocera mother-in-law 8
suocero father-in-law 8
suono sound
superficie *f.* (geometric) area
supermercato supermarket 3
supporre to suppose; **supponga** *(formal command)* suppose
sveglia alarm clock
svegliarsi to wake up 7
svilupparsi to develop
sviluppo development 16; advancement 18
svolgere to carry out; ~ **un mestiere o una professione** to practice a skilled craft or a profession 15

taglia size (clothing) 10
tagliacarte *m.* paper knife 19
tagliarsi i capelli (le unghie) to cut one's hair (nails) 11
tale like

talmente so
tamburo drum 17
tanto anyway 15
tanto ... quanto as ... as 14
tappe (pl.) **della vita** stages of life 5
tappeto rug 14
tardare to be late
tardi: a più ~ 'till later LP
tasca pocket; **in** ~ in his/her pocket 12
tassì m. taxi 8; **andare° in** ~ to go by taxi 15
tavola: a ~ at the (dinner) table 13; ~ **rotonda** round table 22
tavolo table 1
tazza cup
tazzina small cup 7
te you
tè m. tea; ~ **freddo** iced tea 4
teatro theater 3
tecnologico/a technological 22
tedesco German (language, person) 2
tedesco/a German 5
telefonare to telephone 3
telefonata phone call 3
telefonico/a telephone 17
telefono telephone 1
telegiornale m. TV news 16
telegramma m. telegram 12
telespettatore m. TV viewer 16
televisione f. television 16
televisivo/a television 20
televisore m. television set 1; ~ **a colori** color TV 16; ~ **in bianco e nero** black-and-white TV 16
tema m. theme 12
temere (di) to fear 21
temperatura temperature 9
tempo time 4; weather 9; **a** ~ **parziale** part-time 8; **a** ~ **pieno** full-time 7; **allo stesso** ~ at the same time 4; **che** ~ **fa lì?** what's the weather like there? 9; **fa bel** ~ it's nice weather 9; **fa cattivo** ~ it's bad weather 9; **molto** ~ **fa** a long time ago 6; **poco** ~ **fa** a little while ago 6; **qualche** ~ **fa** some time ago 6

tenda curtain 14
tenere° to hold, to keep 13
tenore m. tenor 17
tentativo attempt 20
tergicristallo windshield wiper
Terme (pl.) **di Caracalla** Caracalla baths (baths built by the Romans) 17
terminare to end
terra earth
terraferma dry land
terzo/a third 22
tesoro treasure
tessuto cloth 10
testa head 11
testo text
ti you, to you, yourself
timido/a shy, timid 5
tinta: a ~ **unita** one color 10
tipo type 10
tirare (molto) vento to be (very) windy 9
tirrenico/a Tyrrhenian
titolo title
tivvù f. TV 16; ~ **via cavo** cable TV 16
tonno tuna 13
topo mouse
tornare to return 3; ~ **indietro** to turn back
torre tower
torta cake 13
torto: avere ~ to be wrong 2
totale total 12
totocalcio lottery based on soccer games 6
tovagliolo napkin 13
tra between, among 3; ~ **l'altro** besides 15
traffico traffic 15
tram m. streetcar, trolley 15; **andare° in tram** to go by tram 15
tramezzino al tonno tuna sandwich 4
tranquillamente calmly
tranquillo/a tranquil 19
trarre to draw 22
trascrivere to write out fully
trasferirsi to move 14
trasmettere, p.p. **trasmesso** to communicate 20

trasmissione (f.) **televisiva** TV program 16
trattare di to deal with 19
tratto passage
tre three LP
tredicesima additional monthly salary or bonus paid to workers at Christmas time 18
tredicesimo/a thirteenth 22
tredici thirteen LP
treno train 15; **andare° in** ~ to go by train; ~ **diretto (direttissimo)** direct (express) train
trenta thirty 1
triste sad 5
tromba trumpet 17
troppo too 11; too much 13
trovare to find 3
tu you
tuo/a your, yours
turismo tourism 22
tuttavia yet, nevertheless
tutti everybody, everyone 4
tutto everything 10
tutto/a all 5; **tutti i giorni (mesi)** every day (month) 9

ufficiale official
ufficio office 7; ~ **postale** post office 3
uguaglianza equality
ultimo/a latest, last (in a series) 6
un, uno, una, un' a, an
undicesimo/a eleventh 22
undici eleven LP
unghia nail 11
unico/a only
unità unity 21
unito/a united 20
università university 1
universitario/a university 18
uno one LP
uomo (uomini, pl.) man 5; ~ **d'affari** businessman 15
uovo (uova, f. pl.) egg 7
usare to use 3
uscire° to go out 6
uscita exit
utile useful 11
uva grape(s) 7

va bene? O.K.? is that all right? 3
vacanza: in ~ on vacation 6; **Buone vacanze!** Have a nice vacation!
vagone letto (ristorante) sleeping (dining) car
valido/a valid 18
valigia (valige, *pl.*) suitcase 9
vario/a various 18
vecchio/a old 5
vedere°, *p.p.* **visto, veduto** to see 4; **ci vediamo domani** see you tomorrow LP; **vedersi** to see each other 7
veduta sight, view
vegetazione *f.* vegetation 22
vela sailing 12
velluto velvet, corduroy 10
veloce swift 19
velocemente fast 6
vendere to sell 4
vendita sale 12; **in ~** on sale 17
venerdì *m.* Friday 4
venire° (a), *p.p.* **venuto** to come 4; **viene fatta** happen
ventesimo/a twentieth 22
venti twenty LP
ventitreesimo/a twenty-third 22
vento: tirare (molto) ~ to be (very) windy 9
ventunesimo/a twenty-first 22
veramente really 7
verde green 10
verdura green vegetables 7
vero/a true, real 5

verso toward, around (time) 3
vestiario clothes 10
vestirsi to get dressed 7
vestito dress 10; suit 10; **~ da sposa** *m.* wedding dress 10
vetrina store window 5
vetro glass
vi you, to you, yourselves
via street 5
viale boulevard
viaggio trip, voyage 16; **Buon ~!** Have a good trip!
vicinanze *pl.* neighborhood, environs 14
vicino a near 3
videocassetta videocassette 16
videodisco videodisc 16
videogioco video game 16
videoregistratore *m.* video recorder 16
vigile *m.* traffic officer; **~ del fuoco** fireman
vigore: in ~ in force
villa country house 2
vincere°, *p.p.* **vinto** to win 6
vincitore winner
vino wine 6
viola *(invariable)* purple 10
violino violin 17
visita visit 13; **~ di controllo** check-up
visitare to visit 3
viso face 11
vita life 19
vitello veal 13
vivace lively
vivere *m.* living 19

vivere° to live 8
vizio vice
voi you
voce: ad alta ~ out loud
voglia: avere° ~ di to feel like (doing something) 2; **non ne ho molta ~** I don't feel much like it 17
volante *m.* steering wheel
volantino leaflet, flyer 20
volare to fly 19
volentieri gladly, willingly 4
volere° to wish, want 4
volo flight
volontà will
volta time 7; **a volte** at times 9; **ancora una ~** once again 21; **per la prima ~** for the first time 20; **qualche ~** sometimes 9; **quante volte?** how many times? 7; **una ~ al giorno** once a day 9; **una ~ ogni tanto** once in a while 9; **una ~ tanto** just for once 17
volume *m.* volume 16
vongole *pl.* clams 13
vostro/a your, yours
votare to vote 20
voto vote 20

zaino knapsack 1
zero zero LP
zia aunt 2
zio uncle 2
zitto/a: stare ~ to be quiet
zona zone 16
zucchini *pl.* zucchini squash 7

English-Italian Vocabulary

The following vocabulary list contains most of the words and expressions needed for the English-to-Italian translation exercises provided in each *Ripasso*. It also contains many basic words and expressions that you may wish to use in preparing guided oral and written compositions. A tilde (~) is used to indicate repetition of a main entry; for example, **be** ~ under **afraid** means **be afraid.** The definitions are limited to the context in which the words are used in the book.

The following abbreviations are used: *f.* = feminine; *m.* = masculine; *pl.* = plural.

absolutely assolutamente
acceptable accettabile
accepted accettato/a
accident l'incidente *(m.)*
accompany accompagnare
according to secondo
acquainted: be ~ with conoscere
action il provvedimento, l'azione *(f.)*
activity l'attività
actor l'attore *(m.)*
actress l'attrice *(f.)*
adequate adeguato/a
administration il governo
advancement lo sviluppo
advertise fare la pubblicità
ad(vertisement) la pubblicità, l'annuncio
advertising la propaganda, la pubblicità; pubblicitario/a
advise consigliare (di); ~ **against** sconsigliare
affectionately affettuosamente
afraid: be ~ of avere paura di
after dopo; **after that** poi

afternoon il pomeriggio; **in the ~** il pomeriggio
against contro
age l'età
agent l'agente *(m. or f.)*
ago: a little while ~ poco tempo fa; **not long ~** poco tempo fa; **some time ~** qualche tempo fa; **two days ~** due giorni fa
agreed d'accordo
aid l'aiuto
air l'aria
all tutto/a
almost quasi
alone da solo/a
already già
also anche
although benché, nonostante che
always sempre
American americano/a
among fra, tra; ~ **themselves** fra (tra) di loro
amuse oneself distrarsi
amusing divertente
ancient antico/a

and e *(frequently* ed *before a vowel)*
animal l'animale *(m.)*
ankle la caviglia
another altro/a
answer rispondere
anthropology l'antropologia
anxiously con ansia
anyway tanto
apartment l'appartamento; **small ~** l'appartamentino; **studio ~** il miniappartamento
appear sembrare
apple la mela
appliances: household ~ gli elettrodomestici
application: job ~ la domanda d'impiego
appreciate apprezzare
approve approvare
apricot l'albicocca
April aprile
architect l'architetto
architecture l'architettura
arm il braccio (le braccia, *f. pl.*)
armchair la poltrona
armoire l'armadio

around (time) verso
arrival l'arrivo
arrive arrivare
art l'arte *(f.)*
artichoke il carciofo
as come; ~ ... ~ tanto ... quanto; ~ **soon** ~ appena; ~ **usual** come al solito
ask domandare; ~ **(for)** chiedere (di); ~ **a question** fare una domanda
asparagus gli asparagi
at a *(frequently* ad *before a vowel)*, presso
atmosphere l'atmosfera
attempt tentativo
attend frequentare
attention l'attenzione
attractive simpatico/a
audience pubblico
August agosto
aunt la zia
authority l'autorità
automobile l'auto(mobile) *(f.)*, la macchina
automotive automobilistico/a
autumn l'autunno, autunnale; **in the middle of** ~ in pieno autunno

baby il bambino/la bambina
bad cattivo/a, male; **not too** ~ non c'è male; **from** ~ **to worse** di male in peggio
baker il panettiere
bakery la panetteria
ball: masked ~ il ballo in maschera
banana la banana
band il complesso
bank la banca
banker il banchiere
bar il bar
basketball la pallacanestro
bath: take a ~ farsi il bagno
bathroom il bagno, la stanza da bagno
be essere, stare; ~ **... years old** avere ... anni; ~ **able** potere
beach la spiaggia
bear soffrire

beautiful bello/a
because perché; ~ **of** a causa di
become diventare
bed il letto
bedroom la camera da letto
beer la birra
before prima di, prima che
beg pregare (di)
begin mettersi a, cominciare (a)
being essendo
believe credere (di)
besides tra l'altro
bet scommettere
better meglio; migliore
between fra, tra; ~ **themselves** fra (tra) di loro
bicycle la bicicletta; ~ **racing** il ciclismo
big grande
biking andare in bicicletta
biology la biologia
birthday il compleanno; **happy** ~ buon compleanno
black nero/a
blackboard la lavagna
block intasare
blocked bloccato/a
blouse la camicetta
blow (horn) sonare
blue blu *(invariable)*; **sky-blue** azzurro/a
boat la barca
boating andare in barca
bold audace
book il libro
bookshelf lo scaffale
bookstore la libreria
boots gli stivali
boring noioso/a
born nato/a *(past participle)*; **be** ~ nascere
boss il capo
both ... and sia ... che
box-office il botteghino
boy il ragazzo
boyfriend: my ~ il mio ragazzo
brake il freno
bread il pane
breakdown il guasto
breakfast la prima colazione

breathe respirare
bride and groom gli sposi
brief breve
brilliant brillante
bring portare; ~ **to someone's attention** fare presente
broadcast mandare in onda
broccoli i broccoli
brother il fratello; **brother-in-law** il cognato; **little** ~ il fratellino
brown marrone *(invariable)*, castano/a *(eyes, hair)*
brush one's teeth lavarsi i denti
bus l'autobus *(m.)*
businessman l'uomo d'affari
businesswoman la donna d'affari
busy impegnato/a, occupato/a; **be** ~ avere da fare
but ma
butcher il macellaio
butter il burro
buy comprare, acquistare
by: ~ **chance** per caso; ~ **the way** a proposito
bye *(informal)* ciao

café il bar, il caffè
cake la torta
calculator la calcolatrice
calendar il calendario
call chiamare; **phone** ~ la telefonata
called: be ~ chiamarsi
calm calmo/a
campaign la campagna
can potere
can opener l'apriscatole *(m.)*
Canadian canadese
candidate il candidato
capable bravo/a
capital la capitale; ~ **of a region** il capoluogo
car la macchina
card: birthday ~ la cartolina di buon compleanno
care la preoccupazione
career la carriera
carefree disinvolto/a
careful prudente

carpenter il falegname
carrot la carota
case il caso; **in ~ that** in caso
 che
cathedral il duomo, la
 cattedrale
cause causare; la causa
cautious prudente
ceiling il soffitto
celebrate festeggiare
cellar la cantina
central centrale
ceramics la ceramica
 (ceramiche, *f. pl.*)
certain certo/a
certainly certo
chair la sedia
champion il campione/la
 campionessa
chance: by ~ per caso
change cambiare; il
 cambiamento; **~ (channels)**
 cambiare; **~ one's mind**
 cambiare idea
chaotic caotico/a
character *(in a play, opera, etc.)*
 il personaggio
cheap a buon mercato
check the oil (tires) controllare
 l'olio (le gomme)
checkered a quadri
cheer up! coraggio!
cheese il formaggio
chemistry la chimica
cherry la ciliegia
chest of drawers comò
chief capo
child il bambino/la bambina;
 children i figli
Chinese il cinese
choice la scelta
choose scegliere
chorus il coro
church la chiesa
cinema il cinema
citizen il cittadino
city la città; cittadino/a; **~**
 hall il municipio
civil civile
classic classico/a
classical classico/a
classroom l'aula

clean pulire; pulito/a
clear chiaro/a, lampante; **~**
 (weather) sereno/a; **~ the**
 table sparecchiare la tavola
clearly chiaramente
clerk l'impiegato/l'impiegata
climate il clima
close chiudere
closet il guardaroba
cloth il tessuto
clothes il vestiario; **~ dryer**
 l'asciugatrice *(f.)*
clothing gli articoli di
 abbigliamento, i capi di
 vestiario, gli indumenti
cloudy nuvoloso/a
coalition la coalizione *(f.)*
coat il cappotto
coffee il caffè
cold: be ~ *(person)* avere
 freddo; **be (quite) ~** *(weather)*
 fare (abbastanza) freddo
color il colore; **one ~** a tinta
 unica
comb il pettine; **~ one's hair**
 pettinarsi i capelli
come venire
comfortable comodo/a
commercial la pubblicità
competition la gara
complete compiere
complicated complicato/a
composed of composto di
computer il computer; **~**
 science l'informatica
concert il concerto
conclude concludere
conclusion la conclusione
concrete concreto/a
conductor il conducente
confectioner il pasticciere; **~'s**
 shop la pasticceria
confused confuso/a
confusion la confusione
congratulations! complimenti!
conquer conquistare
consequence la conseguenza
consider considerare
constitution la costituzione
consultant il/la consulente
contact il contatto
content: be ~ accontentarsi

continue continuare (a),
 proseguire
continuously in continuazione
control il controllo
convince convincere
cook cucinare; il cuoco/la
 cuoca
cool: be ~ fare fresco
cordial cordiale
cost costare; **how much does it**
 ~? quanto costa?
costume il costume
cotton il cotone
country il paese, la campagna
couple la coppia
courteous gentile
cousin il cugino/la cugina
crazy pazzesco/a
create creare
creation la creazione
crisis la crisi
criticism la critica
cup la tazza
curious curioso/a
curtain la tenda
customer il/la cliente
cut one's hair (nails) tagliarsi i
 capelli (le unghie)
cute carino/a

daily quotidiano/a
dairy la latteria
damage danneggiare
dance ballare; la danza
daring audace
daughter la figlia; **daughter-in-**
 law la nuora
day la giornata; **~ after**
 tomorrow dopodomani; **~**
 before yesterday l'altro ieri
dead il morto; morto/a
deal: a great ~ un bel po',
 granché; **~ with** trattare di
dear caro/a
death la morte
debate il dibattito
debt il debito
decade il decennio
December dicembre
decide decidere (di)
decisive deciso/a
declare dichiarare

decrease diminuire; la diminuzione
degree il grado
delicatessen la salumeria; ~ **seller** il salumiere
demonstration la manifestazione
den lo studio
dentist il/la dentista
depart partire
departure la partenza
depends: that ~ dipende
depressed depresso/a
descend scendere
desk la scrivania
dessert il dolce
determine stabilire
development lo sviluppo
dictionary il dizionario
die morire
difficult difficile
diminish diminuire
dinner il pranzo
director: movie ~ il/la regista
dirty sporco/a
disappear scomparire
discomfort il disagio
discotheque la discoteca
discount lo sconto
discouraged scoraggiato/a
discuss discutere
discussion la discussione
dish il piatto
dishonest disonesto/a
dishwasher la lavastoviglie
dislocate slogarsi
displeasure il dispiacere
distribute distribuire
divine divino/a
divorce divorziare
divorced divorziato/a
do fare; ~ **without** fare a meno
doctor il medico, il dottore/la dottoressa
door la porta
doorman il portiere
down there laggiù
downtown il centro
drama il dramma
dress il vestito; **wedding** ~ il vestito da sposa

dressed: get ~ vestirsi
dressmaker (female) la sarta
drink bere; la bevanda
drinking glass il bicchiere
drive guidare
drug la droga
dry one's face (hands) asciugarsi la faccia (le mani)
dryer: hair ~ l'asciugacapelli *(m.)*; **clothes** ~ l'asciugatrice *(f.)*
due to dovuto a
during durante
dynamic dinamico/a

each ogni
ear l'orecchio
early presto; **be** ~ essere in anticipo
earn guadagnare; ~ **one's living** guadagnarsi la vita
easy facile
eat mangiare
ecological ecologico/a
ecology l'ecologia
economic economico/a
economics l'economia
efficacious efficace
effort sforzo
egg l'uovo (le uova, *f. pl.*)
eight otto
eighteen diciotto
eighth ottavo/a
eighty ottanta
elbow il gomito
elect eleggere
election l'elezione *(f.)*
elector l'elettore *(m. or f.)*
electoral elettorale
electrician l'elettricista *(m. or f.)*
elegant elegante
eleven undici
eleventh undicesimo/a
emotion l'emozione *(f.)*
employ impiegare
employed occupato/a
employment l'impiego, l'occupazione *(f.)*
energetic dinamico/a
engaged impegnato/a; **become** ~ fidanzarsi

engagement l'impegno
engineering l'ingegneria
English *(language, person)* l'inglese
enjoy oneself divertirsi (a)
enormous enorme
enough: it's ~ basta; **that's** ~ basta così
enter entrare
environment l'ambiente *(m.)*
establish stabilire
etching l'acquaforte *(m.)*
Europe l'Europa
even addirittura; perfino; ~ **though** benché, nonostante che, sebbene
evening la sera, la serata; **good** ~ buona sera; **in the** ~ la sera; **this** ~ stasera
event avvenimento
ever mai
every (single) ogni; ~ **day (month)** tutti i giorni (mesi)
everybody tutti
everyone tutti
everything tutto
everywhere dappertutto; ~ **else** altrove
exaggerate esagerare
exam l'esame *(m.)*
examine esaminare
example l'esempio
excellent ottimo/a
exceptional eccezionale
exchange lo scambio
excited emozionato/a
excuse la scusa; ~ **me** scusa, *(formal)* scusi
executive il/la dirigente
exhibition la manifestazione
exorbitant esorbitante
expect prevedere
expensive caro/a
experience provare; l'esperienza
expert l'esperto; **be an** ~ **in** intendersi di
explain spiegare
explosion l'esplosione *(f.)*
express esprimere
exquisite squisito/a
eye l'occhio

face il viso; la faccia
fact: in ~, as a matter of ~ infatti
factory la fabbrica
fall: ~ asleep addormentarsi; **~ in love** innamorarsi
family la famiglia
famous famoso/a
fantastic fantastico/a
far from lontano/a da
fashion la moda; **~ show** la sfilata dei modelli
fashionable alla moda
fast velocemente
fat grasso/a
fatality il morto
father il padre; **father-in-law** il suocero
favorite preferito/a
fear temere (di)
February febbraio
feel provare, sentire, sentirsi; **~ like (doing something)** avere voglia di (+ *inf*)
fever la febbre
few pochi/e
fifteen quindici
fifth quinto/a
fiftieth cinquantesimo/a
fight la lotta
fill it up fare il pieno
final finale
finally finalmente
financial finanziario/a
find trovare
fine bene
finger il dito (le dita, *f. pl.*) della mano
finish finire (di)
fire *(from a job)* licenziare
fireplace il camino
firm la ditta
first primo/a; **~ of all** innanzi tutto
fish il pesce; **~ market** la pescheria; **~ vendor** il pescivendolo
fit *(shoes, gloves)* calzare
five cinque
fix aggiustare
floor il pavimento, il piano
flyer il volantino

foggy: it's ~ c'è la nebbia
follow seguire
food il cibo
foot il piede
for per
foreign straniero/a
foresee prevedere
forget dimenticare, dimenticarsi (di)
fork la forchetta
fortunate fortunato/a; **fortunately** per fortuna
forty quaranta
forward avanti
four quattro
fourteen quattordici
fourth quarto/a
free libero/a
freely liberamente
French *(language, person)* il francese; francese
fresh fresco/a; **don't be fresh!** non fare lo spiritoso/la spiritosa!
Friday venerdì
friend l'amico/l'amica
from da, da parte di, di *(frequently* d' *before a vowel)*; **~ time to time** di quando in quando
front: in ~ of davanti a
fruit la frutta; **~ vendor** il fruttivendolo
full pieno/a
furnished ammobiliato/a
furniture i mobili
future il futuro

gaily allegramente
game la partita
garage il garage
garden il giardino
gasoline la benzina
gather riunirsi
general generale
generally generalmente
geology la geologia
German *(language, person)* il tedesco; tedesco/a
get: get off/down scendere; **~ ready** prepararsi (per); **~ up** alzarsi

girl la ragazza
girlfriend: my ~ la mia ragazza
give dare; **~ a discount** fare uno sconto; **~ a ride** dare un passaggio; **~ back** restituire
given dato/a
glad contento/a
gladly volentieri
glass: drinking ~ il bicchiere
gloves i guanti
go andare; **~ ahead** dica pure; **~ around** girare; **~ away** andare via; **~ by bicycle** andare in bicicletta; **~ by boat** andare in barca; **~ by bus** andare in autobus; **~ by car** andare in macchina; **~ by motorcycle** andare in moto(cicletta); **~ by plane** andare in aereo; **~ by ship** andare con la nave; **~ by taxi** andare in tassì; **~ by train** andare in treno; **~ by tram** andare in tram; **~ horseback riding** andare a cavallo; **~ on an excursion** fare una gita; **~ on foot** andare a piedi; **~ on vacation** andare in vacanza; **~ skating** andare a pattinare; **~ skiing** andare a sciare; **~ to the country** andare in campagna; **~ to the mountains** andare in montagna; **~ to the seashore** andare al mare; **~ out** uscire
good bene, bravo/a, buono/a
good-by arrivederci; *(formal)* arrivederla
government il governo
graduate laurearsi
granddaughter la nipote
grandfather il nonno
grandmother la nonna
grandson il nipote
grapefruit il pompelmo
grapes l'uva
graphic grafico/a
gray grigio
great grande; ottimo!; **just ~ !** benissimo!
green verde
greet salutare; **~ each other** salutarsi

grocer il droghiere
grocery store la drogheria
group il gruppo; **musical** ~ il complesso
guest l'invitato
guitar la chitarra
guitarist il/la chitarrista
gymnasium la palestra

hair i capelli; ~ **dryer** l'asciugacapelli *(m.)*
hairbrush la spazzola per capelli
hall la sala
ham: cured ~ il prosciutto
hand la mano (mani, *f. pl.*)
handbag la borsa
handsome bello/a
happen succedere; **what happened?** che cosa è successo?
happily allegramente
happiness la felicità
happy allegro/a, contento/a, felice
hat il cappello
hate each other odiarsi
have avere; ~ **a good time** divertirsi (a); ~ **a job interview** sostenere un colloquio; ~ **breakfast or lunch** fare colazione; ~ **in mind** avere in mente; ~ *(in the sense of to eat, to drink)* prendere; ~ **the time to** avere il tempo di; ~ **to** dovere
head la testa
healthy sano/a
hear sentire; ~ **from** avere notizia di
heating il riscaldamento
hello buon giorno; *(response on the phone)* pronto?
help aiutare; l'aiuto; **domestic** ~ la colf; ~ **each other** aiutarsi
hi ciao
hide nascondere
high alto/a
hire assumere
history la storia
hold tenere

holy santo/a
homemaker la casalinga
homesick: to be ~ provare nostalgia
hope sperare (di), augurarsi; **let's** ~ **so** speriamo di sì
horn il clacson
hors-d'oeuvre l'antipasto
horseback riding l'equitazione *(f.)*
hospital il policlinico, l'ospedale *(m.)*
hot: be ~ *(weather)* fare caldo
hotel l'albergo
hour: at rush ~ all'ora di punta; **one** ~ **ago** un'ora fa
house la casa; **country** ~ la villa
household appliances gli elettrodomestici
how come; ~ **are you?** come stai?; *(formal)* come sta?; ~ **many?** quanto/a?; ~ **many times?** quante volte?; ~ **much?** quanti/e?; ~ **much is it?** quanto costa?
however comunque, però
hug abbracciare
human body il corpo umano
hundred cento
hungry: be hungry avere fame
hurry affrettarsi; **be in a** ~ avere fretta
hurt fare male
husband il marito

ice cream il gelato; ~ **parlor** la gelateria
idea l'idea
if se
immediately subito
important importante, notevole
impossible impossibile
improbable improbabile
improve migliorare
improvement il miglioramento in in
indescribable indescrivibile
indicate indicare
industrialist l'industriale *(m.)*
industry l'industria

inexpensive a buon mercato
information l'informazione *(f.)*
insincere falso/a
instant l'istante *(m.)*
instead (of) invece di
institution l'istituzione *(f.)*
insurance assicurativo/a
intelligent intelligente
intend to avere intenzione di
interested: be ~ **(in)** interessarsi
international internazionale
interpret interpretare
interpretation l'interpretazione *(f.)*
interpreter l'interprete *(m. or f.)*
interrupt interrompere
interview intervistare; il colloquio
introduce fare conoscere, presentare
introduction l'introduzione *(f.)*
invite invitare (a)
invited invitato/a
iron il ferro da stiro
irony ironia
issue emanare
Italian italiano/a
Italian *(language, person)* l'italiano; italiano/a
itself stesso/a

jacket la giacca
January gennaio
Japanese *(language, person)* il giapponese
job il posto (di lavoro), l'impiego; ~ **application** la domanda d'impiego; ~ **interview** il colloquio
joke scherzare
journalist il/la giornalista
joy l'allegria
July luglio
June giugno
just proprio

keep tenere
kind gentile
king il re
kitchen la cucina

knapsack lo zaino
knee il ginocchio (le ginocchia, *f. pl.*)
knife il coltello
know conoscere; ~ **(how)** sapere; ~ **by heart** sapere a memoria
known conosciuto/a, noto/a

lack mancare
lake il lago
lamb l'agnello
lamp la lampada
language: foreign languages le lingue straniere
large grande
last scorso/a; *(in a series)* ultimo/a; **at ~** finalmente
late: I'm ~ sono in ritardo
later: 'till ~ a più tardi
latest ultimo/a
laugh ridere
law la legge
lawyer l'avvocato
lazy pigro/a
leaflet il volantino
learn apprendere; imparare (a)
least: at ~ almeno
leather il cuoio, la pelle; **made of ~** di cuoio
leave partire, andare via; ~ **(behind)** lasciare
left sinistro/a
leg la gamba
lemon il limone; ~ **soda** la limonata
lemonade la limonata
lend prestare
lesson: driving ~ la lezione di guida
letter la lettera
lettuce la lattuga
library la biblioteca
license: driver's ~ la patente di guida
life la vita
light la luce; leggero/a
like come; piacere
linen il lino
lira (Italian currency) la lira
listen sentire; ~ **(to)** ascoltare; *(command)* senti

listener l'ascoltatore/l'ascoltatrice
listening l'ascolto
literary lettarario/a
literature la letteratura
little piccolo/a; **very ~** ben poco
live abitare; campare; vivere
live in diretta
living il vivere; ~ **room** il salotto
loan prestare
lobster l'aragosta
local locale
long lungo/a
look (at) guardare; ~ **(for)** cercare; ~ **at oneself in the mirror** guardarsi allo specchio
lose perdere
lottery la lotteria
love l'amore (m.); **fall in ~** innamorarsi; ~ **each other** amarsi
lower abbassare
luck la fortuna; **bad ~** la sfortuna
lucky: be ~ avere fortuna
lunch *(main meal at noon)* il pranzo

Ma'am signora
magazine la rivista
magnificent magnifico/a
mail spedire
make fare; rendere; ~ **a date** fissare un appuntamento; ~ **known** fare conoscere; ~ **plans** fare programmi; ~ **purchases** fare acquisti; ~ **reservations** prenotare; ~ **sense** avere senso; ~ **sure** fare in modo
man l'uomo (gli uomini, *pl.*)
manage arrangiarsi; gestire
management la gestione
manager il funzionario, il direttore/la direttrice
managerial gestionale
manner la maniera
many molti/e
March marzo

Mardi Gras il Carnevale
market il mercato
married sposato/a
marry (get married) sposarsi
marvelous meraviglioso/a
match l'incontro; la gara
materials i materiali
mathematics la matematica
May maggio
meal il pasto
meaning il significato
means of transportation i mezzi di trasporto
meantime: in the ~ intanto, nel frattempo
meanwhile intanto
measure il provvedimento
meat la carne (f.)
mechanic il meccanico
medicine la medicina
meet incontrare, riunirsi; ~ **(each other)** incontrarsi
merit il merito
Mexican messicano/a
midnight mezzanotte
Milan: from ~ milanese
military il militare
milk il latte
milkman il lattaio
million il milione
mind dispiacere; **do you ~ if . . . ?** ti dispiace se . . . ?; **have in ~** avere in mente; **if you don't ~** se non ti dispiace
minister il ministro; **Prime ~** il Primo Ministro
mirror lo specchio
misfortune il dispiacere, la sfortuna
Miss signorina
mix-up: a little ~ un po' di confusione
model il modello
modern moderno/a
modest modesto/a
moment il momento
monarchy la monarchia
Monday lunedì
money i soldi, il denaro
month il mese
monument il monumento
mood lo stato d'animo

more più; ~ . . . **than** più ... di

morning la mattina, il mattino; **good** ~ buon giorno; **in the** ~ la mattina; **this** ~ stamattina

most: for the ~ **part** per lo più

mother la madre; **mother-in-law** la suocera

motorcycle la moto(cicletta)

mountain: in (to) the mountains in montagna; ~ **climbing** l'alpinismo

mouth la bocca

move trasferirsi

movie: ~ **director** il/la regista

Mr. signor + *last name*

Mrs. signora + *last name*

much: too ~ troppo

muggy afoso/a

museum il museo

mushrooms i funghi

music la musica

musical musicale; ~ **group** il complesso

musician il/la musicista

must dovere

my mio/a

nail l'unghia

name *(first)* il nome; *(last)* il cognome; **brand** ~ la marca; **what's your** ~? come ti chiami?; *(formal)* come si chiama?

named: be ~ chiamarsi

napkin il tovagliolo

nature la natura

Neapolitan (from Naples) napoletano/a

near vicino a

necessary necessario/a

neck il collo

need avere bisogno di; il bisogno

neighborhood le vicinanze

neither . . . nor non ... né ... né

nephew il nipote

nervous nervoso/a

never non ... mai

nevertheless nonostante ciò

new nuovo/a

news le notizie; ~ *(one item)* la notizia; ~ **reporter on TV and radio** l'annunciatore *(m.)*, l'annunciatrice *(f.)*

newspaper il giornale

next a lato; prossimo/a

nice bello/a, carino/a, simpatico/a; **be** ~ **(weather)** fare bel tempo

niece la nipote

night la notte; **at** ~ di notte; **good** ~ buona notte; **in the night-time** la notte, di notte

nine nove

nineteen diciannove

ninety novanta

ninth nono/a

no no; ~ **longer** non ... più; ~ **more** non ... più; ~ **one** nessuno, non ... nessuno

noise il rumore

none niente

noon mezzogiorno

nose il naso

not non; ~ **any** non ... nessuno; ~ **at all** non ... affatto; ~ **even** non ... neanche, non ... nemmeno, non ... neppure; ~ **ever** non ... mai; ~ **too bad** non c'è male; ~ **yet** non ... ancora

notebook il quaderno

nothing niente; non ... niente, non ... nulla; ~ **special** niente di speciale

notice accorgersi

novel il romanzo

November novembre

now adesso, ora; **by** ~ ormai

O.K. d'accordo, va bene

obey obbedire *(also* ubbidire)

observe osservare

obtain ottenere

occasion l'occasione *(f.)*

occupation l'occupazione *(f.)*

occupied occupato/a

October ottobre

of di *(frequently* d' *before a vowel)*; ~ **course** certo

offer offrire

office l'ufficio; **post** ~

l'ufficio postale

often spesso

old antico/a, anziano/a, vecchio/a

older maggiore

olive oil l'olio d'oliva

on su

once: every ~ **in a while** ogni tanto; **just for** ~ una volta tanto; ~ **a day** una volta al giorno; ~ **again** ancora una volta; ~ **in a while** una volta ogni tanto

one uno

one hundred cento

oneself se stesso

onion la cipolla

only solo

open aprire

opera l'opera

opinion l'opinione *(f.)*

optimistic ottimista *(invariable in the singular)*

or o

orange (color) arancione *(invariable)*; ~ *(fruit)* l'arancia; ~ **soda** l'aranciata; ~ **juice** *(freshly squeezed)* la spremuta d'arancia

orchestra l'orchestra

order (food) ordinare; **in** ~ **that** affinché, di modo che, perché

organize organizzare

organized organizzato/a

original originale

other altro/a

outdoors all'aperto

outside fuori

overcoat il cappotto

overcrowded sovraffollato/a

overcrowding il sovraffollamento

painting il quadro; la pittura

pair il paio (le paia, *f. pl.*)

panorama il panorama

pants i pantaloni

paper: piece of ~ il foglio di carta

parents i genitori

park parcheggiare; il parco, il giardino pubblico

parking: pay ~ il parcheggio a pagamento
parliament il parlamento
parlor: ice cream ~ la gelateria
part: on the ~ **of** da parte di
participant il partecipante
particularly particolarmente
party il rinfresco, la festa; il partito
pass the butter (salt, pepper) passare il burro (sale, pepe)
passenger il passaggero/la passaggera
past il passato
pasta la pasta
patience: a little ~ un po' di pazienza
patient paziente; **be** ~ avere pazienza
pay il salario; ~ **(for)** pagare; ~ **back** ripagare
peace la pace
peach la pesca
pear la pera
pen la penna
pencil la matita
people la gente, il popolo
pepper il pepe, il peperone
per kilo (metric weight) al chilo
perfect perfetto/a
performer l'interprete *(m. or f.)*
perhaps forse
period il periodo
permit permettere (di)
person la persona
personnel il personale
pessimistic pessimista *(invariable in the singular)*
pharmacist il/la farmacista
pharmacy la farmacia
philosophy la filosofia
phone call la telefonata
photograph la foto(grafia)
photographer il fotografo
photography la fotografia
physics la fisica
pianist il/la pianista
piano il pianoforte
pick up ritirare; **I'll** ~ **you** *(informal)* **up** passo a prenderti

pineapple l'ananas *(m.)*
pink rosa *(invariable)*
pizza la pizza; ~ **parlor** la pizzeria
place mettere; il luogo, il posto
plan programmare
plane l'aereo
play (a game) giocare; ~ **basketball** giocare a pallacanestro; ~ **soccer** giocare al pallone; ~ **tennis** giocare a tennis; ~ **volleyball** giocare a pallavolo; ~ **(music)** sonare
player il giocatore/la giocatrice
playing field il campo da gioco
pleasant simpatico/a
please piacere; per favore, per piacere, prego
pleased: I'm very ~ **to meet you** *(informal)* mi fa molto piacere di conoscerti
pleasing: be ~ piacere
pleasure il piacere
plumber l'idraulico
pocket la tasca; **in his/her** ~ in tasca
poem il poema
poet il poeta
poetry la poesia
police la polizia
political politico/a; ~ **science** le scienze politiche
politician il politico
politics la politica
pollute inquinare
pollution l'inquinamento
polyester il poliestere
pool la piscina
poor povero/a; ~ **thing** poverino/a
Pope il Papa
pork il maiale
position il posto
possess (something) avere
possibility la possibilità
possible possibile
poster il cartellone, il manifesto
postpone rimandare
potato la patata
practical pratico/a

precise preciso/a
prefer preferire
preferable preferibile
preoccupation la preoccupazione
preparation la preparazione
prepare preparare
present presentare; attuale
president il presidente
presidential presidenziale
press conference la conferenza stampa
pretty carino/a
price il prezzo; **at a reduced** ~ a prezzo ridotto; **at fixed prices** a prezzi fissi; **what prices!** che prezzi!
principal principale
private privato/a
probable probabile
probably probabilmente
problem il problema
profession il mestiere, la professione
professor il professore/la professoressa
program il programma
progress il progresso
promise promettere
promote promuovere
proper opportuno/a, dovuto/a
prosperity la prosperità
protest la protesta
provided that purché
psychology la psicologia
publicly pubblicamente
purchase acquistare; l'acquisto
purple viola *(invariable)*
put mettere; ~ **on (clothing)** mettersi, indossare

qualification la qualifica
qualified qualificato/a
quarrel litigare
queen la regina
quiet silenzioso/a
quit (a job) licenziarsi

radio la radio; radiofonico/a
rain piovere
rainbow l'arcobaleno
raincoat l'impermeabile *(m.)*

raise alzare
rarely raramente
rather piuttosto
razor (electric) il rasoio (elettrico)
reach raggiungere
read leggere; ~ **again** rileggere
reading la lettura
real vero/a
reality la realtà
realize accorgersi
really davvero!, proprio, veramente
receive ricevere
recently recentemente
reception il ricevimento, il rinfresco
recipe la ricetta
record registrare; il disco
recorder: tape ~ il registratore; **video ~** il videoregistratore
red rosso/a
referee l'arbitro
reform la riforma
refrigerator il frigo(rifero)
regulate regolare
relatives i parenti, *pl.*
relax distrarsi
remain restare, rimanere
remarkably notevolmente
remember ricordare, ricordarsi (di)
rent affittare; ~ **a car** noleggiare un'automobile
reporter: news ~ l'annunciatore *(m.)*/l'annunciatrice *(f.)*
representative il deputato, il rappresentante
republic la repubblica
request la richiesta
require richiedere
reservation la prenotazione
reserve prenotare
reserved riservato/a
resign dare le dimissioni, dimettersi
resolve risolvere
respond rispondere
rest riposarsi
restaurant il ristorante

result il risultato
resume riprendere
resumé il curriculum vitae
retailer il rivenditore
return restituire; tornare; **many happy returns!** cento di questi giorni!
rice il riso
rich ricco/a
right adatto/a; dovuto/a; giusto/a; destro/a; **be ~** avere ragione, avere senso; ~ **away** subito
romantic romantico/a
room la camera, la stanza; **dining ~** la sala da pranzo
rude sgarbato/a
rug il tappeto
Russian *(language, person)* il russo

sad triste
safety la sicurezza
sailing la vela
salami il salame
salary lo stipendio
sale la vendita; **on ~** in vendita
salt il sale
same stesso/a; **just the ~** lo stesso; ~ **old** solito/a
sandals i sandali, *pl.*
sandwich: ham ~ il panino al prosciutto; **tuna ~** il tramezzino al tonno
satisfied soddisfatto/a
Saturday sabato
save risparmiare; salvare
say dire (di)
scarcity la scarsità
scarf la sciarpa
scene la scena
scenery lo scenario
schedule l'orario
scheduled previsto/a
school: (Italian high ~) il liceo
science: natural ~ le scienze naturali
scientific scientifico/a
scissors le forbici
sea il mare; **at the seashore** al mare

search la ricerca; **in ~ of** in cerca di
season la stagione
seat il posto
second secondo/a
secretary la segretaria
sector il settore
see vedere; ~ **you tomorrow** ci vediamo domani; ~ **each other** verdersi
seek cercare
seem sembrare; **it seems to me** mi sembra
seldom di rado
self-possessed disinvolto/a
sell vendere
senate il senato
senator il senatore
send mandare, spedire; ~ **back** rimandare
September settembre
seriousness la gravità
serve servire
set (time) stabilire; ~ **the table** apparecchiare la tavola
seven sette
seven thousand settemila
seventeen diciassette
seventh settimo/a
seventy settanta
sew cucire
shade l'ombra
shame: what a ~ che peccato!
ship la nave
shirt: man's ~ la camicia
shoes le scarpe
shop (for food) fare la spesa
shopkeeper il/la negoziante
short basso/a, breve
shortly fra poco
shoulder la spalla
show manifestare, mostrare; lo spettacolo; **fashion ~** la sfilata dei modelli
shower la doccia; **take a ~** farsi la doccia
shrimp gli scampi
shy timido/a
sign: as a ~ of in segno di
silk la seta
simple semplice
since siccome

sincere sincero/a
sing cantare
singer il/la cantante
single: be ~ *(man)* essere celibe; **be ~** *(woman)* essere nubile
sir signore
sister la sorella; **little ~** la sorellina; **sister-in-law** la cognata
situation la situazione
six sei
sixteen sedici
sixth sesto/a
sixty sessanta
sizable notevole
size *(clothing)* la taglia; *(clothing, shoes)* la misura
skate pattinare
skating il pattinaggio; **go ~** andare a pattinare
ski sciare, lo sci, **go skiing** andare a sciare
skirt la gonna
sleep dormire
sleepy: be ~ avere sonno; **be very ~** morire di sonno
sleeve: with long (short) sleeves con le maniche lunghe (corte)
slowly lentamente
small piccolo/a
smile sorridere
snow nevicare; la neve
so dunque; **~ that** affinché, di modo che, perché
so-so così così
soap il sapone
soccer il calcio, il pallone
sociology la sociologia
socks i calzini *(pl.)*
sofa il divano
softly piano
sole la sogliola
solution la soluzione
some alcuno/a
something qualcosa
sometimes qualche volta
son il figlio; **son-in-law** il genero
song la canzone
soon: as ~ as appena; **as ~ as possible** al più presto, quanto

prima; **quite ~** ben presto;
see you ~ a presto
sorry: be ~, to mind dispiacere; **I'm ~** mi dispiace
soup la minestra; **vegetable ~** il minestrone
spaghetti gli spaghetti; **~ carbonara style** gli spaghetti alla carbonara
Spanish *(language, person)* lo spagnolo; spagnolo/a
speak parlare; **~ to each other** parlarsi
specialized specializzato/a
spectacular spettacolare
spend *(time)* passare; **~** *(time/money)* spendere
spinach gli spinaci
spoon il cucchiaio
sport lo sport
sporting sportivo/a
sporty sportivo/a
sprain slogarsi
spring la primavera; primaverile
stability la stabilità
stadium lo stadio
stairs le scale
start mettersi a, cominciare (a); **~ again** riprendere; **~ an argument** fare polemica
state lo stato; statale
station la stazione; **gas ~** la stazione di servizio; **~ master** il capostazione
statue la statua
stay alloggiare, restare, rimanere; il soggiorno
steak la bistecca
stereo lo stereo
still ancora, pure
stomach lo stomaco
stop fermare, fermarsi
store il negozio
story la storia; **short ~** il racconto
strawberry la fragola
street la via, la strada; **on the ~** per strada
streetcar il tram
strict severo/a
strike scioperare; lo sciopero

striker lo/la scioperante
string beans i fagiolini
striped a righe
strive cercare (di)
student lo studente/la studentessa
study studiare; lo studio
stupid stupido/a
subway la metro(politana)
succeed riuscire (a)
success il successo
successfully con successo
sudden improvviso/a
suffer soffrire, subire
suggest suggerire
suggestion il suggerimento
suit il vestito
suitcase la valigia (le valige, *pl.*)
sultry *(weather)* afoso/a
summary il riassunto
summer l'estate *(f.)*; estivo/a
Sunday domenica
sunny: it's ~ c'è il sole
supermarket il supermercato
support aderire
supper la cena
surprised sorpreso/a
surround circondare
surrounding circostante
survival la sopravvivenza
sweater la maglia, il maglione
sweet il dolce
swift veloce
swim nuotare
swimming il nuoto
swimming pool la piscina
symbol il simbolo
system il sistema

table il tavolo; **at the (dinner) ~** a tavola
tailor *(male)* il sarto
take prendere; **~ (courses)** seguire; **~ off (clothing)** levarsi; **~ part in** aderire (a); **~ pictures** fare fotografie; **~ place** avere luogo; **~ the subway** prendere la metro(politana)
talk conversare
tall alto/a

tape recorder il registratore
taxi il tassì
tea il tè; **iced** ~ il tè freddo
teach insegnare (a)
team la squadra
teaspoon il cucchiaino
technological tecnologico/a
telegram il telegramma
telephone telefonare; il telefono; telefonico/a
television la televisione; televisivo/a; ~ **set** il televisore
tell dire, raccontare
temperature la temperatura
ten dieci
tennis court il campo da tennis
tenor il tenore
tenth decimo/a
terrible pessimo/a
thank ringraziare; ~ **you** grazie
that che; quello; ~ **one** quello; ~ **which** quello che
theater il teatro
theme il tema
then allora, dunque, poi
there ci, là, lì; ~ **are** ecco, ci sono; ~ **is** c'è, ecco
therefore quindi
thin magro/a
thing la cosa
think credere (di); ~ **(of, about + verb)** pensare (di); **think (of, about + noun)** pensare (a); **I don't ~ so** credo di no; **I ~ so** credo di sì; **what do you ~ about . . . ?** che ve ne pare di ...?
third terzo/a
thirsty: be ~ avere sete
thirteen tredici
thirteenth tredicesimo/a
thirty trenta
this ciò; questo/a; ~ **one** questo
thousand mille
three tre
throat la gola
Thursday giovedì
ticket il biglietto; ~ **office** la biglietteria

tie la cravatta
time il tempo; la volta; **a long ~ ago** molto tempo fa; **at the same ~** allo stesso tempo; **at times** a volte; **at what ~?** a che ora?; **be on ~** essere puntuale; **departure ~** l'ora della partenza; **for the first ~** per la prima volta; **for the ~ being** al momento; **full-time** a tempo pieno; **part-time** a tempo parziale; **what ~ is it?** che ore sono?
timid timido/a
tiring faticoso/a
to a (*frequently* ad *before a vowel*)
today oggi
toe il dito (le dita, *f. pl.*) del piede
together insieme
token il gettone
tomato il pomodoro
tomorrow domani; **starting ~** da domani; **till ~** a domani
tonight stanotte
too anche; troppo
tooth il dente
toothbrush lo spazzolino da denti
toothpaste il dentifricio
topic il soggetto
total totale
tourism il turismo
toward verso
towel l'asciugamano
town: small ~ il paese
trade il mestiere; **what ~ do you have?** che mestiere fa (fai)?
traffic il traffico; ~ **jam** l'ingorgo
trail la pista
train il treno
tranquil calmo/a, tranquillo/a
travel agency l'agenzia di viaggi
trip il viaggio
trolley il tram
trousers i pantaloni
truck il camion, l'autocarro
true vero/a

Tuesday martedì
tuna il tonno
turn: ~ off (TV, radio) spegnere; ~ **on** accendere
TV la tivvù; **black and white ~** il televisore in bianco e nero; **cable ~** la tivvù via cavo; **color ~** il televisore a colori; ~ **channel** il canale televisivo; ~ **network** la rete televisiva; ~ **news** il telegiornale; ~ **program** la trasmissione televisiva; ~ **viewer** il telespettatore
twelfth dodicesimo/a
twelve dodici
twentieth ventesimo/a
twenty venti
twenty-first ventunesimo/a
twenty-third ventitreesimo/a
two due
type il tipo
typewriter la macchina da scrivere

ugly brutto/a
unblock sbloccare
uncle lo zio
understand capire, comprendere
understanding comprensivo/a
undertake intraprendere
undress spogliarsi
unemployed disoccupato/a
unemployment disoccupazione (*f.*)
unforgettable indimenticabile
unfortunate sfortunato/a
unhappy infelice
union: labor ~ il sindacato
united unito/a
United States gli Stati Uniti
unity l'unità
university l'università; universitario/a; ~ **degree** la laurea
unknown sconosciuto/a
unless a meno che
unlucky sfortunato/a
unoccupied disoccupato/a
unpleasant antipatico/a
until fino a; ~ **now** finora

use usare
useful utile
useless inutile
usual: as ~ come al solito
usually di solito

vacation: on ~ in vacanza; ~
days i giorni *(pl.)* di ferie
vacuum cleaner l'aspirapolvere
(m.)
valid valido/a
various vario/a
veal il vitello
vegetables: green ~ la verdura
vegetation la vegetazione
velvet il velluto
vendor il rivenditore
video recorder il
videoregistratore
videocassette la videocassetta
videodisk il videodisco
video game il videogioco
violin il violino
visit visitare; la visita
volleyball la pallavolo
volume il volume
vote votare; il voto
voter l'elettore *(m. or f.)*
voyage il viaggio

wage il salario; salariale
wait (for) aspettare; **a long** ~
una lunga attesa, ~ **a minute**
aspetta un minuto
waiter il cameriere
waiting l'attesa
wake up (oneself) svegliarsi
walk: take a ~ fare una
passeggiata, passeggiare
wall la parete; ~ **poster** il
cartellone
wallet il portafoglio
want desiderare; volere
wardrobe l'armadio
warm: be ~ *(person)* avere
caldo; **be** ~ *(weather)* fare
caldo
wash oneself lavarsi; ~ **one's**
hands (face) lavarsi le mani
(la faccia)

washing machine la lavatrice
waste time perdere tempo
watch guardare; aspettare;
l'orologio
water (mineral) l'acqua
(minerale)
way: that ~ così; **there is no** ~
non c'è modo
wear indossare
weather il tempo; **what's the**
~ **like there?** che tempo fa
lì?; **it's nice** ~ fa bel tempo;
it's bad ~ fa cattivo tempo;
What's the ~ **forecast today?**
Quali sono le previsioni del
tempo di oggi?
wedding il matrimonio; ~
dress il vestito da sposa
Wednesday mercoledì
week la settimana; **weekly**
settimanale
weekend il fine-settimana
well allora; **(quite)** ~
(abbastanza) bene; **very** ~
molto bene
what ciò che; ~? che cosa?
(cosa?); ~ **are you up to today?**
che cosa fai di bello oggi?; ~
happened? che cosa è
successo?; ~ **is . . . like?**
com'è ...?; ~ **is it?** che cos'è?;
what's playing? cosa c'è in
programma?
when(ever) quando
when? quando?
where? dove?; ~ **are you**
(formal) **from?** di dov'è?; ~ **is**
he/she from? di dov'è?
which? qual/e?; ~ **one?**
quale?
while mentre
white bianco/a
who? chi?; ~ **else?** chi altro?
whom: to whom? a chi?; **with**
~ ? con chi?
why? perché?
wife la moglie
wild pazzesco/a; selvatico/a
willingly volentieri
win vincere

window la finestra; **store** ~ la
vetrina
windy: to be (very) ~ tirare
(molto) vento
wine il vino
winter l'inverno, invernale
wish desiderare, volere; ~
(someone) well fare gli auguri
wishes: best ~! auguri! *(m.*
pl.); **lots of good** ~! tanti
auguri!
with con
without senza che; ~ **a doubt**
senza dubbio
woman la donna
wood il legno
woods il bosco
wool la lana
work lavorare; ~ *(literary or*
artistic) l'opera, ~ **overtime**
fare lo straordinario; **what** ~
do you do? che lavoro fa (fai)?
worker il lavoratore, la
lavoratrice; *(blue-collar)* ~
l'operaio/l'operaia
world mondiale; **working** ~ il
mondo del lavoro
worry preoccuparsi (di); la
preoccupazione; **don't** ~ non
ti preoccupare, non si
preoccupi
worse peggio, peggiore; **from**
bad to - di male in peggio; ~
than ever peggio che mai
write scrivere; ~ **to each other**
scriversi
writer lo scrittore, la scrittrice
wrong: be ~ avere torto

year anno; **be . . . years old**
avere ... anni
yellow giallo/a
yes sì
yesterday ieri
yield the floor cedere la parola
young giovane, giovanile
younger minore

zero zero
zone la zona

Index

Permissions and Credits

ART: James Alan Edwards

MAPS: Dick Sanderson

Black and White Photographs
Page **1**, Tony Loretti/Lightwave; **3**, Beryl Goldberg; **5**, Beryl Goldberg; **7**, Carol Palmer/The Picture Cube; **10**, Tony Loretti/Lightwave; **16**, Beryl Goldberg; **17** (left and right), Peter Menzel/Stock, Boston; **20**, Carol Palmer; **36**, Tony Loretti/Lightwave; **37**, (left), Palmer/Brilliant; **37** (right), Peter Menzel/Stock, Boston; **40**, Ferdinando Merlonghi; **55**, Peter Menzel/Stock, Boston; **59**, Leonard Speier; **63**, Leonard Speier; **79**, Ferdinando Merlonghi; **81**, Peter Menzel/Stock, Boston; **85**, Ferdinando Merlonghi; **104**, Ferdinando Merlonghi; **108**, Leonard Speier; **119**, Peter Menzel/Stock, Boston; **126**, Peter Menzel/Stock, Boston; **128**, Leonard Speier; **132**, Beryl Goldberg; **152**, Palmer/Brilliant; **156**, Arthur Glauberman/Photo Researchers; **159**, Jan Lukas/Photo Researchers; **161**, Christopher Brown/Stock, Boston; **179**, Judy Poe; **180**, Peter Menzel/Stock, Boston; **184**, Ferdinando Merlonghi; **204**, Franklin Wing/Stock, Boston; **208**, Ferdinando Merlonghi; **226**, Palmer/Brilliant; **230**, Fabio Ponzio/Photo Researchers; **247**, Judy Poe; **251**, Judy Poe; **268**, Andrew Brilliant; **270**, Wide World Photos; **274**, David Mansell; **292**, Ferdinando Merlonghi; **296**, Mike Mazzaschi/Stock, Boston; **311**, Marilyn Silverstone/Magnum Photos; **313**, Peter Menzel/Stock, Boston; **317**, Judy Poe; **332**, Peter Menzel/Stock, Boston; **335**, Ferdinando Merlonghi; **339**, Ferdinando Merlonghi; **353**, Peter Menzel/Stock, Boston; **355**, Ferdinando Merlonghi; **379**, Peter Menzel/Stock, Boston; **384**, Leonard Speier; **399**, Ferdinando Merlonghi; **400**, Christopher Brown/Stock, Boston; **404**, Palmer/Brilliant; **422**, Christopher Brown/Lightwave; **426**, Tony Loretti/Lightwave; **437**, Wide World Photos; **457**, Catherine Ursillo/Photo Researchers; **460**, Peter Menzel/Stock, Boston; **473**, Ferdinando Merlonghi; **477**, Ferdinando Merlonghi

Color Photographs: Viviamo così!
1, Joe Viesti; **2**, Fay Torresyap; **3**, Judy Poe; **4**, Joe Viesti; **5**, Dean Abramson/Stock, Boston; **6**, Joe Viesti; **7**, Joe Viesti

Color Photographs: Arte e cultura in Italia
1, © Peter Arnold, Inc.; **2**, Frank Wing/Stock, Boston; **3**, Ted Spiegel/Black Star; **4**, Editorial Photo Archives, Inc.; **5**, Andrew Brilliant; **6**, Peter Menzel/Stock, Boston; **7**, Slim Aarons/Photo Researchers, Inc.; **8**, Ted Spiegel/Black Star

The publisher would like to thank the following copyright holder for permission to use copyrighted material.

"La casa di Mara" by Aldo Palazzeschi. Used by permission of Arnoldo Mondadori Editore S.p.A., Milan, Italy.